MANUEL DES MARINS.

TOME I.

MANUEL
DES MARINS,

OU

DICTIONNAIRE

DES TERMES DE MARINE.,

Par Monsieur Bourdé, *Officier des Vaisseaux de la Compagnie des Indes.*

Tome I.

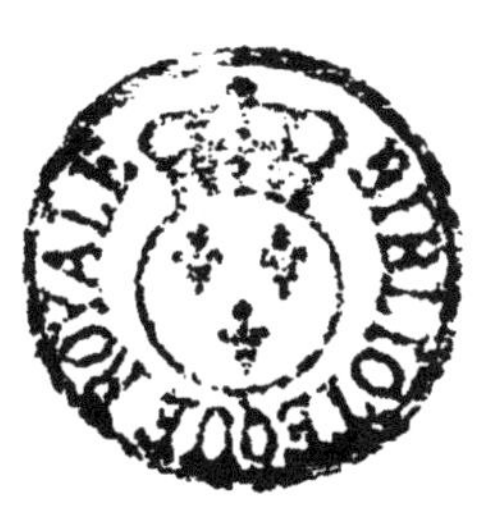

A L'ORIENT,

Chez Julien Le Jeune Fils, Libraire, Rue de Bretagne.

M. DCC. LXXIII.

Avec Approbation & Privilege du Roi.

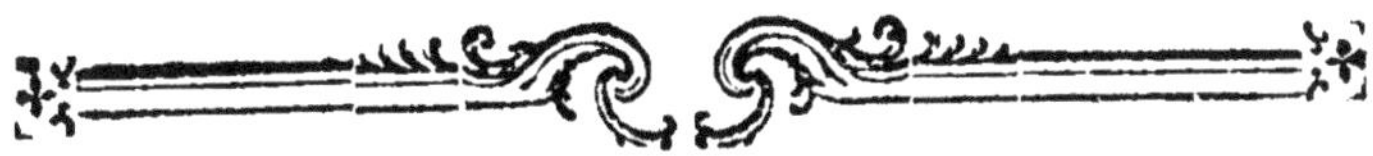

PRÉFACE.

J'AI entrepris l'explication des termes de Marine, à cauſe de la néceſſité abſolue de la ſcience des Mots; je la regarde comme l'introduction à celle de l'Art, & comme le principe qui doit nous conduire à la connoiſſance de tout le reſte.

L'expérience manquant aux Auteurs de tous nos Dictionnaires de Marine, ils n'ont pu définir, ſans erreur, ce qu'ils ne connoiſſoient pas; ils ont rempli leurs Ouvrages de fauſſes explications, & ont ſouvent pris une choſe pour une autre, faute d'avoir aſſez vu.

Le défaut d'un bon Dictionnaire de Marine m'a obligé d'entrer dans le détail des différents termes les plus en uſage ſur les Ports de l'Océan, afin de faciliter l'intelligence de tout ce qui peut être dit ſur l'ART NAUTIQUE ; j'ai affecté dans leurs explications, de me ſervir, le plus qu'il m'a été poſſible, du langage ordinaire des Marins.

Lorſqu'on connoît la véritable ſignification des Noms, on ſe fait facilement entendre ſur les choſes que l'on explique, & l'on comprend auſſi avec plus de facilité ce que l'on veut nous faire connoître.

Cet Ouvrage, quelque ſimple qu'il ſoit, eſt plus étendu qu'aucun autre de ce genre : je n'ai pas diſcuté ſur les termes des différents endroits, je n'ai même pas cherché leur étymologie ; cependant on verra que la nomenclature en eſt conſidérable, & que je donne une quantité de termes qui manquent dans les autres Dictionnaires ; je les ai expliqués en homme de l'Art, & avec le plus de précision qu'il m'a été possible, dans la vue d'être utile aux personnes qui naviguent, qui font des Armements, ou qui fréquentent les Ports du Royaume.

Un Ouvrage tel que celui-ci appartient autant au Négociant Maritime, qu'à l'homme de Mer ; il peut même être utile au Politique, sur-tout dans un temps où les Nations de l'Europe semblent s'être approprié cette maxime si juste de Thémistocle, que *quiconque est maître de la Mer, l'est de la Terre.* Si cette proposition n'est pas aussi vraie qu'elle le paroît au premier instant, du moins est-il évident que les forces Navales balancent plus que jamais la destinée des États : elles soutiennent le Commerce qui en eſt le nerf; elles font honneur à la Patrie qui les poſſéde, faiſant reſpecter ſon Pavillon ſur toutes les Mers, & la rendent l'arbitre des Traités.

J'ai cru ne pouvoir mieux faire, ni rendre un plus grand ſervice à l'avancement des connoiſſances de ceux qui voudront s'inſtruire dans l'Art de la Marine, que de leur frayer la route, par l'explication d'une grande quantité de termes de cet Art.

Je m'eſtimerai heureux, ſi j'ai rempli mon objet à la ſatisfaction de ceux qui ſont en droit de me juger : ſi j'ai erré, leurs obſervations, en rectifiant mes erreurs, ſerviront ſans doute aux progrès de l'Art, & au bien de la Patrie à qui j'ai conſacré mes travaux, ſans autres prétentions que de lui être utile, autant qu'il peut dépendre d'un Patriote zelé. Une réflexion juſte & vraie peut terminer ce diſcours : Depuis que la Monarchie Françoiſe eſt établie, la Marine a joué un grand rôle dans l'État, Elle a été plus ou moins en vogue ſelon les temps & les circonſtances; avec tout cela, nous n'avons pas un ſeul Ouvrage en fait de Marine, ſi on excepte les Mémoires de Duguay-Trouin, qui ſoit écrit de maniere à ſe faire lire & entendre d'un homme de l'Art. D'où cela vient-il? De l'ignorance ſans doute des Écrivains, qui n'ont jamais aſſez connu les termes des gens de Mer, pour les expliquer & rendre la valeur de leurs expreſſions *en François ;* on les a toujours regardé comme faiſant partie d'un langage barbare & étranger; auſſi voyons-nous que tous les Hiſtoriens ſont très-pauvres, quand ils veulent parler de Marine : ils s'expliquent preſque toujours mal, & donnent une tournure gauche aux phraſes Nautiques qu'ils veulent enchaſſer dans le diſcours; c'eſt pour cela que nous expliquons les termes de Marine, ſans nous arrêter aux expreſſions des différents Ports, afin de ne pas multiplier les manieres de dire les mêmes choſes. J'ai tâché de ſaiſir le langage le plus uſité, ſans me ſervir des noms que tel Port adopte, quoiqu'inconnu dans le Port voiſin, & dans les autres lieux Maritimes du Royaume.

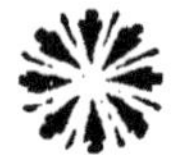

MANUEL DES MARINS, OU DICTIONNAIRE DES TERMES DE MARINE.

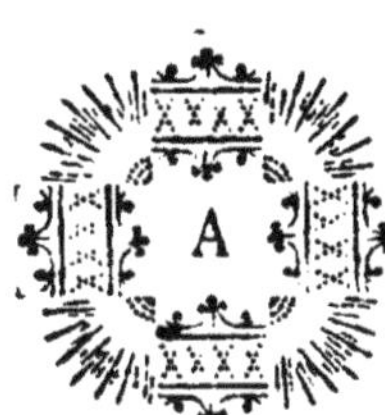

BAS-*le-monde.* Commandement pour faire descendre ceux qui sont sur les vergues ou dans les hunes. *Voyez* TOUT LE MONDE A-BAS.

ABAT. Le Vaisseau abat, quand il commence à arriver en appareillant, au moment que l'Ancre dérape du fond, particuliérement lorsqu'il a le vent sur ses voiles. On dit aussi que le Vaisseau abat dans la même circonstance, lorsque le vent est dans ses voiles, mais moins généralement; on se sert plutôt du terme ARRIVE.

ABAT *en Quille, en Carène.* C'est-à-dire, qu'on couche un Vaisseau sur le côté pour le carèner, & qu'on le couche assez pour mettre sa Quille au-dessus de la mer, afin de la visiter ainsi que sa Rablure. C'est une manœuvre de Port fort usitée.

ABATÉE. C'est le mouvement du Navire appareillant ou en panne, qui en cet état obéit au vent. On dit: *Le Vaisseau fait son abatée... Il a fait son abatée... Il est dans son abatée.*

ABATRE. C'est obéir au vent, lorsque le Vaisseau est sous voiles, & coëffé; ou, lorsqu'il appareille, le vent sur ses voiles. On dit aussi d'un Vaisseau qui est à pic : *Il va abatre... Il est prêt à abatre* ; parce que son Ancre est prêt à déraper.

ABATRE. *Laisse abatre.* Commandement que l'on fait au Timonier, quand on s'apperçoit qu'il veut arrêter trop tôt le mouvement d'Abatée du Vaisseau, par le moyen du Gouvernail.

ABATRE, *faire abatre.* C'est disposer les voiles d'avant, de maniere qu'en reçevant le vent dessus, elles fassent obéir le Vaisseau au vent, de concert avec le Gouvernail, dont on aura mis la Barre du bord sur lequel on veut abatre.

ABATRE *un Vaisseau en carène.* C'est le coucher, ou le mettre sur le côté, au point d'éventer, ou de voir sa Quille au-dessus de l'eau, afin de le carèner.

ABATU. *Il est abatu... Il est assez abatu.* C'est-à-dire, que le Vaisseau a assez obéi au vent en appareillant, ou virant vent devant, ou faisant servir, lorsqu'on est en panne, le vent sur les voiles d'avant, pour être dans le cas d'éventer les voiles qui sont encore coëffées ou en Ralingue.

ABATU. Le Vaisseau est abatu en Carène ou en Quille, quand il est couché sur le côté, de maniere qu'on peut le carèner d'un côté en entier, depuis la Quille jusqu'à la Flotaison.

ABORDABLE. Un Vaisseau abordable est celui qu'on peut aborder, non seulement parcequ'on ne le craint pas, s'il est ennemi, mais encore parce qu'on marche & manœuvre mieux que lui... On dit aussi que la terre est abordable, quand on peut en approcher avec facilité.

ABORDAGE. C'est l'assaut de Vaisseau à Vaisseau ennemis, qui s'accrochent l'un à l'autre avec des Grapins, pour s'enlever & se prendre de vive force, l'épée à la main. C'est une des plus fines & des plus hardies manœuvres qu'un Vaisseau de guerre puisse faire. Il se dit encore de Vaisseaux qui se heurtent sans le vouloir ; c'est alors un abordage accidentel. Sur la fin du dernier siecle, & au commencement de celui-ci, nos Corsaires s'étoient mis à la mode de faire des abordages, & ils s'en trouvoient bien, car ils prenoient presque tous les Vaisseaux ennemis qu'ils abordoient, & ils étoient parvenus à se faire redouter de toutes les Nations maritimes; qu'elles sont les raisons qui nous empêchent d'en faire autant?

ABORDAGE *de long-en-long*, se dit d'un Vaisseau qui a fait un abordage, en prolongeant son ennemi travers-par-travers. *Il l'a pris à l'abordage.*

ABORDE. Un Vaisseau aborde volontairement ou accidentellement. On dit : *Il aborde... Un bateau aborde... Il vient à bord... Il met à bord.*

ABORD. Commandement. On le dit à un bateau ou embarquation qui passe & qui est subordonné, pour le faire venir à bord du Vaisseau: *Il est à bord... Il est amaré au Vaisseau.*

ABORDE. Commandement pour faire venir à bord.

ABORDÉ. Un Vaiſſeau abordé eſt celui qui a été accroché par un autre qui veut l'enlever d'aſſaut. C'eſt auſſi celui qui eſt abordé par accident dans un coup de vent à l'Ancre ou ſous voiles, faute de manœuvre de la part de celui qui l'aborde.

ABORDER. C'eſt accrocher un Vaiſſeau ennemi, & faire les manœuvres néceſſaires pour l'engager dans un abordage inévitable, afin de le prendre d'aſſaut : *Il ne put pas éviter l'abordage, ni éviter d'être abordé... Je le forçai de ſe laiſſer aborder.*

ABORDER *de bout-au-corps.* C'eſt donner à toutes voiles & ſans meſure de l'Étrave dans le corps du Navire ennemi ; c'eſt une manœuvre de déſeſpéré, & qui eſt très-déſavantageuſe à l'abordeur, parce qu'il donne le bout à toute l'artillerie du Vaiſſeau abordé, qui l'enfile & le tire à ſon avantage. C'eſt la plus mauvaiſe manœuvre qu'on puiſſe faire, elle n'a pas le ſens commun.

ABORDER. *Nous allons aborder... Nous ſommes prêts d'aborder... Il faut aborder.* C'eſt l'art d'aborder qui a fait la gloire du célèbre du Guay-Trouin, & la réputatation du fameux Jean Bart ; ils mettoient par cette manœuvre décidée le François dans tous ſes avantages.

ABORDEUR. Le Vaiſſeau abordeur eſt celui qui aborde, qui fait un abordage.

ABOUGRI. *Bois abougri, Bois de mauvaiſe venue* ; il eſt de rebut en conſtruction, & n'eſt propre qu'au feu.

ABOUT. C'eſt l'extrémité de toutes les pieces de charpente qui ſe joignent bout-à-bout ſans ſe croiſer. On appelle auſſi About, un bout de planche ou bordage, qu'on ajoute pour en allonger un autre trop court.

ABOUT *d'un lien.* C'eſt le bout d'un tenon un peu coupé en équerre, ſuivant la pente du joint ou l'épaulement du tenon.

ABRAQUE. Commandement pour faire tirer à force de bras ſur une manœuvre, ou tout autre cordage que ce ſoit, lorſqu'elle ne réſiſte pas beaucoup ou qu'elle eſt peu tendue.

ABRAQUER. C'eſt tirer une manœuvre main-ſur-main, lorſqu'elle fait peu de reſiſtance ; c'eſt l'action de tirer ou haller.

ABRI. Lieu où l'on met un Vaiſſeau à couvert du mauvais temps, & où il n'y a rien à craindre d'un coup de vent. C'eſt un Port fermé... On eſt à l'abri du N. O. ou de tout autre vent, quand on eſt couvert par la terre du trait du vent déſigné. On dit : *C'eſt un bon abri de N. E. mais le S. S. O. y donne en plein.* Tout abri met à couvert du vent.

ABRIÉ ou *Abrité.* Qui eſt à l'abri du trait du vent : ainſi, on dit qu'un Vaiſſeau eſt abrié, quand il paſſe fort proche ſous le vent d'un autre qui lui en dérobe l'impulſion par ſes voiles. On dit de même que le petit Hunier eſt abrié par le grand, quand celui-ci empêche le vent de paſſer juſqu'au premier. On eſt abrié quand on ne peut reçevoir l'impulſion directe du vent ou de la mer dans un coup de vent. *Nous nous trouvâmes bien abriés.*

ABRIÉ *par la Lame.* C'eſt être couvert par l'élévation de la mer, du trait du vent. *Les lames étoient ſi élevées, qu'elles mettoient nos voiles à l'abri ; & nous en étions tellement abriés, que le Vaiſſeau ne recevant l'impulſion du vent que par intervalles & ſur le ſommet des lames, il ne pouvoit avoir aſſez de viteſſe pour ſe ſouſtraire à leur choc ; ce qui nous incommodoit extrêmement, en nous faiſant recevoir des coups de mer très-dangéreux.* Ces accidents ſont fort rares, & n'arrivent guères qu'aux petits Navires dont la Mâture n'eſt pas ordinairement fort élevée.

ACCASTILLAGE. C'eſt la partie ornée du Vaiſſeau, comme Bouteilles, Pompe, Liſſe des Gaillards & Paſſe-avant avec moulure, l'Éperon avec tous ſes ornements.

ACCASTILLÉ. Vaiſſeau qui eſt accaſtillé, qui a ſes Gaillards & Paſſe-avant finis, qui eſt orné & décoré de ſculpture. *Il eſt bien accaſtillé* ; c'eſt-à-dire, qu'il plaît à l'œil extérieurement, qu'il eſt accaſtillé de bon goût.

ACCÉLÉRATION. L'accélération n'eſt autre choſe que l'augmentation gradative du mouvement.

ACCÉLÉRATIVE, *force accélérative.* Toute puiſſance qui produit le mouvement & l'augmente, eſt accélérative. Telle eſt, par exemple, l'impulſion du vent ſur les voiles ; elle accélere ou augmente la vîteſſe du Navire juſqu'à ce qu'il y ait égalité entre ſa puiſſance & la réſiſtance de l'eau ſur la Prouë ; alors tout eſt en équilibre, & le Vaiſſeau cingle ou marche comme s'il n'étoit ſujet à l'action d'aucune impulſion.

ACCÉLÉRER. C'eſt augmenter le mouvement des machines gradativement. On dit auſſi *accélérer le travail, le preſſer, le conduire vivement de plus en plus.*

ACCON. Petit bateau à fond plat dont on ſe ſert dans les endroits où il y a peu d'eau, comme un ou deux pieds ; on fait quelquefois gliſſer l'Accon ſur la vaſe molle.

ACCORD. *Tire* ou *Halle d'accord.* Commandement que l'on fait aux Matelots pour les obliger à tirer de force tous en même temps au ſon de la voix d'un ſeul homme, lorſqu'ils travaillent ſur quelque manœuvre que ce ſoit.

ACCORDE. Commandement fait à l'Équipage d'une Chaloupe, pour faire aux Matelots nager ou ramer tous enſemble. On l'emploie auſſi comme dans l'article précédent.

ACCORE, apui ou ſoutien de bois. Ce ſont particuliérement les étais qu'on met pour ſoutenir & maintenir les membres des Vaiſſeaux en conſtruction, lorſqu'ils ſont plombés & nivelés ; on leur donne toujours un peu d'épatement pour les faire arbouter.

ACCORE. Une terre eſt accore quand elle s'éleve preſque perpendiculairement du côté de la mer, & que l'on peut mouiller tout auprès : alors on dit auſſi que le fond eſt accore, parce qu'il diminue tout d'un coup vers la terre, tandis qu'il augmente ou ſe perd ſubitement du côté du large.

ACCORÉ. Un Vaiſſeau eſt accoré, lorſqu'il a ſes accores placées, ou lorſqu'il eſt appuyé contre quelque choſe que ce ſoit.

ACCORER. C'eſt appuyer, ſoutenir, ou étayer quelque choſe que ce ſoit, en l'appuyant ſur des accores.

ACCORES *d'un banc.* Ce font les bords & le tour du Banc ; on dit : *La mer eſt toujours molle ou dure ſur les accores de l'Oueſt de tel ou tel banc.* On trouve toujours la mer plus dure & plus courte ſur les accores des grands Bancs, qu'au large & que ſur le Banc même.

ACCOSTE. Commandement pour faire approcher quelque choſe d'une autre : *Accoſte le long du bord* ; c'eſt-à-dire, *Fais toucher le bord* : On dit auſſi qu'un Vaiſſeau accoſte, quand il approche.

ACCOSTE *à bord... Mets à bord...* Commandement que l'on fait à un Bateau, pour l'obliger de venir à bord.

ACCOSTÉ. Qui eſt accoſté, qui eſt prêt à toucher, qui eſt bord-à-bord.

ACCOSTER. Se mettre à ſe toucher. On dit que deux Vaiſſeaux vont s'accoſter, quand ils ſont prêts à ſe toucher, en ſe tirant réciproquement avec des amares pour ſe mettre côté-à-côté.

ACCOTÉ. Vaiſſeau accôté, qui eſt couché ſur le côté par la force du vent ; c'eſt une ſituation preſſante & toujours dangéreuſe : un Vaiſſeau accôté eſt toujours engagé plus ou moins.

ACCOTER. Se coucher ſur le côté par la force du vent, incliner, donner une trop forte bande.

ACCOTOIR. Appui, étai, pour les Vaiſſeaux en conſtruction. *Voyez* ACCORE.

ACCROCHE. *Accroche à bord* ; ſe ſaiſir à bord avec des Grapins ou avec des Gaffes : *Il s'accroche à bord.*

ACCROCHÉ. Vaiſſeau accroché, qui eſt abordé par un autre, qui lui a jetté ſes Grapins pour s'accoſter & ſe lier avec lui, afin de pouvoir ſe tenir bord-à-bord, & donner l'abordage ou l'aſſaut ; *il eſt accroché.*

ACCROCHER. Jetter les Grapins d'abordage à bord d'un Vaiſſeau que l'on aborde malgré lui ; c'eſt l'accrocher : *Nous eûmes bien de la peine à le joindre d'aſſez près pour l'accrocher, & lui jetter nos Grapins à bord.*

ACCULE. Un Vaiſſeau accule, lorſqu'il a ſes extrémités trop fines & mal balancées, parce qu'il tombe avec vivacité, donne une ſecouſſe ſous ſon Arcaſſe, quand la Poupe eſt enlevée par une forte lame, qui le laiſſe retomber en ſe dérobant vivement dans les mouvements du Tangage ; & comme il trouve une grande réſiſtance de la part de l'eau, il ébranle ſa Poupe & ſe délie de partout, lorſqu'il accule.

ACCULÉ. Vaiſſeau acculé, qui a les extrémités de ſes Varrangues fort élevées ; ce qui le rend fin & taillé, ſi ſa Poupe & ſa Proue ſont fines & vuidées par-deſſous la Flotaiſon.

ACCULÉE. *Varrangues acculées* : ce ſont celles dont les extrémités ſont fort élevées au-deſſus de la Quille, & particuliérement celles qui s'éloignent du milieu du Vaiſſeau pour s'approcher des extrémités.

ACCULEMENT. L'Acculement est la quantité dont les extrémités des Varrangues sont élevées au-dessus de la Quille. Ainsi on dit : *La maîtresse Varrangue a* 4, 6, 8, 10, 20 *pouces, plus ou moins d'acculement*, ou *qu'elle est sans acculement. Voyez* VARRANGUE PLATE.

ADARCA. Ecume sallée.

ADENT. Ce sont des entailles ou emboëtures en escalier, ou forme de dents, pour mieux lier & assembler les pieces de charpente.

ADENT *d'affût.* Ce sont des entailles faites en escalier sur la partie de l'arriere des tourillons de chaque flasque vers la culasse; elles servent à placer les Pinces & Anspects, quand on veut pointer le canon du haut en-bas, en levant ou baissant la culasse sur les coins de mire.

ADIEU-VA. Commandement pour faire larguer les écouttes des Focs & voiles d'étai, quand on veut virer vent devant.

ADONNE. *Le vent adonne.* C'est lorsqu'on est au plus près du vent à route ou hors de route, & que le vent devient moins contraire en s'approchant du large; on dit alors. *Le vent adonne... Il commence à adonner... Il a adonné.*

AFFALE. Commandement pour faire baisser quelque chose d'élevé, par exemple, une manœuvre; ainsi l'on dit : *Affale les Cargues.* On l'emploie aussi pour faire agir les Matelots à toucher les Parants d'une Cayorne ou gros palan, dans lesquels le frottement est si considérable, qu'ils ne sont pas assez courants d'eux-mêmes pour s'abaisser ou s'affaler, quand ils ont été haussés; de sorte que l'on dit: *Affale la Cayorne.* Il s'emploie encore pour faire affaler ou baisser les Huniers, en disant : *Affale les Drisses, les Cargues, &c.*

AFFALÉ. Vaisseau, qui est tombé sous le vent d'un endroit où il vouloit aller, & qui est obligé de louvoyer pour le rattraper.

AFFALÉ *à la côte.* Se dit d'un Vaisseau qui est près de terre, qui ne peut prendre le large par trop, ou trop peu de vent, & qui est en danger de se perdre.

AFFALER. Abaisser quelque chose que ce soit, qui est suspendue avec des cordes, qu'il faut aider à courir pour la faire descendre.

AFFINE. Le temps affine, c'est-à-dire, qu'il s'éclaircit. *Le temps s'étant affiné, ou devenu plus clair, nous vîmes des Vaisseaux que nous chassâmes.*

AFFOUR. *Ancres d'affour :* ce sont celles qui sont propres à affourcher un Vaisseau, & que sa Chaloupe peut porter aisément. Il y en a ordinairement trois dans chaque Navire, d'un moindre poids que la grande Ancre, & toutes un peu moins pesantes les unes que les autres : on les appelle aussi Ancres de Bossoir.

AFFOURCHE. Vaisseau qui affourche; c'est-à-dire, qui mouille plusieurs Ancres en différentes positions.

AFFOURCHÉ. Vaisseau affourché, qui est amarré sur ses Ancres ; il est affourché Nord & Sud, quand il a une Ancre dans le Nord, & une autre dans le Sud ; il est affourché en *Barbe* ou *Patte-d'oie*, s'il en a une de plus dans l'Est ou dans l'Ouest, S. E. ou N. O. N. E. ou S. O. &c.

AFFOURCHER. C'est mouiller ou jetter une seconde Ancre, quand on en a une déjà mouillée, de manière que la premiere étant à Tribord ou Babord, la seconde soit à Babord ou Tribord, & que son cable fasse une fourche avec celui de l'autre ; ou qu'ils soient exactement opposés l'un à l'autre, pour tenir le Vaisseau évité de Flots, & Jusant, ou suivant le cours des vents réglés dans les pays où il n'y a point de marée.

AFFOURCHER *en Patte-d'oie*. C'est jetter trois Ancres, de manière qu'il y en ait toujours deux à travailler ensemble du plus fort vent que l'on craint : c'est aussi ce qu'on appelle *en Barbe-de-chat*.

AFFOURCHER *avec la Chaloupe*. C'est après avoir mouillé une Ancre avec le Vaisseau, porter la seconde avec la Chaloupe.

AFFOURCHER *à la voile*. C'est mouiller deux Ancres avec le Navire, dans différentes positions, lorsqu'on est encore sous voiles, faisant route pour porter la seconde avec le Navire au lieu où elle doit être.

AFFRANCHIR *la Pompe*. C'est jetter plus d'eau avec la Pompe, que le Vaisseau n'en prend par une voie-d'eau : ainsi l'on dit : *La Pompe peut affranchir* ou *franchir*.

AFFRÉTE, *Affréter*. C'est louer un Vaisseau ; souvent on ne dit que fréter ou fret. Le Capitaine fréte son Navire ; & celui qui le loue, l'affréte.

AFFRÉTEMENT. Contrat d'Affrétement : Acte par lequel on constate qu'on a affrété un Navire.

AFFRÉTEUR. L'Affréteur est celui qui loue un Vaisseau, & qui paie par mois, par voyage, ou par tonneaux d'encombrement ou de poids.

AFFUT *de Canon*. C'est une machine formée de deux Flasques de bois d'ormeau pour l'ordinaire, liées ensemble par une entre-toise placée un peu sur l'avant de l'Encastrement des Tourillons, deux Boulons ou Chevilles de fer traversantes à tête, & rivées sur Virole de demi-pouce d'épais, deux aissieux entaillés sous les Flasques, l'un sous les Tourillons & l'autre sous la Culasse du Canon, bien chevillées par-dessus les Flasques du haut-en-bas à Viroles par-dessous ; une Sole que l'on entaille sur le milieu des aissieux, & qui prend dans toute la longueur de l'Affût ; on met ensuite quatre roues à l'Affût, arrêtées par des Esses de fer pour les empêcher de sortir de dessus l'aissieu ; on ajoute de plus à tous les Affûts des Batteries basses, une fausse roue sous l'aissieu de l'arriere, pour soulager les deux roues de cet aissieu, qui travaillent sur le Cabrien, lorsque le Canon est à la Serre. L'usage de cet Affût est de porter le Canon presqu'en équilibre ſur ces deux Tourillons, pour le pointer commodément les meilleurs Affûts ſont ceux qui ſont évidés par-deſſous, parce qu'ils ſont plus légers. Les Anglois ont inventé une ſorte d'Affût plus commode que tous les autres pour la Marine, parce que la partie ſupérieure tourne avec les deux Flaſques ſur un Pivot de fer, tenu ſtable ſur une Plate-forme, portée ſur quatre roues comme les autres Affûts; de ſorte qu'un homme peut pointer tout ſeul le Canon de droite à gauche. Cette eſpece d'Affût eſt beaucoup plus peſante que les autres, mais il ſeroit aiſé de la rendre plus légère, & par conſéquent d'un uſage plus commode. Un Affût de Marine doit être garni de deux Plates-bandes, courbées pour couvrir les Tourillons & les tenir fermes par des Goupilles paſſées dans les chevilles de fer qui traverſent les Flaſques dans toute leur hauteur; il faut de plus deux chevilles de fer à boucles ſur les Flaſques, pour crocher les Palans doubles qui ſervent à tenir le Canon au Sabord ou à la Serre; une autre boucle ſur l'arriere de l'Affût pour le Palan de Retraite, deux trous pour paſſer la Brague dans les Flaſques, deux Pinces de fer & deux Anſpects ferrés; le tout doit être de force ſuffiſante, & le plus léger qu'il ſera poſſible.

AGRÉER, ou *Gréer un Vaiſſeau.* C'eſt l'équiper & le garnir de toutes ſes Manœuvres, Poulies, Vergues, Voiles, &c.

AGRÉEUR, ou *Gréeur.* C'eſt celui qui agrée le Navire de toutes ſes Poulies, Manœuvres, Vergues, Voiles, &c. On charge ordinairement le Maître d'Équipage de ce ſoin, ſous la conduite d'un Officier ſupérieur, qui a l'ordre du Capitaine.

AGRÈS & *Aparaux.* On entend par ces termes, tout l'Équipement d'un Vaiſſeau en général.

AIGUILLES *à voiles.* Il y en a de trois ſortes; les premieres ſont pour coudre la toile; les ſecondes ſont à Ralingues, doubles & ſimples, parce qu'elles ſervent à ralinguer, c'eſt-à-dire, à coudre les Ralingues à la toile, quand la voile eſt aſſemblée; les troiſiemes ſont les Aiguilles à Œillets, plus fortes que celles à coudre.

AIGUILLES *de Carène.* Ce ſont de longues pièces de bois, que l'on place pour accorer les Mâts d'un Vaiſſeau que l'on veut carèner; il y a des Aiguilles en ſifflet par le bout d'en-haut, ſur lequel on fait la Portugaiſe pour les ſaiſir au Mât auquel on les applique; elles ſont plus commodes que les autres; & quand on n'en a pas, on ſe ſert, à leur défaut, de Mâts de Hune.

AIGUILLETAGE. C'eſt une ſorte d'amarrage fait avec un cordage, dont le bout fait dormant ſur la choſe qu'on veut ſaiſir. On met une Aiguillette ſur les Bout-dehors des Vergues, & on les ſaiſit par un Aiguilletage à la Vergue, pour les empêcher de tomber à la mer & de ſortir de leurs Bagues, dans les mouvemens du Navire, &c.

AIGUILLETER. C'eſt ſaiſir quelque choſe avec une Aiguillette, & faire un Aiguilletage. Ainſi l'on dit : *Il faut Aiguil-*

leter telle chose... Et l'on demande : *A-t-on fait telle Aiguilletage*?

AIGUILLETER *les Canons*. C'est faire un Aiguilletage sur la volée des pièces des batteries basses, quand on les met à la Serre, en laissant tomber la Culasse dans l'Affût, & saisissant leur volée à l'Organeau qui est au-dessus du Sabord, lorsqu'elle porte contre le bord du Vaisseau.

AIGUILLETTE. On appelle *Aiguillette*, un cordage propre à faire un Aiguilletage, & qui est plus ou moins gros, selon l'endroit où on l'applique, & l'effort qu'il doit soutenir.

AIMANT. L'Aimant est une pierre qui a deux poles, & la propriété de se diriger N. & S. & de communiquer cette vertu à l'acier; elle est le principe de la Boussole. Il y a, outre la pierre d'Aimant, des Aimants Artificiels très-bons ; on peut voir ce qu'en dit le nouveau Traité de Navigation par M. l'Abbé de la Caille, & le Traité des Aimants Artificiels, imprimé à Paris, chez Guérin en 1752. Le temps de la découverte de l'Aimant & de ses propriétés, est perdu dans l'antiquité.

AIR. L'air est un fluide que nous respirons, très-léger par lui seul, qui a la propriété de se dilater par la chaleur, & de se condenser par le froid; il peut être comprimé; il se charge plus ou moins de parties humides qui l'appesantissent & qui lui font perdre de son ressort : c'est lui qui fait avancer les Vaisseaux en frappant leurs voiles; ils les met en mouvement, & est le principal agent de la Navigation. Son mouvement & sa direction sont sujets, ainsi que sa dilatation & condensation, à une infinité de variétés; ce qui fait qu'il est impossible de mesurer exactement ses effets. Il a quelquefois une si grande vîtesse, qu'il emporte les choses les plus solides; il produit les tempêtes ; & renfermé dans les Bouches à feu, il se dilate par l'inflammation avec une détonation très-forte ; joignant l'action de son ressort à la flamme, il chasse les poids les plus considérables à de très-grandes distances. Sa pureté est salutaire à la santé, & l'on ne peut avoir trop de soin de faciliter sa circulation dans les Entre-ponts des Vaisseaux. La fluidité de l'Air nous est montrée par la facilité avec laquelle on le divise : sa gravité est connue par le Barometre mis dans le Récipient d'une Machine Pneumatique ; parce que le Mercure baisse à mesure qu'on pompe l'air, & il remonte aussi-tôt qu'on le rend ; enfin son élasticité nous est démontrée par les effets du Fusil-à-vent, dans lequel ayant comprimé une certaine quantité d'air, il chasse une balle à une très-grande distance, si on le laisse subitement échaper, & détendre son ressort.

AIRE. Étendue de surface. *C'est un terme de Géométrie.*

AIRE *de Vent*. C'est l'une des trente-deux pointes de la Boussole, qui divisent l'horison en parties égales. *Voyez* BOUSSOLE.

AIRE ou *Erre*. C'est la vîtesse du Navire. Un Vaisseau porte grande aire, quand il a beaucoup de vîtesse.

AIRE, *prendre Aire*. C'eſt entrer en mouvement, acquérir de la vîteſſe.

AIRE, *amortir l'Aire*. C'eſt faire perdre, tout d'un coup ou peu-à-peu, la vîteſſe du Vaiſſeau. *Étant prêts du mouillage, nous donnâmes vent devant, de ſorte que nos Huniers étant coëffés, nous les carguâmes aſſez vivement; & ayant perdu toute notre Aire, on laiſſa tomber l'Ancre.*

AIRE. *Donner de l'Aire au Navire*. C'eſt lui donner de la vîteſſe. *Ayant manqué à virer vent devant, nous laiſſâmes arriver pour donner de l'Aire au Vaiſſeau; & auſſi-tôt qu'il eut repris ſon Aire, on remit la Barre deſſous, & il vira.*

AISSIEU. On appelle *Aiſſieu*, tout Cilindre ſur lequel tourne une Roue, Rouet ou Poulie.

AJUDANT-CANONNIER. C'eſt un Officier Marinier, qui eſt ordinairement chef d'un Canon dans les Vaiſſeaux de guerre: on dit auſſi *Aide-Canonnier* & *Aide-Pilote*, pour *Ajudant*.

AJUST. C'eſt le nom du nœud qui attache ou qui amarre deux Cables bout à bout, ou des Grêlins, ou autres manœuvres. Ainſi on dit: *L'Ajuſt eſt-il fait?.. A-t-on fait Ajuſt?.. Il faut faire Ajuſt... L'Ajuſt eſt-il dedans, &c?..* L'Ajuſt ſe fait par des Épiſſures, ou en nouant les deux bouts des Grêlins enſemble en nœud d'Écoute ſimple, & les ſaiſiſſant par des amarrages de Bitord ou de Quarantenier.

A LA BOULINE. Vaiſſeau qui va à la Bouline, qui tient le plus près du vent, qui ſerre le vent. Un Vaiſſeau qui va à la Bouline, a pour l'ordinaire le vent contraire, ou il en attend quelqu'autre en louvoyant.

A-L'AUTRE-ET-BON-QUART. C'eſt le cri des gens qui font le Quart ou garde ſur le Gaillard d'avant, lorſque le Vaiſſeau eſt ſous voiles; il ſe répète pendant la nuit, à toutes les demi-heures: il ſignifie, *Celle-ci eſt paſſée, veillons bien en attendant l'autre.*

ALIDADE. C'eſt une regle mobile ſur le centre de l'Octant; elle ſert à marquer ſur le Limbe de l'inſtrument, les dégrés & minutes dont un aſtre eſt élevé ſur l'horizon. *Voyez* OCTANT.

ALIGNER. *Voyez* LIGNER.

ALISÉE. *Voyez* VENT ALISÉ.

ALLEGE. Bateau, ou Embarquation propre à décharger & charger les Vaiſſeaux dans les Rades. Ainſi toute eſpèce de Bâtiment peut être une Allége pour celui qui eſt chargé, & dont il prend la Cargaiſon.

ALLÉGE *le Cable*. C'eſt un commandement que l'on fait aux Matelots, pour leur faire ſoulever le Cable quand on le file après avoir laiſſé tomber l'Ancre, ou quand on l'embarque dans un Bateau: il ſe dit auſſi pour ſoulager toutes ſortes de manœuvres, lorſqu'en portant ſur quelques choſes, elles ne filent pas aſſez vîte; ainſi l'on dit: *Allége la grande Ecoute, l'Amure* ou *le Bras, les Cargues*, &c.

ALLÉGÉ. Un Vaiſſeau eſt allégé, quand on l'a déchargé d'une partie de ſon chargement.

ALLÉGER C'est décharger en partie, un Vaisseau qui est trop chargé pour passer dans un endroit où il y a peu d'eau; ainsi on dit: *Il faudra alléger le Navire, pour passer sur tel Banc ou Traverse... Il fallut nous alléger pour relever notre Vaisseau échoué; nous jettâmes nos Canons à la mer, comme la chose la plus expéditive & la plus aisée.*

ALLÉGER *l'Avant*, *Alléger l'Arriere*. C'est décharger ces parties d'une certaine quantité de ce qu'elles contiennent: *Nous fûmes obligés d'alléger l'Avant, parce que notre Vaisseau n'étoit échoué que par le Brion, qui portoit seul sur le fond.*

ALLER. *Aller de l'Avant* ou *de l'Arriere*. C'est avoir de la vîtesse dans l'un de ces deux sens: ainsi le Vaisseau commence à aller de l'Avant, lorsqu'il entre en mouvement le vent dans ses voiles; il ne fait qu'aller sur l'Arriere, s'il a le vent dessus.

ALLER *en Course*. C'est armer en guerre, pour croiser sur les ennemis; ainsi, on arme pour aller en Course.

ALLER *terre-à-terre*. C'est naviguer sans perdre la terre de vue; soit qu'on prolonge la Côte, ou qu'on fasse route entre deux terres.

ALLER *au plus près*, *à la Bouline*, *près du vent*, *bien au vent*. C'est en général, louvoyer ou tenir la route qui approche le plus qu'il est possible de la direction du vent.

ALLER *à petites voiles*. C'est faire route sous peu de voilure. *La supériorité de notre marche nous permit toujours d'aller à petites voiles pendant que nous fûmes en Escadre.*

ALLER *en dérive*. C'est dériver beaucoup, en s'écartant de la route, parce que le Vaisseau a de mauvaises qualités, ou qu'il est désemparé de maniere à ne pouvoir pas se soutenir au vent, ni tailler de l'Avant. *Nous étions si dégréés après le combat, que nous n'avons pu faire route de quatre jours; & pendant tout ce tems, nous avons été obligés de nous laisser aller en dérive, sans voiles.*

ALLER *à Bord*. C'est aller à un Vaisseau. *Aller à terre* c'est descendre du Bord à terre.

ALLER *à l'encontre l'un de l'autre*. C'est lorsque deux Vaisseaux sont Cap-à-Cap sur deux routes opposées, amurés chacun sur son Bord. *Nous eûmes connoissance d'un Vaisseau de guerre qui venant à toutes voiles à l'encontre de nous, nous virâmes tout de suite pour prendre Chasse.*

ALESTI. C'est être préparé à ce qu'on veut faire: *Nous étions prêts au combat & bien alestis.*

ALESTIR. C'est se parer & se disposer, se débarrasser de tout. *Voyez* PARER.

ALLONGE. Commandement pour faire allonger la manœuvre sur laquelle on veut faire travailler, & que l'on ne manque pas de nommer. Ainsi l'on dit: *Allonge les Drisses des Huniers*, &c.

ALLONGÉ. Un Vaisseau est dit Allongé, lorsqu'il paroît long & ras sur l'eau, par le peu d'élevation de ses Œuvres-mortes. *Voilà un Vaisseau de bonne mine, il est bien allongé.*

ALLONGER *une Ancre* ou *un Grêlin*. C'eſt porter une Ancre à Jet avec ſon Grêlin au large du Vaiſſeau, pour allonger une Ancre d'Affour avec ſon cable, en ſe halant deſſus; ou pour virer le Vaiſſeau ſur cette Ancre, en mettant ſon Grêlin au Cabeſtan. On allonge une Ancre de deux manieres, en mettant le bout du Grêlin à Bord, & le roidiſſant le plus qu'on peut, à force de rames, ou en mouillant en créance, c'eſt-à-dire, en portant l'Ancre au large de la longueur d'un ou deux Grêlins, ou, plus ſi on veut, pour la mouiller à cette diſtance eſtimée à l'œil, & rapporter le bout des Amarres à Bord, pour virer deſſus.

ALLONGER *le Cable*. C'eſt l'étendre ſur le Pont, pour prendre Biture, afin de pouvoir le filer plus aiſément en mouillant.

ALLONGER *des pièces de cordages*. C'eſt les tendre & les faire travailler à force de Cabeſtan, afin qu'elles ne deviennent pas plus longues, quand elles ſeront en ſervice. L'on dit dans ce ſens : *Allonger une pièce de Haubans*.

ALLONGER *la terre* ou *Longer*. C'eſt aller le long de la côte, & la ranger a petite diſtance, en ſuivant ſon cours ou ſa direction.

ALLONGER *un Vaiſſeau*. C'eſt ſe mettre parallellement à lui, & côté-à-côté, pour l'aborder de long-en-long, ou dans d'autre vue.

ALLONGER *l'ennemi*. C'eſt ſe placer parallelement à lui & le prolonger. Ainſi une Eſcadre en allonge une autre, en faiſant la même route qu'elle, travers-par-travers.

ALLONGES. On appelle ainſi toutes les pieces de bois, qui, faiſant partie des membres des Vaiſſeaux, ſervent à lier les Genoux aux Varrangues; les premieres Allonges font about aux Varrangues de fond, avec leſquelles elles ſe marient par les genoux de fond; les ſecondes Allonges ſervent à allonger les genoux, en faiſant about avec eux, & ſe mariant avec la premiere allonge; enſuite la troiſieme allonge ou allonge de revers, fait about à la premiere Allonge, & ſe marie à la ſeconde, en montant pour l'ordinaire juſqu'au Plat-bord, & finiſſant le membre d'un côté: tout cela eſt lié de deux pieds en deux pieds par des Gougeons de fer quarrés, chaſſés de force dans des trous d'un calibre plus petit que le Gougeon.

ALLONGES *de Cubiers* ou *Apotres*. Ce ſont toutes les pieces de bois qui rempliſſent l'Avant entre l'Etrave & la levée du Caltis: elles font partie de la membrure, & ſont gabariées ſur Liſſe: elles prennent leur nom des Ecubiers que l'on perce dedans pour le paſſage des Cables.

ALLONGES *de Porques*. C'eſt une Allonge preſque ſemblable aux premieres Allonges; elles ſervent à pouſſer les Porques juſqu'au premier pont. *Voyez* PORQUES.

ALLONGES *de Corniere*. Ce ſont les Allonges de l'Eſtain, depuis la barre d'Hardy juſqu'à la hauteur du couronnement.

ALLONGES *de Revers*. Ce ſont les plus hautes de toutes; & elles reſſortent en dehors, & font un revers.

AMARINE. Un Vaisseau amarine un ennemi, lorsqu'il l'a forcé d'amener son Pavillon; c'est en prendre possession, retirer son Équipage en tout ou en partie, pour lui en substituer un autre composé des gens du Vaisseau preneur, qui lui donne une commission conforme aux Ordonnances, & lui fait porter le Pavillon de la Nation victorieuse, au-dessus de celui qu'il portoit avant d'être pris. Comme il n'y a que le Pavillon François qui soit net & d'une seule couleur, on se contente de renverser les Pavillons des autres Nations, quand on s'est emparé de leurs Vaisseaux, de sorte que le haut de l'Enseigne devient le bas. Le Yac du Pavillon Anglois est en bas renversé, la bande rouge du Hollandois est dessous, & la bleue dessus.

AMARINÉ. Un homme, un Équipage est amariné, quand il a le pied sûr, qu'il ne vacille plus au mouvement du Vaisseau; il a le pied marin alors, il est amariné.

AMARINÉ. Un Vaisseau est amariné quand il a été pris, & qu'on lui a donné un Équipage & une Commission du Vaisseau preneur : *A peine eûmes-nous amariné notre Prise, qu'il nous fallût la défendre contre une Frégate ennemie, qui n'y trouva pas son compte, car au bout de deux heures elle fut obligée d'amener, & fut amarinée tout de suite.*

AMARINER. C'est s'emparer d'un Vaisseau pris & de son Équipage : *Aussi-tôt que nous eûmes fini d'amariner notre Prise, nous donnâmes Chasse à un autre Vaisseau.*

AMARRAGE. C'est toutes sortes de liures ou ligatures que l'on fait autour de deux cordages quelconques, pour les fouquer ou serrer l'un contre l'autre, de maniere qu'ils ne puissent pas se séparer ni glisser.

AMARRAGES, *Ligne d'Amarrage.* C'est une petite corde à trois Tourons goudronnés, qui est particuliérement propre à faire un Amarrage sur toutes sortes da manœuvres; mais on en augmente la grosseur selon le besoin & les circonstances, en se servant de Quarantenier & de Filain. Les Amarrages des Entalingures des Cables se font toujours avec du Quarantenier.

AMARRE. Commandement pour faire tourner & attacher une manœuvre, sur laquelle on travaille. *Amarre par-tout.*

AMARRE & *bonne main.* C'est-à-dire; Amarrer sans larguer; c'est tenir ferme sur le cordage en l'amarrant, afin qu'il ne molisse pas : *c'est un commandement.*

AMARRE *de bout.* On appelle Amarre de bout, un Cable ou Grêlin qui est mouillé droit devant le Vaisseau avec son Ancre, & dont l'autre bout est à bord.

AMARRE *du travers.* C'est celle qui est allongée par le travers du Navire, soit Cable ou Grêlin. On dit aussi *Cable ou Grêlin du Travers.*

AMARRÉ, *Vaisseau Amarré.* C'est celui qui est affourché à demeure sur ses Ancres, dans une Rade ou Port, ou qui est attaché le long d'un Quai, ou d'un Ponton, ou sur des corps morts, &c. On dit; *Il est amarré.*

AMARRER. C'eſt attacher une choſe : on dit amarrer un Vaiſſeau, quand on l'affourche. *Il eſt à s'amarrer... Il vient de s'amarrer.* On ſe ſert de la même expreſſion pour dire qu'on attache une manœuvre : *Faites amarrer la grande Ecoute... Amarre.*

AMARRES. Ce ſont les Cables & Grêlins qui ſervent à affourcher ou amarrer un Vaiſſeau. *Il a toutes ſes Amarres à Bord, Il eſt ſur ſes Amarres, ou ſur les Amarres du Port* : c'eſt-à-dire, qu'il eſt amarré avec des cables qui appartiennent au Port.

AMARRES *de Chaloupe, de Canot.* Ce ſont les Cableaux ou Auſſières qui ſervent à les amarrer. On dit : *Les Amarres des Bateaux.*

AMATELOTER. C'eſt diſtribuer un Équipage deux à deux pour le Quart, afin que l'un veille, tandis que ſon Matelot repoſe ; & l'on donne alors à la premiere partie de l'Équipage, le nom de *Tribord*, & à la ſeconde qui doit être égale à la premiere en nombre & en force, celui de *Babord* : ainſi, quand un Équipage eſt amateloté, on dit *Tribord* ou *Babord* au Quart.

AME. L'âme d'une piece d'Artillerie, n'eſt autre choſe que ſon intérieur ; c'eſt le vuide qui entoure ſon axe cilindriquement, & dans lequel on met la charge.

AMÉLOTES *ou* Amolettes. Ce ſont des trous quarrés en piramide tronquée, dont l'entrée eſt plus grande que le fond ; on les pratique dans les têtes des Cabeſtans, & ſur les Vireveaux, pour placer les Barres ou Leviers ſur leſquels l'Equipage travaille pour lever les Ancres & gros fardeaux.

AMÉNAGEMENTS. On entend par *Aménagements d'un Vaiſſeau*, tous les compartiments & logements que l'on pratique dans l'intérieur par des cloiſons, pour ſéparer les différents effets, en faiſant des Soutes & des Calles ; les faux Ponts, les Chambres & Logements d'Officiers, &c. ſont des Aménagements : Un Vaiſſeau eſt bien aménagé, quand il eſt bien diſtribué intérieurement.

AMENE. Commandement pour faire baiſſer quelque choſe ; ainſi l'on dit : *Amene les Huniers, les baſſes Vergues, Mâts de Hune, &c.* & à un Vaiſſeau ennemi plus foible que ſoi, *Amene le Pavillon*, pour lui dire de ſe rendre.

AMENÉ. Un Vaiſſeau eſt amené, quand il a baiſſé ſon Pavillon pour ſe rendre : *Il ne veut plus combattre, il eſt amené, il a amené.* On dit auſſi : *Il a amené ſes Huniers, ſes Perroquets,* lorſqu'il les a baiſſés.

AMENER. C'eſt abaiſſer *ou* mettre bas une choſe élevée : *Il vient d'amener... Il amene ſes Huniers.*

AMENER *un Vaiſſeau par le travers*, ſe dit d'un Vaiſſeau qui en chaſſe un autre de l'Avant à lui, & qui le met par ſon travers : *En deux heures de Chaſſe nous l'amenâmes par notre travers... Nous amenâmes la terre ſur le bord du S. à O. N. O. & enſuite nous fimes porter*: Ainſi amener un objet à un point de la Bouſſole, c'eſt ſe mettre dans le cas de le relever à ce point.

AMENER *les Mâts de Hune.* C'eſt les baiſſer ſans les dégréer.

AMENER *les baſſes Vergues.* C'eſt les baiſſer pour faciliter d'amener les Mâts de Hune, pour diminuer l'effet du vent ſur le Vaiſſeau.

AMIRAL. L'Amiral eſt le Chef Général des Flottes, des Armées & de la Police Navale d'un État : Cette Charge eſt une des premieres de la Couronne, ſes Privilèges ſont expliqués dans les Ordonnances de 1669, 1681, & confirmés par celle de 1765. L'Amiral porte un Pavillon quarré au grand Mât.

AMIRAL, *Vaiſſeau Amiral.* C'eſt celui que monte l'Amiral en perſonne, quand il commande une Armée Navalle; depuis le combat de Malaga en 1704, l'Amiral de France n'a pas armé. On appelle auſſi *Amiral*, le Vaiſſeau qui porte le Pavillon blanc au Mât, à l'Avant-garde des Ports du Roi, & Bord duquel ſe fait la Juſtice du Conſeil de guerre.

AMIRAUTÉ. L'Amirauté eſt une Juriſdiction qui exerce ſous le nom & l'autorité de l'Amiral, elle a beaucoup de Droits connus ſous le titre de Droits d'Amirauté; tel eſt celui de jouir du Dixième de la valeur des Priſes faites ſur les ennemis de l'État : ce Droit eſt onéreux & décourageant pour les Armateurs, auſſi fut-il ſupprimé dans la guerre de 1756.

AMORCE. C'eſt un terme d'Artillerie; on amorce les Canons, les Fuſils, les Piſtolets, &c. en mettant de la poudre ſur la lumiere, & faiſant une traînée juſque ſur la Plate-bande, pour communiquer le feu à la charge. On dit : *Les Canons & toutes les Armes ſont amorcés, ils ont leurs Amorces.*

AMORCER. C'eſt mettre l'Amorce aux Armes à feu.

AMONT. Vent d'Amont, qui ſouffle du côté de l'Eſt. On dit : *Le vent eſt à l'Amont... C'eſt une Nuaiſon d'Amont*, quand il y a apparence qu'il ſoufflera quelque temps de la partie de l'Eſt.

AMORTI, *Vaiſſeau amorti.* C'eſt celui à qui l'on a fait perdre ſon Aire, pour mouiller ou pour ſonder, &c.

AMORTI. Un Vaiſſeau eſt amorti dans un Port, quand les Marées ſont mortes, & qu'il reſte échoué juſqu'au grandes Marées des nouvelles & pleines Lunes. Ainſi l'on dit : *Il a amorti la Marée.*

AMORTIR *l'Aire.* C'eſt arrêter un Vaiſſeau, en lui faiſant perdre ſa viteſſe peu-à-peu ou tout d'un coup : on dit auſſi *Amortir*, d'un Vaiſſeau qui reſte échoué dans l'intervalle des grandes Marées pendant les Mortes-eaux, & qui ne peut ſortir qu'au renouvellement de la Marée des pleines & nouvelles Lunes, aux eaux vives.

AMPLITUDE. On entend par ce terme d'Aſtronomie, l'Arc de l'horizon qui marque le nombre des dégrés qui ſe trouvent entre le vrai point où un Aſtre ſe couche ou ſe leve, & l'Oueſt ou l'Eſt du monde; elle eſt Ortive le matin de l'Eſt vers le Nord ou le Sud, ſelon la dénomination de ſa déclinaiſon, & Occaſe le ſoir, Nord ou Sud ſelon la dénomination de la même déclinaiſon.

AMURE. C'eſt un commandement pour faire amurer la voile déſignée en hallant ſur ſes Amures du côté du vent. Ainſi l'on dit : *Amure la Miſaine, la grand Voile à Tribord ou Babord... Amurer les baſſes Voiles*, &c.

AMURÉ. Un Vaiſſeau eſt amuré Tribord, s'il a Tribord au vent; ou Babord, ſi c'eſt Babord qui eſt du bord du vent. *Il a amuré ſes baſſes voiles tout d'un coup pour tenir le vent.* On dit : *Le Vaiſſeau du vent eſt amuré Tribord, & celui de deſſous le vent, eſt amuré Babord.*

AMURÉE. Une voile eſt amurée, quand elle eſt bien tendue, & qu'elle a le point du vent auſſi bas qu'il puiſſe être.

AMURER. C'eſt baiſſer le point du vent d'une voile pour la tendre de ce côté là autant qu'il eſt poſſible, en faiſant haller ſur ſon Amure.

AMURES ou *Lofs*. Ce ſont des Cordages, qui étant frappés ſur les points des différentes voiles, ſervent à les fixer du côté du vent, & à les tendre, quand on veut courir au plus près ou largue, & ils prennent le nom de leur voile; ainſi l'on dit : *Amures de Miſaine & grandes Amures, &c.* Les Amures ſont garnies en Bitord dans toute l'étendue du cordage qui peut aller ſur le Rouet du Dogue d'Amure, & ont un Cul-de-port, pour les retenir dans le point de la Voile à qui elles doivent ſervir. Les Amures des baſſes Voiles ſont doubles ou ſimples; dans le premier cas elles ſont dormant d'un bout auprès du Dogue d'Amure ou du Boute-Lof, paſſent ſur une Poulie ſimple, placée ſur le point de la Voile, & reviennent enſuite ſur le Rouet du Dogue d'Amure ou d'une Poulie, pour être cueillies ſur les Ponts, ou allongées ſelon la circonſtance; dans le ſecond cas, l'Amure fait dormant ſur le point de ſa voile, & paſſe tout ſimplement ſur le Rouet du Dogue d'Amure.

AMURES. *Reprendre les Amures de l'autre Bord*, ou *Changer les Amures*; c'eſt virer de bord vent devant ou vent arriere, pour preſenter au vent le côté qui étoit ſous le vent.

AMURES *à Babord* ou *à Tribord*. On dit d'un Vaiſſeau qu'il a les Amures à Babord, quand ſes Voiles ſont amurées de ce côté-là; il a les Amures à Tribord, s'il tient le vent du côté de Tribord.

ANÇES ou *Anſes*. Ce ſont des enfoncements le long des côtes, moins étendus & moins profonds que les Baies, & plus ouverts que les Ports; tous les petits enfoncements qui ſe trouvent dans les Baies & Ports, ſont des Ançes.

ANCRAGE. C'eſt un endroit où on peut jetter l'Ancre & y mouiller; *Tous les endroits de cette côte ne ſont pas d'un bon Ancrage.*

ANCRAGE, *Droit d'Ancrage*. C'eſt un Droit que l'on paie dans certains endroits, pour avoir la permiſſion d'y reſter.

ANCRE. C'eſt une machine de fer, dont on ſe ſert pour tenir & amarrer les Vaiſſeaux dans tous les endroits où ils peuvent mouiller. Le Corps ou la Verge de l'Ancre eſt terminé à un bout, par les bras qui forment en ſe courbant en arc, un angle fort ouvert ; à l'extrémité & deſſus ces bras ſont ſoudées en dedans les pattes en pointes triangulaires, auxquelles on donne une largeur ſuffiſante, pour qu'elles prennent bien dans le ſable, s'y enfonçant par la pointe ou bec, en tombant ſur le fond ; à l'extrémité de la Verge oppoſée au bras, eſt un anneau qu'on appelle l'Organeau, dans lequel paſſe le Cable, quand on l'entalingue, & tout auprès en-deſſus de l'Organeau, on met une pièce de bois que l'on nomme Jas ou Jouail, de la longueur entiere de l'Ancre, qui croiſe les bras à angle droit; cette piece de charpente eſt de deux morceaux, bien joints, liés par de bonnes chevilles de bois, & ſix forts cercles de fer mis de force, à coups de maſſes, & retenus en outre par deux mortaiſes qui reçoivent les Arrêtes ou Tenons de fer forgés avec l'Ancre, placés de chaque côté de la Verge, à 6, 8, 10 pouces, plus ou moins de l'Organeau, ſelon la groſſeur de la machine, qui eſt proportionée à la grandeur du Navire à qui elle doit ſervir. On éprouve les Ancres, en les élevant à une certaine hauteur, & les laiſſant tomber enſuite ſur le Diamant ou jonction des deux bras avec la Verge, pour voir s'ils ne ſe fauſſent pas. On eſſaie auſſi, ſi l'une des Pattes ſe tournera vers le fond en tombant; & pour cela on poſe obliquement l'Ancre ſur une ſurface unie, le bout d'une patte, & l'un des bouts du Jas portant ſur la ſurface; dans cette ſituation, ſi l'Ancre tourne, & que la pointe de la patte qui ne touche pas à terre, s'éleve, l'Ancre eſt bonne, parce que le Jas domine, & ſe place parallellement au fond. Il eſt évident que ſi on faiſoit les Ancres à quatre pattes ſans Jas, & qu'on les plaçât à angles droits les unes à l'égard des autres, elles ſeroient comme les Grapins, & auroient toujours deux pattes de priſe ſur le fond; ce qui les rendroit meilleures & plus ſûres; avec cela elles ſeroient moins embarraſſantes pour mettre ſur le bord.

ANCRE, *grande Ancre* ou *maîtreſſe Ancre*. C'eſt la plus groſſe & la plus peſante de celles qu'on embarque ſur un Vaiſſeau : on la tient ordinairement dans la Cale, à un des panneaux, afin de pouvoir la prendre au beſoin pour l'enjâler, & la mettre en état de ſervir. Les Ancres ont toujours pour poids la moitié de la peſanteur de leurs Cables ; ainſi ſi le grand Cable d'un Vaiſſeau eſt de 22 pouces de circonférence, & de 120 braſſes, ſon poids ſera de 11820 livres; de ſorte que la grande Ancre devra peſer 5910 livres, ou 6000 livres, non compris le Jas ni ſes cercles; c'eſt auſſi la même choſe pour toutes les autres Ancres.

ANCRE, premiere, ſeconde, troiſieme & quatrieme Ancre. Ce ſont les quatre Ancres d'Affour que l'on porte ſur le bord, & que l'on peut facilement mettre en mouillage : leurs poids ne ſont jamais d'une grande différence de la premiere à la quatrieme, qui eſt la moins forte : il n'eſt guères que de cinq à ſix cent liv. dans les Vaiſſeaux de ſoixante-ſix Canons. On mouille & affourche avec ces quatre Ancres ; & la grande Ancre ne ſert que dans des Parages critiques, dans des coups de vent, & lorſqu'on craint de ne pouvoir pas tenir, ſans chaſſer ſur une des Ancres d'Affour.

ANCRE *de Boſſoir*. On appelle ainſi, les Ancres qui ſont au Boſſoir, prêtes à mouiller, ou que l'on peut facilement mettre en mouillage.

ANCRE *de Flot*, ou *de Juſant*. Ce ſont celles qui ſont opposées aux flux & reflux de la mer. Ainſi l'Ancre ſur laquelle le Vaiſſeau travaille, quand il eſt évité de flot, eſt appellée l'*Ancre de Flot*, &c.

ANCRE *de terre* : *Ancre du large*. Ce ſont celles qui ſont oppoſées l'une à l'autre, étant mouillé ; la premiere à terre du Navire, & la ſeconde au large : ainſi l'on dit ; *Notre Ancre du large chaſſa ; ce qui nous approcha beaucoup du rivage, juſqu'à venir à l'apel du Cable que nous avions ſur celle de terre.*

ANCRE *à Jet* ou *à Touer*. Ce ſont de petites Ancres, depuis cent juſqu'à douze cent livres peſant, ſelon la grandeur des Vaiſſeaux, dont on ſe ſert pour touer les Vaiſſeaux, & les faire changer de place ſur des Grêlins & Auſſières; on les appelle ainſi, à cauſe de leur uſage, qu'on peut les porter aiſément, & les jetter avec facilité à la mer, pour les mouiller.

ANCRE : *être à l'Ancre*. C'eſt être mouillé dans un Port ou Rade. *Le vent contraire nous fit reſter à l'Ancre... Nous reſtâmes ſur nos Ancres, & l'ennemi n'oſa nous approcher, malgré la timidité & le déſavantage de cette manœuvre.*

ANCRE *traverſée*. C'eſt celle qui étant ſuſpendue au Boſſoir ſur ſa Boſſe de bout, a été ſaiſie par les Becs, & élevée au-deſſus de l'eau le long du Bord, & qui reſte dans cette ſituation ſur ſa Serre-Boſſe, pour être prête à faire Penau, & mouiller.

ANCRE *au Boſſoir*. L'Ancre eſt au Boſſoir, quand elle eſt ſuſpendue par ſa Boſſe de bout, ſous le Boſſoir, & que l'Organeau y touche preſque.

ANCRÉ. Un Vaiſſeau eſt ancré, quand il eſt mouillé.

ANCRER. C'eſt jetter l'Ancre dans un endroit où on veut que le Vaiſſeau reſte quelque tems ; mais on préfere, & on dit toujours *Mouiller*.

ANDAILLOTS, ou *Bagues*. Ce ſont des anneaux qui ſervent à tendre les voiles d'Étai ſur leurs Drailles ; on les place ſur la têtiere de la voile ; on paſſe enſuite la Draille dedans, & elles facilitent alors le virage, en gliſſant ſur le cordage à meſure qu'on hiſſe la voile, qu'elles tiennent bien tendue, en la ſuſpendant par différents points.

ANGUILLIERES, ou *Lumieres*. Ce ſont des entailles faites ſur toutes les Varangues de fond de bout-en-bout, du côté du franc-bord ; de ſorte qu'il reſte un canal de deux pouces environ, entre le Bordage & le membre pour l'écoulement des eaux de l'Arriere à l'Avant, afin de leur faciliter le passage jusqu'aux Pompes.

ANNEAU *de Quai.* Ce sont de grosses & grandes boucles, ou Organeaux de fer, que l'on place dans les Quais des Ports, pour amarrer les Vaisseaux & Bateaux. On se sert souvent d'Ancres, que l'on fait entrer dans la maçonne, & dont il ne sort que l'Organeau, qui fait alors l'anneau ou boucle de Quai.

ANORDIE. On appelle *Anordie* un fort vent, qui souffle de la partie du Nord, & qui est de longue durée. *Nous essuyâmes une Anordie en beauture, qui nous favorisa pendant quinze jours, & qui finit heureusement, lorsque ce vent alloit nous devenir contraire, parce que nous nous trouvions dans le cas de faire le Nord, pour nous élever en Latitude.*

ANSPECT. On appelle ainsi un Levier du premier genre, & qui devient souvent du second, par l'usage qu'on en fait, & la maniere dont on s'en sert : il est particuliérement employé au service de l'Artillerie & des Ancres.

ANTENNE. On appelle Antenne, toutes les Vergues des voiles de Galeres, de Chabec, & de toutes sortes de Navires dont la voilure est triangulaire.

ANTIPODES. On apelle ainsi les lieux de la terre qui sont diamétralement opposés ; ils sont Antipodes l'un de l'autre.

APARAUX. *Agrès* & *Aparaux.* Tout ce qui concerne l'équipement d'un Vaisseau, en fait de Manœuvres, Voiles & ustenciles de toutes especes.

APAREIL. On désigne la sorte d'Apareil, & l'on entend par ce terme, les préparatifs pour carèner, ou pour mâter, ou pour faire tout travail qui demande que les forces soient multipliées & grandes. Ainsi l'on dit : *Apareil de mâture, pour mâter & démâter un Vaisseau : Apareil de Carène, pour carèner*, &c.

APAREIL *de Pompe.* C'est le bâton de la Pompe, garni de sa Heuze, & la Pompe de sa Chopine.

APAREILLAGE. On dit d'un Vaisseau ; qu'il a fait ou manqué son Apareillage : ainsi l'Apareillage est l'évolution & le travail d'un Navire qui apareille.

APAREILLE. Un Vaisseau apareille, quand il met à la voile, & qu'il leve ou quitte ses Ancres.

APAREILLÉ. Un Vaisseau est apareillé, quand il a levé ses Ancres, qu'il est sous voiles, & qu'il fait route : on dit aussi qu'un Hunier ou Perroquet est apareillé, quand on l'a déferlé & orienté.

APAREILLÉE. Une Escadre ou Flotte est apareillée, quand tous les Vaisseaux sont sous voiles, & qu'ils font route ensemble.

APAREILLEE. Une voile est apareillée, quand elle est bordée & orientée.

APAREILLER. C'est mettre à la voile : *Le Vaisseau va apareiller... Il vient d'apareiller.* Quand on a disposé tout ce qui est nécessaire pour mettre à la voile, il ne reste plus qu'à apareiller. La manœuvre d'apareiller est souvent délicate, & demande des combinaisons différentes, selon les circonstances ;

c'eſt une évolution du Navire, qui eſt brillante, & fait honneur au manœuvrier qui l'exécute hardiment dans certains cas.

APAREILLER *une voile* C'eſt la déferler, la border, hiſſer & l'orienter: ainſi l'on dit: appareiller les baſſes voiles, un Hunier, &c. *Nous apareillâmes nos Huniers & Perroquets.*

APELLE. Un Cable apelle de Tribord, quand il eſt tendu du côté de Tribord; il apelle de Babord, quand il eſt tendu de ce côte-là; & de l'Avant, quand il vient de cette partie. *D'où vient le Cable? .. D'où apelle le Cable?... Le Cable apelle-t-il?* Ce ſont des queſtions que l'on fait à ceux qui ſont ſur l'Avant, pour ſçavoir s'il travaille, & de quel côté.

APELLE *droit.* Une manœuvre apelle droit, lorſqu'elle eſt tendue ſans toucher nulle part, ni ſans être détournée.

APELLE *de loin.* Une manœuvre apelle de loin, quand elle eſt amarrée à une grande diſtance.

APELLER *en Étrive.* C'eſt apeller obliquement, en flottant ſur quelque choſe qui détourne la manœuvre. *Voyez* ÉTRIVE.

APIQ, *Être Apiq.* Se dit lorſque le Vaiſſeau eſt ſur ſon Ancre perpendiculairement, & que le Cable eſt bien roide.

APIQ, *Mettre Apiq*; C'eſt virer le Cable dedans avec le Cabeſtan, juſqu'à ce que le Vaiſſeau ſoit perpendiculairement ſur l'Ancre.

APIQ, *Longue Piq.* C'eſt être preſque ſur ſon Ancre, & lorſque le Cable apelle encore un peu de l'avant.

APIQUÉE, *Vergues apiquées. Voyez* VERGUES APIQUÉES.

APIQUER. Le Cable commence à apiquer; c'eſt-à-dire, qu'il approche de la perpendiculaire.

APIQUER *une Vergue.* C'eſt une manœuvre qui ſe fait en peſant ſur une des Balancines de la Vergue, & filant de l'autre, pour élever un des bouts, & baiſſer l'autre, afin de pouvoir paſſer plus proche des Vaiſſeaux, quand on entre en touant dans un Port.

APOTRE. *Voyez* ALLONGES D'ÉCUBIERS.

APPOINTEMENT. C'eſt la ſolde qu'on paie aux Officiers par mois pour leur ſervice. Les Officiers Marchands font leurs conditions avec leurs Armateurs; & les Appointemens de ceux du Roi, ſont fixés par l'Ordonnance de 1765.

APROCHE. Le vent aproche, quand il devient contraire.

APPROVISIONNER *un Vaiſſeau.* C'eſt le fournir de tout ce qui eſt néceſſaire à la vie des hommes qui s'embarquent.

APUI *de fenêtre*; C'eſt l'Acoudoir.

APUYER *la Chaſſe.* C'eſt pourſuivre hardiment un Vaiſſeau qui fuit.

APUYER *les bras du vent.* C'eſt les roidir comme il faut, lorſqu'on n'eſt pas tout-à-fait au plus près, afin que les voiles ſoient moins obliques à la Quille, & qu'elles ſoient orientées plus avantageuſement.

ARAIGNÉE. Ce sont plusieurs branches de cordage, qui vont se terminer sur les étais des bas Mâts, se réunissant au même point, & passant dans la même Moque; chaque Branche ou Marticle, partant de différents points dans tout le front de l'avant des Hunes qu'elles garnissent, pour empêcher que les Huniers ne se prennent sous la Hune pendant le calme. On met une Araignée sur le Foc de derriere, pour qu'il soit mieux tendu au vent.

ARBRE *de Grue* L'Arbre d'une Grue est une grosse pièce de bois, qui, demeurant ferme & stable, soutient d'autres pièces de charpente, qui tournent dessus & autour, comme on peut le voir dans toutes les Grues qui se trouvent dans les Ports, sur les Quais, & aux Chantiers de construction.

ARBOUTANT. On appelle Arboutant toute pièce de bois qui sert à pousser au large : ainsi l'on met dans chaque Hune un Arboutant; à un des bouts duquel on fait une entaille en arc pour placer le Cal-Hautbant-volant, quand on veut le pousser au large pour lui donner plus d'épattement, afin qu'il puisse mieux soutenir le Mât de Hune contre l'effort du vent. On appelle aussi Arboutant, des pièces de charpente qui en soutiennent d'autres perpendiculairement ou obliquement.

ARC. C'est une portion de cercle d'un certain nombre de dégrés : mais on dit dans la Marine, qu'un Vaisseau a de l'Arc, quand il a perdu sa Tonture, que ses extrémités sont tombées, & qu'au coup-d'œil il paroît une convexité en dessus, vers le milieu; & quoique cette courbure soit extrêmement allongée, & qu'elle ne participe point des propriétés de l'Arc, on ne laisse pas, par usage, de lui donner ce nom.

ARCASSE. On entend par Arcasse, toute la voûte du Vaisseau prise à l'Arriere, depuis la Flotaison jusqu'au-dessous des fenêtres de la Grand'Chambre. Cette sortie de la Voûte & Contre-voûte des Œuvres mortes, n'est donnée que pour laisser du jeu à la tête du Gouvernail, qui pénetre dans l'intérieur, au-dessus de la Barre d'Arcasse, & au-dessus du second Pont.

ARC-EN-CIEL. C'est un Arc qui paroît au Ciel, lorsqu'on a le dos tourné au soleil & qu'on est entre un nuage de pluie & le soleil qui l'éclaire ; quelquefois on voit deux Iris l'un sur l'autre ; l'intérieur est plus vif en couleur que l'extérieur, le premier a les sept couleurs primitives du Prisme du bas en haut ; le violet, l'indigo, le bleu, le verd, le jaune, l'orangé & le rouge ; dans le second les sept couleurs sont dans un ordre contraire & moins distinct ; tout cela n'est que l'effet de la décomposition des rayons de lumiere par les gouttes d'eau dont la base circulaire est sur le nuage, & la réunion dans notre œil où elle forme le sommet d'un cône, ainsi qu'on peut le voir dans les ouvrages de Physique.

ARCENAL *de Marine*. Un Arcenal de Marine contient les armes des Navires, leurs Gréements, & en général tout ce qui est propre à les construire, armer & entretenir.

ARCHIPEL. C'eſt un amas conſidérable d'Iſles, tel que l'Archipel des Maldives, celui des Philippines, celui qui eſt ſi connu dans la Mer Méditerranée, &c. *Voyez* Isles.

ARCHIPOMPE ou *Puits.* C'eſt un retranchement de planches bien ſolides, fait autour du grand Mât & des Pompes, pour les garantir de tout choc qui pourroit les endommager : dans les Vaiſſeaux de guerre qui ont des Pompes à tous les Mâts, on fait auſſi un Archipompe.

ARCHITECTURE *Navale.* C'eſt l'Art du Conſtructeur, tant en théorie qu'en pratique ; il demande beaucoup de connoiſſances Géométriques & d'expérience que la plupart des Conſtructeurs n'ont pas. Il eſt au moins de l'équité d'obſerver ici, que depuis M. Bouguer, de l'Académie des Sçiences, & Monſieur Olivier pere, Ingénieur-Conſtructeur au Port de Breſt & Chevalier de Saint Louis, il n'a rien paru de neuf ſur l'Architecture Navale, tant en théorie qu'en pratique, & que depuis eux cette premiere partie de la Marine a reſté au point où ces Meſſieurs l'ont laiſſée ; perſonne n'ayant ſçu tirer parti des principes du premier, ni de l'expérience du ſecond.

Auſſi voyons-nous que les meilleurs Vaiſſeaux ſont encore ceux qui ont été conſtruits ſur les plans de M. Olivier ou ſur ſes principes, deſquels on ne s'eſt guères écarté, quoiqu'il y ait encore autant de chemin à faire au moins du côté de la perfection, qu'il en a fait lui-même.

ARCQUE. Un Vaiſſeau arcque, lorſqu'il commence à baiſſer par les extrémités, tandis que le milieu reſte à la même hauteur ; c'eſt un défaut qui caractériſe les vieux Vaiſſeaux & tous ceux qui ſont trop foibles dans leurs liaiſons, ou dont les liaiſons ſont mal faites.

ARCQUÉ. Un Vaiſſeau eſt arcqué, quand il a ſes extrémités plus baſſes que le milieu, & qu'il a perdu au coup d'œil une partie de ſa Tonture & de ſa grace : on connoît facilement de combien un Navire eſt arcqué en meſurant l'Arc du premier Pont ou celui de la Quille, lorſqu'on le carène.

ARCQUER, *s'Arcquer.* Un Vaiſſeau qui eſt touché par le milieu, ou dont les extrémités ſont chargées, tandis que le milieu ne l'eſt pas, doit néceſſairement s'arcquer ; ainſi l'on dit d'un Vaiſſeau dans une de ces poſitions : *Il va s'arcquer... Il s'arcquera.*

ARDENT ou *Ravier.* Un Vaiſſeau eſt ardent, quand il a beaucoup de diſpoſition à venir au vent contre ſon Gouvernail & l'effet de ſes Voiles d'avant ; en général les Vaiſſeaux ſont ardents, quand il ſurvente ou qu'on leur fait porter trop de Voile dans les routes obliques.

ARÊTE. Une pièce de bois eſt à vive-arête, quand ſes angles ſont bien marqués après qu'elle eſt équariée : c'eſt auſſi tout angle ſolide que l'on peut appercevoir ſur la ſurface d'un corps quelconque.

ARÊTÉ.

ARÊTÉ. Un Vaisseau est arêté, quand il n'a plus de mouvement, soit dans sa vîtesse ou dans ses évolutions.

ARGANEAU ou *Organeau*. C'est en général un gros Anneau ou Boucle de fer, qui tourne dans un Piton de fer forgé sur l'Arganeau, & ces deux pièces ensemble font l'Arganeau proprement dit; ainsi on appelle Arganeau d'Ancre, la Boucle dans laquelle passe le Cable pour faire l'Entalingure. Arganeau de Canons, ceux qui sont placés dans le bord, des deux côtés de chaque Sabord, & sur lesquels on frappe les Bragues des Canons; on donne le même nom à ceux qui sont sous le derriere de chaque Affût, sur les Ponts des Vaisseaux & sur les Hiloires du milieu, vis-à-vis des Sabords, parce qu'ils servent à crocher les Pallans de retraite des Canons. Arganeaux de Sabords, ceux qui sont dans les Mantelets pour fermer les Batteries bien solidement. On met encore des Arganeaux au-dessus des Sabords des Batteries basses, dans les Serres, pour tenir les Canons à la Serre. On en place en outre sur les Ponts pour saisir les Batteaux, pour mettre sur des Cosses les Bosses à Fouet & à Bouton qui servent à bosser les Cables, & dans une infinité d'endroits pour crocher & estroper des Poulies de manœuvre, &c.

ARGANEAUX *à Cosses*. Ce sont ceux qui ont de plus que les autres, une Cosse de fer passée & soudée sur la boucle de l'Arganeau, & sur laquelle on estrope les Poulies ou Bosses, &c.

ARIOLLE. La Mer s'ariolle, lorsqu'étant élevée & battue de plusieurs Lames, elle tombe pour ne l'être plus que du côté d'où le vent souffle.

ARIOLLÉE. La Mer est ariollée, lorsqu'il n'y a qu'une petite Lame qui suit le cours du vent.

ARMATEUR. C'est le titre du Négociant qui fait des Armements de Vaisseaux pour le commerce & la guerre.

ARMATEUR. On entend aussi le Vaisseau qui est armé en course, & qui fait la guerre aux ennemis de l'État pour son propre compte. *Voyez* CORSAIRE.

ARME. On entend tout ce qui peut servir à l'attaque & la défense d'un Vaisseau, comme Canons, Poudres, Boulets, Mitrailles en grappes de raisin, Grenades, Méches, Fusils, Pistolets, Sabres, Haches d'Armes, Piques, demi-Piques, Pertuisannes, Hallebardes, Espingoles, Pierriers, Grapins d'abordage, &c.

ARME *la Chaloupe*. C'est ordonner de faire embarquer l'Équipage de la Chaloupe, & tout ce qui lui est nécessaire pour le temps qu'elle sera hors du Vaisseau; on arme dans le même temps les Canots.

ARMÉ. Un Vaisseau est armé, quand il est équipé & prêt à faire voile: il est armé en guerre, quand il est équipé pour combattre sans faire aucun commerce: il est armé en marchandises, quand il est chargé, & que sa Cargaison est faite pour être vendue ou dépoſée en magaſin au profit de quelques Négociants : enfin un Vaiſſeau eſt armé en guerre & marchandiſes, quand en outre de ſa Cargaiſon, il a une bonne Artillerie & un fort Equipage, qui le met en état de ſe défendre & d'attaquer. Un Vaiſſeau de Guerre bien armé doit avoir 10 hommes par Canon; ſi c'eſt un Vaiſſeau de 74 Canons, il aura 740 hommes, & un de 80 pieces ſera armé de 800 hommes, &c.

ARMÉ *en courſe.* Un Vaiſſeau de guerre eſt dit armé en courſe, quand il n'eſt deſtiné qu'à croiſer ſur les Vaiſſeaux ennemis.

ARMÉE *Navale.* C'eſt une Armée de Mer compoſée d'un certain nombre de Vaiſſeaux de Ligne qui doivent combattre ſous les Ordres d'un Général ou Officier reputé tel. Lorſqu'il n'y a que dix ou dix-huit Vaiſſeaux enſemble, ce n'eſt plus qu'une Eſcadre. L'Armée Navale eſt toujours ſéparée en pluſieurs corps, que l'on connoît ſous le nom d'Eſcadre & de Diviſion. *Voyez ces termes.*

ARMEMENT. C'eſt l'équipement de pluſieurs Vaiſſeaux ou d'un ſeul; ainſi l'on dit : qu'*il y aura un fort Armement à Breſt*, quand la Cour a envoyé l'ordre d'équiper beaucoup de Vaiſſeaux & Frégates de guerre dans ce Port. On dit auſſi : *Il n'y a qu'un deux ou trois Vaiſſeaux, &c. en Armement... Le Vaiſſeau de Guerre le Royal Louis eſt en Armement avec ſix autres Vaiſſeaux & Frégates, &c.* Dans les Ports marchands, où les particuliers font leurs Armements, on dit : *L'Armement pour l'Amérique & Côtes de Guinée a été fort conſidérable à Nantes & Bordeaux; celui de l'Iſle de Terre-neuve, pour la Pêche de la Morue, a été très-foible à Saint Malo; c'eſt le plus petit Armement qui ait été fait depuis la guerre, &c.*

ARMEMENT. L'Armement d'un Vaiſſeau eſt complet, quand il ne lui manque rien, parce qu'on entend toujours par l'Armement d'un Vaiſſeau, tout ce qui ſert à l'équiper. Un Vaiſſeau eſt en Armement, quand on le carène, le mâte, le grée, le charge & l'arme, &c. *Son Armement a été fait dans l'eſpace de deux mois.*

ARMER *un Navire.* C'eſt le travail & l'action de l'Armement.

ARMER *une Priſe.* C'eſt mettre du monde & un Capitaine du Vaiſſeau preneur à bord d'un Vaiſſeau pris.

ARMER *les Bateaux.* C'eſt leur donner leurs Equipages & Armement, pour les mettre en état de naviguer.

ARMER *les Avirons.* C'eſt les border & les mettre en état de ſervir & de nager, ſoit à bord du Vaiſſeau ou des Bateaux.

ARMER *les Canons.* C'eſt mettre le Boulet & de la mitraille dans le Canon; ainſi l'on dit : *Nos Canons étoient armés ou chargés à Boulets & mitraille.*

ARMURIER. L'Armurier d'un Vaiſſeau eſt un Officier non Marinier, qui a ſoin des Fuſils & de toutes les petites

Armes pour les accommoder & entretenir sous la direction du Capitaine d'Armes.

ARRIERE. C'est la partie de la Poupe d'un Navire, comprise depuis le grand Mât jusqu'au Couronnement; ainsi l'on dit: *Le Gaillard d'Arriere, les Voiles, Manœuvres & Mât de l'Arriere, &c.*

ARRIERE. *Être de l'Arriere d'un Vaisseau*, c'est être derriere lui; ainsi l'on dit: *Nous sommes de l'arriere... Nous allons de l'arriere... Nous passons de l'arriere... Nous demeurons de l'arriere*, pour dire qu'on ne va pas aussi vîte que lui, & qu'il passe de l'avant, & quand on marche mieux qu'un autre Vaisseau, on dit: *Il reste de l'arriere... Nous le laissons de l'arriere, &c.*

ARRIERE-GARDE. C'est la partie d'une Armée, qui est destinée à combattre derriere le Corps de Bataille, dans la ligne ou Ordre de Combat; c'est le plus souvent le troisieme Officier Général de l'Armée qui commande l'Arriere-Garde ou troisieme Division.

ARRIMAGE. On entend en général, par *Arrimage*, l'arrangement & la distribution des munitions de toutes especes, & des marchandises qui se placent dans les différentes parties de la capacité d'un Vaisseau. On dit: *telles ou telles choses sont d'un bon Arrimage*, pour exprimer qu'elles sont faciles à charger & arranger, & qu'elles contribueront à procurer de bonnes qualités au Navire, parce qu'elles ne sont pas d'une pesanteur spécifique, considérable, comme le fer & le plomb, qui demandent beaucoup de précaution: en un mot, un bon Arrimage, est celui qui en rendant les extrémités du Navire legeres, contribue cependant par ailleurs à augmenter sa stabilité, sans lui donner des mouvements durs & vifs dans le Roulis & le Tangage. On pourra voir sur cet article le détail que nous donnerons de l'Arrimage des Vaisseaux, dans le MANŒUVRIER COMPLET, qui suivra de près ce Dictionnaire.

ARRIMER. C'est l'action & le travail de l'Arrimage; c'est arranger les différentes choses que l'on embarque, & qui, toutes ensemble forment le chargement d'un Navire. La réputation d'un Vaisseau, pour sa marche & la douceur de ses mouvements, dépend fort souvent de son Arrimage.

ARRIMER *en Breton*. C'est arrimer de certains effets a contre-sens du plan ordinaire de l'Arrimage; par exemple, lorsqu'on Arrime des fûtailles dans le sens de la longueur du Vaisseau, & qu'il reste quelques vuides sur l'arriere ou l'avant d'une Entenne dans lequel on ne peut mettre une fûtaille dans le même sens, on la met en travers, & cela s'appelle *Arrimer en Breton*; de cette maniere, on ne perd que peu d'espace dans un Arrimage.

ARRIMEUR. C'est celui qui est préposé à l'opération de l'Arrimage, & qui en a la conduite, comme Officier Marinier, sous l'ordre de l'Officier Major: c'est l'homme de main. Il y a des Maîtres Arrimeurs jurés dans beaucoup de Pors Marchands,

ARRIVE. Un Vaisseau arrive dans un Port, quand il vient de la mer : ainsi l'on dit qu'un Navire arrive des Indes ou de l'Amérique, quand il vient d'une de ces parties du monde.

ARRIVE. Vaisseau qui arrive, qui obéit au vent, qui porte plus largue : on dit qu'un Vaisseau arrive, quand il obéit sous un grain, en faisant arriver ou porter, pour soulager sa Mâture, & éviter de donner une trop forte bande sous l'effort d'un vent violent. *Voilà un Vaisseau qui arrive, il obéit au vent, il porte largue.* Toutes ces manieres de s'exprimer signifient qu'il change de route, en prenant le vent plus de l'Arriere, & s'entendent toujours d'un Vaisseau qui a le vent dans ses voiles, ou tout au plus en Ralingues.

ARRIVE, *arrivez*. Commandement que l'on fait à un autre Vaisseau au Porte-voix, quand on a assez d'autorité sur lui, ou qu'on y est nécessité pour l'obliger à se mettre sous le vent, afin de passer librement, & éviter les accidents d'un abordage imprévu.

ARRIVE *tout.* C'est un commandement au Timonnier, pour qu'il mette le Gouvernail tout à arriver.

ARRIVÉ. Un Vaisseau est arrivé, quand il a obéi au vent; ainsi l'on dit : *Il a arrivé... Il est arrivé*, d'une certaine quantité d'aires-de-vent ou pointes de la Boussole, quand il a changé sa route en portant plus largue : *Il est assez arrivé.*

ARRIVÉE. L'arrivée d'un Navire n'est que son mouvement d'obéir au vent, sans que le Gouvernail y contribue : ainsi l'on dit : *Il est dans son arrivée*; l'on dit aussi au Timonnier : *Fais une arrivée*, pour qu'il obéisse un peu, & tout d'un coup au vent, par le moyen du Gouvernail, & au contraire, *Défie l'Arrivée*, pour qu'il le rappelle au vent par un coup de Gouvernail.

ARRIVER. C'est obéir au vent. *Laisse arriver*; c'est commander au Timonier de faire obéir le Vaisseau au vent, par le moyen du Gouvernail. On dit aussi à un Vaisseau qui n'est pas à son poste & qui gêne le passage, de laisser arriver; car c'est toujours celui qui n'est pas posté, qui doit plier.

ARRIVER *vent arriere.* C'est obéir au vent jusqu'à courir sur la parallele au lit du vent.

ARRIVER *tout plat.* Se dit d'un Vaisseau qui a obéi vivement au vent dans un cas pressé, & qui a fait une grande arrivée. *Il vient d'arriver plat... Il est arrivé plat... Le grain étoit si violent que nous fûmes obligés d'arriver tout plat, & d'obéir au vent.*

ARRIVER *par la contre-Marche.* C'est le mouvement successif des Vaisseaux d'une ligne au même point, lorsqu'ils sont dans les eaux les uns des autres, & qu'ils arrivent en obéissant au vent, de la même quantité de dégrés, pour changer de route, sans quitter l'ordre de Convoi. Ce mouvement commence par le Vaisseau de la tête, & tous les autres le suivent.

ARRIVER *sur un Vaisseau.* C'est aller à lui, en faisant porter pour lui couper le chemin.

ARRIVER *en dépendant, en rondissant.* C'est porter peu à peu, & de tems en tems, changeant de route à mesure qu'on veut faire porter davantage & courir plus largue, soit que l'on veuille donner du rumb à une pointe de terre, ou approcher peu-à-peu un Vaisseau.

ARTIMON. C'est la Voile du Mât le plus en arriere, & qui, dans la construction ordinaire est le plus petit des trois Mâts verticaux ; cette Voile est du nombre de celles qu'on nomme Latines : elle est portée par une Antenne, qui s'oriente dans le sens de la longueur du Vaisseau, & dont les Bras ou Ources sont placés sur les grands Haubans le plus de l'arriere : on la borde sur le couronnement Tribord ou Babord ; son usage principal est de faire venir le Vaisseau au vent.

ASCENSION *droite.* C'est le dégré de l'Équateur, auquel répond perpendiculairement chaque astre : ainsi l'Ascension droite d'un astre répond à la longitude sur la terre, & se compte du premier Méridien, & tout est absolument conforme dans les cieux & sur la terre ; mais elle se compte en heures & minutes, au lieu de se compter en dégrés, prenant 15 dégrés pour une heure, l'Équateur pour 24 heures ou 360 dégrés.

ASPECT, *l'Aspect d'une terre.* C'est sa vue ; ses hauteurs, plages, bois, rivieres, ruisseaux, &c. C'est enfin le coup d'œil à quelque distance que ce soit ; ce qui en varie les différents aspects, selon l'éloignement & la position.

ASSECHE, Un Rocher, un Banc, une Greve, des Vases assechent, lorsque la mer, en se retirant dans le reflux, les laisse à decouvert. Ansi l'on dit : *Le Port de la Rochelle & celui de Saint-Malo asséchent, parce que la mer, en se retirant, laisse les Vaisseaux à sec sur le fond, & l'on peut aller à bord sans se mouiller.*

A SEC, *être à sec* ; C'est être sans eau sous le Navire, ou sur un Banc ou Rocher, &c.: *Il est à sec... Nous sommes à sec... on va à bord à pied sec... Étant échoués, nous étions à sec de basse mer.*

ASSEMBLAGE. C'est un terme de Charpentier & de Ménuisier : il y a plusieurs sortes d'assemblages, ou joints de pièces de bois ; le quarré, c'est le plus simple ; l'assemblage à onglet est un assemblage oblique en diagonale : l'assemblage d'abouement est un assemblage partie quarré, partie à onglet : l'assemblage à queues percées, est celui dont les entailles ou queues d'une des pieces entrent à jour dans les entailles ou queues de l'autre : l'assemblage à queues perdues, est un assemblage dont les queues d'une des pièces entrent dans les entailles à mi-bois de part & d'autre, de sorte qu'on ne voit pas, comme dans le précédent, les queues en dehors des pièces : l'assemblage à queue d'aronde ou d'ironde, est celui dont l'entaille est plus large au pied de la queue qu'au collet, de sorte que, lorsqu'elle est entrée à jour ou à mi-bois dans son entaille, elle ne peut sortir de la mortaiſe que d'une ſeule maniere & d'un ſeul ſens, à moins que la queue ou l'entaille ne caſſe.

ASSIETTE. Situation du Vaiſſeau la plus avantageuſe pour ſes qualités de bien gouverner, bien porter la voile & bien marcher, tanguer & rouler médiocrement : ainſi quand on dit d'un Navire, qu'il n'eſt plus en aſſiette, qu'il a perdu ſon aſſiette, on entend qu'il a perdu de ſes qualités ; & ſi l'on dit qu'il eſt en aſſiette, on entend qu'il a toutes celles qu'on lui deſire, ou dont il eſt capable. Dans les Vaiſſeaux de guerre particuliérement, on ne peut être trop ſoigneux de conſerver leur aſſiette. Juſqu'à préſent, à la honte des Marins & Conſtructeurs, l'aſſiette des Vaiſſeaux a été une affaire du hazard & du tatonnement; mais le Conſtructeur habile déterminera toujours la ſituation du Vaiſſeau qu'il aura conſtruit, la plus favorable à la marche & autres qualités.

ASSURANCE. L'Aſſurance eſt une convention entre les Chargeurs ou Armateurs d'un Vaiſſeau, & un, ou pluſieurs autres Particuliers : elle garantit les Chargeurs & Armateurs de tout péril de mer & priſes du Vaiſſeau aſſuré, ſelon qu'il eſt ſpécifié par l'Acte ou Police d'aſſurance, aux conditions que ceux qui ſe font aſſurer, paieront tant pour cent de prîme aux Aſſureurs, ſoit que le Vaiſſeau ſur lequel eſt faite l'aſſurance, arrive à bon port ou qu'il périſſe; & dans ce dernier cas, où il y auroit accident au Vaiſſeau, la Prîme eſt ſouſtraite du capital qui eſt payé aux Chargeurs, & s'il n'y a pas de perte, & que le Navire arrive à bien, la Prîme eſt payée par les Chargeurs aux Aſſureurs : ainſi un Vaiſſeau aſſuré a 20 pour 100 de Prîme, qui ſe trouve arrivé à bon port; l'Aſſureur gagne les 20 pour 100: ſi au contraire, le Vaiſſeau eſt pris ou périt, l'Aſſureur paie aux Chargeurs 80 pour 100 de la ſomme aſſurée.

ASSURER. C'eſt convenir de payer une certaine ſomme pour cent, à ceux qui nous aſſurent que les Vaiſſeaux ou effets chargés arriveront à bon Port; ou s'ils ſont pris ou naufragés, on rembourſera le capital aſſuré, moins la prîme. *Voyez* ASSURANCE.

ASSURÉ. C'eſt celui qui a fait aſſurer, ou au profit duquel l'Aſſurance eſt faite.

ASSUREUR. C'eſt celui qui aſſure, qui eſt chargé des riſques portés par la Police d'Aſſurance ; on entend de même ceux qui dans les places de commerce, font ce commerce; ce ſont des Aſſureurs.

ASSURER *le Pavillon*. C'eſt tirer un coup de Canon ou pluſieurs, auſſi-tôt que le Pavillon eſt hiſſé à Poupe; c'eſt pour aſſurer les Vaiſſeaux qui ſont à portée, qu'on eſt de la Nation dont on aſſure le Pavillon : cette cérémonnie qui n'eſt pas toujours d'auſſi bonne-foi qu'elle devroit l'être entre Nations policées, ſe fait à Boulet, ſans quoi il ne convient point d'y avoir confiance : encore eſt-il prudent de s'en défier toujours en temps de guerre, ſur-tout contre les Anglois, qui ne ſe piquent pas d'une exacte probité dans ces circonſtances.

ATMOSPHERE. C'eſt l'air environnant le Globe de la terre, il eſt plus denſe à la ſuperficie du Globe qu'à toute autre diſtance, & il l'eſt d'autant moins qu'il s'écarte d'avantage de la terre, dans un rapport qui n'eſt pas bien connu, non-plus que l'épaiſſeur de l'Orbe d'Atmoſphere qui environne notre Sphere

ATTAQUE. L'attaque d'un Vaiſſeau eſt le commencement d'un Combat : celui qui attaque, eſt l'aggreſſeur, *Il attaque.*

ATTAQUÉ. Un Vaiſſeau eſt attaqué, quand il eſt inſulté à coups de Canon, ou autrement, par un autre Vaiſſeau.

ATTAQUER. C'eſt inſulter un Vaiſſeau, en tirant deſſus.

ATTEINDRE. Joindre un Vaiſſeau que l'on chaſſe.

ATTELIER *de Conſtruction.* C'eſt l'endroit deſtiné à la conſtruction des Vaiſſeaux, & où l'on a raſſemblé toutes les choſes propres à les conſtruire, le Bois, les Calles ſur leſquelles on conſtruit, les Forges, &c. Le Bourg de Sardam en Hollande, eſt le plus fameux Attelier de conſtruction de l'Europe.

ATTERAGE. Endroit où l'on prend connoiſſance de terre en venant de long voyage : lorſqu'un Vaiſſeau vient du large, pour chercher la terre, & qu'il en approche ; on dit : qu'*il eſt à l'atterage* ; & quand il a vu & aſſuré ſon point, on dit : qu'*il a fait ſon atterage dans tel ou tel endroit... Nous atterâmes à Belle-Iſle, & eûmes un atterage de beau temps.* Le Cap Lézard eſt l'atterage ordinaire des Vaiſſeaux qui entrent dans la Manche ; Oueſſant eſt auſſi un atterage.

ATTERÉ. Un Vaiſſeau eſt atteré, quand il a eu pleine connoiſſance de la terre : *Il a bien atteré... il eſt atteré juſte ſans différence dans ſon point.*

ATTERER. C'eſt arriver à la vue de la terre : *Il va atterer... Il vient d'atterer.*

ATTERIR. C'eſt atterer. *Il va atterir... Il vient d'atterir... Il a bien atteri.*

ATTINTER. C'eſt appuyer, aſſujettir, affermir les Futailles, Ballots, Caiſſes & autres effets de chargement dans l'arrimage ; ainſi l'on dit qu'une futaille eſt attintée, quand elle eſt bien ſolidement établie ſur ſes Pailles & Coins : *On eſt à l'attinter... Il eſt attinté... Elle eſt attintée.*

ATTOLES. Ce ſont des amas d'Iſles ſéparées par pelotons dans un Archipel ; ainſi chaque Attôle eſt compoſé de pluſieurs Iſles, & eſt ſéparé des autres par des Canaux marqués & diſtincts, dans leſquels les Vaiſſeaux peuvent paſſer ; de ſorte qu'un Archipel tel que celui des Maldives, par exemple, qui eſt ſitué à l'Oueſt de l'Iſle Céilan, eſt compoſé d'Attôles.

ATTRAPE. C'eſt en général un commandement de faire prendre & arrêter avec la main, la choſe qu'il faut attraper.

ATTRAPE *le bout.* C'eſt un commandement ou avertiſſement que l'on fait aux gens d'un Bateau qui aborde à bord, pour leur faire prendre & tenir ferme sur le Cordage qu'on leur jette, afin de le tenir le long du bord malgré le choc des Lames ou l'effort du courant qui pourroit les emporter & leur faire manquer le Vaisseau.

ATTRAPE. On nomme aussi une corde que l'on frappe sur les Bateaux ou sur de pesants fardeaux, quand on les embarque ou débarque dans un temps où le Vaisseau a du mouvement; on tient des Cordages à retour sur ces Tournages, pour empêcher que les Bateaux, quand ils sont suspendus sur les Cayornes, n'aillent au mouvement du Navire, donner contre le bord; ce sont des Attrapes: on les abraque ou file, selon qu'il convient; ainsi l'on dit: *File l'Attrape... Abraque sur l'Attrape, &c.* Les Attrapes sont aussi connues sous le nom de Retenue.

ATTRAPE *à bord.* C'est une maniere de dire de crocher le bord avec la Gaffe des Bateaux. On dit aussi: *Attrape telle ou telle manœuvre*, pour la retenir avec la main.

AVAL, *vent d'Aval.* C'est le vent qui souffle de la partie de l'Ouest pendant quelques jours. C'est une Avalaison, quand il se tient long-temps du S. O. au N. O.

AVANT. C'est la partie du Vaisseau comprise depuis le grand Mât jusqu'à la Figure; ainsi l'on dit: *Le Gaillard d'Avant, les voiles & manœuvres d'Avant*, &c.

AVANT, *être de l'Avant.* C'est être sur l'Avant d'un Vaisseau, d'une Escadre ou d'une Flotte, &c. *Nous sommes de l'Avant à lui... Il est de l'Avant à nous... Nous allons de l'Avant à eux.*

AVANT, *Aller de l'Avant.* C'est marcher: on dit aussi qu'on va de l'Avant d'un Vaisseau, quand on marche plus vîte que lui, & qu'on le dépasse pour le laisser aller de l'Arriere, en faisant la même route.

AVANT. Le vent vient de l'Avant, quand il s'approche de plus près: il est de l'Avant, quand il vient de cette partie: un Vaisseau est aussi de l'Avant, quand il nous reste devant.

AVANT, *Nage Avant.* C'est un Commandement pour faire ramer de force la Vogue d'un Bateau, & encourager son Équipage. *Avant, Garçons... Allons, nage, Enfants.*

AVANT, *passer de l'Avant.* C'est se mettre en Avant d'un autre Vaisseau, d'une Escadre, &c. On dit aussi, que quelqu'un est en Avant, quand il a été de l'Arrière sur l'Avant.

AVANT-GARDE. C'est la partie d'une Armée Navale qui est destinée à combattre sur l'Avant du Corps de Bataille, dans l'ordre ou ligne de Combat: elle est ordinairement de même force que l'Arrière-Garde, & est commandée par le second Officier-Général de l'Armée.

AVANTAGE *du vent.* On a l'avantage du vent, quand on est au vent d'un Vaisseau ou d'une Escadre, à qui on veut le disputer; on est au vent alors, parce qu'on est plus près de sa source.

AVARIES *entre Vaiſſeaux.* Ce ſont toutes les choſes caſſées & rompues par Abordage de Vaiſſeaux à Vaiſſeaux amis. Lorſque c'eſt par accident, pendant un coup de vent, les Avaries ſe paient de moitié entre les Vaiſſeaux abordés : ſi c'eſt par défaut de manœuvre, celui qui aborde, & fait des avaries, les paie ſeul au Vaiſſeau qu'il a déſemparé.

AVARIES. Dommage arrivé aux marchandiſes dont un Vaiſſeau eſt chargé; alors, on dit qu'elles ſont avariées, parce qu'elles ſont mouillées par l'eau de mer qui a tombé deſſus, qu'elles ſont moiſies & gâtées.

AVARIES. On appelle encore Avaries, le dommage qui arrive à un Navire à la mer ou en Rade, dans ſes Cables, Grécment ou Mâture, &c. quand il en eſt dégréé par accident, pendant un coup de vent, par des abordages.

AUBE. L'Aube du jour, eſt le tems de l'aurore du matin, depuis que le point du jour commence juſqu'au ſoleil levant. On appelle auſſi Aube, le jour que laiſſe une bande de nuages ou de vapeurs entre l'horizon & la bande, à meſure qu'elle s'éleve peu à peu.

AUBIER ou *Aubour.* C'eſt la partie blanche & molle de l'arbre qui ſe trouve entre le bois fait & l'écorce : cet Aubier devient bois à ſon tour, & ſe durcit par couche concentrique, à meſure que l'arbre groſſit & ſe forme; mais il faut éviter avec grand ſoin qu'il n'y ait point d'Aubier dans les bois de charpente employés à la conſtruction, parce qu'il ſe pourrit facilement, à cauſe de ſon peu de conſiſtance, qui ne lui a pas donné toute la dureté néceſſaire, pour qu'il puiſſe réſiſter à l'humidité & autres accidents de cette nature.

AUGE *a Goudron.* C'eſt un Vaiſſeau de bois qui ſert dans les Corderies, pour y paſſer le fil de Caret & le goudronner, avant de le tordre en Touron.

AVIRON ou *Rame.* C'eſt une longue piece de bois, ronde par le manche, & plate par l'autre extrémité qui entre dans l'eau; elle eſt proportionnée ſelon la grandeur des Bâtiments ſur leſquels elle doit être placée; il y en a dans les Canots, Yolles & Chaloupes, depuis 9 à 20 pieds de long, & dans les Vaiſſeaux, Frégates & Galeres, depuis 20 à 40, ou 45 pieds, de ſorte que les dimenſions d'un Aviron dépendent de ſa grandeur & de ſon uſage; mais le point d'apui de l'Aviron doit toujours être à égale diſtance de la puiſſance & de la réſiſtance, pour produire le plus grand effet.

AVIRONS *ſur le plat.* C'eſt ordonner de mettre les Avirons de maniere qu'en les plaçant dans l'eau, ils y préſentent le moins de ſurface poſſible : c'eſt les mettre horizontalement, le lan ſe préſentant au cours de l'eau.

AVIRONIER. C'eſt celui qui fait les Avirons : les Avironiers vendent les Avirons à tant la Traque d'Avirons, de tant de pieds de longueur.

AVITAILLER. C'est fournir un Vaisseau ou une Escadre de vivres de toutes especes.

AVITAILLEMENT. C'est la provision des victuailles ou vivres; c'est aussi l'action & le soin de faire & d'assembler les provisions.

AUMONIER. C'est le Chapelain ou Prêtre, commis & engagé pour dire la Messe, & faire les autres Cérémonies de Religion à Bord d'un Vaisseau.

AUSSIERES. Cordages une fois commis, composés de trois Tourons, & qui servent à plusieurs usages dans la Marine : la plupart des manœuvres courantes peuvent être prises pour des Aussieres : il y a aussi des Aussieres en Grêlin, celles-là sont commises deux fois, & passent ordinairement pour Grêlins, quand elles sont de cinq ou six pouces de circonférence.

AXE. Le grand Axe du Vaisseau, lorsqu'il est chargé également & bien balancé sur les côtés, est la ligne que l'on fait passer par le milieu de l'Étrave & de l'Estembot, par son centre de gravité, de l'avant à l'arriere, & qui le sépare en deux également Tribord & Babord. On prend encore pour petit Axe la ligne horizontale qui mesure la plus grande largeur du Navire, quoiqu'elle soit placée sur l'Avant ou l'Arriere du centre de gravité, & qui partage presque toujours la longueur du Navire en deux parties inégales en solidité, l'Arriere & l'Avant coupant à angle droit le grand Axe, d'ailleurs, toutes les coupes verticales ou horizontales du Navire ont leurs Axes particuliers.

AXE ou *Aissieu de Poulie*. C'est le Cilindre sur lequel tourne le Rouet; il est établi ferme dans la Caisse.

AXIOMETRE. C'est un instrument composé d'une fleur-de-lys, qui sert d'indice, & se meut dans une coulisse, allant & venant de Tribord à Babord sur l'avant de la Roue du Gouvernail, par le moyen d'une petite Drousse, appliquée sur un petit marbre placé sur le même Axe que celui de la grande Roue, & frapée à contre-sens de la Drousse du Gouvernail, de sorte qu'elle marque toujours la quantité dont on met la Barre d'un côté & de l'autre, en suivant le même mouvement. Cet instrument est particuliérement essentiel dans un combat & dans toutes circonstances pressées, parce qu'on voit d'un coup d'œil si le Timonnier ne s'est pas trompé de Barre; c'est-à-dire, s'il ne l'a pas mise du côté opposé à celui où on veut qu'elle soit, ce qui occasionne souvent des méprises, qui peuvent être très-désavantageuses. En graduant la coulisse au-dessous de la fleur-de-lys, la prenant pour corde de l'arc décrit par la Barre du Gouvernail : on sçaura facilement le nombre de dégrés dont elle ira d'un côté ou de l'autre.

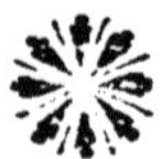

BABORD. C'eſt le côté gauche du Vaiſſeau, en regardant l'Avant : ainſi toutes les manœuvres, Canons, Ancres, &c. qui ſont à gauche du grand Axe du Vaiſſeau, ſont dites de Babord.

BABORD *tout*, ou *Babord un peu.* C'eſt commander au Timonnier de mettre tout-à-fait la Barre du Gouvernail à Babord, ou de ne la mettre que peu de ce côté-là.

BABORDÈS ou *Babordois.* On nomme ainſi la moitié de l'Équipage qui fait le Quart du ſecond Maître, & l'on dit qu'ils font le Quart à Babord : on les commande pour faire leur garde en diſant : *Après le coup de ſifflet de commandement, Babord au Quart.*

BAC. C'eſt un Bateau plat, qui ſert à paſſer les Rivieres aux hommes, aux voitures & aux animaux ; on le tire ſur un Grêlin fixé aux deux côtés de la Riviere ; on s'en ſert auſſi pour porter des effets d'un endroit à un autre ; mais ils ſont faits différemment, & plus petits que ceux de Paſſage ; ils ſont plus propres à naviguer, & plus faciles à manœuvrer. *Voyez* CHALAN.

BACLAGE. Arrangement des Bateaux, & Embarquation dans un Port.

BACLER. C'eſt fermer les Ports avec des Chaînes & Pilotis, barrés par des Traverſes : C'eſt une Eſtacade.

BADERNES. On appelle ainſi une groſſe Treſſe faite de mauvais fil de Caret, qui ſert à garnir les Cables en dehors des Écubiers, & aux Écubiers, & à de pareils uſages, où il ne s'agit que de fourrer & garnir, pour empêcher l'effet du frottement.

BAGUE, Anneau de fer rond ; on s'en ſert à différents uſages, mais particuliérement ſur les Têtieres des voiles d'États & grands Focs, afin qu'elles ſoient mieux tendues ſur leurs Drailles : on en met plus ou moins, ſelon la grandeur des voiles : on en place auſſi ſur les Tentes des Gaillards, pour les tendre ſur leurs Drailles. *Voyez* ENDAILLOTS.

BAGUE ou *Œil de Ris.* Ce ſont des Bagues de Lignes d'Amarrages, dont ſe ſervent les Voiliers, pour fortifier les Œillets des bandes de Ris des baſſes voiles & Huniers : on les coud ſur les bandes de Ris.

BAIE ou *Baye.* Plage ſur le bord de la mer, & enfoncement dans les terres. Il y a de ces ſortes d'Enfoncements & Baies dans toutes les parties du monde, & ſur toutes les côtes, mais elles ne ſont pas toutes praticables pour les Vaiſſeaux, parce qu'elles n'ont point toutes de bons fonds pour y mouiller, ou que la mer briſe trop au plein, ou qu'elles ſont trop eſcarpées ſur leurs bords, pour pouvoir y débarquer, ou enfin, parce qu'elles ſont trop ouvertes aux vents forts des différentes ſaiſons : ainſi pour qu'une Baie ſoit bonne, il faut qu'elle porte un bon fond, & de bonne tenue pour les Ancres, qu'il y ait des Ances de débarquement commode, & où la mer ne briſe point, que le Mouillage ſoit proche des endroits où l'on débarque, & les Vaiſſeaux à l'abri des forts vents que l'on peut craindre, ſelon les ſaiſons & le Parage, &c. Enfin une Baie eſt toujours plus petite qu'un Golſe ou Cul-de-ſac.

BAILLE. *Eſpece de Cuve* : En général, c'eſt une moitié de Barrique ou de Tierçon ſcié en deux. Il y a des Bailles de Sondes & de Driſſes; elles ſont trouées dans le fond, pour laiſſer égoutter l'eau qui coule du cordage en ſortant de la mer. Il y a des Bailles de combat que l'on remplit d'eau pour rafraîchir les Canons pendant une action ; on en met deux à chaque Pièce avec deux Fauberts pour mouiller les Canons en dehors; on les rafraîchit en dedans avec l'Écouvillon trempé dans l'eau, avant de l'introduire dans l'âme de la Pièce.

BAISSE. La mer baiſſe, quand il y a Juſant ou reflux, & qu'elle ſe retire des Côtes.

BAISSER *une Riviere*. C'eſt deſcendre du côté de l'embouchure avec le courant de ſes eaux. Un Vaiſſeau eſt prêt à baiſſer la Riviere, quand il eſt prêt à deſcendre.

BAISSER. La mer eſt prête à baiſſer, elle commence à baiſſer, quand le Juſant commence, & qu'elle ſe retire.

BALANCIER *de Compas* ou *Bouſſole*. C'eſt un composé de deux Cercles concentriques & mobiles, faits de cuivre jaune, & ſuſpendus chacun ſur deux pivots horizontaux, oppoſés diamétralement, le plus petit entre dans le grand, qui le porte ſur ſes pivots, fixés ſur la grande circonférence, & placés à 90 dégrés des ſiens, qui ſont ſtables dans les montans d'une boëte de bois ; de ſorte qu'une Boëte Sphérique de cuivre, qui porte ſur un pivot vertical la Roſe & l'Aiguille aimantée, ſe trouve en équilibre ſur le petit cercle qui forme le Balancier : le Balancier de la Lampe d'Habitacle eſt fait de la même maniere & de la même matiere; leur uſage eſt de tenir parallele à l'horizon les choſes qu'ils portent malgré les mouvements du Tangage & du Roulis.

BALANCINES. Manœuvres courantes qui ſervent à balancer les Vergues & à les tenir en équilibre, ou plus exactement, qui les tiennent horizontalement, ou apiquées plus élevées par un bout que par l'aure, ſuivant les différents beſoins. Ces Cordages, après avoir fait Dormant ſur le Tenon ou ſur le Ton des Mâts, paſſent dans des Poulies à chaque bout des Vergues, & reviennent enſuite paſſer dans d'autres Poulies eſtropées ſur des chevilles à boucles, qui ſont miſes exprès dans les Tons ou Chouquets ; de ſorte que le Garant ou Courant tombe ſur le Pont. Ainſi chaque Vergue a deux Balancines, une à Tribord & l'autre à Babord, qui prennent le nom de la Vergue à qui elles servent ; comme Balancines de la grande Vergue, de la Vergue de Misaine, de grand Hunier de Perroquet, &c... Les Balancines, en général & sans exception, doivent être simples & d'un cordage plus fort que celui qu'on y met ordinairement ; elles feront alors Dormant d'un bout sur la Vergue, & iront passer dans leur Poulie de renvoi sous le Chouquet, pour tomber de-là en bas : de cette maniere elles auront assez de force pour soutenir leurs Vergues, quand elles sont chargées de monde pour serrer la voile ou prendre des Ris, & elles auront l'avantage d'être très-courantes, & de ne pas retenir le Hunier quand on l'amene.

BALANT. Qui est en Balant, qui balance, que l'on ne peut atraper qu'au Balant du Roulis : tel est, par exemple, le Fardage d'un Mât de Hune rompu, & qui se trouve suspendu sur son Gréement, en balançant au large du Navire dans le Roulis, & qu'on ne peut saisir qu'au moment qu'il revient dedans par l'Oscillation qui redresse le Vaisseau. Ainsi, le Balant est le mol de la Manœuvre, qui balance dans les mouvements du Navire.

BALANT, *Abraque le Balant.* C'est tendre simplement une Manœuvre en abraquant ce qu'il y a de mol ou de lâche : ainsi l'on dit : *Abraque le Balant des Boulines*, pour dire de les roidir un peu, &c.

BALES *pour les menues Armes.* Ce sont de petits Globes de plomb du poids d'une once, qui servent à charger les Fusils pour la guerre : On en charge quelquefois les Canons & Pierriers pour servir de mitrailles ; c'est ce qu'on appelle charger à Cartouche ; cela est fort meurtrier, quand on tire de proche.

BALISE. Ce sont des signaux ou marques que l'on met sur les rochers & écueils qui se trouvent aux environs des Ports : on les met le plus qu'il est possible en vue, afin que les Vaisseaux évitent les dangers qu'elles indiquent. Quelquefois une Balise est faite d'un Mât ou d'une barre de fer, que l'on place verticalement sur les dangers ; d'autrefois, ce sont de grosses Bouées, &c.

BALLON. Espèce de Bateau de la Côte Malabar, d'une grande vîtesse à la Rame.

BALUSTRADE *des Gaillards & Dunettes.* C'est un appui à jour, susceptible d'ornement, qu'on éleve à hauteur d'appui sur l'Avant du Gaillard d'Arriere & de la Dunette, & sur l'Arriere de celui d'Avant sur des Montants au-dessus des Fronteaux.

BANC. C'est une certaine étendue dans la mer, plus élevée que le reste du fond, & sur laquelle il y a moins d'eau que partout ailleurs ; ainsi, il y a des Bancs de toutes sortes de profondeurs, depuis fleur d'eau jusqu'à cent & deux cent brasses, plus ou moins, & dont la qualité du fond est aussi très-différente ; les uns portant un fond de sable, vase de coquillage, de gravier & de pierre, quelquefois mêlé, d'autres ayant autant d'inégalité dans le fond du sol que dans leur profondeur, qui varie continuellement, &c.

De sorte qu'il y a des Bancs fort dangéreux, & qu'on ne peut trop éviter; d'autres servent beaucoup, parce qu'ils redressent les erreurs de la route, quand on peut sonder dessus, leur position étant bien connue, par rapport à la Longitude; d'autres, comme le Banc de Terre-neuve ou grand Banc, servent à des Pêches abondantes; en un mot, un Banc est une espèce d'Isle sous l'eau, qui ne tient à rien en apparence, puisqu'on perd le fond à peu de distance de ses Accores.

BANC *à s'asseoir.* C'est un Banc qui regne autour des Chambres de Conseil dans les grands Vaisseaux, & sur lequel on s'assied, parce qu'on embarque peu de chaises. C'est aussi un Banc placé sur le Gaillard, en avant du Capuchon; on l'appelle *Banc de Quart.*

BANCS *de Rame.* Ce sont des sièges qui traversent les Bâtiments & Embarquations à Rames, comme les Baux d'un Vaisseau, sur lesquels sont assis les Rameurs.

BANCHE. C'est un fond de Roches tendres & unies qui se trouvent sous l'eau en quelques endroits.

BANCQUÉ. Un Vaisseau est bancqué, quand il est entré sur un Banc; on dit aussi qu'il est embancqué.

BANCQUIERS. On appelle ainsi les Vaisseaux armés pour faire la Pêche de la Morue sur le grand Banc de Terre-neuve. Ce sont des *Bancquiers.*

BANQUIZE. Les Marins qui naviguent dans le Nord, appellent Banquize, l'amas de grosses glaces qu'ils trouvent souvent au large, en si grande quantité & si grosses, qu'elles leur ferment les passages pendant des semaines, & quelquefois des mois. C'est une *Banquize.*

BANDE. Inclination du Vaisseau sur un de ses côtés, lorsqu'il est sous voiles dans une route oblique.

BANDE *de Ris.* C'est une Bande de toile cousue d'un côté des voiles à l'autre, & de Ralingue en Ralingue, dans laquelle on place les Œillets de Ris pour passer les Garcettes : on met ordinairement trois Bandes de Ris dans chaque Hunier, à distance égale, de sorte que celle d'en bas puisse retrancher la moitié au moins du Hunier, lorsqu'on prend tous les Ris. On met une seule Bande de Ris dans chaque basse-voile, à cinq ou six pieds au-dessous de la Têtiere, mais cette Bande est toujours inutile, & se place plutôt par usage que par nécessité. Chaque Bande de Ris est terminée par une Patte sur la Ralingue, qui sert de point fixe à l'Itaque du Ris.

BANDE; *Tout le monde à la Bande, à Tribord.* C'est un Commandement pour faire passer tout l'Equipage du côté de Tribord, sur le Bord du Vaisseau, dans les Haubans, toutes les Vergues, pour qu'ils crient ensemble à chaque coup de sifflet, VIVE LE ROI : cette Cérémonie se fait pour saluer le Pavillon, ou pour faire honneur à quelques personnes en place. *Voyez* l'ORDONNANCE DE LA MARINE.

BANDE, *donner la Bande.* Un Vaisseau donne la Bande quand il incline sur le côté, en portant trop de voiles, ou lorsque le vent est très fort : c'est toujours une marque, quand la bande est forte, que le Vaisseau n'a pas assez de stabilité : & c'est un des plus grands défauts qu'il puisse avoir ; car un Vaisseau qui ne porte pas la voile, est toujours en danger de s'engager, & même de faire Capot, ou de compromettre sa Mâture.

BANDE, *mettre à la Bande.* C'est coucher un Vaisseau à-demi sur le côté, en passant tous les Poids d'un Bord à l'autre, afin de le faire incliner, & de mettre hors de l'eau une partie de sa Carène, du côté qui n'est pas chargé, pour le nettoyer & l'espalmer, ou pour mettre dehors les endroits endommagés sous la Ligne d'eau, & les racommoder ; c'est ce qu'on appelle *Donner une demi-Bande.*

BANDE *du Nord, Bande du Sud.* C'est le côté du Nord ou celui du Sud : *Nous voyions la Bande du Sud fort chargée, tandis que celle du Nord étoit fort claire : nous vîmes les ennemis dans la Bande du Nord.*

BANNE. Tente de Bateau propre à les garantir de la pluie & du soleil, sous laquelle l'Equipage peut nager.

BANNER. C'est Tenter un Bateau, le couvrir d'une Banne.

BANNIERE. Les voiles sont en Banniere, lorsque leurs Écoutes sont Largues, & qu'elles voltigent au vent sans être retenues : ainsi l'on dit que *les Huniers ou Perroquets sont en Banniere*, quand on les laisse aller de cette maniere pour faire des Signaux, ou lorsque leurs deux Écoutes se rompent en même temps.

BAPAUME. On dit d'un Vaisseau, qu'il est en Bapaume, quand il ne peut plus gouverner faute de vent, & qu'il est en Calme-plat : *il est en Bapaume.* On le dit aussi d'un Vaisseau en désordre dans son gréement ; il est en Bapaume, lorsqu'il est dégréé & qu'il ne peut pas s'orienter, c'est un Navire en désordre ; cela arrive presque toujours après un Combat.

BARATE. On appelle ainsi les Sangles que l'on met en croix sur la Misaine, & que l'on roidit à force de Palan, pour la soutenir pendant la tempête, & l'empêcher d'être déchirée par la force du vent. Les quatre Dormants de la Barate se placent sur la Vergue, deux en dedans des pointures, & les deux interieurs vers les Poulies de Cargues-points, de maniere qu'ils forment à-peu-près un double W sur l'avant de la voile, aux deux pointes duquel on croche deux Palans pour roidir la Barate.

BARATERIE *de Patron.* C'est une malversation du Capitaine d'un Navire, soit déguisement, soustraction de marchandises, ou fausse route au préjudice du Propriétaire ; c'est un délit de justice.

BARBE. *Sainte-Barbe* ; lieu séparé en Entrepont par une cloison à l'Arriere, au ras & sur l'Avant du Mât d'Artimon ; c'est une espèce de grande Chambre, dans laquelle loge le Maître Canonnier, & où l'on tient toujours une certaine quantité de Gargouſſes, Pulverins & uſtenciles d'Artillerie parés au beſoin. L'Ecoutille des Soutes à pain & à poudre eſt au milieu de la Sainte-Barbe; c'eſt un lieu qui eſt confié au Maître Canonnier, & qui eſt ſous ſa dicipline, aux ordres de l'État-Major.

BARBE *de Bordage*. On appelle ſouvent ainſi, les bouts des Bordages qui vont ſe clouer dans les Rablures de l'Etrave & de l'Eſtembot; de ſorte que la Barbe eſt l'extrémité du Bordage.

BARBEYER ou *Faſier*. C'eſt le battement de la voile, lorſque le vent la frappe en Ralingue, ni dedans ni deſſus : ainſi on dit; *Les voiles ſont à Barbeye*, quand elles ſont parallellement au lit du vent; *elles barbeyent*; & la voile barbeye, quand elle eſt en Ralingue.

BARDIS. Addition de planches pour élargir les Paſſe-avant des Vaiſſeaux que l'on veut carêner, en les abattant en Quille, afin d'empêcher l'eau d'entrer dedans par-deſſus le bord, quand ils ſont couchés en Quille: on a ſoin de bien Calfater le Bardis & le Paſſe-avant.

BARGE. C'eſt un petit Bateau à fond-plat, dont on ſe ſert ſur les Rivieres, pour paſſer d'un lieu à un autre; il va à voile & à rames, & eſt conduit ordinairement par trois hommes; il y en a de 22 à 28 pieds de long, ſur 5 à 6 de large, la Barge tire fort peu d'eau; ainſi elle paſſe aſſez facilement par-tout.

BARIL. On entend par Baril, toute eſpece de fûtailles au-deſſous de la barrique & du tierçon, mais ſouvent il prend le nom de la choſe à laquelle il eſt employé.

BARIL *de Galere*. C'eſt un Baril long & étroit, qui contient douze à quinze pots, & qui a un bondreau dans un de ſes fonds.

BARIL *de Poudre*. C'eſt un Baril de bois léger, qui contient cent livres de poudre de guerre, & quelquefois deux cent.

BARIL *à Bource* ou *à Grenades*. C'eſt un Baril fait en Cône tronqué, & dont le petit fond eſt ouvert, garni d'un cuir ou toile peinte, qui ſe ferme comme une bourſe; il ſert à mettre les Grenades chargées & artificiées, il y en a un dans chaque Hune, deux ſur chaque Gaillard, Paſſe-avant & Dunette, lorſqu'on fait Branle-bas, & qu'on ſe prépare au combat, chaque Baril contient ordinairement 25 Grenades.

BARIL *à Méche*. C'eſt un Baril enfoncé, par un bout, & ſur le bord duquel on fait des entailles pour placer les méches allumées; le bout où eſt le feu ſe met en dedans du Baril, afin que les étincelles tombent dans l'eau du Baril, ou ſur du ſable qu'on y met.

BARILLAGE. On entend par Barillage, toute ſorte de Barils pris enſemble, de différentes grandeurs, eſpèces, & employés à différentes choſes.

BARIQUE C'eſt une futaille qui contient le quart du

Tonneau

Tonneau, & pese cinq cent livres, lorsqu'elle est pleine; quelquefois elle pese davantage, selon la liqueur qu'elle contient.

BARQUE. C'est en général un petit Navire, dont le port est au-dessous de cent cinquante Tonneaux; il n'a qu'un Pont; quelquefois deux, avec une Coupée derriere pour sa chambre; il gouverne ordinairement à Barre franche; est gréé en Sénaut, Brigantin ou Goueliete, n'a que deux Mâts, quelquefois qu'un, en Bateau ou Dogre, &c. Il sert à faire le Commerce du Cabotage, & va quelquefois aux longs-cours. Mais en général, on comprend sous le nom de Barque, toutes sortes d'Embarquations Pontées.

BARQUE *droite*. C'est le Commandement qu'on fait à l'Équipage d'une Chaloupe ou Canot, pour qu'il n'y ait pas plus de monde sur un bord que sur l'autre, & que le Bateau soit droit.

BARRE. Ce terme se joint toujours à quelqu'autre, pour en bien désigner la propriété; car il y a une infinité de Barres.

BARRE *d'Arcasse*. La Barre d'Arcasse, proprement dite, est celle qui traverse à la tête de l'Estambot, de Tribord à Babord jusqu'aux Estains; elle fait le Sommier des Sabords de Retraite de la Sainte Barbe, & entre à mi-bois sur l'Estambot, ou elle est bien chevillée; la Barre du Gouvernail passe par-dessus.

BARRE *d'Hardy*. La Barre d'Hardy est placée à hauteur des Seuillets de Sabords de Retraite du premier Pont sur l'Estambot, entaillée à mi-bois, & chevillée de dehors en dedans, & clavetée sur virolles; elle traverse de Tribord à Babord, jusqu'aux Estains; on lui fait une Rablure en dehors presque aussi profonde que le bordage est épais; parce qu'elle reçoit les Barbes des pièces de Tours, qui bordent l'Arcasse, au-dessous des Sabords de la premiere Batterie.

BARRE *de Pont*. La Barre du premier Pont, est proprement le dernier Bau de l'Arriere, sur lequel vont aboutir les Bordages du Pont, dans une Rablure aussi profonde que le Bordage est épais; ainsi cette Barre est établie plus haut que le Pont de l'épaisseur du Bordage, & va d'un bord à l'autre joindre les Estains, en s'entaillant à mi-bois sur l'Estambot: très-souvent il n'y a point de Rablure en-dessus, pour recevoir les Bordages du Pont; alors on les cloue à plat dessus, comme sur les Baux. Il y a des Barres de Pont à tous les Ponts, mais il n'y a que celle du premier qui porte sur l'Estambot, les autres sont portées par les Estains & les Montans de Voûte, de Contre-voûte & d'Ecusson.

BARRE *Franche*. C'est un Timon de Gouvernail qui se manœuvre à la main sans Roue. On ne se sert de Barre-franche que dans les petits Bâtiments; il ne seroit pas possible de gouverner les grands Vaisseaux à Barre-franche.

BARRE *de Cuisine*. Ce sont des Barres de fer qui traversent les Cuisines des Vaisseaux, & sur lesquelles on place la Chaudiere, & on fait le feu par-dessous.

BARRE *de Gouvernail* ou *Timon*. C'eſt un grand Levier, qui entre horizontalement dans la tête du Gouvernail, en paſſant ſous les Baux du ſecond Pont, & au-deſſus exactement de l'Eſtambot; il ſert à mouvoir le Gouvernail, & c'eſt par ſon moyen qu'on gouverne; on l'appelle auſſi *Timon*. *Voyez* ROUE DE GOUVERNAIL ET DROUSSE.

BARRES *de Perroquet*. C'eſt un aſſemblage de charpente, placée à la tête des Mâts de Hunes, pour porter les Mâts de Perroquets, qui repoſent ſur leur clef, en ſe traverſant ſur les Longis, ſur leſquels on met deux Traverſes & quelquefois trois, avec un Croiſſant ſur l'Avant: les Barres de Perroquet ne portent point de Hunes, elles ſervent ſeulement à porter & ſoutenir les Mâts de Perroquet, en ſervant d'apuis aux Haubans de Perroquet.

BARRES *de l'Eſtain*. Ce ſont des Barres horizontales placées verticalement ſur l'Eſtambot, & à plat ou entailles quarrées priſes ſur les Barres ſeulement; on les place au-deſſous de la Barre de Pont pour lier les Eſtains à l'Eſtambot, quand ils ſont dévoyés.

BARRES *de Cabeſtan*. Ce ſont des Leviers, que l'on place horizontalement dans les Amelotes, pour virer au Cabeſtan.

BARRES *de Hune*. On appelle ainſi l'aſſemblage de charpente qui porte les Hunes ſur les Jautraux des bas-Mâts: les Barres de Hunes ſont compoſées des Longis, ſur leſquels on entaille les deux Traverſes, une ſur l'Avant & l'autre ſur l'Arriere, & le tout enſemble forme les Barres de Hune: Les Longis portent les Mâts de Hunes ſur leurs Clefs.

BARRES *d'Écoutilles*. Ce ſont des Barres de fer plat, dont un des bouts eſt arrondi, paſſe dans une Crampe fichée ſur le bord des Ecoutilles, & l'autre bout, après avoir reçu dans une entaille faite exprès, une autre Crampe de l'autre côté de l'Ecoutille, eſt retenu par un Cadenat, de ſorte qu'il n'eſt pas poſſible d'ouvrir le Panneau traverſé de cette maniere.

BARRE ou *Briſant de la mer*. On appelle ainſi le Briſant de la mer qui ſe trouve continuellement le long de certaines Côtes, & qui eſt occaſionné par un Sillon de ſable, à quelque diſtance du rivage, de ſorte qu'il eſt très-difficile d'y aborder. Il y a des Ports dont l'embouchure eſt fermée par une pareille Barre, d'autres ne ſont pas fermés tout-à-fait, on peut y entrer en prenant des précautions; tel eſt le Port de Bayonne.

BARRE *à Bord*. Commandement pour que le Timonnier pouſſe tout-à-fait la Barre du Gouvernail à toucher le bord du Vaiſſeau. Ainſi l'on dit: *La Barre à Bord... La Barre eſt à Bord*.

BARRE *deſſous*. On dit que la Barre du Gouvernail eſt deſſous, quand on l'a pouſſée ou miſe à Bord du côté où les voiles ſont bordées: ainſi on ſous-entend toujours, en diſant; *La Barre deſſous*, le mot Vent, parce que effectivement elle eſt ſous le vent alors.

BARRE *au vent : Mets la Barre au vent :* C'eſt commander de mettre la Barre du Gouvernail du côté du vent ; c'eſt-à-dire, à bord du côté d'où le Vaiſſeau reçoit le vent.

BARRE *droite.* C'eſt placer le Timon ou la Barre du Gouvernail dans la direction du grand Axe du Vaiſſeau, de manière qu'elle ne ſoit pas plus d'un bord que de l'autre : ainſi l'on dit fort ſouvent : *Dreſſe la Barre*, quand elle eſt un peu d'un côté ou de l'autre, pour la faire mettre droite.

BARRE *à arriver.* La Barre du Gouvernail eſt à arriver, quand elle eſt pouſſée du côté du vent.

BARRE *à venir au vent.* La Barre eſt diſpoſée pour faire venir le Vaiſſeaux au vent, quand on l'a miſe du côté de deſſous le vent du Navire.

BARRER *le Vaiſſeau.* C'eſt-à-dire, que le Timonnier ne gouverne pas bien, il pouſſe continuellement la Barre du Gouvernail d'un Bord à l'autre, ſans avoir aſſez d'adreſſe pour arrêter doucement l'élan du Vaiſſeau ; *Il ne fait que le barrer, il le barre ſans ceſſe.*

BARROTS. Les Barrots ſont les poutres qui ſoutiennent les Gaillards & Dunettes d'un Vaiſſeau dans ſa largeur ; quelquefois on dit auſſi les *Barrots des Ponts*, quoique le vrai terme ſoit *Bau.*

BARROTER. Barroter la Calle ou l'Entrepont, c'eſt remplir de marchandiſes ou d'autres effets, la Calle ou l'Entrepont juſqu'aux Baux, de manière qu'il n'y puiſſe plus rien entrer ; ainſi l'on dit d'un Vaiſſeau, qu'il eſt plein à Barroter, qu'il eſt Barroté par-tout, &c.

BARROTINS. Diminutifs de Baux & de Barrots ; ce ſont des eſpèces de ſoliveaux, qu'on place entre les Baux d'un bord à l'autre du Navire, & de la même manière ; quelquefois ils ne traverſent pas le Vaiſſeau. Leur uſage eſt de ſoutenir le clouage & le calfatage, afin d'empêcher le mouvement qui fait reſſortir l'étoupe des coutures.

BARROTINS *d'Écoutilles.* Les Barrotins d'Ecoutilles, ſont des demi-Baux qui ſe terminent aux Hiloires, & ſont ſoutenus par un bout comme les Baux ſur la Serre-Bauquiere, & de l'autre bout ſur des pieces de bois miſes en arboutants d'un Bau à l'autre, en les traverſant dans le ſens de la longueur du Navire.

BAS, qui eſt amené, qui eſt callé, qui eſt tout bas ; c'eſt-à-dire, qui n'eſt plus élevé ni arboré ; ainſi l'on dit : *Son Pavillon eſt bas... Ses Mâts de Hunes ſont bas, ils ſont amenés ou tombés...* &c. *Nous lui jettâmes ſes Mâts bas dans une Bordée.*

BAS, *tems bas.* C'eſt un tems couvert, qui menace de pluie ou de brume.

BASANNE. La Baſanne eſt un cuir mol, apprêté ſans couleur, & moins épais que le cuir fort ; on s'en ſert pour garnir les Cordages ſur les Vergues, & par-tout ailleurs où l'on craint que le frottement ne les uſe trop vite.

BAS-BORD, *Vaisseau de Bas-bord.* Ce sont tous les Vaisseaux légers, tels que Frégates, Corvettes, Galiotes à Bombes, Galeres, &c. qui n'ont qu'un Pont.

BAS *de l'eau.* Le bas de l'eau, c'est l'instant qui se trouve entre le Jusant, lorsque la mer a baissé, & le commencement du flot; la mer est au bas de l'eau alors; il y a basse-mer.

BAS-FONDS. Les Bas-fonds ne sont que des Bancs, qui se trouvent dans différents endroits de la mer; il y a des Bas-fonds par-tout, à des profondeurs plus ou moins grandes, mais toujours plus considérables que ce qu'on nomme Hauts-fonds.

BASSE-MER ou *Bas de l'eau.* *Voyez* BAS DE L'EAU.

BASSES *Voiles.* Les Basses Voiles d'un Vaisseau sont, la grande Voile, la Misaine & l'Artimon, parce qu'elles sont audessous de toutes les autres.

BASSES ou *Battures.* Ce sont des Hauts-fonds mêlés de roches, ou pierres & sable, &c. qui s'élevent jusqu'auprès de la surface de l'eau, & quelquefois au-dessus; alors la mer y brise.

BASSE-*Terre.* Ce sont celles qu'on ne voit ou n'apperçoit que de près, & qui bordent le rivage de la mer.

BASSIN. C'est une Forme ou un espace pratiqué dans un Port, pour y faire entrer les Vaisseaux qu'on veut radouber, carèner ou refondre. Les Bassins sont d'un grand usage dans les Ports, & d'un grand secours pour mettre des Vaisseaux endommagés en fureté: il y a deux sortes de Bassins, les uns que l'on peut tenir toujours secs, parce qu'on les ferme avec des Portes, & qu'ils ont un bon fond de roc ou de maçonne, ainsi que leur enceinte; les autres sont ouverts, & ont le fond toujours mol & bourbeux, ils se remplissent d'eau dans le Flot, & asséchent de basse-mer.

BASSIN *pour la Mâture.* C'est un endroit clos, dans lequel on tient les Mâts bruts à Flot dans l'eau de mer.

BASTINGAGE. Le Bastingage est un retranchement fait avec des filets de Bitord ou de Ligne suspendus sur des cordages tout autour du Vaisseau. On remplit ces Filets de Matelats, hardes & Hamacs de l'Équipage. Le Bastingage est principalement établi le long des Passe-avants, sur les Lisses, le long des Gaillards & de la Dunette, à la hauteur de quatre pieds & quatre pieds & demi, afin qu'on puisse tirer facilement pardessus, & préserver les Fusiliers & Manœuvriers de la Mousqueterie & mitraille: on bastingue encore les Fronteaux des deux Gaillards & de la Dunette, ainsi que le tour des Hunes, & l'on couvre le tout de Pavois. Il y a des Bastingages à demeure, qui sont faits en cordages ou en planches de Liege, & d'autres choses légeres; ils sont bien plus solides que les précédents, & bien moins sujets aux accidents du feu.

BASTINGUER. Se bastinguer, c'est se préparer au Combat, & mettre dans les Filets de Bastingage toutes les hardes & effets de cette espéce qui peuvent embarrasser les Entre-Ponts & les Batteries.

BAT. Un Vaiſſeau bat un autre Vaiſſeau, quand il le canonne en chaſſe : *Il le bat en chaſſe.*

BAT. Un Vaiſſeau ſe bat en attaquant un autre Vaiſſeau, ou en ſe défendant, lorſqu'il eſt attaqué.

BAT *en retraite.* Un Vaiſſeau ſe bat en retraite, quand il fuit, & qu'il tire en fuyant.

BATAILLE *Navale.* Combat, Action ou Choc qui ſe donne ſur mer entre deux Armées ennemies. Depuis celle d'Actium entre Antoine & Auguſte, aucune n'a décidé du ſort d'un État.

BATAIOLES. Eſpece de Garde-foux en bois, que l'on met ſur des Montants à l'Arriere & autour des Hunes, d'un Hauban de Hune à l'autre.

BATARD *de Racage.* C'eſt un Cordage qui fait le tour du Mât ſur l'Arriere & Dormant des deux bouts ſur la Vergue, il paſſe dans les Bigots & Pomes de Raques, pour que le tout enſemble faſſe ce qu'on appelle un Racage.

BATARDE, *voile Batarde.* C'eſt la plus grande voile d'une Galere, mais on ne l'emploie que lorſqu'il vente peu.

BATARDEAU C'eſt une eſpece de Digue faite pour arrêter l'eau ou la détourner.

BATEAU. On appelle Bateaux toutes ſortes d'embarquations propres au ſervice des Vaiſſeaux : on les embarque, & on applique ce terme à la Chaloupe, au Canot & à la Yole d'un Vaiſſeau; ce ſont ſes Bateaux. On entend auſſi par Bateau, une eſpece de Barque à un Mât, qui eſt gréée en voiles Latines au plus près du vent, elle a une Bôme ou grande voile qui ſe hiſſe ſur le Mât avec une corne, & ſe borde ſur un Guis, une Trinquette & deux Focs en Avant du Mât, & au-deſſus de tout cela, elle porte un Hunier volant avec un Perroquet. Sur le grand Largue, & de vent Arriere on lui met une voile quarrée, enverguée ſur la Vergue ſeche; c'eſt une voile de Fortune, de maniere que ce Bateau eſt un de ceux qui eſt le plus avantageuſement voilé; il eſt fort en uſage dans les Iſles Françoiſes & Angloiſes de l'Amérique, & eſt particuliérement propre à remonter contre le vent, & fait un bon Corſaire, connu ſous le nom de Bateau Vermudien. *Voyez* BOT.

BATEAU-*Pêcheur.* C'eſt toute eſpece de Bateau propre aux différentes Pêches; ils ſont tous différents les uns des autres, ſelon les endroits; mais en général, ils ſont ordinairement fins voiliers, & de plus grande viteſſe que les autres.

BATEAU *de Paſſage.* C'eſt un Bateau de louage qui ne ſert ordinairement qu'à paſſer d'un endroit à l'autre.

BATELAGE. C'eſt l'allée & venue de pluſieurs Bateaux qui vont & viennent pour charger & décharger les Vaiſſeaux : les frais qu'il en coûte pour tous les Bateaux & Bateliers employés, ſont dits frais de Batelage.

BATELÉE. C'eſt la charge d'un Bateau. On dit : *Il a une bonne Batelée, de telle ou telle choſe.*

BATELER. Le tems eſt propre à Bateler; c'eſt-à-dire, que

le vent & la mer ne ſont pas aſſez forts pour empêcher les Bateaux d'aller & venir, & de naviguer avec facilité.

BATELIERS. On appelle les gens qui forment l'Équipage des Bateaux, Bateliers.

BATIMENT. Nom général qu'on donne ordinairement à toutes ſortes de Vaiſſeaux, grands ou petits, mais particuliérement à ceux qui ſont le Commerce, & qui ne ſont pas armés en guerre.

BATTANT *de Pavillon.* C'eſt la longueur du Pavillon; on l'appelle *Battant*, & ſa hauteur eſt appellée *Guindant.*

BATTANT. Vaiſſeau Battant, qui eſt Battant : c'eſt un Vaiſſeau dont la Batterie-baſſe eſt convenablement élevée au-deſſus de l'eau de cinq à ſix pieds, quand il eſt armé en guerre; de maniere qu'on peut s'en ſervir de tous les tems propres à combattre. On entend auſſi d'un Vaiſſeau Battant, en parlant de ſon intérieur, de l'aiſance qu'on trouve pour le ſervice de ſon Artillerie; car un Vaiſſeau étroit n'eſt pas auſſi Battant qu'un large.

BATTERIE. C'eſt une rangée de Canons placés le long de chaque côté d'un Vaiſſeau. Il y a des Vaiſſeaux à trois, à deux & à une Batterie : on appelle celle qui eſt la plus baſſe & qui porte les plus gros Canons, premiere Batterie; celle qui eſt au-deſſus de la premiere, & qui porte des Canons d'un moindre calibre, ſeconde Batterie; la troiſieme eſt encore plus élevée, & porte de moindre Canons; la Batterie des Gaillards eſt la plus élevée dans tous les Vaiſſeaux, & porte des Canons d'un plus petit calibre que ceux de la ſeconde ou troiſieme Batterie des Navires de guerre, ou de la ſeule Batterie des Frégates.

BATTERIE *dedans.* La Batterie d'un Vaiſſeau eſt dedans, lorſque ſes Sabords d'en bas ſont ouverts, & que ſes Canons ne ſont pas pouſſés aux Sabords.

BATTERIE *noyée.* La Batterie eſt noyée, quand elle n'eſt pas aſſez élevée au-deſſus de l'eau.

BATTERIE *& demie.* On dit qu'un Vaiſſeau a une Batterie & demie, quand il n'a qu'une demie rangée de Canons à ſa premiere Batterie, depuis l'Arriere juſqu'au grand Mât, & que ſa ſeconde Batterie eſt complette.

BATTERIE *dehors.* Un Vaiſſeau a ſa Batterie dehors, lorſqu'il a tous ſes Canons au Sabord; mais cela ſe dit ſeulement de la Batterie-baſſe.

BATTERIE, *belle Batterie.* On dit qu'un Vaiſſeau a une belle Batterie, quand il eſt bien Battant, & que ſa Batterie-baſſe eſt élevée de cinq à ſix pieds au-deſſus de l'eau.

BATON *de Flamme.* C'eſt proprement la Vergue d'une Flamme; les batons de Flamme ſont de quatre, à cinq, ou ſix pieds de long, ils ſont ronds, & d'un pouce & demi environ de diametre, d'un bois leger; on les paſſe dans une Guaine faite exprès aux têtieres des Flammes dans toutes leur largeur, enſuite on met à chaque bout du Bâton une Pomme tournée, pour empêcher la toile de s'échaper de dessus le bâton.

BATON *de Pompe.* C'est le Piston sur lequel on monte la Heuse : on lui donne aussi le nom de *Gaule* de Pompe.

BATONNÉE. On appelle ainsi chaque coup de Piston d'une Pompe, & la quantité d'eau qu'elle jette a chaque coup de Piston.

BATTRE *un Vaisseau.* C'est le canonner. Battre une Batterie. Un Vaisseau bat une Batterie de terre, quand il s'embosse devant pour la canonner, ou lorsqu'il la bat sous voile, en la canonnant en passant : *Nous nous contentâmes de les battre en passant.*

BATTRE *en Chasse.* C'est canonner un Vaisseau qui fuit en le poursuivant.

BATTRE *en Retraite.* Se battre en retraite, c'est fuir en canonnant de l'Arriere l'ennemi qui poursuit.

BATTU. On dit qu'un Vaisseau est battu, lorsqu'il est désemparé & dégréé dans un combat, qu'il n'est plus en état de se défendre, quoiqu'il ne soit pas encore rendu. On dit aussi qu'un Vaisseau est battu de mauvais tems, quand il en est maltraité.

BATTURES. *Voyez* BASSES.

BAU. Le Bau d'un Vaisseau est sa plus grande largeur prise de dehors en dehors des membres. Ainsi l'on dit d'un Vaisseau qu'il a 40 ou 50 pieds de Bau, pour dire qu'il a 40 ou 50 Pieds de large. Le Bau dans les Vaisseaux de guerre doit être le quart de leur longueur, prise au fort du dedans de l'Étrave, au dedans de l'Estambot; celui des Flûtes est le même, mais celui des Frégates & Corvettes est souvent entre le quart & le cinquieme de leur longueur, quelquefois il n'est que le cinquieme de cette même longueur; il y en a qui ont le quart : on peut en faire qui n'aient que le sixieme de leur longueur prise au fort pour leur Bau.

BAU, *maître Bau.* C'est celui qui a le plus de longueur de tous, & qui est placé dans la plus grande largeur du Vaisseau.

BAUX. Ce sont des Poutres qui traversent le Vaisseau d'un Bord à l'autre, en appuyant sur les Membres, & qui soutiennent horizontalement les Ponts; on cloue les bordages des Ponts sur les Baux, & les Baux sont portés par leurs extrémités sur les Serres-Bauquieres, & épontillés par le milieu. Les Baux du premier Pont doivent être disposés de maniere qu'il s'en trouve toujours un sous chaque Sabord, pour porter le Canon.

BAUX, *Faux Baux.* Ce sont des Baux placés quatre à cinq pieds au-dessous des Baux du premier Pont, & à sept ou huit de distance les uns des autres. On n'en met que dans les Vaisseaux de guerre, pour faire un faux-Pont, au-dessous duquel on arrime toutes les Munitions de guerre & de bouche.

BAUQUIERES. Ce sont de fortes pieces de bois, plus ou moins épaisses, selon la grandeur des Vaisseaux, qui s'étendent de l'Étrave aux Estains, faisant tout le contour intérieur du Vaisseau à la hauteur des Ponts. On place presque toujours les Bauquieres à plat sur les Membres, & quelques Constructeurs qui entendent mieux que les autres les Liaisons, les entaillent entre les Membres, de deux pouces, & mettent ensuite par-dessus une Ceinture plus forte que la Bauquiere, en décorant la Bauquiere du premier Pont; car aux second & troisieme, on ne fait jamais une charpente aussi forte : les Bauquieres sont clouées à pointes perdues sur les Membres, & ensuite elles sont chevillées avec les Courbes sur les Préceintes. Les Bauquieres portent l'extrémité des Baux & les reçoivent dans des entailles en queues d'aronde.

BEAU *Frais.* C'est un vent médiocre & favorable. *Nous courions sur le Largue assez beau frais.*

BEAU *Tems.* C'est un tems clair & fin, sans Nuage ni Grain, pendant lequel le vent souffle avec égalité & sans inconstances.

BEAUPRÉ. Le Mât de Beaupré est celui qui se prolonge obliquement par-dessus l'Éperon, & qui excede l'Avant du Vaisseau; son obliquité avec la Quille est ordinairement de 30 à 40 dégrés, si elle étoit de 45 dégrés, il auroit plus d'avantage en force, & acquéreroit plus de solidité, par rappport à son poids seulement; car, eu égard aux États de Misaine & de petit Hunier, à qui il sert de Point-d'appui, il en perdroit autant de ce côté qu'il en acquéreroit de l'autre, parce que ces États le tirent plus directement, à mesure qu'il approche davantage de la perpendiculaire, & leurs efforts se décomposent moins; ainsi cela devient une affaire de calcul dans les mouvements du Tangage. On oriente & grée sur le Mât de Beaupré le petit Foc, qui se hisse sur celui de Misaine, la Civadierre & le bout-dehors du grand Foc, avec sa voile, qui se hisse sur le petit Mât de Hune; & la fausse Civadiere. L'Étembrai du Beaupré est au-dessus de l'Étrave; ce Mât est porté sur un Coussin ou Fourcat, placé exprès, & va enchasser son pied entre deux Montants & sur un Coussin, placés sur le premier Pont, à un ou deux pieds sur l'Avant du Mât de Misaine; de sorte qu'ayant une Traverse au-dessus de lui d'un Montant à l'autre, il ne peut bouger, & se trouve arrêté dans tous les sens. On fait de plus sur le Beaupré, en avant de l'Etrave deux lieures, qui, en passant dans des ouvertures pratiquées pour cela dans la gorgere, achevent avec les Sous-barbes de le rendre solide.

BEAUPRÉ *sur Poupe.* Être Beaupré sur Poupe, c'est se tenir dans les eaux d'un autre Vaisseau, assez près de lui pour que le bout du Beaupré ne soit éloigné de sa Poupe que d'une longueur de Navire au plus. *Les ennemis étoient en Ligne Beaupré sur Poupe; de sorte que leur Ordre étoit si serré par cette position, qu'il ne leur restoit pas d'espace pour manœuvrer, ce qui nous donnoit un avantage décidé dès le commencement de l'Action.*

BEAUTURE *de tems*. Le tems est en Beauture, quand après qu'il a été mauvais, il se met au beau, avec apparence de continuation. *Aussi-tôt que l'orage fut passé, le tems se para en Beauture.*

BEC *de Corbin*. C'est un Crochet de fer dont les Calfats se servent, pour arracher les vieilles étoupes des coutures, il est formé de deux branches à Angle droit, dont une est un peu courbée & pointue, l'autre est droite, & sert de manche.

BEC *d'Ancre*. *Voyez* PATTES, ANCRE & OREILLES.

BELANDRE. C'est une Barque gréée en Heu, & qui n'est pas de plus de quatre-vingt Tonneaux.

BELLE. La Belle ou l'Embelle du Vaisseau, est sa partie du milieu, qui conserve la même largeur. Ainsi l'on dit, *tirer Embelle*, Pour dire qu'on tire par le travers, en pointant perpendiculairement à la Quille du Navire.

BELLE MER. On dit qu'il y a belle mer ou que la mer est belle, quand il n'y a point de Houlles, & que ses lames ne sont pas élevées. *Nous eumes toujours beau tems & belle mer.*

BERDINDIN. C'est un Palan simple, dont les Poulies sont plates, & les Rouets d'un pied à dix-huit pouces de diamettre : il sert à décharger & charger les effets de peu de poids.

BERDA. C'est un cordage que l'on frappe sur le Point du vent de la Misaine, quand on est Largue ou vent Arriere, pour la tendre & l'élargir par le bas, en tirant sur le Berda, qui passe dans une Poulie frappée sur un Bout-de-hors que l'on faille au large.

BERCIN. On appelle ainsi un croc de fer à boucle, sur lequel on épisse un Cordage pour enlever les Fûtailles, en les crochant par la bonde.

BERNE. *Mettre Pavillon en Berne* ; C'est plier le Pavillon dans sa hauteur, de maniere qu'il ne fasse qu'un Faisceau, & que toute sa longueur soit déployée ; sa Têtiere ou Guindant amarrée avec la Drisse, qui sert à le hisser au haut du Mât de Pavillon. On met le Pavillon en Berne dans les Rades, en tirant du Canon pour appeller son Equipage quand on est prêt à partir, pour demander du secours, quand on est indigent; on s'en sert aussi à la mer pour les mêmes raisons; c'est un signal général, qui est reçu par toutes les Nations de l'Europe, & qui demande toujours l'assistance des autres.

BERT ou *Berceau* C'est une machine fort simple, que l'on construit sous le Vaisseau quand il est fini, pour le lancer à l'eau sans risque, parce qu'elle le porte en grand jusqu'à ce qu'il flotte. Pour faire le Bert d'un Vaisseau, on place d'abord de chaque côté, sur le grillage de la Calle, sur laquelle il est, une longue piece de bois, que l'on appelle une coite, & qui répond sous l'extrémité des Varrangues de bout en bout du Navire ; on éleve ensuite sur ces Coites des pieces de bois perpendiculairement, ce font les Colombiers qui vont en augmentant de longueur depuis le gros du Navire jufqu'aux Façons de l'Avant & de l'Arriere; ces Colombiers entrent dans de petites mortaifes, pratiquées fur le bord des Coites en dehors, & font Arboutant fur le flanc du Navire, on met enfuite des Arboutants horizontaux, qui vont du bord intérieur des Coites arbouter contre la Quille, & on éleve les Coites dans le milieu par des pieces de bois gabariées, que l'on nomme Ventrieres, pour foutenir le Vaiffeau dans toute fa belle; & après toutes ces difpofitions, qui font la bafe de l'opération, on paffe des Cordages par-deffous la Quille entre les Chantiers, & par-deffus les coches ou dents des Colombiers, on les roidit à force de Vireveau, en leur faifant faire plufieurs Paffes, après quoi on les bride avec la même force entre la Quille & le Colombier; de forte que le Vaiffeau eft foulagé de deffus fes Chantiers, & porté par tout cet apareil d'un bout à l'autre: on ôte les Chantiers ou Tins à mefure qu'ils ne font plus chargés, & le Vaiffeau refte fur fon Bert, qui étant bien graiffé & coulant, gliffe le long de la Calle, en fuivant avec viteffe & d'un mouvement accéléré la pente du glacis fur lequel il a été conftruit; mais il n'entre en mouvement qu'après qu'on a levé la clef qui retient le Vaiffeau, en s'appuyant fur l'Eftambot & la piece du milieu de la Calle; on leve auffi les clefs du Bert en même tems, & la Machine fe trouve abandonnée au mouvement de fa propre pefanteur, fur le plan incliné qui la porte. Le frottement du tout fe faifant fur les deux Coites, & lorfque le Vaiffeau flotte, il quitte fon Bert, qui étant retenu par deux Grêlins frappés fur les Coites, revient à la Calle fur l'appel de fes Amarres.

BIDON. C'eft une efpèce de petit Baril en forme de Cône tronqué, qui contient ordinairement trois à quatre pots; on lui met un robinet ou nez à un côté, & il a une ouverture en-deffus du petit fond, par laquelle on le remplit. On fe fert des Bidons pour diftribuer le vin à l'Équipage; par plat de fept hommes, il y a un Bidon.

BIGOTS. Ce font de petites pieces de bois, percées de deux, trois ou quatre trous, & de la hauteur des Racages: les Bigots féparent les Pommes de Raques qui font enfilées fur les Batards, que l'on fait paffer dans les trous de Bigots, & le tout forme le Racage. En faifant les Racages d'une autre maniere, comme nous le dirons à fon mot, les Bigots & Batards deviennent inutiles.

BIGUES. Longues pieces de bois de Sapin propres à faire des mêches de Mâts, dont on fe fert pour mâter & démâter les Vaiffeaux dans les endroits où il n'y a point de Mâture, en faifant une Fourche avec deux de ces pieces, entre les jambes defquelles on ménage affez de hauteur ou de Virage, pour que les deux Apareils que l'on y frappe puiffent élever les

Mâts au-dessus des Étembrais dans lesquels ils doivent entrer, ou d'où ils doivent sortir.

BIGUES *de Mâture.* Ce sont les pieces de bois qui partent obliquement de la Plate-forme sur laquelle est élevée une Mâture ou Machine à mâter, & au haut desquelles sont frappés les Apareils qui doivent enlever les Mâts, que l'on place ou déplace dans les Vaisseaux. Ces Bigues sont soutenues avec soin par des Balancines très-fortes, & une petite charpente placée en Arboutant sous leur pente, à cause de leur grande longueur.

BIGUES *de Charge.* Ce sont des Bouts-de-hors que l'on place sur le côté des Vaisseaux, & que l'on soutient par des Étais; quelquefois on les fait de deux Bouts-de-hors, & quelqu'autrefois d'un seul; on les fait incliner en dehors, & on oriente dessus de petites Cayornes ou Palans, avec lesquels on embarque ou débarque la charge du Vaisseau.

BILLARD. On appelle ainsi une masse de fer trempée, emmanchée sur une longue barre de fer, de sorte que huit ou dix hommes peuvent l'empoigner sur deux files, les uns vis-a-vis des autres pour billarder les cercles de fer que l'on met sur les Mâts des Vaisseaux, en les chassant à coups de Billards des deux côtés opposés à la fois; il y a toujours un homme qui conduit & dirige le Coup du Billard.

BILLARDER. C'est frapper avec le Billard sur ce que l'on veut chasser; ainsi l'on dit: *Billarder un cercle.*

BILLETTES. Bois rond à feu que l'on embarque dans les Vaisseaux pour la consommation journaliere, & qui sert à remplir les vuides dans l'Arrimage; on l'appelle *Bois de Billettes.*

BILLOTS ou *Clefs de Varrangue.* Ce sont des pièces de bois de deux pieds de long environ, que l'on met entre les Varrangues & Fourcats, en construisant les Vaisseaux pour les garnir & empêcher le jouement; on fait une canelure de deux pouces de largeur & de profondeur dans le sens de la longueur des Billots, pour l'écoulement des eaux. L'orsqu'on place les Billots, on les frappe tous ensemble Tribord & Babord dans toute la longueur du Vaisseau, afin de serrer par tout également.

BISCUIT. C'est du pain fait en galettte & cuit trois ou quatre fois, de sorte qu'il est fort dur, il se conserve aisément un ou deux ans, quand il est bien conditionné & renfermé séchement; on fait l'approvisionnement des Vaisseaux, en Biscuit, parce que c'est le principal article des vivres de l'Équipage.

BISE. C'est proprement le vent de N. E. l'on donne ce nom à tous les vents qui soufflent entre le Nord & l'Est.

BITTES. On appelle *grandes Bittes* un fort assemblage de charpente qui sert à amarrer le Cable quand on a mouillé. Les Bittes sont formées de deux fortes pièces de bois quarriées, nommées Piliers, qui s'élevent perpendiculairement, l'une à Tribord, &

l'autre à Babord, du milieu du Vaisseau, à six, huit ou dix pieds de distance entr'elles, selon la largeur du Navire; elles montent depuis les Varrangues jusqu'à quatre à cinq pieds au-dessus du premier Pont où elles sont liées l'une à l'autre par une autre forte pièce de bois entaillée, placée horizontalement sur l'Arriere, qu'on nomme Traversins: elles sont fortifiées du côté de l'Avant par deux fortes pièces courbes chevillées sur les Baux, en faisant arc-boutant contre les Piliers. Dans les Vaisseaux de Commerce on place les grandes Bittes sur le second Pont, & dans les uns & les autres, elles répondent un peu en dedans des deux Ecubiers les plus près de l'Etrave, à une certaine distance sur l'Arriere, & le Traversin s'allonge au moins jusques vis-à-vis les Ecubiers les plus en dehors. *Voyez* PILIERS.

BITTES, *petites Bittes.* Les petites Bittes servent à amarrer les Ecoutes des Huniers: on les place sur le dernier Pont, à l'avant du grand Mât, sur le Gaillard d'Avant, en avant & au pied du Mât de Misaine, & sur la Dunette, au pied du Mât d'Artimon; leurs Piliers ne vont jamais que d'un Pont à l'autre, & souvent ne sont faits que de deux Courbes chevillées sur les Baux.

BITTER *le Cable.* C'est lui faire faire un tour sur les Bittes, en prenant un des Montans ou Piliers avec le Traversin en Bandoliere.

BITTONS ou *Taquets.* Ce sont des petits Tournages moins forts que les Bittes d'une moindre solidité & de toutes sortes de Figures, il y en a sur le Pont, le long des murailles, pour amarrer l'Écoute de Misaine, sur le Gaillard d'Arriere pour la grande Écoute, les grands Bras, & les Drisses des Huniers, & pour amarrer toutes les autres manœuvres de force.

BITORD. Espece de cordage à deux ou trois Tourons; on le fait à Bord des Vaisseaux & dans les Corderies, avec du fil de Caret, neuf ou vieux, en le tournant & dévidant ensuite sur un Tour à Bitord, après lui avoir donné la Tortion: on se sert du Bitord pour faire des filets de Bastingage, garnir des manœuvres, faire des Garcettes de Tourne-vire, des Badernes, des Paillets, des Sangles, &c.

BITURES. On appelle Biture, toute la partie du Cable allongée sur le Pont avant de mouiller; ainsi *prendre Biture*, c'est allonger le Cable sur le Pont, pour le disposer à filer promptement, quand on laisse tomber l'Ancre qui lui est entalingée. On fait la Biture longue, quand on doit mouiller par un grand fond, & alors on fait serpenter le Cable sur le Pont, car il faut toujours que la Biture soit plus longue qu'il n'y a de brasses d'eau pour trouver fond.

BLEU, *Officier bleu.* Voyez OFFICIER BLEU.

BLIN. On appelle Blin, une piece de bois quarrée & longue, traversée perpendiculairement par des Barres, qui servent de poignée aux hommes qui la font agir dans une Coulisse comme un Belier, pour frapper par un des bouts du Blin, des coins que l'on veut faire entrer horizontalement de force sous la Quille d'un Vaisseau ou autre part : il y a des Blins qui, au lieu de Barres de bois, ont des cordes, & ces derniers sont plus commodes pour agir dans les endroits où les hommes n'ont pas de hauteur.

BLINDER *un Vaisseau.* C'est le garnir de Tronces de vieux Cables le long du Bord, bien serrées l'une contre l'autre, à un, deux ou trois rangs, pour le garantir de l'effet du Boulet, quand on veut lui faire essuyer le feu d'une Batterie de Canons à terre, ou quand on l'emploie dans la défense d'un Port, afin de ménager la vie des hommes qui le défendent, & l'empêcher d'être coulé par une trop longue Canonnade. On blinde aussi les Ponts des Vaisseaux, pour les préserver de l'effet des Bombes; on met pour cela sur le Pont le plus élevé, & sur les Gaillards, beaucoup de vieux cordages, des morceaux de bois, & autres choses de cette nature, jusqu'à la hauteur de quatre à cinq, ou six pieds, en disposant par-tout des Bailles pleines d'eau pour éteindre le feu tout de suite, s'il tombe quelques bombes à Bord.

BLOQUER *un Port.* C'est en occuper toutes les sorties ou entrées, en les gardant soigneusement avec des Vaisseaux de guerre, de maniere qu'on ne puisse ni sortir ni entrer sans être pris. Ainsi l'on dit, qu'un tel Port est bloqué, quand les passages du côté de la mer sont fermés.

BOETE *de Pierrier.* C'est un corps Cilindrique, ordinairement de fonte, qui contient la poudre dont on charge le Pierrier, en plaçant la Boëte par une ouverture faite exprès dans la culasse du Pierrier, elle est arrêtée par une goupille, afin que la Boëte ne saute pas quand on tire.

BOIS *de Construction.* On appelle bois de Construction, celui qui est propre à être employé dans l'Architecture Nautique, soit par sa qualité, sa courbure, sa force & son échantillon. Le bois de chêne, coupé au commencement de l'hiver, hors sève, & pris avant qu'il commence à viellir, est le meilleur de tous les bois, & le plus généralement employé. On se sert d'Ormeau pour les pieces de Quille, d'Etrave & d'Estambot, quand on en trouve d'assez fort; on y met aussi du Hêtre, ainsi qu'en bordages de Carène, mais on ne l'emploie jamais hors de l'eau, parce qu'il se canit fort vîte, & quand il y est plongé, il se conserve très-bien, quoiqu'il garde presque toujours une sève caustique, qui mange continuellement le fer qui le traverse; c'est un défaut qui lui est particulier. Le Sapin est un bois fort léger, qu'on emploie dans les hauts des Vaisseau pour border à la seconde Batterie en dehors & en dedans, sur les Ponts, entre les Hiloires & les Goutieres qui sont toutes de chêne, ainsi que les autres pieces de liaison. Le Sapin est généralement employé exclusivement à tout autre à la Mâture des Vaisseaux & aux Vergues, chez toutes les Nations de l'Europe, parce qu'il est le plus léger de tous les bois solides, & qu'il est fort liant à cause de la longueur & du Parallélisme de ſes fibres. On ne doit jamais employer de bois dans la conſtruction, qu'il ne ſoit bien ſec, parce qu'en s'en ſervant vert il ſe tourmente, ſe déjette, & ne dure pas ſi long-temps; on doit auſſi le purger de tout Aubier; cette ſubſtance blanche qui ſe trouve entre l'écorce & le bois fait, n'a point encore aſſez de dureté, elle ſe pourrit bien vîte, & contribue beaucoup à gater le reſte, quand il s'en trouve dans le bois employé. Les bois de la premiere eſpèce ſe paient plus que tous les autres, parce que leurs dimenſions ſont plus fortes, & que les pieces ſont auſſi plus rares; elles portent de 12 à 30 pouces de large, ſur une épaiſſeur de 10 à 24 pouces; ceux de la ſeconde eſpèce ont de 10 à 20 pouces de large, ſur 10 à 16 pouces d'épaiſſeur, & ſont d'un moindre prix, ainſi que ceux de la troiſieme eſpèce, qui doivent avoir de 6 à 30 pouces de large, ſur une épaiſſeur de 5 pouces à 30 pouces, mais droit, ſans arc, car le bois tort eſt toujours le plus cher à échantillon égal.

BOIS, *Plein-bois.* Le Plein bois d'un Vaiſſeau s'entend de tout le corps du Navire hors de l'eau. Ainſi l'on dit : *Tirer en plein-bois*, pour dire de tirer dans le corps du Vaiſſeau.

BOIS *à feu*, ou *bois de chauffage.* C'eſt celui que l'on embarque pour la conſommation journaliere du Vaiſſeau; il y en a de deux ſortes, le bois de billettes ou rondin; il eſt connu de tout le monde, c'eſt le bois d'Arrimage pour remplir les vuides entre les effets de Cargaiſon; le bois de bûche eſt celui que l'on met ſous les fûtailles arrimées, & qui ſert auſſi au feu.

BOIS *de Foc.* C'eſt une eſpèce de petite Vergue trouée de bout-en-bout & de diſtance-en-diſtance; on la coud ſur la têtiere d'un Foc, en paſſant les deux Ralingues dans des trous de groſſeur, pratiqués aux bouts du bois de Foc.

BOIS *tort.* C'eſt le bois de Conſtruction, qui eſt naturellement courbé, propre à faire des Genoux de Fond, des Varrangues, des Allonges de Revers, &c. & qui compoſe ordinairement la Membrure des Vaiſſeaux, de ſorte que l'on dit qu'un Navire eſt en bois tord, quand tous ſes Membres ſont levés ſur la Quille, & qu'il n'a point encore de bordage.

BOIS *droit.* C'eſt celui qui n'a que peu, ou point de Courbure.

BOIS, *faire du bois.* On dit qu'un Vaiſſeau eſt à faire du bois, quand il relâche quelque part, & qu'il emploie du monde à couper & porter du bois à feu, ou qu'il en achete de tout coupé; ainſi *Faire du bois*, c'eſt s'approviſionner de bois, de quelque maniere que ce ſoit.

BOITE. On appelle *Boîte*, l'apas que l'on met aux hameçons pour pêcher.

BOMBARDER. C'eſt tirer ou jetter des Bombes. On ne peut tirer de Bombes par mer que ſur des Galiottes faites exprès pour cela, & sur des Prames disposées pour recevoir des Mortiers en Batterie.

BOMBARDIER. On appelle ainsi le Soldat ou Matelot qui fait charger & tirer des Bombes, & tous ceux que l'on emploie au service des Mortiers sur les Galiottes & Prames.

BOMBE. On appelle ainsi une grosse sphere creuse qui sert de Boulet aux Mortiers : on les charge de poudre en les remplissant en tout ou en partie ; quelquefois on y joint des Artifices propres à mettre le feu, quand la Bombe éclate par l'effort de la poudre qui s'enflamme au moyen d'une fusée ou tuyau de bois que l'on introduit de force dans un trou fait exprès à la Bombe, pour que l'Artifice de sa fusée communique le feu à sa charge ; on allume cette fusée avant de mettre le feu au Mortier. Il y a des Bombes de différents calibres, mais les plus en usage portent douze pouces de diametre.

BOMBÉ. *Voyez* BOUGE.

BOME. On appelle ainsi la grande Voile d'un Bot : elle est enverguée sur une Corne, & bordée sur un Guy : c'est la premiere des Voiles Latines, quoique quadrangulaire, elle est très-propre à bien serrer le plus près du vent.

BONASSE. C'est un intervalle de mauvais temps.

BON BOUT. Quand on mouille une Ancre à Jet en Créance avec plusieurs Grêlins ajustés bout-à-bout, & que le dernier se trouve trop court pour aller jusqu'à bord, on fait un dernier Ajust dessus avec un Cordage maniable, mais assez fort pour roidir la Touée ; alors le Bon Bout est celui du Grêlin qu'il faut avoir. Ainsi l'on dit : *Attrape le Bon Bout*, pour encourager les gens à tirer sur l'Ajust. On dit aussi que le *Bon Bout est au dernier Grêlin* ; de sorte que tout Bon Bout est celui du Cordage qui est en place, & qui doit travailler, & sur lequel on a fait Ajust.

BONNE MAIN. *Amarre Bonne Main*, c'est-à-dire, sans larguer.

BON QUART. C'est le cri de l'Equipage du Gaillard d'Avant à chaque demi-heure, pour faire connoître à l'Officier que tout le monde veille bien.

BON BRAS, *faire Bon Bras*. C'est appuyer les Bras du vent, quand on est au plus près, & que le vent devient favorable. *Après quinze jours de contrariété, le vent adonna, & nous fîmes Bon Bras.*

BON VOILIER. On dit qu'un Vaisseau est bon Voilier, quand il marche bien, & qu'il porte bien la Voile.

BONNE VOILE. *Voyez* VOILE.

BONNE *de nage*. Une Chaloupe est Bonne de nage, quand elle marche bien à la Rame, & qu'elle peut naviguer avec ses Avirons, lorsque la mer est un peu élevée.

BONNES GARCETTES. C'est un commandement à ceux qui saisissent le Tourne-Vire au Cable, quand on leve l'Ancre, & qu'il y a de la Levée par la grosse mer, pour leur faire fouetter avec ſoin & ſouquer bien fort leurs Garcettes ſur le Cable & le Tourne-Vire, afin qu'ils ne puiſſent gliſſer l'un ſur l'autre : C'eſt *Faire Bonnes Garcettes.*

BONNE TENUE. *Voyez* TENUE.

BONIFIER. C'eſt ôter ce qu'il y a de mauvais dans des effets avariés par la mer, & tirer le plus de parti poſſible des choſes gâtées.

BONNETTES ou *Etouines.* Voiles que l'on peut gréer en dehors des Vergues ſur des Bouts-dehors, des deux côtés du Vaiſſeau, quand on eſt vent arriere, & du côté du vent quand il eſt grand Largue. Les Bonnettes ſervent à élargir la Voilure du Vaiſſeau. Les Bonnettes baſſes ſont rectangulaires, & ſe hiſſent ſur les Bouts-hors des baſſes Vergues qu'elles élargiſſent en s'amurant ſur les Bouts-de-hors du Vaiſſeau. Les Bonnettes de Hune & de Perroquet ſont en tropezoïdes plus étroits par haut que par bas, ou en triangles, & ſervent à élargir ces Voiles; on les amure ſur les Bouts-de-hors des Vergues, on les borde ſur les mêmes Vergues, & on les hiſſe ſur celles de la Voile à qui on les ajoute. Les Bonnettes que l'on ajoute aux Voiles de l'Arriere ſont toujours inutiles; elles couvrent celles d'Avant qui ſont mieux placées.

BONNETTES *maillées.* Ce ſont des bandes de Toile qui ſervent à allonger les baſſes Voiles & Huniers, pour que le vent ne s'échappe pas par-deſſous quand il eſt foible, elles ſont d'un très-petit uſage, quoiqu'il ſeroit avantageux de s'en ſervir plus ſouvent qu'on ne fait, ſur-tout aux baſſes Voiles. On les attache aux Voiles par des pattes, en les laçant les unes aux autres.

BONNETTES *lardées.* Ce ſont des Bonnettes baſſes qu'on larde avec des étoupes en les couſant deſſus, pour boucher une voie d'eau dans un cas urgent, lorſqu'elle eſt trop baſſe, pour pouvoir la boucher autrement.

BON *Tour.* C'eſt l'Evolution d'un Vaiſſeau à l'Ancre, qui, en évitant au vent ou à la Marée, défait les Tours qui ſont dans les Cables d'Affours, en évitant du côté du Cable qui eſt par-deſſus l'autre. *Il a pris le bon Tour.*

BORD. C'eſt le Synonime de Vaiſſeau. Ainſi l'on dit : *il eſt à Bord*, pour dire qu'il eſt à tel Vaiſſeau. *Il va à Bord de tel Vaiſſeau... Venir à Bord.. Aller à Bord... Mettre à Bord, &c.* Tous ces mots de Bord ſont plus Marins & plus uſités que ſi l'on diſoit; *il va au Vaiſſeau... Il eſt au Vaiſſeau, &c.* & l'on n'entend jamais un Marin dire, *Il eſt à tel Vaiſſeau*; il dira toujours, *Il eſt à Bord du Neptune...* ou ſimplement, *Il eſt à Bord...*

BORD-*à-Bord.* Deux Vaiſſeaux ſont Bord-à-Bord, lorſqu'ils ſe rangent de fort près, & preſqu'à ſe toucher. *Nous nous accoſtâmes Bord-à-Bord, & nous nous battimes deux heures dans cette ſituation.*

BORD-SUR-BORD. *Nous Louvoyâmes Bord-ſur-Bord*; c'eſt-à-dire, que l'on virre ſouvent de Bord, en tenant toujours le vent

vent au plus près. Ainſi virer Bord-ſur-Bord, c'eſt virer & revirer ſouvent, en courant de petits Bords, tantôt Tribord au vent, tantôt Babord. *Nous eûmes Bord-ſur-Bord pour attendre nos Camarades qui ne marchoient pas bien.*

BORD *à terre*, *Bord au large.* C'eſt Louvoyer à vue, ou à peu de diſtance d'une terre, en tenant au plus près du vent, tantôt la bordée qui fait approcher de la Côte, tantôt celle qui en éloigne; ainſi, on tient le Bord de terre quand on s'en approche, & on tient celui du large, quand on s'en éloigne.

BORD. *Changer de Bord*, *mettre à l'autre Bord*; c'eſt quitter le plus près du vent Tribord, pour le prendre ſur Babord, & réciproquement. Ainſi un Vaiſſeau qui vire vent devant ou vent arriere, change de Bord, en changeant ſes Amures au plus près, ou ſur le Largue.

BORD, *faire un Bord.* C'eſt courir pendant un certain temps au plus près du vent. *Nous fîmes un Bord de deux heures, Tribord Amure, pour nous élever de la Côte, enſuite on fit route.*

BORD. Tenir le même Bord que l'ennemi, c'eſt faire la même route que lui au plus près.

BORD. Tenir un Bord contraire à celui de l'ennemi, c'eſt courir au plus près du vent Tribord ou Babord au vent, tandis qu'il tient ſes Amures Babord ou Tribord au plus près; c'eſt être à contre l'un de l'autre.

BORD. *Faire un bon Bord*; c'eſt tenir une Bordée qui n'eſt pas déſavantageuſe, quoiqu'au plus près.

BORD. *Paſſe ſur le Bord.* C'eſt un commandement aux Matelots pour les faire ſe ranger des deux côtés de l'Échelle en dehors du Vaiſſeau, pour aider ceux des Officiers, ou Perſonnes de conſidération que l'on reçoit à Bord, & à qui on veut faire honneur.

BORD *de la mer.* C'eſt le rivage ou les premieres terres qui bordent le ſable ſur lequel elle bat.

BORDAGE. On appelle Bordage d'un Vaiſſeau les Planches qui s'appliquent en dehors, par-deſſus les Membres & ſur les Baux pour faire les Ponts. Les Bordages prennent des noms différents, ſelon les endroits où ils ſont employés : les Bordages de Fleurs, ſont ceux qui révêtent la Carêne depuis les Ribords juſqu'aux Genoux de fond; les Gabords, ſont les deux rangs de Bordages qui avoiſinent la Quille Tribord & Babord; les Ribords, ſont ceux qui joignent les Gabords en montant vers la Flotaiſon. Les Bordages qui ſont entre les Préceintes, ſont appellés de Rempliſſage ou de Fermeture : les Bordages qui ſe placent entre les Sabords, ſe nomment Entre-Sabord; & ceux qui vont depuis les Fleurs juſqu'aux premieres Préceintes, ſont les Bordages de la Carêne, & ce terme eſt général pour tous.

BORD-A-QUAI. *Être Bord-à-Quai*; c'eſt être acoſté aſſez près du Quai pour pouvoir y charger & décharger.

BORDAILLE. Nom qu'on donne aux Planches propres à

faire des Bordages, Ainsi l'on dit ; *Voilà de bonnes Bordailles.. de belles Bordailles*, &c.

BORDE. On borde un Vaisseau, quand on applique sur ses Membres les Bordages qui le revêtent en dehors ou sur les Ponts. Ainsi on explique l'endroit que l'on borde.

BORDE *les basses voiles*, *Huniers*, *Perroquets*, *Focs*, *voiles d'Étai*, *&c.* Commandement pour faire tendre les voiles nommées par celui qui donne l'ordre, & qui veut les faire border en hallant sur leurs Écoutes ; on désigne en même temps le côté duquel il faut border Tribord ou Babord, au vent ou sous le vent.

BORDE *les Avirons.* Commandement pour faire mettre les Avirons sur leurs Toulets ; ainsi lorsqu'ils y sont, on dit qu'ils sont bordés · *Le Canot & la Chaloupe ont leurs Avirons bordés.*

BORDÉ. Un Vaisseau est bordé quand, il a tout son Bordage placé & cloué ; il est bien bordé quand ses Coutures sont étroites & égales, & que le Franc-bord est bien égal par-tout sans bosses ni cavités.

BORDÉ. Un Hunier est bordé, quand il est tendu par ses Écoutes ; on le dit aussi des Perroquets : on dit encore d'un Vaisseau, *Il a bordé ses basses voiles*, *Huniers & Perroquets*, pour dire qu'il les a appareillés.

BORDÉE. Route faite par un Vaisseau au plus près du vent. Courir différentes Bordées, Louvoyer, changer de route en virant de Bord, quand on est au plus près du vent. Ainsi l'on dit : *Faire & courir de grandes Bordées*, *de petites Bordées*, *&c.* Avoir une bonne Bordée, c'est courir au plus près presqu'à Route : la Bordée n'est pas bonne quand elle est désavantageuse, qu'elle éloigne de la route.

BORDÉE. Une voile est bordée quand elle est tendue par le moyen de ses Écoutes & Amures.

BORDÉE. Décharge de toute l'Artillerie d'un des côtés du Vaisseau. *Nous lui tirâmes notre Bordée de Tribord.*

BORDÉE, *à bout de Bordée.* Attraper un Cap, un Port ou un Vaisseau à bout de Bordée, c'est le joindre au plus près du vent & arriver juste, pas plus au vent qu'il ne faut.

BORDÉE. Courir la grade Bordée, c'est faire le Quart ou Garde par moitié d'Équipage : on fait toujours la grande Bordée quand on est sous voiles, ou dans une Rade foraine sur une seule Ancre. Les Officiers ne courent pas la grande Bordée, ils font plusieurs Quarts.

BORDÉE. Courir la petite Bordée, c'est faire la garde dans les Rades & Ports où le Vaisseau est affourché, par partie de l'Équipage plus petite que la moité, par tiers ou par quarts.

BORDER *une voile.* C'est tendre une voile, en faisant travailler ses Ecoutes.

BORDER *un Vaisseau.* C'est appliquer le Bordage sur ses Membres & sur ses Baux : *On est à border la Carène*, *on va border ses Ponts & Œuvres-mortes*, *&c.* On borde en Carveile, lorsque les quarts des Bordages se touchent quarrément; c'est la méthode générale & ordinaire. On borde à Clein ou Quein, en faisant passer le Bordage supérieur sur l'inférieur, d'un pouce ou deux : cette méthode ne se pratique que pour des Canots ou Chaloupe, mais très-rarement; elle n'est pas bonne à cause du Calfatage, qui fait larguer le bordage de dessus le Membre où il est cloué.

BORDER *plat une voile.* C'est la tendre avec ses Ecoutes le mieux qu'il est possible.

BORDER *les Avirons.* C'est dans toute espèce d'Embarquation à rames, mettre les Avirons sur le Bord prêt à nager, & les rameurs en place.

BORDIER, *Vaisseau Bordier.* Un Vaisseau est Bordier, quand il est plus plus pesant d'un bord que de l'autre, & sur lequel il incline facilement. Ainsi l'on dit : *Il est Bordier sur Tribord*, quand il incline de ce côté-là, & qu'il faut mettre des contre-poids de l'autre pour le tenir droit; c'est un défaut de construstion.

BORDURE. C'est la largeur des voiles par en bas, prise d'un point d'Ecoute à l'autre. Ainsi l'on dit: *qu'une voile a une grande Bordure*, quand elle est large par en bas. Les Huniers ont trop ou trop peu de bordure, quand ils sont plus ou moins larges que l'espace compris entre les Poulies de bout de Vergue dans lesquelles passent leurs Ecoutes, parce qu'il faut que leurs points d'Ecoutes répondent juste ä ces Poulies estropées & capelées sur les bouts des basses-Vergues, afin que la voile soit tendue comme il faut. On dit aussi que les voiles Latines ont trop peu, ou trop de bordure, quand il il n'y a pas assez d'espace entre leur Point d'Amure & celui de leur Ecoute, ou lorsqu'il y en a trop, parce qu'alors elles font un Sac.

BORÉAL, *Nord ou Septentrion.* Le vent est Boréal, quand il souffle de la partie du Nord.

BOSSE *de Chaloupe.* C'est un Cordage moins long que les Cableaux des Chaloupes & Canots, dont on se sert pour amarrer ces Embarquations derriere les Vaisseaux, & doubler leurs Amarres.

BOSSE. Commandement pour faire appliquer les Bosses sur le Cable ou sur toute autre manœuvre, afin de pouvoir les retenir sur les Bosses qui les empêchent alors de s'en retourner par l'effort des poids qu'elles peuvent porter; ainsi en bossant une manœuvre, on a le tems de la tourner & amarrer en un lieu solide.

BOSSÉE. Une manœuvre est bossée, lorsqu'on lui a appliqué les Bosses pour la retenir dans la tension où elle se trouve alors.

BOSSE-ET-BITTE. Commandement pour faire bosser le Cable en avant de la Bitte, & lui faire prendre un tour de Bitte, en passant le double par-dessus le Traversin sur l'Arriere, en le faisant embrasser le montant sur l'Avant, & revenir ensuite par-dessous le Traversin pour être après cela bossé bien roide sur l'Arriere de la Bitte.

BOSSEMAN. Officier Marinier de manœuvre, qui a principalement le détail des Ancres, des Cables, & de tout ce qui les concerne. En mer il commande les Matelots sur le Gaillard d'Avant, & en général par-tout : c'est le troisieme Officier Marinier ; il marche après le Contre-Maître, & avant le Quartier-Maître.

BOSSER. C'est appliquer les Bosses sur la manœuvre que l'on veut retenir ; ainsi l'on dit *qu'il faut bosser là*, pour dire qu'il faut mettre les Bosses sur le Cable ou sur toute autre manœuvre que l'on tire, quand on la juge assez roide, &c.

BOSSER *les Huniers.* C'est appliquer des Bosses sur leurs Itaques à la tête des Mâts, afin qu'ils se tiennent toujours hauts, si les Drisses ou Itaques sont coupés pendant un combat : outre les Bosses, on met aussi des chaînes de fer qui embrassent la Vergue de Hune & le Mât au-dessus du Canelage.

BOSSER *les basses Vergues.* C'est doubler les Suspentes des basses Vergues, appliquer des Bosses sur les Drisses, & mettre des chaînes de fer dessus, capelées sur les bas Mâts, pour obvier aux coups de Canon qui pourroient couper les Drisses & Suspentes pendant le combat, faire tomber les Vergues, & désemparer le Vaisseau de ses Voiles. Malgré toutes ces précautions, il arrive souvent que toutes ces Machines sont coupées, & que l'on perd ses Vergues & Voiles.

BOSSES. On appelle ainsi en général tout Cordage dont un bout fait Dormant sur quelque chose de solide, & l'autre s'entortille sur quelque manœuvre, en la fouettant avec la Bosse pour l'empêcher de courir & la retenir. On met des Bosses sur le Cable pour tenir bon pendant qu'on choque, afin de l'empêcher de filer quand on leve le Tourne-vire sur le Cabestan ; ces Bosses sont fixées à des Arganeaux sur le Pont des deux côtés dans les Hiloires du milieu.

BOSSES-DE-BOUT. Les Bosses-de-bout sont les plus longues de toutes, & faites avec de plus gros Cordages que les autres ; on fait un Cul-de-port double sur un des bouts, on passe la Bosse ensuite du haut en bas dans le trou du Bossoir qui est sur l'arriere des Clans ; & quand l'Ancre est haute sur le Capon, on passe le courant de la Bosse-de-bout dans l'Arganeau & sur l'avant du bout du Bossoir dans une entaille qui y est pratiquée ; on la roidit comme il faut, en la tournant après cela sur le Taquet-de-bout qui est ordinairement placé bien solidement sur la queue du Bossoir, de sorte qu'en larguant le Capon, l'Ancre reste suspendue sur la Bosse-de-bout, qui sert encore à la mouiller aussitôt qu'on la largue de dessus le Taquet-de-bout où elle est amarrée quand on veut laisser tomber l'Ancre : ainsi la Bosse-de-bout est fixée par un bout sur un Cul-de-port, & est courante de l'autre bout selon le besoin.

BOSSES, *Serres-Bosses.* C'est un Cordage qui sert à suspendre la partie des becs ou Pattes de l'Ancre, quand elle est traversée le long du bord du Vaisseau, & élevée au-dessus de l'eau.

BOSSES *Cassantes*. Ce sont des Bosses frappées ordinairement sur les Cables que l'on mouille dans un gros tems de vent & de mer; parce qu'à mesure que l'Ancre fait travailler son Cable, il fait casser ces Bosses les unes après les autres, de maniere qu'en recevant peu-à-peu & par gradation le choc & la secousse du Vaisseau qui vient souvent comme un trait sur son Cable, il arrive que la sacade est moins violente sur l'Ancre, & que le Cable en souffre moins; ce qui le fait résister avec plus de sûreté à l'effort subit du vent & de la mer auquel on l'expose; ainsi les Bosses sont appellées *Cassantes*, dès qu'elles sont destinées à être cassées.

BOSSES *à fouet & à bouton*. Ce sont celles en général qui sont fixées à demeure quelque part, & particuliérement celles que l'on applique sur les Cables, lorsqu'on leve les Ancres à force de Cabestan. Ces Bosses sont faites d'un Cordage de trois à quatre pouces, qui enveloppe les Cosses de fer qui sont passées dans les Arganeaux des Pitons fichés sur les Hiloires du Pont; de sorte que ce Cordage se double dans la longueur de trois pieds environ, & est ensuite bien souqué l'un contre l'autre par de bons Amarrages de Ligne au bas de la Cosse, & de distance en distance; on termine le tout après cela par un Cul-de-Port double & Tête-de-More, en assemblant les deux bouts du Cordage pour en faire le bouton, sur lequel on ajuste le Fouet fait d'un filin de deux pouces environ, & de deux brasses de longueur. Ces Bosses servent non seulement pour retenir le Cable quand on veut choquer au Cabestan en levant l'Ancre au Tourne-vire, mais encore pour retenir le Cable en avant des Bittes, pendant qu'on prend Tour & Choc; & aussi pour retenir le Cable sur la Bitte, quand il n'a qu'un Tour, & même quand il a Tour & Choc, dans un coup de vent & pendant un grand Tangage.

BOSSOIRS. Ce sont deux fortes pieces de bois qui saillent en dehors des deux côtés du Vaisseau en avant & au-dessus des Joues. Les queues des Bossoirs prennent sur le Tillac deux barrots du Gaillard d'Avant, sur lesquels on les cheville bien solidement à plat. Il y a trois Rouets de Poulies dans chaque Bossoir, sur lesquels passent les Garants du Capon; ces Rouets sont de gayac à Dés de fonte, & Aissieu de fer. Les Bossoirs servent à élever les Ancres, par le moyen du Capon, quand elles sont levées à fleur d'eau, & à les soutenir ensuite sur leurs Bosses-de-bout qui passent sur l'extrémité du Bossoir dans une coche qui y est pratiquée. Il y a des Bossoirs qui n'ont qu'un Rouet dans une Fente ou Clan ouvert dans le Bossoir, sur lequel on fait passer la Bosse aussi-tôt qu'on l'a passée dans l'Arganeau de l'Ancre, quand elle paroît à la superficie de la mer; alors on la met tout de suite au Bossoir sans Capon, mais il faut plus de monde de cette maniere, qu'en suivant notre usage; à moins qu'on ne la caponne avec un Palan à Fouet que l'on peut frapper sur la Bosse-de-bout.

BOT ou *Bateau* Embarquation à un Mât, dont on se sert avec succès dans l'Amérique. Cette sorte de Bâtiment est propre dans les belles mers pour passer au plus près du vent d'un lieu à un autre; il tient bien le vent, marche avec rapidité, & dérive peu; il y en a qui portent jusqu'à 18 Canons de 6; ils sont fort bons pour la course entre les Tropiques, & ont toujours été d'une grande ressource pour nos Isles pendant les guerres contre les Anglois, sur-tout entre les mains de nos Flibustiers; ces Embarquations ont pour Voilure une Bôme, trois Focs, & une Trinquette quand ils vont au plus près du vent; s'ils courent grand Largue, ils gréent une Voile de fortune, un Hunier & un Perroquet volant avec des Bonnettes. On peut observer que de tous les Bâtiments de mer, le Bot est le mieux disposé pour tirer parti de sa Voilure; s'il vente peu, il a des Voiles fort élevées; s'il vente grand frais, il en diminue la hauteur presqu'autant qu'il le veut, sans perdre beaucoup de leur surface, & alors ses Voiles étant triangulaires ont le centre de leur effort au tiers de leur hauteur, & par conséquent plus bas qu'aucune autre espece de Voilure; ce qui contribue beaucoup à lui faire porter la stabilité fort loin, & à augmenter sa vîtesse, en accommodant, pour ainsi dire, son Point Vélique aux circonstances.

BOTTES ou *Pièces*. Nom général de toutes les Futailles que l'on embarque, & qui contiennent plus d'une barrique. Ainsi l'on dit *Bottes-de-deux*, quand elles sont de deux Barriques, Fût de Bordeaux, à 120 pots la barrique. Bottes-de-trois, Bottes-de-quatre; ces dernieres sont les plus grandes dont on puisse se servir avec aisance; on se sert cependant de Bottes de cinq, six, sept, huit & neuf barriques dans les Vaisseaux qui vont à la Traite des Noirs, parce qu'avec de grande Futailles on perd moins de terrain dans l'Arrimage.

BOTTES *en fagot*. On dit que les Fûts sont en Bottes quand ils sont demontés, & que l'on a fait un paquet de toutes les douves qui composent la Fûtaille en Botte; ce paquet ou Botte est ordinairement lié de deux Cercles de fer, On ne met les pièces en Botte ou en fagot, que lorsqu'on veut qu'elles tiennent moins d'espace quand elles sont vuides d'eau.

BOUCAUT C'est un Fût gros & court, dans lequel on met ordinairement des marchandises séches.

BOUCHE *de Canon*. C'est l'orifice de son âme, c'est lentrée de la piece à la volée.

BOUCHE *de Riviere*. C'est l'ouverture par laquelle les eaux de la Riviere se débouchent dans la mer. Ainsi l'on dit : *Les Bouches du Gange*, parce qu'il a plusieurs ouvertures dans la mer.

BOUCHER *les voies d'eau*, c'est les calfater, les boucher d'étoupes avec du suif ou du mastic, avec des Burins ou Tapes, & les couvrir de plaques de plomb; c'est en un mot, empêcher que l'eau n'entre dans le Vaisseau.

BOUCLES *de Quais*. Ce sont les Arganeaux des vieilles Ancres que l'on a placés dans les Quais, pour amarrer dessus les Vaisseaux.

BOUDINURE ou *Emboudinure*. On appelle ainſi la garniture que l'on met autour de l'Arganeau d'une Ancre pour le couvrir tout-à-fait avec des Tourons de Cordage, afin d'empêcher que le Cable touche le fer : on arrête cette enveloppe avec des Guirlandes de fil de Caret ou de Luſin, ou de Ligne d'Amarage, de maniere qu'il ſoit bien ſtable.

BOUÉE. C'eſt en général une marque de bois ou de Liege, faite en cône, que l'on met ſur l'Orin des Ancres, pour reconnoître où elles ſont mouillées quand leur Cable caſſe. On fait les Bouées aſſez fortes pour porter le poids de l'Orin, & reſter cependant à Flot. On a quelquefois fait des Bouées de Cuivre, mais ce n'eſt que pour reſter long-temps dans des endroits éloignés, & pour ſervir de marques aux Vaiſſeaux de toutes les Nations.

BOUÉE *de bout de Mât*. C'eſt celle qui eſt faite d'un ſeul morceau de bois plein.

BOUFFÉE. Vent paſſager & momentané, qui ne ſouffle que par intervalle, avec peu de force & de durée ; c'eſt auſſi un vent ſubit, plus fort que le ſouffle de celui qui ſe fait ſentir avant & après. Le long des Côtes qui ſont élevées, on eſt ſujet à recevoir de ces Bouffées paſſageres. *Voyez* RAFFALES.

BOUGE *des Baux*. C'eſt la convexité que l'on donne aux Baux des Vaiſſeaux, de Tribord à Babord, pour donner aux Ponts la pente néceſſaire à l'écoulement des eaux ; ainſi le milieu des Ponts dans le ſens de la largeur, eſt plus élevé que les côtés, & c'eſt cette élevation que l'on appelle Bouge, qui pourroit tout auſſi bien ſe donner par une piece de rapport que par une Courbure du bois, & les Baux ſeroient plus forts.

BOUILLONNEMENT. C'eſt une agitation de l'eau qui vient de ſon intérieur, par quelque cauſe que ce ſoit, & qui la fait ſauter, tournoyer & blanchir avec écume.

BOULANGERIE. Dans un Arcenal ou Port Maritime ; c'eſt le lieu où l'on fait le Biſcuit pour la mer.

BOULET. Globe ou boule de fer dont on ſe ſert pour tirer ſur les Ennemis avec le Canon. On ſe ſert en mer de toutes ſortes de Boulets, depuis le poids de quarante-huit livres juſqu'à une livre, demi-livre & quartron, mais ces derniers depuis trois livres & au-deſſus, ſont employés le plus ſouvent pour compoſer les Grapes de Raiſin des groſſes pieces, dont on ſe ſert pour tirer à mitraille.

BOULET *Ramé*. C'eſt un Boulet à deux têtes, fixée chacune aux deux bouts d'une barre de fer, ou chaîne à maille ; chaque tête eſt du calibre de la Piece qui doit tirer ce Boulet, & ne doivent peſer enſemble que le poids du Boulet entier.

BOULINE. Mauvaiſe manœuvre ſimple que l'on amarre ſur les branches de Boulines, réunies au même point ſur une Moque eſtropée ſur le bout de la Bouline ; les branches de Bouline ſont amarrées ſur les Pattes de Bouline, placées à diſtance égales ſur les Ralingues des côtés de Tribord & Babord des voiles, au-deſſous des Ris depuis le dernier, au ras duquel eſt la plus haute des Pattes; de ſorte qu'il y a deux Boulines à chaque voile, & qu'en halant les Boulines du vent, on aide aux bras de deſſous le vent à tenir les voiles obliquement, puiſqu'ils travaillent l'un & l'autre à contre-ſens. On ſe ſert des Boulines dans les routes du plus près, afin que le vent frappe les voiles avec plus de facilité, & qu'elles ſoient ſituées le plus obliquement poſſible, par rapport au grand axe du Vaiſſeau. Ainſi les voiles qui ont des Boulines, donnent leur nom à ces manœuvres comme *Bouline de Miſaine*, *de petit Hunier, petit Perroquet*, *Perroquets de Fouque & Perruche*. On dit auſſi : *Boulines du vent... Boulines de deſſous le vent*, ſelon qu'elles ſont au vent ou ſous le vent. Nous obſervons que les voiles Latines n'ont pas de Bouline.

BOULINE *de revers*. C'eſt celle qui eſt de l'autre côté de celle que l'on hale : c'eſt-à-dire, que ſi on hale la Bouline du grand Hunier à Tribord, celle de Babord eſt la Bouline de Revers, ainſi des autres; & l'on dit : *Largue & affalle les Boulines de Revers*, *&c.* parce qu'elles ſont oppoſées aux Boulines du vent & aux bras de deſſous le vent, ſi on oriente au plus près.

BOULINER. C'eſt aller à la Bouline au plus près du vent, & avoir les Boulines empreſſées & halées le plus qu'il eſt poſſible. Ainſi l'on dit : *Nous fûmes obligés de bouliner pour doubler le Cap du Nord, & nous boulinâmes pendant deux heures.*

BOULINE. *Faire courir la Bouline*; c'eſt un châtiment de Marine. On fait ranger ſur le Pont, en deux haies, une grande partie de l'Équipage; enſuite le coupable paſſe nud de la ceinture en haut, entre les deux Lignes, étant amarré à une Coſſe paſſée dans une corde tendue, & chaque homme ayant une Garcette à la main, lui frappe un coup, à meſure & à chaque fois qu'il paſſe.

BOULINES *empreſſées*; c'eſt-à dire, qu'elles ſont halées le plus qu'il eſt poſſible.

BOULINES *franches*. C'eſt-à-dire, que l'on court une ou deux Pointes Largues, quoique les Boulines ſoient bien halées; l'on eſt près & plein, le vent dans les voiles, ſans être trop au plus près.

BOULINIER. Un Vaiſſeau eſt bon Boulinier, quand il va bien au plus près du vent, & qu'il dérive peu; c'eſt un mauvais Boulinier, s'il a des qualités contraires.

BOULON C'eſt en général une cheville de fer qui a une tête, & dont on rive l'autre bout quand il eſt paſſé dans le bois, ſur une virolle ou clavette, de ſorte qu'elle ſe trouve avoir deux têtes étant employée. Les Boulons d'Affûts ne ſont que les chevilles de fer qui les traverſent & lient les Flaſques enſemble. *Voyez* AFFUTS.

BOUQUE. C'eſt un terme de l'Amérique, qui veut dire, Paſſe & Entrée.

BOURASQUE. Coup de vent ſubit, de peu de durée, quoique violent. Une Bouraſque eſt un fort Grain.

BOURSE. C'eſt dans les Villes Maritimes le lieu où s'aſſemblent les Négociants, Banquiers, Armateurs & Gens de mer, pour traiter de leurs affaires, à certaines heures marquées chaque jour.

BOURI. Bateau de charge dans le Bengale, d'une forme ſinguliere, & peu propre à la Navigation; ils ſervent ſur les Rivieres à charger les Vaiſſeaux; les plus grands peuvent porter juſqu'à ſoixante Tonneaux, & ne naviguent qu'à l'aide d'un ou deux Bouris de Nage, qui eſt un autre eſpèce de Bateau à voiles & à Rames, meilleur que le précédent, pour aller & venir avec vîteſſe d'un lieu à un autre; ce dernier eſt à peu-près ſemblable aux Pirogues, mais plus grand & fait de planches; il a les deux bouts relevés, & approche beaucoup de la forme de deux Cones joints par le bas, & il marche bien, & porte peu de voile, car tous ſont très-volages.

BOURLET. C'eſt un Cordage fourré & garni dans toute ſa longueur, mais beaucoup plus au milieu qu'aux extrémités, qui ſe terminent toujours en pointe & par deux boucles; on couvre le tout d'une Treſſe de ligne d'Amarrage en forme de Rêts ſerrés, qui enveloppe & ſerre le Bourlet en entier. Les Bourlets ſe placent ſur l'arriere des Vergues pour écarter les Ecoutes des Huniers & Perroquets qui les prolongent; on en met en temps de guerre, lorſque l'on fait Branle-bas ſur les bas-Mâts & Mâts de Hunes au-deſſous des Racages des Vergues, pour ſervir d'appuis, en cas que les Driſſes & Suſpentes ſoient coupées pendant le Combat. Le gros du Bourlet eſt ſur l'arriere du Mât, & ſon Amarrage ſur l'avant.

BOURLET *de Canon*. C'eſt la partie du métail qui entoure la bouche des Pièces, & qui eſt plus élevée que le reſte de la volée.

BOUSSOLE ou *Compas de mer*. La principale partie de la Bouſſole eſt une aiguille d'acier, platte & large de deux ou trois lignes, longue de ſix pouces environ, arrondie par les extrémités ou terminée en pointe; on la frotte ou touche d'une pierre d'Aiman, ou avec des barres d'Aiman artificiel, & cette friction des deux Pôles oppoſés de l'Aiman lui donne la propriété ſinguliere de ſe diriger à-peu-près Nord & Sud dans le ſens de ſa longueur, & d'indiquer, par conſéquent, la Direction du Méridien ſous lequel on ſe trouve; mais pour qu'elle produiſe cet effet, il faut qu'elle puiſſe tourner librement ſur un Pivot: pour pouvoir s'en ſervir à la mer, on place le Pivot bien verticalement au fond d'une Boite de cuivre plombée, qui eſt portée au dedans d'une autre Boite en bois ſur un double Balancier de Laiton horizontal, ſupporté par deux petits Boulons comme une Lampe; la premiere Boite de cuivre eſt couverte par une glace, bien exactement enchaſſée & maſtiquée, diviſée en quatre parties égales, par deux fils bien tendus à Angles droits, correſpondants exactement à des Verticales marquées ſur le côté de la Boite qui contient l'Aiguille & la Roſe de carton ſous laquelle elle eſt attachée à plat, de ſorte que l'une tourne avec l'autre ſur le même Pivot, autour d'un centre commun : cette Roſe de carton eſt diviſée en quatre parties égales à Angles droits, qui marquent les quatre Points Cardinaux de l'horiſon ; le Nord eſt déſigné par une Fleur-de-lys, & répond exactement au Pôle Nord de l'Aiguille; le Sud lui eſt oppoſé & répond à l'autre Pôle ; d'où il ſuit que la Ligne qui eſt perpendiculaire ſur celle qui eſt Nord & Sud, marque toujours à droit du Nord l'Eſt, & à gauche l'Oueſt : les quatre parties égales du Cercle de l'horiſon ou Roſe ſont ſubdiviſées chacune en deux autres égales qui fourniſſent alors huit diviſions ou Rumbs de la Bouſſole, qui ſont les quatre Points Cardinaux & les quatre intermédiaires, pris dans cet ordre, Nord, N. E. Eſt, S. E. Sud, S. O. Oueſt, N. O. entre leſquels il y a 45 dégrés exactement ; mais cette ſubdiviſion n'étanr point encore ſuffiſante, on l'a pouſſée juſqu'à diviſer chaque Rumb par demi & par quart, le N. N.E. le N. E. E. N. E. Eſt. E. S. E.. S. E. S.S. E. Sud, S. S. O. S. O O. S. O. Oueſt, O. N. O. N. O. N. N. O. Nord, à 22 d. 30 min. les uns des autres; ces demi-Rumbs nous ſont repréſentés de maniere que les ſeules lettres qui les déſignent nous font voir ceux qui ſont plus proche d'un des Points Cardinaux que de l'autre : le N. N .E. étant déſigné par deux N. & un E., nous montre qu'il eſt entre le N. & le N. E. trois fois auſſi près du Nord que de l'Eſt. Le N. E. eſt au même nombre du dégré de l'un que de l'autre, auſſi n'eſt-il déſigné que par deux lettres Majuſcules du Nord & de l'Eſt, ainſi de tous les autres. Les quarts de Rumbs ſont de même repréſentés par les lettres Majuſcules de leurs noms, à 11 d. 15 min. des Rumbs & demis Rumbs ſous cette forme :

N.$\frac{1}{4}$.N.E. N.E.$\frac{1}{4}$.N. N.E.$\frac{1}{4}$.E. E.$\frac{1}{4}$.N.E. E.$\frac{1}{4}$.S.E.
S.E.$\frac{1}{4}$.E. S.E.$\frac{1}{4}$.S. S.$\frac{1}{4}$.S.E. S.$\frac{1}{4}$ S.O. S.O $\frac{1}{4}$.S. S.O.$\frac{1}{4}$.O.
O.$\frac{1}{4}$.S.O. O.$\frac{1}{4}$.N.O. N.O.$\frac{1}{4}$.O. N.O.$\frac{1}{4}$.N. & N.$\frac{1}{4}$.N.O.
au nombre de Seize.

Mais comme cette ſubdiviſion en trente-deux parties ou points égales de la Roſe de Compas, n'a pu ſuffire à toutes les opérations que l'on eſt obligé de faire en mer avec la Bouſſole, ſoit pour diriger la route, qui prend plus d'une Pointe que de l'autre, ſoit pour faire un relevement, ou obſerver la variation de l'Aiguille, par l'Amplitude au lever & coucher du Soleil, ou à midi, lorſqu'il répond au vrai Nord ou vrai Sud du monde: on a été obligé de venir à la diviſion ordinaire du Cercle en 360 dégrés; de ſorte que l'on ajoute ou ſouſtrait dans l'uſage de la

Bouſſole, un certain nombre de dégrés aux Pointes, Rumbs, demi-Rumbs & quart de Rumbs.

BOUSSOLE *Affolée*; c'eſt celle qui ne faiſant que tourner, ne marque pas avec aſſez d'exactitude le Nord.

BOUT *de corde*. C'eſt une corde qui n'a que ſept ou huit braſſes de longueur, un peu plus ou un peu moins.

BOUT *de Vergue*. C'eſt la partie des Vergues compriſe entre le Taquet d'Envergure & l'extrémité de la Vergue.

BOUT *dehors*. Longues pieces de bois rondes, dont le diametre eſt plus grand à un bout qu'à l'autre. On pouſſe les Bouts dehors horizontalement au large du Vaiſſeau, pour amurer les Bonnettes baſſes : il y a des Bouts dehors qui ont un croc de fer en forme de gond, qui ſe croche dans une boucle fixée ſur l'Avant des Porte-haubans; on les appelle Bouts dehors à croc; ceux qui n'en ont pas, ſe nomment ſimplement Bouts dehors, & Bouts dehors d'abas.

BOUT *dehors de Vergue*. Les Bouts dehors de Vergues ſont plus petits que ceux d'abas; ils ſont paſſés dans des Bagues ou Cercles à Rouet ou Daviers, placés ſur l'avant des baſſes Vergues; on les pouſſe dehors pour allonger les Vergues, afin de pouvoir hiſſer les Bonnettes-baſſes, & amurer les Bonnettes de Hune; on les appelle auſſi Bouts dehors de Bonnettes; il y en a ordinairement deux à chaque baſſe-Vergue ou Vergue de Hune, pour les Bonnettes de Perroquet.

BOUT *de Bordée*. C'eſt la fin d'une Bordée parcourue par un Vaiſſeau. Ainſi l'on dit : *Il a mouillé à Bout de Bordée... Il eſt arrivé à Bout de Bordée... Il a attrappé l'entrée à Bout de Bordée*, parce que ſa route au plus près du vent l'a placé juſte où il vouloit atteindre.

BOUT *dehors de défenſe*. Ce ſont des Bouts dehors que trois ou quatre hommes peuvent manier aiſément pour repouſſer les Brulots dans un Combat Naval : ces Bouts dehors doivent être ferrés.

BOUT *de Lof*. Pièce de bois contournée, ronde ou à pans, ſolidement établie Tribord & Babord à l'Avant des Vaiſſeaux, en ſaillant au large de deſſus les Gaillards d'Avant ou de la l'oulaine, dans la Direction de la Vergue de Miſaine, lorſqu'elle eſt orientée au plus près : ces Bouts de Lof ſervent à fixer une Poulie à queue, dans laquelle paſſe l'Amure de Miſaine, de maniere que cette voile étant amurée, cette Poulie d'Amure doit répondre directemet ſous le Point d'Envergure de la voile, au lieu de contourner les Bouts de Lof; il ſeroit mieux de les faire droits, ils en ſeroient plus forts.

BOUT-*en-Bout*, *de bout-en-bout*; c'eſt-à-dire, *de long-en-long*, dans toute la longueur. *Nos Cables furent ragués dans le Mouillage de bout-en-bout... Nous allongeâmes le Vaiſſeau ennemi de bout-en-bout; & en débordant, nous paſſâmes ſous le Beaupré de l'autre, à qui nous tirâmes une Bordée qui l'enfila de bout-en-bout.*

BOUTE-FEU. C'eſt un manche de bois tourné, garni d'un fer pointu au bout inférieur, qui ſert à le ficher ſur le Pont, derriere les Canons, quand on fait Branle-bas & pendant le Combat. On entortille la meche autour du Boute-feu, & on la fixe par le bout allumé dans la Fourche qui termine l'extrémité ſupérieure du Boute-feu : il doit y avoir deux Boute-feux à chaque pièce pour le Combat, quand les Canons ne ſont pas garnis de Batterie de Fuſils.

BOUTEILLES. Les Bouteilles d'un Vaiſſeau ſont deux Aménagements de trois pieds de large environ, pratiqué Tribord & Babord de la Poupe ſur le côté du Navire; on les orne de Sculpture depuis le couronnement juſqu'à la premiere Préceinte, ſur laquelle elles ſe terminent en cul de lampe. On place des Tuyaux de plomb dans les Bouteilles, pour conduire les immondices à la mer; de ſorte que les Bouteilles ſervent d'ornement aux Navires & de commodités aux Officiers; elles ſont ſuſceptibles, ainſi que la Poupe, de beaucoup de gout dans leurs ornements, ſur tout dans la ſimplicité qu'il convient toujours d'y mettre.

BOUT, *donner le bout à terre.* C'eſt gouverner droit deſſus. Ainſi l'on dit : *Nous donnâmes le bout à la terre... Il nous donne le bout*, quand on parle d'un Vaiſſeau qui gouverne ſur nous.

BOUTON *d'Écouvillon.* C'eſt un morceau de bois tourné, d'un diametre plus petit que celui de l'âme du Canon auquel il doit ſervir; on l'emmanche ſur une gaule de Frêne ou ſur un cordage de ſix pouces, plus long que le Canon, & on le couvre de peaux de mouton, le poil en dehors, pour nettoyer l'âme du Canon quand il a tiré. Le Bouton du Refouloir eſt ordinairement placé à l'autre bout du manche, & eſt coupé droit à plat par le bout qui entre dans le Canon, au lieu que celui d'Écouvillon eſt rond par ſes deux extrémités, afin de pouvoir mieux nettoyer le fond de la Pièce.

BOUTON *de Cuiller à Canon.* C'eſt un Bouton de bois tourné & emmanché comme le Bouton de Refouloir, autour duquel on cloue une cuillier de cuivre propre à retirer les Boulets du dedans de l'âme des Canons.

BOUTON *de Canon.* C'eſt la boule de métail qui eſt à l'extrémité de la culaſſe & qui la termine en s'allongeant un peu entre le bouton & la culaſſe, de ſorte qu'il y a comme une eſpèce d'étranglement ſur lequel on amarre les Garants des Palans de Canon : ainſi il eſt néceſſaire de donner une certaine longueur à cet étranglement dans les Canons de Marine.

BOUVET. C'eſt une eſpèce de Rabot dont les Charpentiers ſe ſervent; il y en a de pluſieurs ſortes, à rainures, à languettes & à fourchement : c'eſt avec les Bouvets qu'on embouffre les cloiſons.

BOYER ou *Boïer.* C'eſt une eſpèce d'Embarquation Hollandoiſe à fond plat, propre à naviguer ſur les Rivieres, il eſt de charge & mâté en Fourche, il est gréé avec une voile à corne derriere, qui se borde aux côtés du couronnement, il a deux ou trois Focs & un Perroquet, avec une Semelle de chaque bord pour le soutenir contre la dérive au plus près.

BRAGUE. Cordage qui sert à retenir le Canon & à borner son recul : la Brague passe dans l'Affût par deux trous pratiqués vis-à-vis l'un de l'autre, au tiers de la longueur de chaque Flasque; ensuite les deux bouts vont faire Dormant sur les Arganeaux des deux côtés du Sabord : la Brague doit être assez longue pour que le Canon puisse être halé dedans, à un pied & demi ou deux pieds du bord, & assez forte pour ne pas casser pendant le cours d'une action où le Canon ne cesse pas de tirer.

BRAGUETTE. C'est un Cordage aussi fort que la Guindresse du Mât de Hune auquel elle doit servir ; on fait Dormant d'un bout de la Braguette sur un des Longis, on la fait passer sous le pied du Mât de Hune qu'il faut guinder, & l'autre bout faisant Tour-mort, double à l'autre Longis ; on l'abraque de la Hune à mesure que le Mât de Hune monte pour la tenir toujours sous le pied du Mât, afin qu'elle puisse le supporter & l'empêcher de tomber, si la Guindresse vient à casser.

BRAI ou *Bray*. C'est du Goudron recuit, qui s'épaissit en froidissant & perd sa fluidité ; à proportion de ce qu'il est plus dur & plus clair, il est meilleur & plus cher. On fait aussi du Brai avec de la résine & autres matieres gluantes, qui font un corps dur, sec & noirâtre, dans cet état, on l'appelle *Brai-sec*, & il n'est pas propre à être employé, il faut en faire du Brai gras, en jettant du suif dedans, quand on le fond pour l'employer à enduire les coutures & la Carène des Vaisseaux.

BRAIER. C'est remplir les coutures de Brai gras bouillant, après qu'elles sont calfatées.

BRAIER *à Banc*. C'est braïer en plein & également partout, en se servant de Guipons que l'on trempe dans le Brai bouillant.

BRAIES *de Mâts*. Ce sont des toiles goudronnées, dont on entoure les pieds des Mâts pour boucher les Etembrais du second Pont & des Gaillards ; elles sont liées sur le Mât à deux ou trois pieds de hauteur, & clouées autour des Etembrais.

BRAIES *de Gouvernail*. Ce sont des toiles goudronnées que l'on cloue sur le Gouvernail, & autour de la Saumiere ou de l'ouverture par où il passe dans la Voûte d'Arcasse ; on en place deux l'une après l'autre, pour empêcher les coups de mer d'entrer dans la Sainte-Barbe & la grande Chambre : on donne quelquefois le nom de *Tape-cul* à la Braie qui est la plus en dehors ; elles doivent être assez lâches pour que le jeu du Gouvernail n'en soit pas gêné, & qu'elles ne se déchirent point.

BRANCHES *de Boulines*. Ce sont les cordes qui font Dormant sur les Pattes de Boulines, elles passent ensuite dans des Moques, & se réunissent à travailler dans le même sens sur la principale, qui eſt eſtropée ſur la Bouline, de ſorte qu'il y a trois ou quatre branches à chaque Bouline, qui ſervent à haller la Ralingue de la voile & la faire préſenter au vent.

BRANCHE *de Martinet.* Ce ſont les branches de la Balancine d'Artimon, qui étant frappées ſur la Vergue, font retour dans des Moques ou Poulies, & ſe réuniſſent à tirer dans le même ſens avec la Balancine, pour ſoutenir la Vergue.

BRANCHES *d'Araignée.* Ce ſont les Marticles qui la compoſent. *Voyez* ARAIGNÉE.

BRANCHES *de Courbe.* Ce ſont les bras qui forment la Courbe l'un d'un côté, l'autre de l'autre, en partant du colet ou de l'endroit le plus fort de la Courbe, où ils ſemblent ſe réunir.

BRANLE ou *Hamac.* C'eſt un morceau de toile de ſix pieds de long ſur quatre à cinq de large, qui ſert de lit aux gens de l'Équipage; il eſt d'uſage chez toutes les Nations & dans tous les Vaiſſeaux; on le ſuſpend par les deux bouts avec des Rabans de Carantenier paſſés dans des Guaines faites du double de la toile.

BRANLE-BAS. Commandement de dépendre tous les Hamacs pour les mettre dans les filets de Baſtingage lorſqu'on ſe diſpoſe au Combat, ou quand on veut faire l'exercice & nettoyer le Vaiſſeau. *On fit vivement Branle-bas, quand le Général en eut fait le ſignal, & nous nous trouvâmes prêts au Combat dans une demi-heure.*

BRAS. Manœuvre paſſée en retour dans des Poulies capelées aux bouts des Vergues, après y avoir fait Dormant, & paſſé auparavant dans d'autres Poulies placées aux têtes des Mâts ou ſur les Etais, ou le corps du Vaiſſeau, pour revenir encore paſſer dans une Poulie de Conduite: c'eſt de cette maniere qu'on fait les Paſſes des bras de baſſes Vergues, & de Vergues de Hune dans les grands Vaiſſeaux, mais dans les moyens Navires, on fait Dormant ſur le corps du Vaiſſeau ou ſur les Etais, ou têtes des Mâts, & le bras va de-là paſſer tout ſimplement dans la Poulie de Capelage au bout de la Vergue, pour revenir de-là à la Poulie de conduite; auſſi les appelle-t-on des bras en ſimple. Il y a deux Bras à chaque Vergue, un Tribord & l'autre Babord: le Garant ou Courant de chacun vient toujours de ſa Poulie de Conduite ſur les Gaillards à portée de la main en bas, afin que par leur moyen on puiſſe donner aux Vergues & voiles telle poſition oblique qu'on veut, par rapport au grand Axe du Vaiſſeau & au vent; de ſorte que chaque Vergue ayant ſes bras particuliers, ils prennent le nom de la Vergue à laquelle ils ſervent, comme les grands bras, les bras du grand Hunier, du petit Hunier, de Miſaine, de grand & petit Perroquet, de Perroquet de Fougue, de bras-barré & de Peruche.

BRAS *de mer.* C'eſt un enfoncement étroit entre deux terres, dans lequel les petits Navires peuvent entrer.

BRAS *du vent.* Ce ſont ceux qui ſe trouvent du côté du vent. Ainſi l'on dit: *Braſſe au vent & bon bras.*

BRAS *de dessous le vent.* Ce sont ceux qui sont sous le vent de l'Amure ; & l'on dit : *Brasse sous le vent... Empresse les bras de dessous le vent.*

BRASILLE. La mer brasille, lorsque sa surface est frappée obliquement par les rayons d'un Soleil vif, de sorte qu'elle paroît comme en feu sous le Soleil, par le mouvement continuel de ses flots, qui réfléchissent la lumiere aussi vivement que le feroient une infinité de miroirs qui seroient sans cesse agités de différentes manieres.

BRASSE. Mesure de cinq pieds de Roi. On mesure les profondeurs de la mer par brasses. Ainsi quand on dit, cent brasses d'eau ou de fond, c'est-à-dire, qu'il y a cinq cent pieds de profondeur. La brasse est une mesure commune & générale dans la Marine Françoise; on l'applique à celle de toutes les manœuvres, des Cables & Grêlins qui ont toujours cent-vingt brasses de longueur, n'importe de quelle grosseur ils soient.

BRASSE. Commandement pour faire brasser. Ainsi l'on dit : *Brasse Tribord*, quand on veut faire brasser les voiles de ce côté, *Brasse Babord... brasse au vent... brasse sous le vent.*

BRASSE *à coëffer.* C'est brasser au vent, jusqu'à mettre le vent sur la voile.

BRASSE-*à-contre* ou *Contre-brasse.* C'est commander de brasser au vent, & d'effacer la voile le plus qu'il est possible, pour faire abattre & culer le Vaisseau.

BRASSER. C'est haller sur les bras pour ouvrir ou fermer les voiles au vent, ou pour donner telle position qu'on voudra aux Vergues & Voiles, & en général, c'est gouverner les Voiles par le moyen des bras.

BRASSER *au vent.* C'est haller sur les bras du vent; le Commandement l'explique tout seul, ainsi que brasser sous le vent.

BRASSER *à contre*, ou *contre-brasser.* C'est brasser au vent, de maniere qu'il puisse prendre tout d'un coup sur la voile que l'on brasse, afin de changer sa direction, & lui faire produire un effet contraire sur le Vaisseau.

BRASSER *les Voiles sur le Mât.* C'est les brasser au vent, de maniere que le vent soit dessus; elles sont à coëffer alors.

BRASSEIAGE. C'est la partie de la Vergue qui avoisine le milieu de Tribord & Babord dans un espace compris entre les Haubans à hauteur des Vergues ; ainsi chaque Vergue a son Braïssage plus ou moins étendu, selon qu'elle est plus ou moins élevée, & que les Haubans sont plus ou moins épatés. Le Brasseïage est facile, quand les Vergues ne touchent point aux Haubans sous le vent; lorsqu'elles sont orientées au plus près, il est gêné quand elles y touchent trop.

BREDINDIN ou *Berdindin.* Palan simple & à croc sur la Poulie d'en bas; il est frappé sur le grand Etai, & sert à débarquer & embarquer les effets de petite pésanteur. *Voyez* BERDINDIN.

BRÉCIN. C'est un nom que l'on donne quelquefois à l'Amure de Misaine.

BRETON, *Arrimer en Breton.* C'est arrimer en travers. *Voyez* ARRIMER en BRETON.

BREUVAGE. Le Breuvage est un mélange d'eau & de vin, deux tiers d'eau & un tiers de vin : on n'en donne sur les Vaisseaux François, que dans le temps d'un Combat, pour désaltérer les Équipages pendant l'action : on remplit de Breuvage les Charniers sur les deux Ponts & Gaillards un moment avant l'action.

BREVET. C'est l'Acte signé du Roi, qui fixe le rang, l'autorité & le grade de chaque Officier de sa Marine. Les Brevets sont écrits sur vêlin & scellés.

BRICOLE. Puissance des poids placés au-dessus du centre de gravité du Vaisseau armé, & qui nuit par conséquent à sa stabilité ; de sorte que tout ce qui peut donner de la Bricole, doit être diminué le plus qu'il est possible.

BRIDER. C'est rapprocher deux ou plusieurs cordages tendus, & les étrangler avec une ou plusieurs autres cordes d'Amarrages, dans un ou plusieurs endroits, afin de les tendre encore davantage & les unir : les Bridures sont faites avec des cordages plus ou moins forts, selon les forces auxquelles elles doivent résister.

BRIDER *l'Ancre.* C'est mettre deux planches en travers sur l'Avant & l'Arriere de chaque Patte, de maniere qu'en les amarrant ensemble, elles serrent entr'elles les Pattes. Cette opération est pour empêcher l'Ancre de s'enfoncer trop avant dans le fond quand il est trop mol, mais on ne l'usite gueres.

BRIDURE. On appelle ainsi l'Amarrage fait pour brider. *C'est une Bridure. Les Bridures des lieures du Beaupré ont molli, elles ont largué, il faut les ressouquer.*

BRIGADIER *de Bateau.* C'est le Matelot qui borde l'Aviron le plus en avant d'une Chaloupe ou Canot, & qui est chargé de le pousser au large toutes les fois qu'il déborde en poussant contre le bord avec sa Gaffe ; il défend aussi l'Abordage & le choc du Bateau, toutes les fois qu'on aborde ; il est encore chargé du soin de mouiller le Grapin, & de le tenir en mouillage : le Brigadier commande après le Patron ; il doit être fort alerte & adroit.

BRIGANTIN. Espèce de Bâtiment léger, ou Embarquation à deux Mâts, gréée en voiles Latines, avec une Bôme, un Hunier & Perroquet volant derriere, & en Navire devant, avec Misaine & Hunier garni. Cette disposition de voilure est remplie d'inconvénients & demande des précautions dans la manœuvre des Grains, quand on est sur des Parages critiques, parce que les voiles d'avant demandent d'être manœuvrées au contraire de la Bôme.

BRIMBALE ou *Bringuebale.* Levier qui sert à faire jouer le Piston des Pompes sur les Vaisseaux.

BRIN,

BRIN, *bois de Brin.* C'eſt celui qui n'a pas beſoin d'être ſcié pour être employé, & dont le fil n'eſt pas coupé; c'eſt une pièce de bois de Brin.

BRION ou *Ringeot.* C'eſt la pièce de bois qui termine la Quille en avant, & l'Etrave par le bas; de ſorte qu'elle appartient à l'une & à l'autre, & qu'elle fait partie des deux en les uniſſant enſemble : c'eſt une Courbe dont une branche ſe marie avec la Quille par un écart de quatre pieds, & avec l'Etrave ſur ſon autre branche par un écart à croc; & l'Angle extérieur du Brion eſt coupé en vive-arrête ſur ſa fauſſe Equerre qui ſuit la ſaillie ou élancement de l'Etrave; ainſi c'eſt de ce point qu'on doit commencer à piéter la Quille pour en avoir la longueur. On obſerve preſque toujours de conſerver un repos à l'Angle du Brion, pour recevoir le bout inférieur du Taille-mer.

BRIS, *Naufrage*; échouement & perte de Vaiſſeaux à la Côte. C'eſt un droit qui appartient à l'Amiral, mais il n'a lieu que ſur les Vaiſſeaux ennemis, perdus, & ſur les choſes qui n'ont point de propriétaire; les droits de Bris ſont réglés par les Ordonnances, & aucuns Vaiſſeaux, amis, Alliés, ou de la Nation, n'y ſont ſujets après leurs pertes, ils reſtent ſous la protection du Roi, & appartiennent à ceux qui les ont armés.

BRISANT & *Briſans.* On appelle Briſants le mugiſſement de la mer, & le bruit qu'elle fait en choquant les rochers & le rivage, ce qui la fait blanchir & écumer. Les Briſants ſont au large quand elle briſe au loin du rivage ſur des Bancs, Haut-fonds ou Rochers; en un mot, par-tout où l'impétuoſité des flots les fait écumer & blanchir. *On dit qu'il y a des Briſants, que la mer y briſe.*

BRISE. La mer briſe quand ſes lames ſe déploient, en roulant les unes ſur les autres & écumeat avec bruit, ſoit qu'elles rencontrent quelques obſtacles, qui, en s'oppoſant à ſon cours, l'obligent à ſe déployer en écumant avec fracas, ſoit que le Briſant ſe produiſe par la ſeule impulſion de l'air : ainſi dans les coups de vent, la mer briſe avec d'autant plus de force, que la tempête eſt plus violente, que l'air a plus de vîteſſe, & que les lames ſont plus élevées.

BRISE. Vent qui s'éleve régulièrement à certaines heures chaque jour, dans quelques parages le long des Côtes de la Zône Torride. L'on dit, *Briſe de terre*, quand le vent ſouffle de ce côté-là; & *Briſe du large*, quand il vient de la mer. Quelquefois les Briſes prennent de la force, & ſoufflent pendant pluſieurs jours du même côté avec tant de violence, que les plus grands Vaiſſeaux ne peuvent porter que leurs quatre voiles majeures, tous les Ris pris dans les Huniers; alors on les appelle Briſes carabinées, parce qu'elles ſont forcées. On peut obſerver que dans l'intervalle de la Briſe du Large à celle de terre, il y a aſſez régulièrement un petit calme.

BRISÉ. Un Vaiſſeau eſt briſé, quand il eſt mis en pièces par la force du choc des lames de la mer lorſqu'il eſt échoué. *En moins d'une demi-heure le Vaiſſeau fut briſé & mis en pièces... A peine fûmes-nous touchés, que trois ou quatre coups de mer nous briſerent.*

BRISER. La mer commence à briſer quand elle ſe deploie par lames qui briſent. *Les lames viennent briſer ſur les rochers avec violence.*

BROCHETER. C'eſt tendre ſur un Bordage une ligne traverſée de pluſieurs petits morceaux de bois, plus ou moins longs, ſelon la largeur du Bordage, à un pied de diſtance les uns des autres, afin de le gabarier & le dreſſer, de maniere qu'il puiſſe joindre exactement celui qui eſt déja cloué à demeure au-deſſus ou au-deſſous, & ſur lequel on a pris les meſures & contours que les Brochettes donnent en ſervant de Gabarit, pour l'appliquer enſuite ſur les Membres quand il eſt dreſſé ſuivant la ligne de Brochetage.

BROUILLE. Le temps ſe brouille, quand il ſe couvre de nuages, & ſe diſpoſe à la pluie & au mauvais temps.

BROUILLÉ. Le temps eſt brouillé, quand il eſt couvert, chargé & pluvieux.

BROUILLER. *Le temps vient de ſe brouiller, il commence à ſe brouiller, il va ſe brouiller.*

BROUILLARD. C'eſt un nuage ou une vapeur épaiſſe & humide, que le Soleil n'a pas eu la force d'élever aſſez haut, ni de diſſiper, qui empêche de diſtinguer les objets : quelquefois le brouillard dégénere en petite pluie fine & ſerrée. Les brouillards ſont toujours dangéreux en mer, parce qu'en ne diſtinguant pas ce qui ſe paſſe autour du Vaiſſeau, on peut en aborder d'autres, & quand on eſt proche de terre, on peut ſe jetter deſſus & y périr.

BRULOT. Vaiſſeau artificié & diſpoſé en tout & par-tout pour s'accrocher aux Vaiſſeaux ennemis que l'on veut brûler. Le Brûlot doit être muni de Grapins de toutes eſpèces, il doit bien marcher, bien gouverner, être facile a évoluer, parce que tous ſes mouvements doivent être vifs; il faut en outre qu'il ſoit monté par un Capitaine intrépide & manœuvrier, qui doit être ſecondé d'un bon Équipage bien aguerri. D'ailleurs c'eſt un vilain métier que celui d'Incendiaire, & quoique les Anglois ne s'en contentent pas, puiſque ſouvent ils ont lancé d'autres artifices, ſoit en tirant des Boulets artificiés, des Baguettes à crochets, pour s'attacher aux voiles & y mettre le feu en les tirant à coups de Fuſils, &c. Les Nations de l'Europe devroient bannir cette maniere de faire la guerre, qui n'eſt que deſtructive & ſans honneur, en mettant à mort tous ceux qui, ouvertement ou en cachette, s'aviſeroient de ſe ſervir de ces moyens bas & cruels, qui font la honte du Genre humain.

BRUMAILLE. C'eſt une petite Brume. *Voyez* BRUMEUX.

BRUME. C'eſt un brouillard épais qui s'éleve en mer &

à terre, & qui empêche de voir les objets ſouvent à une longueur de Navire.

BRUMEUX. Le temps eſt brumeux, lorſqu'il eſt chargé d'une petite Brume, qui empêche la vue de s'étendre au-delà de demi-lieue à une lieue.

BUCHE ou *Flibot.* Embarquation Hollandoiſe, à deux Mâts, propre à faire la pêche du Hareng.

BUCHER *le bois*, c'eſt le dégroſſir pour le mettre en œuvre ; du bois bûché eſt dégroſſi. *Voyez* DEBITER.

BUIS. Arbriſſeau dont le bois eſt de ſubſtance ſolide & compacte, de couleur jaunâtre. Comme ce bois eſt fort dur & qu'il n'eſt jamais pourri ni vermoulu, on en peut faire des Aiſſieux de Poulie & des Rouets, quand on en trouve d'aſſez gros pour cela.

BULETIN. C'eſt le Paſſe-port d'un Matelot, ſur parchemin, qui lui eſt délivré *gratis* par le Commiſſaire aux Claſſes de ſon Département ; il contient le ſignalement de l'Officier Marinier ou Matelot, ſon grade, ſes années de ſervice & ſa paie.

BUTIN ou *Pillage.* C'eſt ce qu'un Équipage prend à celui d'un Vaiſſeau ennemi pris, ſoit en bijoux, hardes ou argent ; car les effets de Cargaiſon ne peuvent être pillés ſous peine de la vie, quand il y a fracture.

BURIN. C'eſt un morceau de bois long de deux à trois pieds, conique, dont on ſe ſert pour paſſer dans le double des Eſtropes des Caïornes, lorſqu'elles ſont paſſées dans leurs Pentoires; ce ſont des eſpèces de gros Cabillots.

CABANE. Petit logement de planches, pratiqué sur l'Avant des chambres des Officiers, Tribord & Babord de la Dunette pour coucher quelqu'uns des Officiers Mariniers, Maitres ou Pilotes.

CABANE *à terre.* C'est un logement ou cahute fait à terre pour loger les Officiers & Equipages des Vaisseaux qui font la pêche de la Morue seche sur l'Isle de Terre-neuve; elles sont faites fort légerement, & pour durer seulement le temps de la pêche.

CABANER. C'est faire les cabanes à terre. *Nous ne fûmes que huit jours à cabaner & à nous établir à terre.*

CABANER *un Bateau*; C'est le mettre sans-dessus-dessous, de maniere que la Quille soit en haut. On met les Canots & Chaloupes dans cette situation, quand on les hale à terre pour long-temps, afin que l'eau de pluie ne séjourne pas dedans.

CABESTAN. Gros Cilindre de bois ou portion de cône tronqué, cerclé de fer, placé verticalement & retenu par un fort assemblage de charpente, dans lequel on le fait tourner à force d'hommes appuyés sur des barres ou leviers que l'on fait entrer horizontalement dans les amelottes ou mortaises de sa tête; son usage est de lever les Ancres & tous les pesants fardeaux, au moyen d'un cordage qu'il dévide. Le grand Cabestan est double, & son virage est entre Pont & sous le Gaillard de derriere, où on le place ordinairement : le petit est simple & placé sur le Gaillard d'Avant; sa meche est prolongée jusqu'au second Pont, & tourne dans un Saucier comme celle du grand sur le premier Pont. L'expérience a montré que la force de chaque homme sur les barres peut être évaluée de 25 à 30 livres dans le sens horizontal, parce que tout son effort en poussant le Pont des pieds & à la barre de l'estomac, se compose verticalement & horisontalement. Il est bon d'observer pour la perfection du Cabestan, que moins le diametre du Cilindre sera grand relativement à la longueur des barres, plus on acquérera de puissance, parce que la résistance du fardeau s'exercera à une moidre distance du centre, & sur des rayons plus courts, qui peuvent être pris pour leviers droits. Il y a peu d'années qu'on a inventé de placer dans le pied du Cabestan huit rouets de Poulie à Dés de fonte & Aissieu de fer; de maniere que le tiers de leur diamettre, qui doit être de neuf pouces environ, sort au-delà de la surface du Cilindre; en sorte qu'à mesure que le cordage s'enveloppe autour du Cilindre en baissant, il descend jusqu'à forcer sur les rouets, qui venant à tourner sur leurs aissieux, font remonter le cordage tout autour du Cabestan, & dispensent par ce moyen d'arrêter le mouvement de la machine, pour hausser le cordage sur lequel elle travaille; cette invention est très-utile, & ménage beaucoup le temps de la manœuvre du Cabestan; quoique tres-simple, elle fait honneur à son Inventeur.

CABESTAN *volant*. C'est un Cabestan qu'on peut transporter d'un endroit à un autre. *Voyez* VINDAS.

CABILLOTS. Petites chevilles de bois éstropées par le milieu, frappées sur les Chouquets des Màts de Hune, & sur lesquels on met les Balancines des Vergues de Hune, quand les Perroquets sont serrés, & qu'elles servent d'Ecoutes; car dans les Vaisseaux où les Perroquets ont leurs Ecoutes particulieres, les Balancines font Dormant, & l'on n'est point obligé de les mettre aux Cabillots pour amener les Huniers tous bas. Les Cabillots ont encore d'autres usages, selon les circonstances.

CABLE. Gros & long cordage que l'on entalingue aux Ancres pour tenir un Vaisseau en place dans les Ports & Rades. Les Cables se font ordinairement avec du chanvre, qui est filé en fil de caret, ensuite en tourons; puis trois tourons cordés en Aussière, & trois Aussières tournées ensemble font le Cable, qui est par conséquent commis deux fois. Les plus gros Cables ont vingt-quatre pouces de circonférence, & les plus petits dix; on commence même à les appeller Grêlins, & ils le sont effectivement pour les grands Vaisseaux; les uns & les autres ont toujours 120 brasses de longueur, & plus leurs fils de caret sont filés fins, plus les Cables sont forts.

CABLE *d'Affour*. C'est celui qui est employé avec l'Ancre d'Affour pour affourcher le Vaisseau : le Cable d'Affour est ordinairement allongé avec la Chaloupe ou avec le Navire, lorsqu'on est mouillé sur une seule Ancre; car il n'y a guères que cette maniere de le mouiller qui lui fait donner ce nom, qui le distingue du premier, qui peut lui-même être pris pour Affour du second.

CABLE *de Redresse*. C'est un Cable que l'on passe par-dessous les Vaisseaux que l'on doit carener, & que l'on amarre par un bout en dedans, après l'avoir fait passer sur le Plat-bord ou par un Sabord d'en haut, il se garnit de l'autre bout au Cabestan, à Bord du Ponton de Carène, pour redresser le Vaisseau, lorsqu'il n'a pas assez de stabilité pour le faire de lui-même.

CABLE *d'Ajust*. On appelle ainsi, deux, trois, quatre ou cinq Cables épissés bout-à-bout, & dont on se sert pour mouiller par de grands fonds, pour se tenir dans des endroits où il y a de forts vents & de grosse mer; sur une pareille Touée il n'y a point de vent qu'on ne puisse affourcher: on périra plutôt ſur ſes Ancres que de chaſſer, ſi le Cable ne caſſe pas.

CABLE *de bout. Voyez* AMARRE DE BOUT.

CABLE *ſur le bout.* Le Cable eſt ſur le bout, quand il eſt preſque filé, & qu'il n'en reſte plus dans le Vaiſſeau que ce qu'il en faut pour prendre le tour & choc ſur la Bitte, & le boſſer avec les Croupieres ſur l'Arriere des Bittes.

CABLE *de diſtance.* C'eſt la longueur d'un Cable & l'intervalle qu'on doit mettre entre les Vaiſſeaux d'un ordre de Bataille, & jamais plus ni moins, parce qu'ils doivent s'entre-ſoutenir & avoir l'eſpace néceſſaire pour manœuvrer ſans ſe gêner les uns & les autres pendant le Combat.

CABLEAU ou *Cablot.* Diminutif de Cable; c'eſt le Cable de la Chaloupe & celui du Canot; on les appelle Cableaux. Le Cablot de la Chaloupe doit être garni dans l'endroit qui porte ſur le bord du Bateau.

CABLER. C'eſt un terme de Corderie, qui ſignifie tordre des Auſſieres enſemble pour en faire un Cable ou Grêlin, ou tout autre cordage à neuf tourons.

CABOTAGE ou *Capotage*; Capoter, c'eſt naviguer le long des Côtes de Caps en Caps, & de Pointes en Pointes, qu'il faut bien connoître, ainſi que les vues des Terres, les Ances, Baies, Ports, Dangers; les Mouillages, les Bancs, Sondes, Courants, Mar es & leurs tranſports; le Flux & Reflux, avec les vents & leurs variétés; en un mot, c'eſt ſe conduire par-tout à la vue à la Sonde, ſans obſervation de Latitude ni meſure du chemin; c'eſt le métier du Pilote-Côtier.

CABRE ou *Chevre.* C'eſt une Fourche ou Pique compoſée, avec deux ou trois Materaux plus ou moins longs, ſelon l'élévation qu'on veut donner à la Fourche. On leve des Cabres autour des Vaiſſeaux en conſtruction, en joignant les Materaux par la tête avec de bonnes Portugaiſes, & donnant de l'épatement aux pieds, les ſoutenant enſuite avec de bons Etais; ces Cabres ainſi plantés, on leur ajuſte un Palan ſimple ou un Palan à Itaque, pour enlever les pièces de bois travaillées & les mettre à poſte dans le Vaiſſeau: on s'en ſert auſſi à beaucoup d'autres uſages & dans beaucoup d'autres circonſtances.

CABRIONS. C'eſt une piece de bois de la longueur de l'Aiſſieu de l'arriere des Affûts de la Batterie baſſe d'un Vaiſſeau de guerre; on la coupe en grain de bled-noir dans toute ſa longueur, pour la placer derriere les Canons ſous les roues, afin de les empêcher de remuer au Roulis dans le mauvais temps, & pour ſoulager les cordages qui les tiennent à la Serre: les Cabrions doivent être bridés de chaque bout ſur les bouts des Aiſſieux de chaque Affût.

CADRE. C'eſt un carré de bois, long de ſix pieds, & large de près de trois, garni de Bitord en filets, bien roidi, & ſur lequel on met un matelat pour coucher les malades de l'Equipage, lorſqu'ils le ſont aſſez pour être au poſte du Chirurgien.

CADENAS. Eſpece de ſerrure à boucle, qui ſert à fermer les Ecoutilles, les Soutes, & tous les endroits où on place des Crampes au lieu de ſerrure ordinaire.

CAGE *à poules.* Ce ſont de grandes cages dans leſquelles on met les volailles que l'on embarque ſur les Vaiſſeaux pour les Officiers & les malades; il y a des cages à un étage, où les poules d'Indes, canards & oies ſont enſemble, les eſpèces étant ſeulement ſeparées par des cloiſons; il y a d'autres cages à deux, trois & quatre étages, avec de petites loges, dans leſquelles il n'entre qu'une poule ſeule; ce ſont des cages de fronteau.

CAGUE. Eſpèce de petite Embarquation Hollandoiſe, à fond plat, à un ſeul Mât vertical & ſans Beaupré; c'eſt une Embarquation propre aux Rivieres & Hauts-fonds, parce qu'elle tire peu d'eau.

CAIES ou *Cayes.* Bancs de groſſes roches molles, formées la plupart du temps par des racines de Corail ou de Madrepores, & dont les Côtes Maritimes des pays chauds ſont quelquefois bordées.

CAILLEBOTES. Ce ſont des élévations rectangulaires qu'on pratique ſur les faces des méches des bas-Mâts de bout-en-bout, en les faiſant à la ſuite les unes des autres, de maniere qu'elles ſe répondent exactement d'un Angle à l'autre en Echiquier; on fait le même deſſein ſur chaque Jumelle en creuſant, de ſorte que le tout eſt parfaitement joint, & qu'il n'y a pas de jeu, lorſque le Mât, ainſi travaillé, eſt bien cerclé & chevillé. Ainſi l'effet des Caillebotes eſt d'empêcher dans toute ſorte de charpente le jeu de quelque côté qu'il puiſſe ſe faire.

CAILLEBOTIS. C'eſt une eſpèce de panneau en treillis, fait de petites pièces de bois plat, endentées à mi-bois les unes ſur les autres, en ſe croiſant à Angle droit, & aboutant ſur un quarré plus fort. Le milieu du ſecond Pont des Vaiſſeaux, entre les Gaillards & les Hiloires du milieu, eſt ordinairement à Caillebotis, pour donner paſſage à l'air dans l'Entrepont; on les couvre avec des Prélats, quand il fait de la pluie ou du mauvais temps, & que l'on craint les coups de mer.

CAJOLER. C'eſt ſe ſervir du Courant & de la Marée pour aller avec un Vaiſſeau ſous Voiles contre le vent; alors on manœuvre ſous une petite Voilure bien diſpoſée, en mettant en Panne, virant de Bord vent devant ou vent arriere, faiſant ſervir, & mettant tout à culer, ſelon la poſition où l'on ſe trouve, par rapport à la terre, aux Pointes que l'on côtoye, & au tranſport de l'eau, ſoit que l'on monte ou deſcende les Rivieres de Flot ou de Juſant.

CAISSE *de Poulie.* C'eſt le morceau de bois dans lequel la Poulie ou Rouet eſt emboîté ſur ſon Aiſſieu; c'eſt une

Moufle; il y en a de double l'une fur l'autre, de fimple, de double, de triple, quadruple & quintuple côté-à-côté, c'eft-à-dire, qui reçoivent deux, trois, quatre ou cinq Rouets de front fur la même face & le même Aiffieu; elles ont différents ufage dans la Marine, & font employées à tout moment.

CAISSONS ou *Coffre à poudre* Ce font de petites Soutes d'attaches que l'on pratique à l'Avant des Vaiffeaux de guerre, fur la Foffe aux Lions, pour contenir une certaine quantité de Gargouffes chargées; il y a auffi dans l'arriere des Soutes à poudre, des Caiffons pour le même ufage, & pour contenir les Grenades & autres artifices: ces Caiffons font tous laminés en plomb, pour préferver de l'eau & de l'humidité ce qu'ils peuvent contenir.

CALLE ou *Fond-de-Calle.* C'eft la partie la plus baffe du Vaiffeau, comprife entre le premier Pont & le fond du Navire dans toute fon étendue, & qui eft divifée en plufieurs parties où l'on renferme les Poudres, le Bifcuit, les Voiles, les Cables & Cordages, les Fûtailles, les Vivres, &c. Ces différentes féparations & compartiments s'appellent Soutes ou Foffes, ou Calles, & prennent leur dénomination des chofes qu'elles renferment; *Soutes aux poudres*, *Soutes au pain*, *Calle à l'eau*, *Calle aux vivres*; *Foffe aux Cables*, *Foffe aux Lions*, *&c.*

CALLE. *Donner la Calle.* On donne la Calle aux Malfaiteurs qui y font condamnés par l'Ordonnance du Roi: on y procéde en faifant paffer un Cartahu dans une Poulie frappée à la tête du grand mât, & dans une autre au bout de la grande Vergue qui doit être haute, enfuite avec le bout de dehors du Cartahu, qui vient jufqu'à l'entrée du Paffe-avant, on amarre un Cabillot à cinq pieds du bout pour empêcher de le hiffer plus haut; l'on amarre en même temps un Anfpect par le milieu fur le bout du cordage; après quoi on fait affeoir le coupable fur cet Anfpect, le Cartahu entre les jambes, & on l'y amarre par les cuiffes avec du Bitord, en lui liant les mains au-deffus de tête, deffous le Cabillot dont nous avons parlé: après tout cet apareil on tire un coup de Canon, on hiffe un Pavillon rouge à un des Mâts, & le Patient au bout de la Vergue, le Cabillot à joindre; lorfqu'on a donné le temps à tout l'Équipage de la Rade de le voir, on le laiffe tomber librement & de tout fon poids à la mer, pour le rehiffer tout de fuite à la même hauteur, le replonger autant de fois qu'il y eft condamné: après l'exécution on le met dans le Vaiffeau, en tirant fur le Halle-abord, qu'on a eu la précaution d'amarrer avec l'homme fur le milieu de l'Anfpect. Cette punition eft plus exemplaire que dure pour le criminel, on ne la fait qu'à Bord du Vaiffeau du Commandant ou par fon ordre, à Bord de celui où s'eft commis le délit.

CALLE *de Conftruction.* C'eft le Grillage fur lequel on conftruit les Vaiffeaux; il faut que le fond qui porte la Calle foit folide: on dreffe le terrein de maniere qu'il foit fort uni ſur une pente douce, de ſeize lignes par pied, de la longueur de la Calle, qui doit être de 180 à 200 pieds; enſuite on met deſſus, des deux côtés & au milieu, diſtance de 10 à 15 pieds, trois pièces de bois de toute la longueur du terrein travaillé; après quoi on place en travers de l'une à l'autre les Traverſes endentées à mi-bois ſur les trois Montans & bien clouées. On appelle toute cette charpente, le Grillage de la Calle; & l'eſpace de huit à dix pieds qu'on laiſſe de chaque côté pour le paſſage libre des hommes, l'appui des Accores, &c. pris enſemble ils forment la Calle, au-delà de laquelle on doit encore laiſſer un terrein libre pour monter les Membres & charpenter les pièces. On place les Chantiers ou Tins ſur la pièce du milieu & ſur ces Chantiers où poſe la Quille. Dans la plupart des Ports marchands, on ne prend pas tant de ſoin pour établir un Chantier: on ſe contente que le terrein ſoit ſolide, & on éleve tout ſimplement les Chantiers deſſus, à différentes hauteurs gradatives pour donner la pente néceſſaire; d'autres fois on met des Traverſes enterrées comme des Lambourdes parallellement entr'elles & perpendiculairement à la Quille que l'on poſe ſur les Chantiers élevés ſur ſes Traverſes, & la Calle eſt finie de cette maniere avec aſſez de ſolidité.

CALLE *de Radoub.* C'eſt une Calle faite de baſſe mer, avec des Lambourdes enterrées de toute leur épaiſſeur, dans un terrein ſolide, que la mer couvre & découvre, de ſorte qu'on peut mettre deſſus un Navire qu'il faut radouber ou refondre, en prenant le temps de la pleine mer pour le porter: d'autres fois les Calles de Conſtruction, ſont celles ſur leſquelles on hale les Vaiſſeaux par un apareil pour les refondre. Dans les Ports du Roi, on a des Formes ou Baſſins qui ſont plus commodes, dans leſquels on fait les refontes des Vaiſſeaux.

CALLE ou *Eſcalle.* C'eſt un tallu en pente douce ſur le bord de la mer, qui ſert à faciliter l'Embarquement & le débarquement des Bateaux.

CALLE *en Coin.* C'eſt proprement un coin ou languette, que les Charpentiers mettent ſous les Epontilles & appuis, afin de les faire forcer ſur la choſe qu'on veut qu'ils portent on frappe ces coins à coups de maſſe, & l'on appelle cette opération, *caler les Epontilles.*

CALLE. C'eſt un commandement pour faire ouvrir les mains des gens qui hiſſent quelques choſes, afin de les laiſſer tomber tout d'un coup.

CALLE BAS. C'eſt une manœuvre qui étant frappée par un bout ſur quelque choſe d'élevé, ſert à le faire baiſſer plus vite, en peſant deſſus; de ſorte que l'on dit de peſer ſur le Calle-bas des Voiles d'Etais quand on veut les ſerrer, après les avoir amenées. Ainſi les Cargues-points des Huniers & Perroquets faiſant Dormant ſur les Vergues, paſſant dans la Poulie du Point & dans une autre Poulie ſous la Vergue, pour faire leur retour en bas, peuvent être regardées comme Calle-bas, auſſi-tôt qu'on ne cargue pas ces Voiles, & qu'on veut les amener.

CALLÉ. Un Vaiſſeau eſt callé, lorſqu'il eſt enfoncé dans l'eau juſqu'à ſa plus haute ligne de flotaiſon, & qu'il ne peut plus enfoncer ſans compromettre ſa Batterie, qui ſe trouveroit noyée. Ainſi l'on dit : *Le Navire eſt aſſez callé*, pour dire qu'il eſt chargé comme il faut, ou il eſt trop callé quand il eſt trop chargé. On dit auſſi d'un Vaiſſeau de charge, qu'il eſt trop ou trop peu callé, quand ſon fort eſt dans l'eau, ou quand il eſt encore beaucoup au-deſſus ; dans le premier cas il eſt trop chargé, dans le ſecond, il ne l'eſt pas aſſez.

CALLÉ. C'eſt-à-dire, amené, baiſſé, enfoncé ; & c'eſt dans ce ſens qu'on dit, *des Mâts callés*, pour dire *amenés*, & qu'*un Vaiſſeau eſt callé*, parce qu'il eſt trop chargé & enfoncé dans l'eau; mais on fait toujours ſuivre ou précéder ce terme du nom de la choſe dont on parle ; *le Vaiſſeau eſt callé, il a callé ſes Mâts de Hune, &c.*.

CALLÉ *ſur cul.* C'eſt être trop chargé ſur l'Arriere.

CALLÉ *ſur nez.* C'eſt être trop chargé ſur l'Avant.

CALLER *les Epontilles. Voyez* CALLE EN COIN.

CALLER. C'eſt baiſſer en général quelque choſe d'élevé ; on s'en ſert quelquefois dans ce ſens pour *Amener* : Ainſi l'on dit : *Caller les Mâts de Hune*, au lieu de dire *Amener* : mais il eſt mieux expliqué à l'enfoncement du Vaiſſeau dans l'eau, & l'on dit : *Il commence à caller*, quand ce que l'on met dedans peſe aſſez pour le faire enfoncer ſenſiblement. Vingt Tonneaux de poids feront caller le Vaiſſeau de trois pouces, &c.

CALLER *un homme.* C'eſt lui donner la Calle. *Voyez ce mot.*

CAL-HAUBANS. Manœuvres dormantes, qui appuient les Mâts de Hune & de Perroquets, ſur leſquels on les caple ; l'autre bout étant éſtropé ſur un Cap-mouton, dans lequel on paſſe des Rides ou cordes propres à le roidir ſur un autre Cap-mouton à chaînes, qui eſt fixé ſur les Porte-haubans. Il y a ordinairement trois Cal-haubans Tribord & Babord d'un Mât de Hune, qui prennent depuis la tête du Mât juſqu'à cinq pieds des Porte-haubans, de ſorte qu'ils ſe trouvent être les plus longues manœuvres Dormantes.

CALFAT ou *Calfas.* Le Maître Calfat eſt l'Officier non Marinier en chef, qui veille ſur les Calfats, Ouvriers & Matelots-Calfats, lorſqu'ils calfatent ; il voit ſi le Calfatage eſt bon, ſoit qu'on le faſſe à la mer ou dans les Ports de relâche. Le Maître Calfat eſt auſſi chargé de l'entretien des Pompes & de leur détail.

CALFATAGE. C'eſt l'ouvrage que les Calfats ont fait ou qu'ils ont à faire. Ainſi l'on dit : *Il y aura beaucoup de Calfatage à faire*, ou *Il y a eu beaucoup de Calfatage.*

CALFATER. C'eſt remplir d'étoupe les fentes & les coutures ou entre-deux des bordages des Vaiſſeaux, & les enduire ensuite de Brai bouillant : on force l'étoupe avec un fer à Calfat, frappé à coups de maillet. Il y a quatre sortes de fers à Calfats, le premier est un ciseau ordinaire, dont le tranchant sert à ouvrir les coutures dans leur entrée, afin de leur donner cette forme V à-peu-près, pour avoir plus de liberté à presser & forcer l'étoupe dans le fond de la couture; mais il faut observer d'évaser le moins qu'il est possible les fentes que l'on calfate. Le second fer du Calfat est encore un ciseau, mais il ne coupe point du tout, c'est le fer simple; son usage est d'introduire l'étoupe au fond des coutures, & d'employer ce que les Calfats appellent la premiere étoupe. Le troisieme est le fer double ou clavet; il prend son nom de ce qu'il a une rainure dans le bout, & qu'il paroît effectivement doublé; son usage est de rabattre les coutures, de presser l'étoupe de plus en plus, & de finir l'ouvrage avant de broyer, en rabattant la derniere étoupe, qui finit le nombre de celles qu'on introduit dans les coutures, en mettant pour un bon Calfatage, trois étoupes par pouces d'épaisseur du Bordage. Le quatrieme fer dont les Calfats font usage, est le Pic ou Bec-de-corbin, il ne sert qu'à arracher la vieille étoupe, pour nettoyer les ouvertures avant d'y mettre de l'étoupe neuve.

CALIBRE *du Canon.* C'est le diametre de la bouche & de l'âme de la Pièce. Ainsi l'on dit : *Le calibre d'un Canon est de cinq ou six pouces*, quand il a cette largeur pour diametre, & en général la longueur des bouches à feu, petites ou grandes, est connue sous le terme de calibre.

CALIBRE *du Boulet.* C'est son diametre. Et l'on dit : que *le Boulet est de calibre*, quand il est de poids, & proportionné au calibre de la Pièce à qui il doit servir.

CALIBRER *des Boulets de Canon.* C'est les passer dans des instruments de bois ou de cuivre, appellés *calibre* ou *passe-balles*, afin d'éprouver s'ils sont du calibre des Pièces pour lesquelles l'instrument est fait.

CALIORNE ou *Caiorne.* Gros Palan, dont les Poulies ou Mouffles contiennent plusieurs Rouets à côté les uns des autres, & dans les Canaux desquels on passe un cordage, dont la grosseur est toujours relative aux Poulies, qui sont elles-mêmes proportionnées à la grandeur des Vaisseaux à qui elles servent : il y a deux Caliornes à chaque bas-Mât, une Tribord & l'autre Babord : la Poulie d'en haut a une Estrope à boucle, & se marie par un Burin avec les Pentoires, qui sont canelées à cet effet sur la tête des Mâts; celle d'en bas a une Estrope à Croc de fer, qui se croche dans les fardeaux que l'on veut enlever. Les Caiornes servent principalement à embarquer & débarquer les Bateaux; dans ce cas & dans tous ceux où il faut de la force, les Garants tombent sur le Pont, passent dans des Poulies de Retour, & se garnissent aux Cabestans, ou bien on tire dessus à force de bras.

CALME. C'eſt une ceſſation parfaite de tout vent ; c'eſt un calme plat, parce que le vent n'ayant pas aſſez de force pour tendre les Voiles, elles reſtent plates.

CALME, *être en Calme... Reſter en Calme* ; c'eſt être ſans vent pendant un certain temps. *Nous reſtâmes huit jours en Calme.*

CALME. La mer eſt Calme, lorſqu'elle n'a aucun mouvement & que ſa ſurface eſt unie.

CALMÉ. Le vent eſt calmé, quand il ne ſe fait ſentir que foiblement, ou avec moins de force, lorſqu'il a ſoufflé avec violence : ainſi, auſſi-tôt que la force du vent a diminué, il a calmé.

CALMÉE. La mer eſt calmée, quand après avoir été agitée, elle tombe, devient belle & calme.

CALMER. Se dit de la force du vent qui diminue : *Il commence à calmer.*

CAMBRER, ou *Courber*. C'eſt donner aux Membres, aux Préceintes & aux Bordages, le plis, le contour qu'ils doivent avoir ; c'eſt les ceintrer, après les avoir chauffés, en les appliquant tous chauds. *Voyez* CHAUFFER UN BORDAGE.

CAMBUSE. Lieu ſéparé par des cloiſons dans l'Entrepont des Vaiſſeaux de Commerce : on renferme dans les Cambuſes les Vivres & Boiſſons ſervant à la nourriture des Equipages.

CAMPAGNE. C'eſt le temps qu'un Vaiſſeau eſt en mer dans les voyages de Long-cours, ou pendant une Courſe entiere, quand on eſt en guerre ; & dans ce dernier cas comme dans le précédent, les Relâches font partie de la Campagne.

CAN, ou *Champ*. On appelle ainſi le côté d'une planche ou Bordage qui en marque l'épaiſſeur. Lorſqu'un Bordage porte ſur ſon épaiſſeur, on dit qu'il eſt ſur le Can, de même que toute autre pièce de Charpente placée ſur ſa moindre dimenſion. L'expérience a prouvé que le Bois placé ſur le Can, fait beaucoup plus de réſiſtance pour ſe rompre, que lorſqu'on le met ſur le plat. On donne auſſi par uſage le nom de Can à l'arête d'une pièce de bois, lorſqu'on n'a pas arrondi en chanfrain cette arête.

CANAL. C'eſt en général un intervalle de mer entre deux terres, qui a deux iſſues & une certaine longueur ; tel eſt, par exemple, le grand Canal compris entre les Côtes de Bretagne, Normandie, & l'Iſle d'Angleterre ; on le connoit auſſi ſous le nom de *Manche*. Le Canal de Moſambique plus conſidérable eſt formé par l'Iſle de Madagaſcar & la Côte de l'Eſt d'Afrique.

CANAL *de Riviere*. C'eſt le Lit dans lequel elle coule ; mais il ſe dit particuliérement de tous les endroits étroits par où peuvent paſſer les Vaiſſeaux.

CANAL *du Gouvernail*. C'eſt une canelure dans la face de l'Arriere du Gouvernail, qui va du haut en bas du Safran, ſur trois à quatre pouces de profondeur & de largeur. Cette rainure contribue à augmenter l'effet du Gouvernail, lorſqu'il ſe préſente obliquement au cours de l'eau ; parce que les filets d'eau, en s'échappant derriere le Gouvernail, se réunissent dans ce Canal, & frappent le côté opposé, & augmentent l'impulsion du fluide.

CANAL *de Poulie*. C'est la canelure qui regne tout-au-tour du Rouet; il se dit aussi de l'intervalle dans lequel il est placé sur son Aissieu en dedans de la caisse. *Voyez* CLAN.

CANAR. Un Vaisseau est Canar, lorsqu'il prend l'eau par l'Avant, soit en tanguant ou en passant au travers de la Lame avec trop de vitesse. Les Frégates & Corvettes dont l'Avant est fin & pincé en coin du haut en bas, & horizontalement, sont sujettes à être Canars.

CANDELETTES. C'est un Palan double dont les Rouets des Poulies qui le composent, sont au-dessus les uns des autres. On s'en sert pour enlever les moyens fardeaux, parce que les Candelettes sont plus maniables que les Caïornes; leurs Poulies d'en-bas ont toujours un croc de fer, & celles d'en-haut sont frappées sur des Pantoires capelées aux bas Mâts. On traverse les Ancres avec les Candelettes, que l'on croche dans l'Œil de la Cantonniere.

CANI. On dit que le bois est Cani, quand il est échauffé, & qu'il commence à se pourrir. Il faut avoir autant d'attention de ne point employer de bois Cani, que d'Aubour, dans la construction des Vaisseaux.

CANON. Pièce d'Artillerie dont on se sert sur les Vaisseaux. C'est un cilindre extérieurement conique tronqué, de métail: les Canons de fonte sont les meilleurs pour résister à l'effort de la poudre, & obvier aux accidents d'une Pièce qui creve, parce qu'elle n'éclate pas comme le fer qui vole par morceaux; mais à cause du prix des métaux on ne se sert guères que de Canons de fer, qui portent, selon la grandeur des Vaisseaux, des Boulets du poids de 48, 36, 24, 18, 12, 8, 6, & 4 livres. Le défaut des Canons de Marine est leur trop de longueur, on pourroit la fixer dans l'Ame à douze calibres de la Pièce, en faisant le fond hémisphérique, perçant la lumiere de façon à porter le feu à la Charge sur le grand cercle de la demi-sphere du fond; parce que l'inflammation se portera avec plus d'activité de tous côtés, & lorsque le Boulet entrera en mouvement, il y aura une plus grande quantité de poudre enflammée; ce qui doit nécessairement augmenter la portée de la Pièce; pourvu que la poudre soit toute en feu, quand le Boulet quitte la volée, il est évident qu'il partiroit alors sous le plus grand effort possible; terme qui doit déterminer la longueur des Canons, & qui nous a portés par plusieurs expériences à en proposer la détermination à douze calibres; car il est aisé de faire sentir qu'il ne doit plus y avoir de poudre en matiere dans cet instant. L'inflammation de la poudre renfermée dans une chambre qui aura la lumiere sur le grand cercle de la demi-sphere du fond, sera non seulement plus grande, mais plus rapide, que dans une Piece ordinaire qui a sa lumiere au ras de la Culasse; parce que le premier & le second instant de l'inflammation porteront le feu dans tous les points de la maſſe de poudre ſphérique que contiendra la nouvelle chambre; & comme l'expérience prouve que l'extenſion de ce globe enflammé eſt au moins quatre mille fois auſſi grande, que lorſqu'il eſt en matiere, il s'enſuit que l'axe de ſa flamme eſt environ ſeize fois auſſi grand que celui du globe de poudre avant l'inflammation dans un eſpace libre; comme ſon extenſion ſera reſſerrée par les Parois concaves de la chambre, il eſt évident que la poudre enflammée dans le premier & le ſecond inſtant, ſe trouvant gênée ſans pouvoir ſe dilater, ſera repouſſée de tous les points de la ſuperficie concave qui lui réſiſte, & elle réagira au travers des interſtices qui ſe trouvent entre les Grains qui compoſent le reſte de la charge, car c'eſt la partie la plus aiſée à pénétrer, & celle qui oppoſe le moins de réſiſtance. Cette premiere matiere enflammée dans le premier & ſecond inſtant, enveloppe donc dans le troiſieme de l'inflammation, tous les grains de poudre qui ſont dans l'eſpace de ſon extenſion, & conſéquemment au-delà de tout ce qu'il y a de poudre dans la chambre telle qu'on la propoſe; d'où il ſuit que ſi le feu allume la poudre auſſi-tôt qu'il la touche, toute la charge ſera enflammée dans ce dernier inſtant, & tous les grains de poudre étant en action enſemble, tendront également a s'enfler dans le même temps par leur fluidité, & comme ils ne pourront le faire, à cauſe de la réſiſtance ſupérieure des Parois de la chambre, ils réagiront en ſe débondant du côté le plus foible, & tous en redoublant de vîteſſe, à cauſe de leur réaction multipliée & inſtantanée, chaſſeront le Boulet avec une plus grande force de la volée, ainſi que la colomne d'air qui s'oppoſe à leur paſſage, ce qui fait conclure une plus grande portée, & qu'il n'eſt pas néceſſaire de donner une plus grande longueur aux Canons. La poudre qui a pris feu dans le premier moment de l'inflammation, n'étant tout au plus qu'une petite Sphere d'un diametre ſeize fois plus grand que celui de la lumiere, ne peut être ſuffiſante par ſa force d'extenſion, pour mettre en mouvement le reſte de la charge, le Boulet & les Valets qui leur ſervent d'appui; elle ne peut être regardée que comme l'agent primitif du mouvement qui met tout en action dans l'intérieur de la Pièce; de ſorte qu'il eſt aiſé de concevoir une ſeconde inflammation d'un diametre ſeize fois auſſi grand que celui de la premiere & très-ſubite, leſquelles en ſe réuniſſant enſemble, forment un tourbillon de feu vif & pénétrant, qui peut s'étendre ſuffiſamment, comme nous l'avons déja expliqué, pour embrâſer entiérement la charge, qui acquiert toute la force dont elle peut être capable, réuniſſant toutes ſes parties dans le même inſtant ſur le Boulet, qui, par cela ſeul, ſe trouve jetté plus loin qu'il n'auroit pu l'être, avec une Pièce beaucoup plus longue, dans laquelle l'action du feu ne ſe communiqueroit que par gradation à la charge, en commençant au ras de la culaſſe, ainſi qu'il arrive aux Canons ordinaires dans leſquels les premiers grains de poudre ſujets à l'inflammation, ſe trouvent sous la lumiere percée sur l'extrémité du fond; de sorte que ces premieres parties de la charge étant en feu, se trouvent forcées de réagir en petite quantité du côté de la moindre résistance, en chassant devant eux, à mesure qu'ils s'enflamment, le Boulet & le reste de la charge dont ils n'allument que la partie nécessaire pour mettre le tout en mouvement & le chasser hors de la volée, avant même que toute la poudre soit embrasée, parce qu'aussi-tôt qu'il s'en trouve assez en action, elle n'attend pas à toucher le reste pour la pousser de l'avant, il faut que tout cede à son effort avec tant de précipitation qu'il y en a toujours une grande partie de perdue & sans effet; c'est ce que l'expérience a prouvé dans toutes les épreuves qui ont été faites sur des Canons dont la lumiere répondoit au ras du fond de la culasse, parce qu'on trouve beaucoup de poudre en nature éparpillée à peu de distance de la bouche du Canon; c'est ce qui n'arrivera jamais, aussi-tôt que le feu pourra se communiquer à la charge, en la gagnant de deux côtés, parce qu'alors le peu de poudre qui a tiré, s'enflamme dans le premier instant, n'ayant que 16 lignes de diametre, si la lumiere à une ligne ne suffit pas pour mettre le Boulet & la Charge en mouvement; d'où il résulte une seconde inflammation dans tous les sens de 128 lignes de diametre, qui embrase par son extension toute la poudre contenue dans la chambre, & beaucoup au-delà, en sorte que le tout part ensemble sous le plus grand effort possible, ainsi que nous l'avons déja dit; & pour peu que le Boulet résiste dans le premier instant, comme il est évident par le peu de poudre qui s'embrase, il occasionne un retard favorable à l'effet de la poudre, qui se trouve toute en feu en même temps, dès qu'elle peut être atteinte dans tous les sens, par la fluidité de la flamme : or, dans le cas que nous proposons, il paroît évident que douze calibres du Canon quelconque, seront plus que suffisants pour la longueur de son âme, puisqu'il nous est sensible que le Boulet n'entrera en mouvement que dans le temps d'un embrasement au moins total de la charge; si on lui donne le feu à une certaine distance de son extrémité, vers la culasse, & à la plus petite possible de son centre de gravité, que nous n'avons pas pris ici pour terme de perfection, parce que le recul des Pièces seroit trop violent, & que l'Affût ne résisteroit pas long-temps aux secousses réiterées du Canon pendant une Action.

CANONNAGE. C'est la science du Canonnier.

CANON *démarré.* C'est celui dont la Brague & les Palans sont allongés, de maniere qu'il ne puisse pas être gêné dans son recul jusqu'à longueur de Brague, quand on le tire.

CANON *détapé.* C'est celui dont la Tape est hors de sa bouche, & qui est prêt à tirer.

CANON *monté.* C'est celui qui est sur son Affût.

CANON *démonté.* C'est celui qui est hors de dessus son Affût, par accident ou autrement. *Nous essuyâmes une Bordée qui nous démonta plusieurs Canons, en brisant leurs Affûts.*

CANONNADE. Combat à coups de Canons; il n'est jamais bien décisif entre deux Escadres de même force. *Notre Combat ne fut qu'une Canonnade vive & longue, qui ne détermina la victoire pour aucun des deux Partis; un Abordage général auroit bientôt décidé l'affaire.*

CANONNER. C'est battre à coups de Canon un Vaisseau ennemi : se canonner, se tirer réciproquement du Canon. *Nous continuâmes de nous canonner pendant plusieurs heures, sans nous faire beaucoup de mal, parce que le grand mouvement des Vaisseaux empêchoit d'ajuster les Pièces.*

CANONNIER. Le Maître Canonnier est un Officier non Marinier, chargé en chef de tous les ustenciles du Canonnage sur les Vaisseaux; il veille sur toute l'Artillerie, sous l'autorité des Officiers-Majors à qui il rend compte & de qui il prend les ordres, ne pouvant rien faire sans permission de l'Officier de garde; il est le premier des Canonniers & les commande tous : il y a Canonnier surnuméraire, seconds Canonniers, troisiemes Canonniers, Ajudants Canonniers & Matelots Canonniers. Il est nécessaire que tous les Canonniers soient instruits dans un Vaisseau de guerre.

CANONS *à la Serre.* Les Canons sont à la Serre, quand ils sont hallés en dedans, qu'ils ont la culasse basse dans l'Affût & la volée contre la Serre, au-dessus du Sabord, & que dans cette situation ils sont saisis avec leurs Bragues, Palans & Rabans de volée, de maniere à ne pouvoir aller au Roulis ni au Tangage, quelques forts qu'ils soient. Quand on craint un mauvais temps violent & de longue durée, on leur met des Cabrions pour les tenir plus serrés contre le bord.

CANONS *aux Sabords.* Les Canons sont aux Sabords quand ils sont en Batterie; dans les embrâsures prêts à tirer.

CANONS *de Chasse* ou *Coursiers.* Ce sont ceux qu'on met en Avant dans les Sabords de chasse pour tirer sur les Vaisseaux que l'on poursuit.

CANONS *de Retraite.* Ce sont ceux que l'on met dans les Sabords de la Poupe, pour se battre en fuyant.

CANOT. Bateau léger pour le service d'un Vaisseau, il va à Voile & à Rames : il y a plusieurs Canots sur un Vaisseau de guerre, & le plus grand est le second Bateau du Navire.

CANTONNIERE. C'est un bout de filin de 4, 5, 6, 7 ou 8 pouces de grosseur, selon la grandeur des Vaisseaux & la pesanteur des Ancres, qui n'a que 3, 4 ou 5 brasses de longueur, sur le bout duquel on estrope un Croc à Cosse, & sur l'autre bout une Cosse simple, en faisant des Episures des bouts qui enveloppent les Cosses dans leurs Canelures sur le corps du cordage. Le Croc se croche sur la Verge de l'Ancre, dans la croisure des Bras pour la traverser, quand elle est caponée sur sa Bosse du bout, & la Cosse reçoit à l'autre bout de la Cantonniere le Croc de la Candelette qui sert à traver-

ser

ſer l'Ancre à force de bras, pour la mettre ſur ſa Serre-Boſſe.

CAP. Pointe de terre élevée & eſcarpée du côté de la mer.

CAP *du Vaiſſeau. Où eſt le Cap?* Queſtion que l'on fait au Timonnier, pour ſçavoir ſur quelle route on gouverne actuellement. Ainſi l'on entend par *Cap* dans ce ſens, le Point de l'Avant du Vaiſſeau dans la Direction de la Quille; & l'on dit: *Il a le Cap au Nord; il faut y gouverner, c'eſt la route... Nous avions le Cap à terre, & en revirant nous portions ſur le Large le Cap au S. E.*

CAP *de Compas.* On nomme ainſi le Point de Boîte de la Bouſſole qui regarde l'Avant, & qui eſt marqué par une ligne; de ſorte que la Roſe, en tournant ſur ſon Pivot, eſt toujours immuable, & marque cependant de combien le Point de la Roſe ſur lequel on gouverne, s'en écarte dans les Lans du Vaiſſeau.

CAP-POUR-CAP. *Virer Cap-pour-Cap*, c'eſt changer la route & les Amures, en virant de Bord, & préſenter le Cap en paſſant dans l'évolution ſur la route oppoſée à celle que l'on tenoit; c'eſt ce qui arrive toutes les fois que l'on vire vent Arriere; auſſi dit-on preſque toujours: *Il a viré Cap-pour-Cap*, pour dire qu'il a viré *vent Arriere.*

CAP-A-CAP. On dit que deux Vaiſſeaux ſont Cap-à-Cap, lorſqu'ils courent directement ſur des routes oppoſées, étant l'un devant l'autre.

CAP *à l'Ennemi*, CAP *à la mer*, CAP *au vent*, CAP *à terre, &c.* c'eſt-à-dire, qu'on préſente le Cap ſur l'endroit déſigné.

CAP-MOUTON. Eſpèce de Mouſle pleine & ronde ſur une face, qui a plus de diametre que d'épaiſſeur dans l'autre ſens. On perce le Cap-Mouton ſur le plat, de trois trous en triangle, dans leſquels on paſſe les Rides; car il ne ſert qu'aux manœuvres dormantes. Les Cap-Moutons ont une canelure tout-au-tour pour recevoir les Haubans & Cal-Haubans ſur le bout deſquels on les eſtrope; ceux qui ſont fixés ſur les Porte-Haubans & ſur les Hunes dans la Garitte, ſont eſtropés en fer par des chaînes de Haubans chevillées ſur les Préceintes, & des Lattes de Hune en fer plat, à boucles, dans leſquelles paſſent les Gambes de Hune: les uns & les autres ſont oppoſés dans la direction des Haubans qu'ils doivent roidir; ainſi il y a différentes groſſeurs de Cap-Moutons, ſelon l'uſage qu'on en fait, & la groſſeur des manœuvres auxquelles ils doivent être adaptés. Les Cap-Moutons ferrés pour Porte-Haubans & Lattes de Hune, ne devroient jamais être ronds; on devroit leur donner une forme allongée, éliptique du côté où le fer doit être coudé, afin qu'il ne ſoit pas dans le cas de caſſer en ſe redreſſant, lorſqu'on fait force pour roidir les Haubans, & lorſque le Navire roule avec violence.

CAP-MOUTON *à Croc.* C'eſt celui qui étant eſtropé de fer, a auſſi un croc pour faciliter ſon uſage dans le remplacement auquel il eſt deſtiné ; car il eſt ordinairement de Rechange.

CAPACITÉ. C'eſt l'eſpace que peut renfermer un Vaiſſeau. Il eſt d'une grande Capacité, quand il contient un grand volume, & qu'il peut porter bien peſant. Un Vaiſſeau a de grandes Capacités, lorſqu'il déplace beaucoup d'eau, parce que l'un dépend de l'autre.

CAPE. On dit qu'un Vaiſſeau eſt à la Cape, quand il préſente au vent le plus qu'il eſt poſſible ſous peu de Voilure, & qu'il tient au plus près pendant un coup de vent violent. On eſt à la Cape ſous la Miſaine, lorſqu'on n'a que cette Voile dehors au plus près du vent : on met auſſi à la Cape ſous la grande Voile, ou ſous l'Artimon, ou ſous la grande Voile d'Etai ; mais la meilleure Cape eſt, ſous le petit Foc, la grande Voile d'Etai, le Foc de derriere & l'Artimon. On peut voir ce que nous en diſons dans la partie des Evolutions du Navire dans le Manœuvrier complet, au Chapitre de la Cape.

CAPÉER, ou *Capeyer*. C'eſt tenir à la Cape par la violence du vent & de la groſſe mer, pour ſe ſoutenir le plus qu'on peut au vent. On met auſſi à capéer pour attendre un vent favorable, lorſque les deux Bordées que l'on pourroit tenir, ne ſont pas avantageuſes. *Nous capéâmes pendant quatre jours pour conſerver notre poſition, afin de pouvoir profiter du vent de* N. E. *que nous attendions.*

CAPELAGE. C'eſt la partie des Haubans, Cal-Haubans, Eſtropes, Pantoires, Suſpentes, &c. qui ſe voit à la tête des Mâts, & qui les enveloppe en ſe ſuccédant les uns au-deſſus des autres, très-preſſés & ſerrés ſur leurs Mâts, de maniere qu'il faut frapper ſur le Capelage avec des mailloches pour le faire baiſſer juſques ſur la fourrure des Longis des Barres de Hune ou de Perroquet qui leur ſervent d'appuis, & ſur les Noix de ceux des Mâts de Perroquet. Un Capelage eſt bien fait, quand il eſt ſerré, dégagé, & qu'il paroît peu.

CAPELÉ. Un Mât eſt capelé, lorſqu'il a tous ſes Haubans, Eſtropes, Pantoires, Cal-Haubans, & Etais capelés ; ainſi l'on dit : *Le grand Mât eſt capelé... Le petit Mât de Hune eſt capelé... Les Mâts ſont capelés.*

CAPELER. C'eſt mettre quelque choſe que ce ſoit par-deſſus la tête d'un Mât ; ainſi quand on capele les Haubans, Cal-Haubans, Etais, &c. on eſt à capeler : *On a commencé à capeler... On va capeler tel Mât... Il faut capeler les Hunes, &c.* On dit auſſi *Capeler les Vergues*, quand on les garnit de leurs Poulies, Marche-pieds, Pantoires de Bras, Poulies de bout de Vergue, &c.

CAPITAINE, c'eſt-à-dire *Chef*. C'eſt le titre de tout Officier qui commande un Vaiſſeau ; mais l'on explique la qualité du Bâtiment à la ſuite du mot *Capitaine* : comme, Capitaine de Vaiſſeaux, eſt celui qui a le Brevet du Roi pour commander ſes Vaiſſeaux de Ligne... Capitaine de Galiottes à Bombes, de Frégates, de Brûlots, de Flûtes, ce ſont des Officiers de la Marine du Roi de différents grades & rangs, qui ont des Brevets pour commander ces sortes de Navires. Les Capitaines Marchands ont des Commissions ou Lettres de l'Amiral, qui leur donnent pouvoir de commander les Vaisseaux du Commerce, en guerre & marchandise, selon les circonstances, en se pourvoyant d'une Commission en guerre; de sorte qu'à le bien prendre, les Officiers Marchands qui vont continuellement en mer, sont la source de nos forces Navales; parce qu'ils disciplinent & forment les Matelots & Officiers Mariniers. Le Rang des uns & des autres, avec leurs Services, sont réglés par les Ordonnances du Roi sur la Marine. Les Ordres pour un Vaisseau ne peuvent ni ne doivent être adressés qu'au Capitaine, & aucun Officier ne peut les recevoir ni les exécuter sans ordres de son Capitaine, de quelque part qu'ils viennent, à moins qu'il ne s'en rende responsable au vis-à-vis de son Capitaine. Le Capitaine des Vaisseaux du Roi a rang de Colonel; & les 50 plus anciens, rang de Brigadiers.

CAPITAINE *en second.* C'est l'Officier embarqué pour remplacer le Capitaine en cas de mort : il porte aussi le titre de Capitaine de Pavillon, quand il est en Second sur le Vaisseau d'un Chef d'Escadre.

CAPITAINE *de Port.* C'est l'Officier qui sous l'autorité du Commandant de la Marine, est chargé du détail du Port & de toutes les opérations maritimes qui peuvent s'y faire : ce poste exige beaucoup de connoissance & d'activité de la part de celui qui l'occupe.

CAPITAINE *d'Arme.* C'est un Officier non Marinier, qui a soin de toutes les menues Armes, Fusils, Pistolets, Sabres, Haches-d'Armes, Piques, Espontons, Fourniment, Cartouchiers, Cartouches, &c. il les fait entretenir en état, les charge & décharge, les distribue avant le Combat, & les serre après; il commande les Mousquetaires sous les ordres des Officiers-Majors & du Capitaine du Vaisseau, qui commande tout absolument.

CAPLANIERS. C'est le nom des Matelots engagés pour la Pêche du Capelan, sur les Vaisseaux qui vont à la Morue le long des Côtes de l'Isle de Terre-neuve, & qui sont chargés d'amorcer les Ameçons ou Ains des Pêcheurs de Morue. Le succès de la pêche dépend de l'activité & de l'adresse des Capelaniers à prendre ce petit poisson, & en fournir aux Bateaux de pêches.

CAPLE. Un Vaisseau caple, lorsqu'il place les Haubans, Etais, & qu'il se grée; s'il place ses Hunes, on dit qu'il les caple.

CAPON. Palan qui sert à mettre l'Ancre au Bossoir, après qu'elle a été levée jusqu'à fleur d'eau : le Capon est composé d'un Garan qui passe dans une Poulie de trois Rouets à Dés de fonte, Aissieu & Estrope de fer, avec un grand Croc, & sur les Rouets du Bossoir, qui sert de Poulie supérieure ; la

Poulie de Capon se croche dans l'Arganeau de l'Ancre, quand on veut la caponer.

CAPONNE. Commandement pour faire haller sur le Garant du Capon, afin de hisser l'Ancre jusqu'au Bossoir.

CAPONER *l'Ancre.* C'est mettre l'Ancre au Bossoir avec le Capon. Ainsi l'on dit, que l'*Ancre est prête à caponer*, quand elle est assez haute pour pouvoir y crocher le Capon.

CAPOT, *faire Capot*, *Capoter.* Un Vaisseau ou Bateau fait Capot, quand il verse sans-dessus-dessous par l'effort du vent sur les Voiles, ou par quelqu'autre accident. *Il est capoté, il vient de capoter. Voyez* SOMBRER.

CAPUCINES. Ce sont des Courbes que l'on ajoute sur les Ponts des Vaisseaux, en les plaçant une Branche sur le Bord dans le sens vertical, & l'autre sur le Bau dans le sens horisontal, pour lier le Pont à la Muraille du Navire.

CAPUCHON. On appelle ainsi le Dôme qui couvre l'Escalier du Gaillard à la grande Chambre.

CARCASSE. On appelle Carcasse d'un Vaisseau, sa Membrure levée sans Bordages; il se dit aussi des débris d'un Navire qui a péri à la côte, & dont la mer a dépecé le corps eu partie, il n'en reste que la Carcasse.

CARDINAUX. Les quatre Points Cardidnaux sont, le Nord & le Sud, l'Est & l'Ouest, parce que tous les autres Rumbs de la Boussole prennent leur nom de deux de ces quatre; soit qu'ils soient entre le Nord, l'Est ou l'Ouest, ou entre le Sud, l'Est ou l'Ouest.

CARENAGE. Endroit au bord de la mer, propre à carèner les Vaisseaux, & sur lequel on a placé toutes les choses nécessaires pour cette opération.

CARENE On appelle ainsi toute la partie du Vaisseau qui est sous l'eau, quand il est en état de faire Voile: on la nomme aussi *Œuvre-vive, & partie submergée.*

CARENE. Un Vaisseau est en Carène, quand toute son Œuvre-vive est à decouvert, qu'on la radoube, calfate, braie, double & espalme; soit qu'il se trouve abattu en Quille ou dans un Bassin, ou échoué.

CARANTENIER. Petit cordage en trois Tourons, dont chaque Touron est de 4, 5, 6 & 7 fils goudronnés & filés fin.

CAREAU. Nom général qu'on donne à toutes les Ceintures & Préceintes des Vaisseaux & Bateaux, mais il est moins d'usage & moins reçu que celui de Préceintes.

CARENER. C'est faire le Radoub de la partie du Vaisseau, qui est ordinairement submergée lorsqu'il est chargé.

CARET. Le fil de Caret doit avoir une ligne de diametre, il sert à former les Tourons qui composent toute sorte de cordage, en tordant une certaine quantité de fils Caret ensemble; il sert aussi à faire des Herses, des Garcettes, des Sangles, des Rabans de Ferlages, &c. on le tire des Tourons des vieux Cables coupés par tronces & de tous les vieux cordages.

CARGAISON. On entend par Cargaiſon toutes les marchandiſes qui chargent un Vaiſſeau de Commerce.

CARGUER. Action de retrancher une Voile apareillée, par le moyen des Cargues, & la mettre en état d'être facilement ſerrée ou ferlée contre la vergue.

CARGUES. On appelle ainſi & en général toutes les manœuvres courantes, qui prennent leurs noms des parties de la Voile auxquelles elles ſont appliquées, pour les relever contre les Vergues & les carguer. Ainſi il y a des Cargues-Boulines, Cargues-Fonds & Cargues-Points, parce qu'elles ſont frappées ſur ces parties des Voiles, & qu'elles les carguent ou trouſſent juſqu'aux Vergues, par les côtés aux environs des Boulines; ou par les Points, ou par les Fonds; elles font Dormant ſur les Pattes, placées dans le fond des Voiles & ſur les côtés, paſſent dans des Margouillets frappés ſur les Ralingues, afin de les mieux ſerrer, & de-là dans une Poulie ſur la Vergue, enſuite dans une autre frappée ſur le Collier d'Etai de Hune, & tombent ſur l'arriere des Vergues de Hune, par dedans les Hunes, juſques ſur les Gaillards. Les Cargue-points font Dormant d'un bout ſur la Vergue, paſſent dans les Poulies des Points, & reviennent paſſer dans une autre Poulie ſous la Vergue à côté du Dormant, & tombent enſuite ſur les Gaillards, en paſſant par des Poulies de conduite. Ainſi chaque Voile a ſes Cargues; & l'on dit: *Les Cargues du grand Hunier, du petit Hunier, de Miſaine, de grande Voile, de grand & petit Perroquet, & d'Artimon*, en leur donnant toujours le nom de la Voile qu'elles doivent carguer.

CARGUE *au vent.* C'eſt un commandement pour faire carguer le côté du vent de la Voile déſignée.

CARGUE *ſous le vent.* C'eſt le commandement qui fait carguer la partie de deſſous le vent de la Voile nommée.

CARGUE *le Point du vent.* On ordonne par ce commandement de carguer le Point ſeul de la Voile nommée, ſans toucher aux autres Cargues.

CARGUES *affalées*; c'eſt-à-dire, qui ne travaillent point, qui ſont largues & tombantes. *Les Cargues ſont affalées, elles ne font rien.*

CARGUES, *fauſſes Cargues.* Ce ſont des Cargues que l'on ajoute après coup pour ſerrer le fond des baſſes-Voiles, après qu'elles ſont carguées: les fauſſes Cargues ont moins de groſſeur que les Cargues; elles paſſent dans des Poulies ſimples, Tribord & Babord, ſous la Hune, par-deſſus la Voile, & vont s'amarrer en paſſant ſous le fond de la Voile, ſur des Sangles qui ſe croiſent en partie, frappées ſur le milieu & au tiers de la Vergue de chaque Bord, en arriere de la Voile; de ſorte qu'en paſſant ſur le Garant, qui tombe au pied du Mât, ſur les Gaillards, on ferle la Voile dans tout ſon milieu.

CARGUES *du vent.* Ce font celles qui fe trouvent du côté de l'Amure ; il y en a trois à chaque Voile, la Cargue-Bouline, la Cargue-Point & la Cargue-Fond ; il s'en trouve autant fous le vent : auffi les appellent-t-on, *Cargues de deffous le vent.*

CARGUES *d'Artimon.* Ce font celles qui fervent à carguer cette Voile, elles font établies de deux manieres, les deux qui font les plus de l'arriere font en Fourche & fe nomment les Fourchés, le Fourché du vent & celui de deffous le vent ; les autres Cargues font fimples, & multipliées autant qu'on le juge à-propos.

CARLINGUE. C'eft une pièce de charpente compofée de trois ou quatre pièces de bois unies les unes aux autres par des Empatures ou Ecarts, femblables à ceux de la Quille ; elle fe place dans le fond du Navire, & s'endente d'un ou deux pouces par fes entailles fur le milieu des Varrangues, & des Fourcats de l'avant à l'arriere, en fe liant avec les Marfouins qui en font partie dans les façons. Ainfi la Carlingue forme une liaifon qui unit les Varrangues avec la Quille, dont elle a la largeur, & la moitié de l'épaiffeur, non compris fes Adents ; on la cheville en fer, à pointes perdues fur toutes les Varrangues, de maniere qu'elles entrent jufqu'aux deux tiers de la Quille.

CARLINGUE *de Mât.* C'eft un affemblage de charpente, placé à l'endroit où repofe le pied d'un Mât ; il eft formé par deux Entremifes ou Flafques, qui s'endentent d'une Porque à l'autre, en faifant une efpece de Couliffe ; elles font affemblées à Queues-d'aronde, & retenues par des chevilles à pointes perdues, enfuite on ajoute deux Taquets éloignés l'un de l'autre de quelques pouces de plus que le diametre du pied du Mât, qui entre quarrément dans la Couliffe, entre les deux extrémités où il eft affujetti par deux coins fur l'avant & l'arriere, placés entre les Taquets & le Mât. La Carlingue du Mât de Mifaine eft quelquefois différente, en ce qu'elle n'eft compofée que d'un Fourcat, placé horifontalement & d'une clef, à caufe de la forme du Navire dans la partie de l'Avant. La Carlingue du Mât d'Artimon eft établie fur le premier Pont, & n'eft la plupart du temps formée que d'une forte pièce de bois, qui prend dans le fens de la longueur trois Baux fur lefquels elle eft chevillée ; on lui fait une mortaife quarrée pour recevoir le pied du Mât.

CARLINGUE *de Cabeftan.* Elle eft établie fous les Baux du Pont fur lequel eft le Cabeftan ; on la cloue fous ces Baux, & on la foutient par une Epontille qui repofe fur la Carlingue du Vaiffeau, quand le Cabeftan eft fur le premier Pont ; la mortaife dans laquelle tourne le Pivot du Cabeftan, eft un Sauffier rond comme une demi-Sphere concave : fi le Cabeftan eft placé fur le fecond Pont ou fur les Gaillards, comme dans la plupart des Vaiffeaux de Commerce, on place fa Carlingue fur le premier Pont, & on fait continuer la Meche ou Pivot du Cabeftan jusqu'à ce qu'elle repose exactement dans son Saussier sur la Carlingue.

CAROSSE *d'eau*. C'est un Bateau de plaisir à Rames, qui va quelquefois à la Voile gréé en Canot; il a une chambre derriere, fermée & dont les fenêtres & portes sont garnies en glaces.

CARTAHU. Manœuvre que l'on passe dans une Poulie à la tête des Mâts, pour hisser les cordages que l'on envoie dans les Hunes, & pour affaler ceux que l'on descend; il sert aussi dans d'autres endroits, pour passer les autres manœuvres. On se sert de Cartahu pour capeler les Hunes, les Haubans, les Etais, &c.

CARTE *d'Hydrographie* ou *Marine*. C'est un plan qui représente une grande étendue de mer, le détail des Côtes, des Isles qui sont aux environs & celles qui sont au large, dans les différentes parties de l'Océan & des autres mers. On marque sur une Ligne Nord & Sud, les dégrés de Latitude, & sur une autre Est & Ouest, ceux de Longitude, afin que l'on puisse connoître avec facilité les positions des Lieux, Bancs, Rivieres, Rades, Baies, Ports, Vigies, Sondes, &c. par rapport aux dégrés du Méridien & de l'Equateur. Ces Cartes sont garnies de Roses, d'airs de vent ou de Boussoles, avec des Lignes prolongées dans l'étendue du plan, distribuées de maniere qu'on puisse toujours avoir sous une médiocre ouverture de Compas, une Ligne qui marque la route du relevement, ou celle sur laquelle on veut se diriger; pour faciliter en un mot toutes les opérations que l'on est obligé de faire sur les Cartes Hydrographiques, pour diriger la Navigation.

CARTES *à grand* ou *à petit Point*. Ce sont celles sur lesquelles l'Echelle des Latitudes est à grandes ou petites divisions de dégré en dégré, & qui représentent de plus petites ou de plus grandes étendues à grand & petit plan.

CARTES *réduites*. Ce sont celles sur lesquelles les Dégrés de Latitude & de Longitude sont marqués.

CARTES *plattes*. Ce sont celles sur lesquelles il n'y a point d'Echelle de Longitude.

CARTOUCHE. C'est un rouleau de papier Cilindrique, formé sur une baguette de bois, dans lequel on met une balle de calibre, & la charge de poudre des Fusils de munition, ou Pistolets d'Abordages.

CARTOUCHIER. C'est le fourniment couvert en cuir, dans lequel on met vingt ou trente Cartouches, que l'on donne à chaque homme de la Mousqueterie, quelque temps avant le Combat.

CASERNET ou *Cazernet*. *Voyez* TABLE DE LOCH.

CATI-MARON. C'est une espèce de Ras triangulaire par ses extrémités, fait de plusieurs pièces de bois, liées les unes avec les autres; il sert aux Indiens des Côtes Malabar &

Coromandel, pour faire la Pêche à la ligne le long de la terre à deux ou trois lieues au large.

CÈDRE. C'est un très-grand arbre dont le bois est presque incorruptible; il est très-propre pour la construction des Vaisseaux, parce que son amertume le préserve de la piquure des vers.

CENTRE *de Gravité.* C'est un Point situé dans un corps, de maniere que toutes les parties de la Masse se trouvent en équilibre sur ce point, de quelque maniere qu'on tourne & retourne ce corps: on prend toujours le Centre de gravité pour le Point sur lequel se réunit la pesanteur. Dans les surfaces le Centre de gravité est toujours le Point qui a la propriété de mettre en équilibre les différentes parties de la surface suspendue par ce Point, parce que leur mouvement est égal de part & d'autre, aussi bien que celui des parties qui composent les corps.

CENTRE *d'Effort* ou *d'Impulsion.* C'est le Centre de gravité des surfaces, sur lequel se réunit l'impulsion des fluides qui les choquent: il est également le Centre de l'effort de ces mêmes fluides, puisque leur impulsion peut être regardée comme réunie dans ce Point.

CENTRE *de la Poussée verticale.* On appelle Centre de la Poussée verticale le Point sur lequel se réunit la Pression du fluide, lorsqu'un solide y est plongé en tout ou en partie, & ce Point de réunion est toujours dans le Centre de gravité de la partie submergée du corps considerée Homogène, & il répond toujours à la verticale du Centre de gravité du corps.

CENTRE *de Rotation.* C'est le Point sur lequel le Vaisseau tourne dans ses mouvements d'évolution, par l'effet combiné des forces qui le font évaluer; ainsi le Centre de Rotation peut être pris pour le Point sur lequel se réunissent les forces en action pour produire le mouvement Giratoire, en agissant de part & d'autre dans des directions opposées; il peut encore être pris pour celui d'équilibre, quand ces mêmes forces ont des moments égaux de part & d'autre; de sorte que dans cette circonstance, le Navire n'a pas plus de disposition à venir au vent qu'a arriver; il cingle directement.

CENTRE *d'Oscillation.* C'est le centre de gravité des corps suspendus mis en mouvement: ce Point décrit l'Arc ou la Courbe que parcourt le mobile, lorsqu'il circule autour du Centre de mouvement.

CENTRE *du mouvement dans le Vaisseau.* C'est le Point autour duquel le mouvement se fait dans l'Oscillation du Roulis & du Tangage; c'est le Centre de gravité du Navire.

CENTRIFUGE. La force Centrifuge est celle qui éloigne du centre les parties de la matiere lorsqu'elles sont mobiles, & qu'il y a un violent mouvement circulaire autour du centre.

CENTRIPETE. La force Centripete est celle qui rapproche du centre toutes les parties qui en sont éloignées, de maniere qu'elles tendent toutes à s'unir ſur ce point : telle eſt, par exemple, cette force qui maintient toutes les parties du Globe.

CERCLE. Dans le ſens que nous devons l'entendre ici, c'eſt en général une circonférence de fer plat, que l'on met ſur les Mâts, ſur les Vergues, Pompes, Cabeſtans, tête de Gouvernail ; en un mot, ſur tout ce qu'il faut lier ſolidement, & autour de tout ce qu'il faut garnir & défendre d'un trop grand frottement. Ces Cercles ſont toujours ſoudés au contraire de ceux des Fûtailles qui ſont rivés ſur les deux bouts avec des Rivets. *Voyez* RIVET.

CERCLE *d'Etambrai de Cabeſtan.* C'eſt un Cercle de fer qui garnit en plein l'Etambrai par où paſſe la mèche du Cabeſtan, qui lui ſert de Pivot.

CERCLE *de Hune.* C'eſt une garniture de bois plat & mince, de l'épaiſſeur d'un demi-pouce à-peu-près, qui entoure & ſert de rebord aux Hunes, en s'appliquant ſur la Garitte ſur laquelle il eſt ajuſté & cloué par-deſſus les entailles dans leſquelles ſont placées les Lattes de Haubans de Hune.

CERCLES *à-Bout-dehors.* Ce ſont de doubles Cercles de fer, joints ſolidement par leurs circonférences ; on les place aux Vergues, en les forçant deſſus pour les empêcher de tourner ſous le poids des Bouts-dehors qui paſſent dedans en gliſſant le long des Vergues ſur des Rouets en Daviers, placés dans la partie inférieure des Cercles extérieurs ſur l'Avant des Vergues : ce Rouet, en tournant ſur un Aiſſieu de fer, diminue le frottement, & facilite la manœuvre des Bouts-dehors. On place ſur chaque baſſe-Vergue quatre doubles Cercles, deux de chaque Bord ; celui qui eſt le plus près de l'extrémité, prend la forme de la Vergue que l'on fait à Pan dans cette partie, afin qu'il ſe maintienne avec plus de ſolidité, & qu'il ne ſoit pas ſujet à tourner ; l'autre qui eſt en dedans & qui répond environ aux trois quarts de la moitié de la Vergue, eſt rond & bien forcé.

CERCLES *Polaires.* Ce ſont ceux qui ſont éloignés des Poles de 23 dégrés 28 à 29 min. & qui forment enſemble les deux Zones glaciales, compriſes entre les Cercles & les Poles.

CEUILLE C'eſt une largeur de toile à Voile ; on dit ; *Une Ceuille* ou *Toile.*

CHACUN *à ſon poſte.* C'eſt un commandement que l'on fait à tout le monde en général, de ſe ranger à ſon poſte ; c'eſt-à-dire, à l'endroit qui lui eſt marqué pour combattre ou pour travailler.

CHAFAUD ou *Echafaud.* Les Charpentiers & Calfats font des Chafauds pour s'élever & ſe ſuſpendre le long du bord des Vaiſſeaux, afin de travailler avec plus de facilité. Ces Echafauds ſont faits de deux ou trois planches clouées ſur trois Traverſes, dont les deux extremités dépaſſent la largeur des planches de ſix pouces ou un pied environ, pour donner plus d'aiſance à les ſuſpendre ſur des cordages amarrés ſur chaque Traverſe.

CHAFAUDER. C'est suspendre des Chafauds le long du bord du Vaisseau, pour radouber toute la partie qui est au-dessus de l'eau : on chafaude aussi dans les Calles pour la même chose, & pour charger & décharger à la main.

CHAFAUDIERS. C'est la qualité des gens engagés sur les Vaisseaux de Terre-neuve, pour décoler & habiller la Morue, parce qu'ils travaillent pendant tout le temps de la Pêche sur un Échafaud qui est élevé au bord de la mer & avancé dans l'eau.

CHAINE *de Port*. C'est une Estacade ou Entourage de bois flottant, solidement arrêté par des Pilotis & des Ancres; on met souvent par-dessus des chaînes de fer; on l'ouvre dans certains endroits pour laisser passer les Bâtiments, & on la referme quand on veut, en mettant sur ces fermetures de forts Cadenats.

CHAINE *de Chaudiere*. C'est une petite chaîne qui sert à soutenir la Chaudiere de l'Équipage, en la liant à la Cuisine, lorsqu'elle est sur le feu.

CHAINES *de Vergue*. Ce sont des chaînes de fer à mailles, que l'on met sur les Vergues en les passant par-dessus les Longis sur l'Arriere du Mât en Cravatte, lorsqu'on se dispose au Combat, parce que si les Drisses ou Suspentes sont coupées, les chaînes portent les Vergues; d'ailleurs les chaînes ne sont jamais coupées aussi facilement que le cordage.

CHAINES *de Haubans*. Ce sont celles qui estropent les Capsmoutons des bas-Haubans; elles sont solidement établies & chevillées sur les Préceintes ou Travers des Membres & des Vaigres, en dedans desquelles on les goupille à virolles. Les chaînes de Haubans de Hune que l'on appelle *Lattes de Hune*, se crochent sur les Gambes de Hune, en passant dans les Entailles entre la Garitte & la Hune.

CHAINES *du Gouvernail*. Ce sont de longues & fortes chaînes de fer que l'on fixe sur le Gouvernail par de bons Pitons, à hauteur de flotaison, & l'on amarre ensuite par l'autre bout contre le bord du Vaisseau; de maniere que si le Gouvernail se démontoit à la mer, elle puisse le soutenir & donner le temps de le sauver: on joint aux chaînes du Gouvernail une forte sauve-garde en Filin.

CHALAN. Espèce de Bateau de Riviere à fond plat, & le devant quarré, dont la Proue est un peu oblique sur l'Avant; on s'en sert dans les Ports pour charger & décharger les Vaisseaux, en les faisant naviguer à la Remorque des Chaloupes ou Canots.

CHALOUPE. C'est le plus grand Bateau qu'un Vaisseau puisse embarquer: la Chaloupe sert à décharger & charger le Navire, à faire l'eau & le bois dans les relâches, à mouiller & lever les Ancres d'Affours: la Chaloupe doit avoir assez de capacité pour porter la grande Ancre en Cravate sur l'Arriere ou le Devant, & pour la lever par l'Orin, quand les circonstances l'exigent.

CHALOUPE *de Ronde.* C'est celle qui fait la Ronde dans un Port & dans la Rade, de nuit ou de jour. *Voyez* RONDE

CHALOUPE *à Puits.* C'est une Chaloupe qui a un trou dans le milieu, avec un fort bon banc au-dessus; ce trou est garni tout-au-tour de planches qui forment un entonnoir quarré, triangulaire ou rond, pour empêcher que l'eau ne se répande & n'emplisse le bateau : au-dessus de cet entonnoir on place un Vireveau, qui sert à lever les Ancres, en prenant l'Orin par le trou du fond du Puits; de sorte qu'une Chaloupe à Puits ne travaille que par son milieu, & fatigue beaucoup moins que celles qui levent les Ancres sur un Davier, placé à l'une des extrémités.

CHALOUPE *en Fagot.* C'est une Chaloupe qui a été montée & finie à faux-Fret, dont on a rassemblé les pièces pour la monter au besoin, & l'emporter avec plus de facilité dans la Calle du Vaisseau, où elle tient moins de place que si elle étoit montée, elle est ordinairement en quatre morceaux séparés de la Quille, Etambot & Etrave.

CHALOUPE *Canonniere.* C'est une Chaloupe plus longue que toutes les autres Chaloupes; elle va très-bien à la Voile & à la Rame. Une Chaloupe Canonniere ne peut avoir moins de cinquante pieds de longueur, elle porte un Canon de dix-huit ou de vingt-quatre en Courcier, & un autre en Retraite; elle est excellente pour défendre une Côte, & pour protéger des Bateaux de Descente.

CHALOUPE *double*, ou *double Chaloupe.* On appelle ainsi une Chaloupe, dont le bord est plus élevé qu'aux Chaloupes ordinaires, & qui a un Pont de bout-en-bout; c'est une Chaloupe pontée ou double Chaloupe. Les Anglois ont des doubles Chaloupes de 8, 10 & 12 Canons.

CHALOUPE *de Pêche.* C'est une Chaloupe fine de Voiles, qui est manœuvrée par trois ou quatre hommes qui vont à la Pêche au large des Côtes.

CHAMBRE *d'Assurance.* C'est le lieu où l'on traite des Assurances qui se font dans les Places de Commerce, & où l'on decide des affaires qu'elles font naître entre les Assureurs & les Assurés.

CHAMBRES. On appelle Chambres à Bord des Vaisseaux les Appartements pratiqués sur l'Arriere du Mât d'Artimon : il y a sur le Gaillard la Chambre de Conseil, qui est occupée par le Capitaine; & en Avant de celle-là, on trouve ordinairement deux, trois ou quatre petites Chambres de chaque Bord, pour les premiers Officiers. Sous le Gaillard, on voit la grande Chambre, ou l'Etat-Major est servi aux heures des repas.

CHAMBRÉ. On dit qu'un Canon est chambré, quand il a des inégalitées dans l'âme, & particuliérement des cavités formées par la rouille, ou des ventouses du métail.

CHAMBRIERE. C'est une tresse double & forte, ou un bout de filin, que l'on place sur les bas Haubans pour relever les

Ecoutes & Amures des baſſes Voiles, quand elles ne ſont pas appareillées. La Chambriere a une boucle ſur un bout, & un Cul-de-port ſur l'autre, qui ſert de bouton.

CHAMEAU. Eſpece de Chalan de 120 à 140 pieds de long. Le Chameau a le fond plat, & a été inventé à Amſterdam pour tranſporter un Vaiſſeau d'un endroit où il y a peu d'eau, dans un autre où il y en a davantage. Lorſqu'on veut mettre un Vaiſſeau ſur les Chameaux, on en place un de chaque côté du Navire qu'on veut tranſporter; on les remplit enſuite d'eau par le moyen d'un robinet pratiqué dans chacun des quatre, ſix ou huit puits dont il eſt compoſé dans ſon intérieur, par des cloiſons ſolides & bien calfatées, qui ont des communications pour laiſſer paſſer l'eau de l'une à l'autre, quand on le juge à propos, afin de tenir la machine plus ou moins chargée dans une partie que dans l'autre, ſelon les circonſtances: lorſque les Chameaux ſont aſſez chargés par l'eau, on ferme les robinets, & on paſſe des Grêlins par-deſſous le Vaiſſeau qu'on veut enlever, & dans des conduits pratiqués du Pont au fond de chaque Chameau, quelquefois au nombre de 20, que l'on roidit également dans les deux Chameaux à force de Cabeſtans qui ſe correſpondent; de ſorte que les Chameaux, en s'accoſtant bien intimément au Vaiſſeau, leurs côtés étant moulés de maniere qu'ils ont un bord concave, & parallele à la convexité du Vaiſſeau, ils le ſerrent entr'eux avec force, & ne font plus alors qu'une même maſſe. Après cette diſpoſition on fait jouer deux pompes en même temps dans chaque puits des Chameaux pour les décharger; & s'ils en contiennent autant que le Navire en déplace, ils l'enleveront à fleur d'eau; parce que tout ce qu'il en déplacera par lui-même, ſera encore une puiſſance à ajouter aux deux autres; mais il ſera toujours enlevé de l'épaiſſeur d'une tranche horizontale de ſa carene, égale en ſolidité à l'eau contenue par les Chameaux. Dans ces ſortes d'opérations on met toujours plus que moins de puiſſance en action.

CHAMFRAIN. Les Charpentiers & Menuiſiers appellent *Chamfrain*, le pan qui ſe fait en abattant l'arête d'une piece de bois.

CHAMFRAINER. C'eſt couper une piece de bois, de maniere qu'en abattant ſes arêtes, on lui faſſe des pans obliques pour faire diſparoître les angles, en biaiſant plus ou moins, ſelon ſa ſituation.

CHAMP, ou *Can*. On met les Baux des Vaiſſeaux de Champ, quand on les place ſur le côté le moins large, afin de leur donner plus de force que ſi on les plaçoit ſur le plat. C'eſt ce que les Charpentiers de Navires appellent, *Mettre une Piece ſur le Can.* Cette méthode de placer les Baux ſur le Champ, n'eſt point uſitée; parce qu'on veut toujours conſerver le plus de hauteur qu'on peut, & que de cette maniere on perd quelques pouces ſous les Baux; mais cela devroit avoir ſes exceptions, ſur-tout pour les premiers Ponts des Vaiſſeaux de guerre, qui ont toujours assez de creux, & dont les Ponts sont chargés de poids considérables.

CHAMPAN, ou *Chanpan*. Bateau de charge & de plaisir de la Chine & du Japon : il est bon pour naviguer sur les Rivieres, & ne peut guères prendre la haute mer sans danger. *V.* CHANPAN.

CHANDELIER. On appelle ainsi différents Bras & Supports de fer, qui portent sur leurs Branches différentes choses. Ainsi les Fanaux de Pouppes, ceux de Hunes, les Bastingages, Pierriers, sont portés par des Chandeliers qui ont tous différentes formes, & qui prennent leurs noms de leurs usages.

CHANDELIER *de Pierrier*. C'est une fourche de fer à queues : les deux Bras de la fourche embrassent les Tourillons du Pierrier, dont la Culasse porte sur la queue du Chandelier, qui part horizontalement d'un gros bouton qui sert d'origine aux Branches, & de support au Pierrier sur son Pivot enfoncé dans le Chandelier de bois ou Courbe placée verticalement, liée de fer par l'extrémité, & percée du haut en bas par le milieu pour recevoir le Pivot ; de sorte qu'on peut ajuster le Pierrier de tous côtés, en le faisant tourner sur son Pivot. On observe de placer bien solidement la Courbe de bois qui porte le Chandelier, afin de lui donner la force de résister aux efforts du recul du Pierrier.

CHANDELIER *d'Echelle*. C'est une branche de fer à tête ronde, longue de trois pieds environ, avec une boucle ou trou percé au-dessous de la tête; on en place un de chaque côté des escaliers, qui sont pratiqués des deux bords du Vaisseau, & on leur passe deux cordes aux Pommes appellées *Tire-vielles*, pour aider à monter à Bord.

CHANDELIERS *de Chaloupe & de Canot*. Ces Chandeliers sont formés d'une gaule de fer ronde, haute de quatre pieds environ, & d'un pouce de diametre à-peu-près, au haut de laquelle sont placées deux branches assez ouvertes pour embrasser les deux Mâts & les Voiles des Bateaux avec leurs Livardes. On met deux Chandeliers par Bateau, qui se plantent dans les bancs en Avant & en Arriere, & s'assujettissent par des Emplantures sur le fond du Bateau.

CHANDELIERS *de Lisse & de Bastingage*. Ce sont des Chandeliers de fer, à deux branches, dont une est courbe, & tourne sur le pied de celle qui est droite; la Lisse ou Gardefoux est placé sur les branches droites, & on passe un Filin dans les yeux pratiqués au haut des branches tournantes, pour supporter les filets de Bastingage.

CHANGE. Tout le monde entend ce terme, qui s'applique dans la Marine aux changements de Bord de tout. Ainsi l'on dit; *Change la Barre*, pour la faire passer de Tribord à Babord, ou de Babord à Tribord; on le dit aussi du changement des Amures, en virant de Bord, parce qu'un Vaisseau amure ses Voiles du côté opposé; il change ses Amures de l'autre Bord, il change ſes Voiles, il change de Bord, parce que en changeant ſes Amures, il court une autre Bordée: de même on change l'Artimon, en faiſant paſſer ſon Ecoute d'un Bord à l'autre, ainſi que ſa Vergue, en peſant ſur l'Ourse. On dit auſſi qu'un Vaiſſeau change ſes Huniers, lorſqu'il dévergue ceux qui ſont envergués, pour en enverguer d'autres; on le dit encore de toute autre Voile, &c.

CHANGÉ. Un Vaiſſeau a changé d'Amure, par exemple, lorſqu'en tenant ſes Voiles amurées à Tribord, il vire & prend le vent avec ſes Amures du côté de Babord; il a changé ſes Voiles dans la même circonſtance, & il a changé ſes Voiles, lorſqu'il a ôté celles qu'il portoit pour en mettre d'autres à leurs places.

CHANGER. Ce terme s'applique à pluſieurs changements, que l'on peut faire en manœuvrant. Ainſi l'on dit: *Changer de Bord*, pour dire que l'on met au vent le côté du Navire qui n'y étoit pas en virant de Bord, pour ſuivre une autre route que celle qu'on tenoit d'abord. On dit auſſi dans le même ſens; *Changer les Amures, changer l'Artimon.*

CHANGER *les Voiles.* C'eſt les décharger, lorſqu'elles ſont coëffées, pour les éventer, ou les coëffer lorſqu'elles ont le vent dedans.

CHANGER *la Barre du Gouvernail.* C'eſt la mettre à Babord quand elle eſt à Tribord, & réciproquement changer de Bord; c'eſt virer & prendre les Amures à Tribord, lorſqu'on les a à Babord, en ſuivant une route différente de celle qu'on tenoit: c'eſt mettre au vent le Bord qui étoit deſſous.

CHANGER *le Quart.* C'eſt relever la Garde qui veille. Il y a toujours la moitié de l'Équipage de Quart.

CHANGER *le Quart.* C'eſt faire lever les gens qui dorment, pour remplacer ceux qui ont fini leur Quart: c'eſt l'inſtant du changement de Quart.

CHANPAN ou *Champan.* Bateau de la Chine, qui porte beaucoup, & ne navigue que ſur les Rivieres: il y a des Champans fort commodes pour voyager par eau, pourvu qu'on ne s'expoſe pas en mer, car cette eſpèce d'Embarquation n'eſt propre que pour les eaux tranquilles: on la fait aller par le moyen d'un ou deux Avirons placés ſur le derriere, de ſorte qu'ils ſont l'effet de la queue du poiſſon, ce que nous appellons *Gabarer.*

CHANTER. C'eſt crier diſtinctement & à pleine gorge, *hiſſa-ho, ha, hiſſa, ho, hiſſe*, afin qu'au dernier mot exprimé avec plus de force que les autres, tous les gens rangés ſur les manœuvres halent enſemble de toutes leurs forces. On chante de différentes manieres, ſelon les circonſtances & l'eſpèce de travail.

CHANTIERS ou *Tins.* Ce ſont des Billots que l'on met à cinq ou ſix pieds de diſtance les uns des autres ſur le milieu des Grillages des Calles de conſtruction, pour porter la Quille dans toute la longueur des Vaiſſeaux que l'on veut conſtruire:

ainsi les Chantiers portent toute la pesanteur du Navire pendant la bâtisse. On place ordinairement les Chantiers des extrémités plus élevés de quelques pouces que ceux du milieu, en leur faisant suivre une gradation exacte, de sorte que la Quille décrit elle-même une Courbe insensible convexe; & quoique cette méthode se pratique, je ne vois pas quel en peut être le fondement; c'est masquer l'Arc de la Quille lorsque le Vaisseau est vieux, sans en diminuer le défaut.

CHANTIER *de Construction.* C'est le lieu où sont établies les Calles, où l'on bâtit les Vaisseaux, avec tous les Atteliers nécessaires aux Constructions : *C'est un Attelier complet.*

CHANTIERS *de Chaloupe.* Ce sont de fortes pièces de bois gabariées sur le fond de la Chaloupe, pour la supporter en grand, quand on l'embarque à bord d'un Vaisseau : on met trois Chantiers dessous; un sous chaque extrémité, & un au milieu, sur lesquels elle repose comme sur un Bert. Chaque Chantier a un Arganeau de fer, placé dans chaque bout pour les saisir à ceux du Pont; on y place de plus un Taquet pour les retenir contre les plus forts Roulis.

CHANVRE. Le Chanvre est une plante connue de tout le monde, de l'écorce de laquelle on tire la matiere propre à faire le Cordage. Le meilleur Chanvre se tire de Riga, d'Anjou, de Bourgogne, de Bretagne, & de plusieurs autres endroits du Royaume : on l'emploie pour la Marine dans les différents Ports du Roi & du Commerce, après plusieurs opérations que l'on trouve assez détaillées dans le Traité de la Corderie de Mr. DU HAMEL, & dans le Traité du Navire de Mr. BOUGUER.

CHAPE *de Boussole.* On appelle ainsi un petit Chapiteau de forme conique concave, fait de cuivre ou d'agate, que l'on place au milieu d'une Rose de carton de Boussole, pour la tenir en équilibre sur le Pivot qui la soutient par le centre commun de l'Aiguille & de la Rose. Ainsi la Chape étant d'une matiere dure, facilite les mouvements de la Rose, diminue le frottement, & elle se tient en équilibre sans être sujette aux mouvements du Navire.

CHAPELLE. Un Vaisseau fait Chapelle, quand il prend vent devant, par défaut de bien gouverner, ou par une faute de vent de l'Avant; de maniere que ses Voiles venant à coëffer, il vire malgré le Manœuvrier, s'il n'est pas vif à contrebrasser devant.

CHAPELLE *de l'Aumônier.* C'est le coffre qui contient tous les Ornements qui sont propres au Service Divin à Bord des Vaisseaux.

CHARGE. La Charge d'un Vaisseau est le poids qu'il peut porter, lorsqu'il est chargé à sa ligne d'eau de Flotaison.

CHARGE. Un Vaisseau est en Charge tout le temps qu'il faut pour le charger, & le mettre en état de prendre la mer.

CHARGE *à Cueillette* ou *au Quintal.* La Charge à Cueillette d'un Vaisseau se fait; quand on reçoit ce que différents

Particuliers y mettent, chacun pour son compte, en payant le Fret par Quintal & Tonneaux de Charge ou d'Arrimage.

CHARGE *de Canon* ou *de Fusil*. C'est la quantité de poudre, le Boulet & la Mitraille avec la Bourre, que l'on met dans les Pièces pour les charger, & les mettre en état de tirer.

CHARGÉ. Un Vaisseau est chargé, quand il a pris son Chargement, & qu'il est assez callé.

CHARGÉ *en côte*. C'est celui que le mauvais temps a afflalé vers la côte; ainsi l'on dit: *Ce Vaisseau est chargé en Côte par le vent & la mer, car ils le poussent au Plein.*

CHARGÉ *par le vent* ou *par le Grain*. Un Vaisseau est chargé par la violence du vent, quand il le reçoit sans avoir eu le tems ou la précaution de diminuer de Voile, & qu'il se trouve embarrassé par la force du vent & le trop de Voiles.

CHARGEMENT. C'est la Cargaison d'un Vaisseau, comprise avec tous les poids qui entrent dedans.

CHARGEOIR. C'est une cuiller à Canon, avec laquelle on met la poudre dans le fond de la Piece quand on la charge en Grenier, sans Gargousse; cela n'est pas d'usage dans la Marine, & produiroit beaucoup d'accidents.

CHARGER *un Vaisseau*. C'est le remplir de Marchandises & les arrimer, en mettant dedans tout ce qu'il peut contenir d'Arrimage & de poids, afin qu'il ne soit ni trop ni trop peu callé.

CHARGER *en Grenier*. C'est faire un Arrimage de Grains ou de Sel, &c. qui ne soit pas en sacs, ou de toutes autres Marchandises qui ne soient pas emballées.

CHARGER *la Pompe*. C'est la remplir d'eau par en haut, en la versant dessus la Heuse, afin de supprimer l'air supérieur, & la mettre en état d'aspirer, en faisant jouer le Piston.

CHARGER *le Canon*. C'est lui donner sa charge de Poudre, son Boulet, Mitraille & Valets, & le mettre en état de tirer.

CHARGER *à sec*. C'est charger & arrimer un Vaisseau, lorsqu'il est échoué, sans eau dessous. On charge souvent à sec dans les Ports de marée, où la mer couvre & découvre beaucoup de terrein par le flux & reflux, lorsqu'elle laisse les Vaisseaux sur le fond, sans les tenir à flot.

CHARGEUR. C'est le Canonnier qui est préposé pour charger le Canon pendant le combat; il faut qu'il soit brave & bien adroit.

CHARGEUR, *Marchand Chargeur*. C'est celui qui charge à Fret des effets sur les Vaisseaux du Commerce.

CHARIER. La marée ou le courant de l'eau transporte le limon de son fond, lorsque sa vîtesse a une certaine rapidité, & c'est ce que l'on appelle *Charier*. La Riviere commence à charier, lorsque dans un dégel, elle transporte les glaçons qui se détachent; elle charie, lorsqu'elle emporte continuellement les glaçons ou autres matieres solides & flottantes.

CHARNIERS.

CHARNIERS. Barriques dans lesquelles on met l'eau que l'Équipage doit boire chaque jour lorsqu'on est à la mer : le Charnier est couvert par un demi-fond solide, auquel on ajoute un autre demi-fond à charnieres, afin qu'il soit toujours fermé, quand on a distribué la bouteille d'eau qui revient à chaque homme pour vingt-quatre heures dans les Traversées de long-cours.

CHARPENTIER. C'est un ouvrier qui travaille le bois avec la hache & l'herminette, pour l'appliquer à la construction des Vaisseaux & à leur radoub ; il doit aussi sçavoir travailler la Mâture & toutes les pièces qui y ont rapport.

CHARPENTIER. Le Maître Charpentier d'un Vaisseau est un des premiers Officiers non Mariniers ; outre les connoissances générales des Charpentiers, il doit être en état de bien construire les Bateaux ; c'est lui qui est chargé de tous les outils de son métier pendant la Campagne, & il veille aux Radoubs & Carènes, sous l'ordre des Officiers ; il commande les Seconds, Aides & Matelots Charpentiers.

CHARTE-PARTIE. C'est un Acte qui contient les conventions des personnes qui font une société pour naviguer ensemble, ou pour faire le Commerce. La Charte-partie contient le nom & le port du Navire, celui du Capitaine, de l'Armateur & Associés ; le lieu, le temps de la charge & décharge, le prix du Fret, avec les conditions des intérêts, des retardements & sejours, tout ce qui peut mettre de la sûreté entre les parties contractantes, afin d'éviter les sujets de chicane & de discussion.

CHASSE. On chasse un Vaisseau en le poursuivant ; c'est *donner Chasse.*

CHASSE. On prend Chasse en fuyant.

CHASSE. On soutient la Chasse en se battant en retraite. *Nous soutînmes la Chasse pendant quatre heures, ensuite nous revirâmes sur le meilleur Voilier des ennemis, qui nous avoit suivis & que nous avions éloigné du gros de ses camarades.*

CHASSE-*Marée.* C'est une excellente Embarquation de la Côte de Basse-Bretagne : le Chasse-marée est fin & taillé, & en général bon Boulinier, & d'une grande marche au plus près, de belle mer ; il porte bien la Voile, & navigue bien ; il a un Pont, & fait le service des meilleures Barques, pour transporter toutes sortes d'effets d'un endroit à l'autre le long des Côtes : il porte deux Mâts avec chacun une Voile quarrée, qui s'oriente très-bien au plus près du vent, par le moyen d'une forte perche qui sert de Bouline : la Drisse est une corde simple qui se frappe aux deux tiers de la Vergue, & la plus longue partie reste toujours sur l'Arrière, de sorte qu'à tous les virements de Bord, il faut la défrapper pour la refrapper ; c'est la grande incommodité de cette sorte de Voilure, car d'ailleurs le Gréement est fort léger, n'ayant qu'un Etai, & deux ou trois petits Calhaubans ou Palans, qui servent à charger & décharger le Chasse-marée.

CHASSÉ. Le Vaiſſeau chaſſé eſt celui qui eſt ponrſuivi ; *Il prend chaſſe, il fuit.*

CHASSER. C'eſt donner chaſſe, c'eſt pourſuivre.

CHASSER *ſur ſes Ancres.* C'eſt les entraîner; cela n'arrive que par la force du vent & de la groſſe mer, qui, en choquant le Vaiſſeau avec violence, lui donne aſſez de puiſſance pour qu'il faſſe d'éraper ſes Ancres du fond : cela dépend auſſi fort ſouvent de la qualité du Sol ſur lequel les Ancres ſont mouillées; s'il eſt trop dur ou trop mol, il ne leur donne pas aſſez de priſe.

CHASSER *des Chevilles.* C'eſt les pouſſer à coups de maſſe, pour les faire entrer de force dans leurs trous, que l'on perce toujours d'un diametre plus petit que celui de la Cheville.

CHASSEUR. Le Vaiſſeau Chaſſeur eſt celui qui donne chaſſe; c'eſt une manœuvre que la plupart des Marins font mal. *Voyez* LE MANŒUVRIER dans notre Art Nautique.

CHATAIGNER. Le bois du Chataigner n'eſt propre dans la Marine qu'à faire des Fûtailles pour l'eau.

CHAT. C'eſt une eſpèce de Gratte à pointes, qui ſert aux Canonniers pour découvrir les chambres que la rouille peut former dans l'intérieur des Canons.

CHATTE C'eſt une eſpèce de Gabare propre à charger & décharger les Vaiſſeaux : c'eſt un Allege.

CHATTE. Eſpèce de Grapin à Emerillon, entalingué à un Filin, que l'on paſſe dans une Poulie ſous le Beaupré, lorſqu'on veut s'en ſervir. La Chatte ſert à défaire les tours des Cables d'un Vaiſſeau à l'Ancre : on croche la Chatte ſur le Cable qui travaille en dehors de tous les Tours, & en peſant de force ſur le Filin, on ſoulage ce Cable à fleur d'eau, & on file celui qui ne travaille pas dans la Chaloupe qui dépaſſe les Tours.

CHAUDIERE C'eſt un grand vaſe de cuivre ou de fer battu, ſervant à faire la Chaudiere de l'Équipage; l'on entend par *faire la Chaudiere*, cuire la ſoupe & les viandes des Officiers Mariniers & Matelots. On devroit obſerver de ne ſe ſervir jamais de cuivre pour Chaudiere, parce qu'il eſt ſujet à beaucoup d'accidents, occaſionnés par le verd-de-gris qu'il dépoſe ſur les vivres.

CHAUDIERE *à Brai.* C'eſt la Chaudiere dans laquelle on fait chauffer le Brai, pour l'appliquer ſur les coutures apres le Calfatage.

CHAUDRON *de Pompe.* C'eſt une pièce de cuivre ou de plomb, de forme Hemiſphérique, percée de pluſieurs trous; elle embraſſe l'extrémité inférieure de la Pompe, pour empêcher les ſaletés d'entrer dedans avec l'eau que le Piſton aſpire.

CHAUDRON *d'Habitacle.* C'eſt une pièce de plomb, de figure Hemiſphérique, percée de trous, & placée au-deſſus de la Lampe pour lui donner de l'air & ſervir de cheminée.

CHAUFFAGE. On appelle ainsi la paille & menu bois que l'on allume sur les Carènes des Vaisseaux en radoub. Le Chauffage doit être bien sec & propre à produire un feu vif.

CHAUFFER *un Vaisseau.* C'est lui donner le feu, en allumant le Chauffage dessous, s'il est échoué à terre; ou sur le côté de sa Carène, s'il est abattu en Quille. Cette opération se fait pour brûler le vieux Brai après que le Doublage est enlevé, & mieux découvrir les défectuosités du Franc-bord & les rongeures des vers.

CHAUFFER *les Souttes.* C'est entretenir le feu dedans pendant plusieurs jours pour les sécher, afin de mieux conserver le Biscuit. Cette méthode est très-désavantageuse aux qualités du bois, qui se canit & se pourrit facilement après ces chaudes, faute de suc nourricier propre à l'entretenir. On pourroit obvier à cet inconvénient, en ne chauffant pas les Souttes, ayant seulement soin de les garnir d'un lambris de bois bien séché au four & vieux coupé, avec une chemise de Fourrure brayée à Banc: au reste cette opération de chauffer les Souttes ne peut convenir qu'aux Vaisseaux qui ont été long-temps sous l'eau.

CHAUFFER *un Bordage.* C'est lui communiquer assez de chaleur par le moyen du feu ou d'une Etuve, pour qu'on puisse le plier à volonté, & le dompter selon la forme du Navire, auquel on l'applique tout chaud. Quand on n'a pas d'Etuve, on met le feu sous le Bordage qui est disposé sur des chenets de fer, avec des poids, pour lui faire prendre sa courbure, à mesure que le feu agit sur la face qui doit être appliquée sur les Membres.

CHAVIRER. On se sert quelquefois de ce terme pour tourner sans-dessus-dessous; ainsi on l'applique à un Bateau qui a fait Capot par l'effort du vent sur ses Voiles ou autrement. *Il vient de chavirer, il a chaviré.*

CHAVIRER *un Cable* ou *toute autre manœuvre.* C'est mettre dessus le plis ou plet de dessous, quand la manœuvre est cueillie ou rouée.

CHEBECK ou *Chabeck.* Bâtiment à Voiles Latines, d'une marche supérieure au plus près du vent; il va à la Rame, & porte une Batterie de Canons: il y a des Chebecks qui ont des Pièces de douze. Mais cette espèce d'Embarquation n'est d'usage que dans la Méditerranée, & n'est pas propre à essuyer les grosses lames de l'Océan.

CHEF *d'Escadre.* Officier-Général de la Marine du Roi; le Chef d'Escadre prend rang immédiatement après le Lieutenant-Général, & avant le Capitaine de Vaisseau; il porte la Cornette au Mât d'Artimon, quand il est en Corps d'Armée, ou qu'il commande une Escadre, il pourroit étant séparé, la porter au grand Mât; & comme ce Pavillon est tout-à-fait différent par sa figure, des Pavillons des autres Officiers-Généraux, je crois qu'il devroit être toujours porté au grand Mât par le Chef d'Escadre Commandant. Le Chef d'Escadre a rang de Maréchal-de-Camp, & passe de son poste à celui de Lieutenant-Général.

CHELINGUE. Espèce de Bateau de la Côte Coromandel, à fond plat, & dont les Bordages sont cousus l'un sur le Can de l'autre, avec des cordes de Quer. La Chelingue va mal à la rame, & passablement à la Voile de belle mer; mais elle est principalement propre à passer par-dessus les grosses lames de la Barre qui borde la Côte, & à s'échouer, parce qu'elle tire très-peu d'eau; elle ressemble beaucoup à nos Barges.

CHEMIN. Le Vaisseau fait grand chemin, quand il court avec une grande vîtesse : ainsi l'on entend par *chemin*, l'espace parcouru pendant un certain temps. *Nous fîmes quatre-vingt-dix lieues de chemin en vingt-quatre heures, sous les quatre Voiles majeures, en portant à route deux Pointes Largues.*

CHEMISE *souffrée*. C'est un morceau de toile artificiée de maniere qu'elle peut prendre feu d'un coup de Pistolet ou de Fusil, quand on l'a attachée au Vaisseau que l'on veut brûler. Les Chaloupes & Canots d'une Armée peuvent être employés à cet usage pendant un Combat-Naval de beau temps.

CHEMISE *de Chargement*. C'est une espece de Tapisserie qui enveloppe tout l'intérieur de la Calle sur le Vaigrage, Cloisons & Archipompe, pour préserver la Cargaison de l'humidité & des égouts qui peuvent couler le long du bord du Vaisseau. Les chemises sont ordinairement faites de vieilles toiles à Voiles, & ne servent que lorsqu'on charge en grenier des grains, ou des balots de marchandises précieuses.

CHENAL. C'est un passage pour les Vaisseaux entre des Terres, des Rochers ou des Bancs, & qui exige des précautions pour ne pas se tromper lorsqu'on y passe. C'est l'endroit le plus profond de la passe par où l'on peut faire naviguer. Une Riviere a son Chenal, qui est toujours le plus profond de son Lit.

CHENALER. C'est naviguer droit dans le Chenal, en se servant des marques qu'on peut avoir en vue, ou de la Sonde. C'est l'art du Pilote côtier, qui sçait les passes des différents endroits où l'on peut faire entrer les Vaisseaux.

CHENETS. Ce sont des instruments de fer dont on se sert dans les Ports où il n'y a pas d'Étuves pour chauffer le Bordage : on place l'endroit du Bordage qui doit être courbé sur la traverse de fer des Chenets, & on charge les extrémités avec des poids, puis on met le feu dessous, & on humecte avec de l'eau le bois à mesure qu'il chauffe, afin de le rendre plus souple & plus maniable.

CHÊNE. On connoît plusieurs espèces de chêne, le blanc & le verd; ce dernier croît dans les Pays méridionnaux de l'Europe; c'est le meilleur de tous, le plus dur & le plus pesant, & celui qui fait le meilleur usage. En général toute espece de chêne est le meilleurs bois qu'on puisse employer en construction & charpentage, quand il est coupé en bon point.

CHERCHER *la terre.* C'eſt courir deſſus pour en prendre connoiſſance. *Nous fûmes chercher la terre par les 40 dégrés de Latitude.*

CHERCHER *capture.* C'eſt chercher des Vaiſſeaux ennemis pour s'en emparer. *Nous établimes notre Croiſiere au vent de Sainte Helene, pour chercher les Vaiſſeaux Anglois qui venoient des Indes & de la Chine.*

CHERCHER *la Sonde.* C'eſt faire route pour trouver le fond d'une Côte.

CHEVALET. C'eſt une machine de bois en forme de Treteau, à quatre pieds & à Rouleau ou Tourniquet, qui ſert à paſſer les Cables d'un endroit à l'autre, en les faiſant paſſer deſſus le Tourniquet. Il y a auſſi des Chevalets propres à monter les pièces de bois que l'on veut ſcier de long pour en faire des planches.

CHEVAUCHER. C'eſt un terme qui ſignifie que le garant d'une manœuvre a paſſé ſur le double, & que l'un eſt au deſſus de l'autre : Ainſi l'on dit que le Tourne-vire eſt chevauché, quand un des Tours á pris ſur l'autre, lorſqu'on vire de force au Cabeſtan.

CHEVET, *fourrure* ou *garniture de Bitte.* C'eſt une pièce de Sapin arrondie, que l'on met ſur l'Arriere du Traverſin des grandes Bittes, pour empêcher que le Cable ne ſe rague ſur l'arête du même Traverſin.

CHEVILLE. C'eſt un grand clou de fer qui ſert à lier les Ecarts des Bordages ſur les Membres des Vaiſſeaux : il y a pluſieurs ſortes de chevilles, & on les emploie différemment ſelon les endroits. Les chevilles à pointes perdues ſont celles que l'on emploie ſur tous les bouts de Bordages, & qui ne ſont proprement que de gros clous qui devroient être toujours à grille : il y a enſuite des chevilles pour les chaînes de Haubans, elles ont de groſſes têtes, paſſent dans des yeux de chaque chaîne, traverſent les Préceintes, Membres, Ceinture ou Vaigrage, & ſe goupillent ſur Clavettes en dedans : on a de plus les chevilles de Dauphins ou Jauteraux de la Guibre, celles qui traverſent la Guibre ou Taille-mer avec l'Etrave, contre-Etrave & Guirlandes, qui ſe goupillent à Viroles les unes & les autres ſur les Guirlandes mêmes & le Vaigrage en dedans, après avoir paſſé au-travers des Membres ou Apôtres, le Bordage ou Préceintes dans leſquelles leurs têtes ſe perdent.

CHEVILLE *à boucle.* C'eſt une cheville de fer, à la tête de laquelle il y a une boucle ou Arganeau. On place une cheville à boucle ſur le Pont, derriere chaque Canon, pour le Palan de retraite, & une autre ſous l'arriere de l'Affût pour le ſaiſir à la boucle de la cheville qui traverſe la Solle ; on en met encore de ſemblables aux Barrots du ſecond Pont les plus voiſins des Sabords, pour aider à remonter les Canons au cas qu'ils ſoient démontés dans un Combat ; il y en a encore une ſur la Serre-Bauquiere directement au-deſſus de chaque Sabord, pour faiſir avec le Raban de Volée la bouche du Canon, afin qu'il ne s'écarte pas de la Serre, quand les Canons ſont, ce qu'on appelle *à la Serre*, parce que leur Volée a pris deſſus : on met encore de chaque côté des Sabords des chevilles à boucles pour amarrer les Bragues ; on les goupille ſur Virolles en dehors, & elles doivent être aſſez fortes pour reſiſter à toutes les ſecouſſes que peut leur donner le Canon pendant le Combat le plus vif & le plus long.

CHEVILLE *à pointe perdue.* C'eſt une cheville ou grand clou, dont la pointe ne traverſe pas le bois.

CHEVILLE *à Croc.* C'eſt une cheville de fer que l'on place de chaque côté des Sadords, au-deſſus des chevilles à boucles ; elles ſont, comme les premieres, goupillées à Virolles en dehors, & dont le croc ſert à crocher des Palans, qui ſervent à mettre les Canons aux Sabords & à les y ſaiſir.

CHEVILLE *de Pompe.* C'eſt une cheville de fer qui eſt mobile, dont on ſe ſert pour faire jouer le Bâton ou Piſton d'une Pompe à bras, en la faiſant ſervir de point d'appui ou levier, ou Brimbale qui le met en jeu ; elle paſſe dans la potance qui fait partie du Corps de cette eſpèce de Pompe.

CHEVILLES *à Grilles* ou *à Barbes.* Ce ſont des chevilles auxquelles on fait des Barbets ſur les arêtes depuis leurs têtes juſqu'à leurs pointes, de ſorte qu'elles ne peuvent plus remonter, une fois qu'on les a chaſſées dans le bois, pourvu qu'elles y entrent avec force.

CHEVILLES *à Œillets.* Ce ſont des chevilles dont les têtes ſont faites en forme d'Œillet ; on les place ſur le dernier Adent des Affûts de Canon, une de chaque côté, pour y crocher le Palan qui ſert à mettre & tenir le Canon au Sabord.

CHEVILLE *à têtes.* Ce ſont celles dont la tête eſt plus groſſe que le corps, & qui l'empêche de ſe perdre dans le bois ; elles ont la tête ronde ou en forme de Diamant.

CHEVILLES *à tête perdue.* Ce ſont des chevilles dont la tête eſt à peine marquée, de maniere que, lorſqu'on la frappe, on l'enfonce dans le bois juſqu'à y noyer la tête.

CHEVILLES *d'Affût* ou *Boulons.* Ce ſont des chevilles à groſſes têtes rondes, qui traverſent les Flaſques, & ſe rivent par la pointe ſur Virolles ; elles ſerrent les Flaſques ſur les Soles & Entre-miſes, & forment liaiſon.

CHEVILLÉ. On entend par *Chevillé* une piece de charpente qui a ſes chevilles. Un Vaiſſeau eſt chevillé, quand tous les trous percés pour mettre des chevilles ſont remplis, & qu'elles ſont goupillées & virollées. Un Affût eſt chévillé, quand toutes ſes chevilles ſont placées & goupillées.

CHEVILLER. C'eſt placer les chevilles & les chaſſer à coups de maſſes dans leurs trous. Ainſi l'on dit : *Cheviller la Guibre, les Portes-Haubans, &c.*

CHEVRE. Une Chevre eſt compoſée de deux montants liés enſemble par deux Entretoiſes, & d'un troiſieme qui ſert de pied mobile, en tournant ſur une forte cheville de fer, s'épatant pour ſervir d'appui en trépied au ſommet des deux premiers Montants qui portent un Virevau ſur lequel ſe dévide la corde qui paſſe ſur une Poulie placée dans un Clan pratiqué entre les Montants au-deſſus de leur union : cette corde ſert à attacher les pieces de bois que l'on veut enlever, en virant à bras le Virevau ; & lorſqu'on veut enlever de plus grands fardeaux, on met un Palan, dont le Garant vient envelopper ſur le Virevau.

CHICANER *le vent.* C'eſt tenir le plus près, autant qu'il eſt poſſible, ſans s'embarraſſer de la vîteſſe ni de la grande Derive.

CHIOURME. C'eſt le nombre d'hommes qui rament dans une Galere.

CHIRURGIEN *Major de Vaiſſeau.* C'eſt celui qui eſt chargé des médicaments & de leur adminiſtration pendant le voyage ; il doit traiter les malades, penſer les bleſſés, & les viſiter deux ou trois fois par jour, pour ſuivre les progrès de ſes Remedes, & voir ſi les ſeconds Chirurgiens, Fraters & autres gens prépoſés à ſon poſte, font ce qu'il a ordonné.

CHOC. Le Choc du Cable ſe prend après le Tour de Bitte, en faiſant paſſer la partie du Cable qui vient de l'Arriere, ſur l'Avant du montant de la Bitte pour en faire le demi-tour, & le boſſer enſuite ſur l'Arriere ; on paſſe après cela une Paille de Bitte dans la tête du Montant, au-deſſus du Tour & Choc, pour l'empêcher de ſe décapeler, ſi on file du Cable.

CHOMAR ou *Sep de Driſſe.* *Voyez* SEP.

CHOPINE. Petit cilindre de bois ou de cuivre, percé dans le milieu d'un bout à l'autre par une ouverture cilindrique du plus grand diametre poſſible ; on couvre cette ouverture d'une Soupape ou Clapet de cuivre, garni d'un cuir fort qui en fait le reſſort, & bouche exactement l'Orifice de la Chopine qui eſt garnie d'une forte Ance de cuivre en demi-cercle ; cette Ance ſert à la poſer & à la retirer. On place la Chopine dans le corps de la Pompe ſur un repos qui y eſt pratiqué, un peu au-deſſous du battement de la Heuſe ; ſon uſage eſt de retenir l'eau dans la Pompe lorſque le Piſton l'a aſpirée, parce que le poids de cette eau fait fermer la Soupape lorſqu'on la preſſe, en faiſant baiſſer la Heuſe au travers de laquelle elle monte en levant ſon Clapet, qui ſe referme à ſon tour par la peſanteur de l'eau auſſi-tôt que la Heuſe remonte ; & comme l'air ne peut s'introduire entre la Heuſe & le Tube de la Pompe, le vuide qui ſe trouve entr'elle & la Chopine, ſe remplit par l'effort de l'eau, qui étant ſollicitée à monter par le poids de l'Atmoſphere, force la Soupape de la Chopine à ſe lever ; de ſorte que ce mouvement ſe répétant autant de fois qu'on donne des coups de Piſton, la Soupape de la Chopine & celle de la Heuſe ſont continuellement en mouvement.

CHOQUE. Commandement pour choquer ou larguer la

peu de la manœuvre que l'on nomme. On choque le Tourne-vire sur le Cabestan pour lui donner du mou & le faire monter. On choque les Boulines pour les molir, quand le vent adonne.

CHOQUER. C'est larguer une manœuvre en filant un peu. On choque le Tourne-vire pour le rehausser sur le Cabestan, afin d'empêcher qu'il ne se chevauche ou croise, & qu'il ne s'embarrasse quand, en se devidant, il est presque au ras du bas du Cabestan sous lequel il paroît s'engager. Lorsqu'on choque le Tourne-vire, on bosse le Cable en Avant & en Arriere des Bittes, afin qu'il ne file pas pendant l'opération.

CHOQUER *les Boulines*, *leur donner un Choc*. C'est les larguer un peu, & dans ce sens on dit : *Choque la Bouline de telle ou telle Voile*, *&c.*

CHOUQUET ou *Ton*. Piéce de bois un peu platte, quarrée sur l'arriere où est sa plus grande épaisseur, & arrondie sur l'avant ; les Chouquets ont une mortaise quarrée dans leur plus grande épaisseur pour recevoir les Tenons des Mâts qu'ils doivent couvrir, & à deux, trois ou quatre pouces en avant, plus ou moins : elle est percée à jour par un Etambrai dans lequel passe le Mât de Hune ou celui de Perroquet. Les Chouquets des bas Mâts ont de plus que les autres une Canelure Tribord & Babord, avec un trou de deux, trois ou quatre pouces de diametre, plus ou moins, pour recevoir les Itaques des basses-Vergues, lorsqu'elles en ont au lieu de Drisses, & tous sont encore garnis des deux côtés de chevilles de fer à Œillets sur lesquelles on frappe les Poulies de Balancines des basses-Vergues & Vergues de Hunes. Les Chouquets sont liés par un ou deux forts cercles de fer bien serrés & mis à chaud sur le bois ; on les retient par de fortes chevilles de fer à tête, dont les pointes se rivent sur les cercles, après avoir traversé les Chouquets, l'une sur l'arriere du Tenon, & l'autre dans le milieu, entre le Tenon & l'Etambrai. Il y a des Chouquets mieux faits que ceux-ci, plus légers de bois, & tout aussi forts, dans lesquels on pratique un Clan de chaque bord pour placer un Rouet dans chaque, sur lesquels passent les Guindresses des Mâts de Hune & les Itaques de basses-Vergues, si elles en ont; la cheville qui les traverse dans le milieu, sert d'Aissieu, & les Rouets ont des Dés de fonte ; les uns & les autres ont des Pitons à Boucles & à Cosses placés en-dessous & goupillés sur virolles en-dessus ; on croche sur ces Pitons des Poulies de Guindresse, où l'on estrope des Poulies pour les Balancines des Huniers & basses-Vergues sur leurs Cosses.

CHUTE. C'est la hauteur des Voiles mésurées entres les deux Vergues prises par le milieu, parce que les Voiles étant Trapezoïde, la longueur du Point d'Envergure à celui de la Bordure, se trouve toujours plus longue que la hauteur, à mesure qu'il y a plus de différence entre les largeurs du bas & du haut de la Voile.

CHUTE *des Courants*. C'eſt la direction du tranſport de l'eau dans les endroits où il y a de la marée & où l'eau court: La chûte du courant ſe fait mieux ſentir dans les endroits étroits & aux détours des pointes.

CILINDRE ou *Marbre de la Roue de Gouvernail*. C'eſt une pièce de bois ronde, & longue de deux ou trois pieds, aux extrémités de laquelle on fait des Jantes pour placer les rayons de la roue, ſur leſquels les Timonniers agiſſent pour gouverner, en faiſant tourner ce marbre ſur ſon Aiſſieu, qui eſt porté ſur deux Montants, au-deſſus de l'extrémité de la Barre du Gouvernail. *Voyez* ROUE DE GOUVERNAIL.

CINGLER ou *Singler*. Courir ſur une route quelconque. Ainſi l'on dit: *Cingler au N. O. ou ſur tel autre point de la Bouſſole. Nous cinglâmes au N. N. E.* On dit auſſi: *Nous cinglâmes trente lieues au N. O. pour aſſurer la Latitude, & nous courûmes après ſur l'Oueſt.* Ainſi cingler eſt pris ici pour *courir*, & *cingler* ou *courir* ſont ſouvent pris pour ſynonymes.

CINTRAGE. On déſigne par ce mot toutes les cordes qui lient un Vaiſſeau, lorſqu'on le cintre pour l'empêcher de jouer dans toutes ſes parties, lorſqu'elles ont trop de jeu par vétuſté ou par foibleſſe.

CINTRE. C'eſt en terme de charpenterie, la Courbure allongée d'une pièce de charpente. Ainſi l'on dit des Préceintes & Liſſes d'Acaſtillages, qu'elles ſont trop ou trop peu cintrées, ſi elles ont peu ou beaucoup de Courbure. *Voyez* TONTURE.

CINTRE. On cintre un Vaiſſeau pour le lier & l'empêcher de ſe défaire par le jeu continuel de ſes parties dans les mouvements du Roulis & du Tangage; cela ſe fait avec des Grêlins & Auſſieres.

CINTRE *du Vaiſſeau*. On entend par *Cintre* la Courbure que l'on donne au Vaiſſeau dans le ſens de ſa longueur, & que l'on connoît ſous le terme de *Tonture*; cette Courbure ne ſe donne que pour la grace du coup d'œil.

CINTRÉ. Un Vaiſſeau eſt cintré, quand il eſt lié avec des cordes qui le brident de l'Avant à l'Arriere, & d'un bord à l'autre. On dit encore qu'un Vaiſſeau eſt cintré, lorſqu'on lui a fait une ceinture de charpente en dedans, pour le faire durer plus long-temps; mais cette ceinture ne ſe met qu'aux Vaiſſeaux qui ſont déja vieux & dont on veut tirer un dernier voyage.

CINTRER *un Vaiſſeau*. C'eſt le lier. *Voyez l'Article précédent.*

CINTRER *ſur ſon Cable*. Un Vaiſſeau peut cintrer par la force du vent en courant ſur ſon Cable, qui venant à ſe brider par-deſſous, laiſſe ſon Ancre de l'autre côté un peu de l'Arriere; alors le Vaiſſeau vient de cintrer ſon Cable, il eſt cintré deſſus. Cette ſituation eſt toujours dangéreuſe, ſi le vent ou le Courant charge le Vaiſſeau ſur le Cable cintré, parce qu'alors il travaille avec le vent pour le faire incliner, & ſi la tempête eſt violente, il faut filer ou couper ce Cable promptement, pour éviter le dernier péril. On a vu plusieurs Vaisseaux qui n'ont pas eu le temps de prendre cette précaution avant de capoter.

CISEAU. C'est un instrument de Charpentier, qui sert à tailler le bois à coups de Mailloche, & à faire les Tenons & Mortaises. Il y a un repos de fer au haut de la Lame, pour supporter le manche de bois qu'on y met sur une mèche de fer ménagée en travaillant la Lame, dont le tranchant est aceré; on garnit le manche par ses deux bouts de Viroles en cuivre ou fer, pour l'empêcher de se fendre sous les coups de Maillets. Il y a plusieurs sortes de Ciseaux, le grand Ciseau, le Ciseau à deux biseaux, le Ciseau de lumiere, l'Ebauchoir, &c. Ciseau à froid, c'est un Ciseau de trempe fort dure, qui sert à couper le fer froid, le Tranchet le coupe lorsqu'il est rouge, & le Ciseau à Fiche est pour serrer les Fiches dans le bois.

CIVADIERE ou *Sivadiere.* C'est une Voile qui s'oriente sur la Vergue de Civadiere qui est gréée sur le Mât de Beaupré. La principale propriété de cette Voile est de tenir le Vaisseau gouvernant, lorsqu'il est ardent au plus près du vent, quand le temps n'est pas forcé. La Civadiere n'est point une Voile essentielle : on grée aussi une fausse Civadiere qui se hisse sur le Bout-dehors de Beaupré, & se borde sur la Vergue de Civadiere. Ces deux Voiles étant inclinées avec le Beaupré, n'ont pas beaucoup d'action sur le Vaisseau pour le tirer de l'Avant.

CIVADIERE *apiquée.* *Voyez* VERGUE DE CIVADIERE APIQUÉE.

CIVIERRE. C'est le cordage qui tient lieu de Racage à la Vergue de Civadiere, sur le Beaupré.

CLAN ou *Clamp.* Ouvertue longitudinale faite dans le bord du Vaisseau ou en quelqu'autre endroit, & dans laquelle on place un Rouet de Poulie avec un Aissieu. On pratique ordinairement un ou deux clans dans le pied de chaque Mât de Hune & de Perroquet pour y passer la Guinderesse sur le Rouet qu'on y place.

CLAPET. Soupape qui ferme & s'ouvre par le moyen d'une simple charniere, ou par son propre ressort. Dans les Pompes des Vaisseaux, le Clapet est tenu fermé par le ressort du cuir qui lui sert de garniture sur la Heuse & la Chopine. *Voyez ces deux termes*, CHOPINE & HEUSE.

CLAPETS. Ce sont des morceaux de cuir fort, que l'on cloue sur l'Avant des Dalots de la premiere Batterie; ils se tiennent fermés par leur propre ressort, & ne s'ouvrent que par la pesanteur de l'eau du dedans qui sort par les ouvertures.

CLAPOTEUSE. La mer est clapoteuse, quand elle est élevée par de petites lames courtes & serrées les unes sur les autres, de maniere qu'elles se succédent vivement, en venant de plusieurs côtés, & donnent des mouvements de Tangage fort durs aux Vaiſſeaux qu'elles tracaſſent. On éprouve ordinairement l'effet d'une mer clapoteuſe après un Ouragan, ou ſur les Acores des Bancs & dans les endroits de Courant; elle a plus ou moins de force, ſelon que le vent a été plus ou moins fort, & que les Courants ont plus ou moins de rapidité; quelquefois ces lames courtes & clapoteuſes déferlent & briſent avec bruit.

CLASSES. Etat des Gens de mer en général. Ces États contiennent le nom & le ſignalement de chaque perſonne, la qualité & le grade qu'elle occupe, le temps de ſes ſervices ſur mer, & les Navigations qu'elle a faites. On claſſe les Mouſſes & Novices à leurs ſeconds voyages, le premier n'étant qu'une eſpèce d'epreuve que l'on permet à ceux qui entreprennent de naviguer; c'eſt une liberté qui appartient à tous les commençants, parce que tout le monde eſt maître d'eſſayer ſi la mer peut convenir à ſa ſanté. Les Bateliers, Pêcheurs, Paſſagers, des Rivieres qui portent Vaiſſeaux, ſont claſſés de droit ſans être ſujets à l'epreuve du premier voyage, & ils jouiſſent des privilèges accordés aux Marins.

CLAVET. C'eſt un fer à Calfat. *Voyez* CALFAT.

CLAVETTE ou *Virolle*. C'eſt un Anneau ou Bague de fer forgé d'une ou deux lignes d'épais, plus ou moins, du calibre de la cheville à laquelle il doit ſervir, ſur laquelle on le goupille ou rive. Les chevilles qui doivent être goupillées ſur Clavettes ont une ouverture dans le bout, dans laquelle doit paſſer la goupille au-deſſus de la Virolle qui lui ſert d'appui en défendant le bois.

CLEF *de Pierrier*. C'eſt une eſpèce de goupille qui retient la Boîte ou Pierrier dans la place qu'on pratique à la culaſſe des Pierriers à Boîtes.

CLEF *de Mât*. C'eſt une groſſe cheville de fer quarrée; on paſſe cette clef dans le trou qui eſt percé de part-en-part dans le pied de chaque Mât de Hune, au-deſſus des Clans & des Rouets de Guinderеſſes; quand ce trou eſt parvenu en guindant le Mât, au-deſſus des Longis des barres de Hune, de ſorte qu'auſſi-tôt que la clef eſt paſſée, on amene le Mât de Hune pour le faire repoſer deſſus, & elle porte en s'appuyant ſur les Longis qu'elle traverſe, tout le poids de ſon Mât gréé; c'eſt ce qu'on appelle *guinder* ou mettre un Mât de Hune en clef.

CLEF *de Conſtruction*. C'eſt un Arboutant placé ſur l'Eſtambot, & appuyé ſur le milieu de la Calle, ſous une inclinaiſon d'environ trente dégrés, pour ſoutenir le poids du Vaiſſeau contre l'effort qu'il peut faire pour gliſſer ſur le plan oblique de ſes Chantiers. On double ordinairement la Clef derriere les Vaiſſeaux pendant la conſtruction.

CLEFS *de Bert*. Ce ſont des Arboutans placés horizontalement ſur les Coites du Bert, & appuyés par l'autre extrémité ſur les bords de la Calle; on en met deux à chaque extrémité d'une Couette, pour soutenir avec la Clef qui est derriere l'Estambot, l'effort que fait le Vaisseau pour glisser avec son Bert le long de la Calle; on ne leve les Clefs du Bert que lorsque celle de derriere est partie, & le Vaisseau n'étant plus retenu alors par aucune résistance, part d'un mouvement accéléré, & continue de courir avec son Bert jusqu'à ce qu'il soit à Flot.

CLIMAT. On entend par *Climat* une certaine étendue du Globe terrestre comprise entre deux paralleles à l'Équateur; entre lesquelles le plus grand jour d'Été est d'une demi-heure plus long que celui de la Zone qui la suit. Quelquefois on divise les Climats en Zones paralleles de cinq en cinq dégrés.

CLOCHE. Ce terme est le même à Bord des Vaisseaux qu'à terre, & cet instrument sonore ne sert en mer qu'à reveiller la partie de l'Équipage qui dort, pour lui faire changer le Quart, dire les prieres avant les repas, & faire faire Branle-bas. En un mot quand la Clocle sonne dans un évenement pressé, tout le mónde doit se lever sans exception, & le plus vivement possible; il n'y a personne d'exempt.

CLOCHE *de Plongeur.* C'est un instrument dans lequel un homme peut rester quelque temps sous l'eau, pour pêcher sur le fond les effets qui ont resté après un naufrage; cependant cette Cloche n'est pas d'un grand usage, & l'on n'a peut-être pas assez cherché à la perfectionner.

CLOISON. Ce n'est qu'une séparation faite avec des planches embouffetées, & qui terminent les différents compartiments des Vaisseaux. La Calle à l'eau & les Souttes à poudres ont leurs Cloisons qui les séparent de la grande Calle ou Calle aux vivres; toutes les autres Souttes & Chambres ont leurs Cloisons.

CLOU. Morceau de fer quarré, pointu par un bout applati, & garni d'une tête à l'autre extrémité; il sert à attacher un bois sur un autre bois, il doit avoir en général de longueur, le double de l'épaisseur du bois qu'il attache sur une autre pièce plus forte. On fait des clous depuis un demi-pouce de longueur, jusqu'à vingt-huit & trente pouces, & d'équarissage depuis une demi-ligne sur chaque face à douze & quinze lignes. Les Clous les plus en usage sont ceux qu'on appelle de ferrure de Gouvernail & de Penture de Sabords, ils sont forts, & de six à sept pouces, avec une tête forte en diamant; Clous de double Carvelle de cinq pouces, de Carvelle qui ont quatre pouces, & demi-Carvelle de trois pouces; les Clous de Doublage ont d'un pouce & demi à deux pouces; ceux de double Tillac ont deux pouces & demi, ceux de Tillac d'un & demi à deux pouces, & de demi Tillac d'un pouce & quart; les Clous de Rivet n'ont pas de pointe, ils servent à unir les extrémités des cercles de fer ensemble, & on les rive sur les deux bouts; les Clous de Lisse sont d'un demi-pouce; ceux de Maugere sont depuis un demi-pouce jusqu'à un pouce, à tête large & plate ; les Clous de plomb ont un ou deux pouces de long, on leur garnit la tête de plomb, & ils servent à clouer le plomb sur la Guibre.

CLOUER. C'est frapper le clou pour le faire entrer dans le bois sur lequel il doit arrêter solidement la pièce qu'il traverse.

COCHE. On se sert quelquefois de ce terme pour dire les Huniers sont hissés : ils sont en Coche, quand ils sont aussi hauts qu'ils peuvent aller, parce qu'alors le Racage couvre la marque qu'ils font ordinairement sur le Mât, à la hauteur où on les met tous les jours.

COËFFES ou *Guirlandes*. Pièces de bois courbes d'un fort échantillon, que l'on place à l'Avant des Vaisseaux sous les Ponts, & qui s'endentent sur l'Etrave pour lier la partie de l'Avant; leurs branches prennent la Figure du Navire dans les différentes hauteurs où on les place, & s'étendent Tribord & Babord jusqu'aux Membres les plus en avant, sur lesquels on les lie avec des chevilles de fer la tête en-dehors, par-dessus le bordé & goupillé à Viroles en dedans, ainsi que sur les Apôtres & l'Etrave qu'elles traversent toutes de dehors en dedans, pour se goupiller sur les Guirlandes ou Coëffes.

COËFFE. Un Vaisseau est coëffé, quand il a le vent sur ses Voiles, de sorte qu'elles portent sur les Mâts, soit par l'accident d'une Saute de vent, ou qu'on l'ait voulu ainsi en brassant au vent. Un Hunier est coëffé, lorsqu'il est sur le Mât le vent dessus; il est coëffé pour culer, quand il est brassé quarré le vent dessus; il est coëffé pour abattre, quand il a le vent dessus, & qu'il est tout-à-fait brassé au vent.

COEFFER. C'est mettre le vent sur les Voiles. On dit: *Coëffer un Hunier, coëffer les Huniers, mettre tout à coëffer, à culer.*

COFFRE *à feu*. C'est un Coffre artificié, placé sur les Gaillards & Dunettes des Vaisseaux qui craignent l'Abordage; les mèches sont en dessous & passent au-travers des Tillacs; de sorte qu'on y peut mettre le feu de dessous les Ponts, où l'on se retire quand on les abandonne. On prend le moment où il y a le plus d'ennemis assemblés, ou le temps qu'ils prennent pour rompre ces Coffres à coups de haches, & l'on y met le feu. Il y a peu à craindre pour le Vaisseau du feu de ces machines, parce que l'explosion se porte en haut du côté de la moindre résistance, & ne se communique pas aux Ponts qui résistent à cet effort; de maniere que l'extension de la poudre se faisant à la ronde à huit diametres de son volume contenu dans le Coffre, & brisant tout ce qui se trouve à son passage, elle écarte & renverse à droite & à gauche ce qui l'environne à une certaine distance; alors on profite du désordre pour faire une sortie & repousser les ennemis épouvantés d'un tel effet. Les Anglois qui craignent toujours l'Abordage des François, prennent ces précautions sur beaucoup de leurs Vaisseaux Marchands,

& quelquefois sur leurs Vaisseaux de guerre, quoiqu'ils y soient presqu'aussi dangéreux pour les amis que pour les ennemis, parce qu'un Boulet suffit pour y mettre le feu pendant la Canonnade qui précede ordinairement l'Abordage.

COFFRE *du Navire.* C'est la Coursive comprise entre les Gaillards & Passe-avant. Ainsi l'on dit, qu'un *Vaisseau à beaucoup de Coffre*, quad il a trop de hauteur de plat-bord ; c'est un grand défaut dans les petites Embarquations, à cause des coups de mer.

COFFRES *à Gargousses.* Ce sont des Coffres laminés de plomb, attachés à Bord dans les Vaisseaux de guerre, sous la Fosse aux Lions en avant, & Tribord & Babord des Soutes à poudre derriere : on les remplit de Gargousses pleines, pour pouvoir les distribuer aux deux bouts du Vaisseau pendant le combat ; ces Gargousses parviennent aux Batteries par l'Écoutille de la Calle aux vivres, & par celle de la Fosse aux cables. Les Coffres à Gargousses sont au nombre de quatre, deux en avant & deux en arriere ; ils doivent contenir deux à trois mille coups de Canon des différentes Batteries d'un Vaisseau de soixante-quatorze Canons, & plus ou moins, selon la grandeur des Vaisseaux ; parce qu'aujourd'hui les Canonnades sont si longues, qu'on ne sçait jamais ce qu'elles doivent durer ; on ne cherche plus la méthode abrégée d'un Abordage décisif.

COGUENOSCO. C'est une espèce de mastic, composé de résine, suif, brai & goudron, que l'on met dans les gelivures des bois, pour les empêcher de se pourrir par l'eau qui pourroit y séjourner. Le Coguenosco se fait au feu, en faisant bouillir les matieres.

COIN. C'est un Prisme fait d'un morceau de bois ou de fer à cinq faces ; les deux premieres qui font le plat du coin & qui se terminent à la pointe en forme de hache, sont semblables, égales, & s'écartent ensuite insensiblement, faisant entr'elles un angle plus ou moins ouvert jusqu'à la tête où elles se terminent par un rectangle, qui fait la troisieme face du Coin, qui est terminé sur ses côtés par deux triangles Isocelles, égaux & semblables. Lorsqu'on se sert du Coin pour forcer ou fendre quelques choses, on met le bout tranchant dans la plus petite ouverture, & l'on frappe sur la tête pour le faire entrer, de sorte que plus il entre, plus il écarte ce qui lui résiste, puisqu'il augmente toujours de grosseur, à mesure qu'il s'enfonce davantage : on voit en mécanique le rapport de la force du Coin.

COINS *d'Arrimage.* Ce sont des Coins que l'on met dessous les Fûtailles, entre les Pailles d'Arrimage & les pièces, pour les accorer des deux côtés, quand elles sont bien placées. Ainsi il y a deux Coins de chaque Bord, & quatre en tout sous chaque Fûtaille ; au défaut de Coins, on met des bûches ou grosses Billettes de long, entre les Fûts & les Pailles.

COINS *de Mâts.* Ce ſont des Coins concaves d'un côté & convexes de l'autre, dont on ſe ſert pour ſerrer les Mâts dans leurs Etambrais du premier Pont. On coinſe auſſi de la même maniere avec des Coins de proportion, les Mâts de Hune & de Perroquets dans leurs Chouquets.

COINS *de Mire.* Ce ſont des Coins plus ou moins forts, ſelon qu'ils doivent ſervir à des Canons plus ou moins gros; on met aux Coins de Mire une poignée ou manche dans la tête, pour la commodité de les retirer & pouſſer ſous la culaſſe de leurs Canons, lorſqu'on veut les pointer.

COINS *de Chantier.* Ce ſont des Coins que l'on met entre les Chantiers & la Quille pour ſoulever un peu le Vaiſſeau, quand on veut faire l'appareil du Bert, pour le laiſſer enſuite repoſer ſur ſon Appareil & retirer les Chantiers de deſſous; & lorſqu'ils portent encore, on les fend : ces Coins ſe chaſſent à coups de Beliers.

COINSER. C'eſt mettre les Coins quelque part que ce ſoit. Ainſi l'on dit : *Coinſer les Mâts.*

COITTES ou *Couëttes.* On appelle *Coittes* deux longues pièces de bois que l'on met Tribord & Babord d'un Vaiſſeau qu'il faut lancer à l'eau. Les Coittes portent ſur le Grillage de de la Calle le long des Couliſſes, & ſervent d'appuis aux Colombiers & Ventrieres, quand elles ſont manitenues parallellement entr'elles & à la Quille, par des Traverſes endentées deſſus à double Adent en Arboutans contre la Quille & les Coittes. Les Ventrieres & Colombiers ſupportent le poids du Vaiſſeau, quand les Chantiers ſont ôtés tout-à fait, en s'appuyant ſur les Coïttes, s'emboitant par le pied à mi-bois dans des mortaiſes pratiquées ſur le côté extérieur des Coittes; ils ſont enſuite bridés de l'un à l'autre par des cordages qui paſſent deſſous la Quille de Tribord à Babord, & qui ſoulagent le Vaiſſeau avant de lui ôter les Chantiers. On appelle *Coïttes* toutes pièces de bois qui étant couchées de long, ſupportent quelque fardeau dans toute ſa longueur.

COLET *de Courbe.* C'eſt la partie la plus forte de la pièce, & où ſe joignent les deux branches de la Courbe, en formant entr'elles un angle plus ou moins ouvert.

COLET *d'Etai.* C'eſt le tour que fait un Etai ſur le Tenon d'un Mât, enveloppant les Barres de Hune ſur leſquelles il eſt capelé, & tous les Haubans de ſon Mât.

COLIER *d'Etai.* Le Colier d'Etai eſt compoſé d'un cordage double, qui eſt plus ou moins gros, ſelon la grandeur des Vaiſſeaux, & qui doit toujours être auſſi fort que l'Etai, il paſſe des deux côtés des Mâts de Miſaine & de Beaupré, paſſe ſous ce dernier qu'il enveloppe, & vient ſur l'arriere du premier ſervir d'Eſtrope à la Galoche de Ride du grand Etai, ſur laquelle on le roidit. Dans d'autres Vaiſſeaux, le Colier d'Etai & celui du faux Etai reſtent aſſez courts pour ne pas venir juſqu'au Mât de Miſaine; alors ces Etais paſſent d'un côté & de l'autre, & se rident sur l'avant du Mât, & on les bride ensuite dessus, en les fourant & garnissant dans l'endroit qui touche ce Mât.

COLOMBIERS. Les Colombiers sont des espèces d'Acores, que l'on met de bout sous les Vaisseaux, quand on veut les lancer à l'eau & faire leur Bert. L'appui des Colombiers est sur les Coîtes dans des mortaises à mi-bois, & à mesure qu'ils approchent du plein du Vaisseau & de sa Maîtresse Varangue, les Colombiers se racourcissent & prennent le nom de Ventrieres, parce qu'en appuyant leurs extrémités supérieures contre la Carene du Vaisseau, ils diminuent de longueur gradativement, & se coupent en sifflet du côté du Navire, pour mieux s'adapter au Franc-bord. Lorsque les Vaisseaux ont peu ou point d'acculement de Varangue, les Ventrieres ne sont pas faites en Colombiers; ce sont de longues pièces de bois gabariées qui prennent le moule de la Carène dans toute l'étendue de ses maîtresses Varangues. Les Colombiers ont, une, deux, trois ou quatre coches ou dents, selon qu'ils sont plus ou moins longs, & qu'ils s'approchent plus ou moins des extrémités, pour empêcher que le cordage qui passe dessus & sous la Quille, pour supporter le Vaisseau, & acoster de force les Colombiers au Navire, ne baisse par l'effet de la pesanteur, qui feroit d'ailleurs écarter les Colombiers de leur position, s'ils n'étoient retenus par la force du cordage.

COLONNE. C'est une division d'Armée Navale en ordre de marche ou de Convoi sur une ligne, lorsque les Vaisseaux qui la composent font la même route, en se tenant toujours dans le memê rélevement. Il y a autant de Colonnes que d'Escadres dans l'Armée, & quelquefois autant que de Divisions.

COLTIS. Le couple du Coltis est la levée ou membre sur lequel sont portés les Bossoirs; on l'appelle aussi Levée des Bossoirs : elle se trace ordinairement sur le plan de Projection, & sert par le moyen des Lisses, à déterminer la figure des coupes intermédiaires entre les Coltis & la maîtresse levée; entre le Coltis & l'Etrave, on ne met ordinairement que des Apôtres, qui sont gabariés sur les Lisses.

COMBAT *Naval*. C'est un choc ou action entre Vaisseaux ennemis sur mer. C'est la partie la plus brillante & la plus difficile du Général & du manœuvrier. Nous la discutons amplement dans le MANŒUVRIER.

COMBUGER *des Futailles*. C'est les remplir d'eau douce pour les imbiber, & la laisser quelques jours dedans, afin de resserrer le bois le plus qu'il est possible, & les bien dessaler, s'ils elles ont été remplies d'eau de mer.

COMMANDANT. On appelle *Commandant* tout Officier qui commande en chef plusieurs Vaisseaux dans les Rades ou à la mer : C'est un titre général pour celui qui a le commandement, n'eût-il aucun grade dans la Marine.

COMMANDE.

COMMANDE. Cri de l'Equipage pour répondre au coup de sifflet du Maître, quand il y a quelque chose à faire exécuter.

COMMANDE. C'est une espèce de corde propre à faire un Amarage, & à servir de Rabans de Fée; on la fait de Merlin en deux, cordé à la main, de Tresse & autres petits cordages d'une ou de deux brasses de longueur.

COMMANDEMENT. C'est ce qui s'ordonne de la part du Capitaine, ou de tout autre Officier, pour le service & la manœuvre. Un Officier doit avoir le commandement sûr, concis, ferme & décidé avec une précision exacte. Le Capitaine a le commandement d'un Vaisseau ou d'une Escadre, quand il est nommé, & qu'il a la commission pour commander.

COMME-CELA. Expression usitée pour dire au Timonier de gouverner sur le Point de la Boussole où il a le Cap; quelquefois on y ajoute, *sans arriver* ou *sans venir au vent*; parce que le Vaisseau se trouve assez vers le côté nommé.

COMMIS ou *Maître - Valet*. C'est celui qui est chargé de la distribution des vivres de l'Equipage, sous la direction de l'Ecrivain qui doit y être présent, avec un Officier, pour le bon ordre dans les Vaisseaux du Roi; le Commis est placé par le Munitionaire, & est aux ordres du Capitaine & de l'Ecrivain, sans aucun rang à Bord.

COMMISSAIRE. C'est en général dans la Marine un Officier dans l'ordre de la plume, sous l'autorité de l'Intendant de son Département; ainsi il y a des Commissaires-Généraux de la Marine à la suite des Armées Navales, des Commissaires Ordonnateurs dans les différents Départements des Classes, Commissaires & sous-Commissaires des Classes, Commissaires-Généraux de l'Artillerie, ordinaires de l'Artillerie, &c. le rang, les fonctions, & le service des uns & des autres, est réglé par les Ordonnances du Roi.

COMMISSION *en guerre*. C'est une permission du Roi donnée par l'Amiral, pour courre sur les Vaisseaux ennemis. Les Vaisseaux qui vont en Course avec Commission prennent en France le nom d'Armateurs ou de Corsaires.

COMPAGNIE. Plusieurs Vaisseaux vont de compagnie ou de conserve, quand ils naviguent ensemble. *Nous cinglâmes de compagnie jusqu'aux Isles des Açores, ensuite nous nous separâmes, & chacun fit sa route.*

COMPAGNIE *de Commerce*. C'est une Société de Négociants, qui font un fond pour établir quelque branche de Commerce considérable, & à qui le Roi accorde des Privilèges exclusifs. Telle est, par exemple, la Compagnie des Indes Orientales, autorisée par Edit du Roi du mois de Mars 1696, confirmée par plusieurs autres, & notamment par la Déclaration de Sa Majesté en 1764, qui la maintient dans tous ses Privilèges, sous le titre de Compagnie des Indes commerçantes, dirigée par dix Syndics & quatre Directeurs. Tous les Privilèges de cette Compagnie viennent d'être suspendus par Lettres-Patentes du Roi au commencement de 1770.

COMPAS *de Route.* C'est une Boussole que l'on met dans l'Habitacle, & dont les points diamétralement opposés de la Boëte, se répondent exactement sur la parallele à la Quille, de sorte que le Vaisseau ne peut faire le moindre mouvement de droite à gauche, sans que le Point de la Rose sur lequel on gouverne, ne s'écarte de la marque qui regarde l'Avant, dans un sens contraire à celui du Navire, parce qu'elle tourne aisément sur son Pivot. Ainsi le Timonnier portant continuellement attention au Compas, est toujours dans le cas de redresser, par le moyen du Gouvernail, les moindres écarts du Vaisseau.

COMPAS *de Variation.* Ce Compas ne différe de celui de route que par deux Pinulles fixées précisément au-dessus des Points marqués dans la Boëte par une ligne verticale, & qui servent à montrer le nombre des dégrés dont l'Est ou l'Ouest de la Rose s'écarte vers le Nord ou vers le Sud, du rayon visuel de l'Observateur, qui coupe le Soleil par le centre, en regardant par le milieu des deux Pinulles séparées verticalement, l'une par une fente très-fine, & l'autre par une soie; de sorte que cette observation fait connoitre l'amplitude observée de l'Ouest ou de l'Est de la Boussole vers le Nord ou vers le Sud, & la comparant ensuite avec la vraie Amplitude ou Amplitude calculée du Soleil, qui est le nombre exact de dégrés & minutes dont il est écarté de l'Est ou l'Ouest du monde vers le vrai Nord ou Sud au moment de son lever & coucher, on connoît le nombre des dégrés de la variation de l'Aiguille aimantée & le côté de son erreur; ainsi l'on a le moyen sûr de corriger la route, & de la déterminer exactement par rapport à sa direction : cependant il faut observer que le mouvement continuel du Vaisseau ne permettant pas à la Rose d'être un moment fixée sur sa direction, on ne peut avoir la variation observée, qu'à un ou deux dégrés près, tantôt plus forte, tantôt plus foible. Le Compas de variation est encore d'une utilité marquée dans la Navigation le long des Côtes; c'est par ce moyen qu'en passant auprès des terres, on détermine par des relevements leurs gissements avec assez d'exactitude, en observant avec ses deux Pinulles les différents dégrés, ou les Pointes, les Caps, les Ances, Baies & tous les endroits remarquables, restent par rapport aux quatre Points Cardinaux de la Boussole, respectivement à l'endroit où se trouve le Navire dans le moment de l'observation, qui, pour être exacte, doit être faite dans le même instant, pour les différents endroits relevés; ce qui peut aisément s'exécuter avec plusieurs Compas à la fois, & plusieurs Observateurs exacts & adroits, si on ne veut pas mettre en Panne pour faire les relevements du même Point.

COMPAS *Azimutal.* C'est une Boussole dont le tour de

la Boëte est formé par un cercle plat, gradué & bien divisé par des transversalles qui donnent les minutes sur le plat horizontal de ce cercle, qui porte un style à charnieres que l'on éleve ou baisse pour la commodité de le serrer dans sa Boëte. Quand on veut faire une observation avec ce Compas, on établit le style verticalement, & l'ombre qu'il fait étant dirigée par un fil qui passe sur le centre de la Rose, marque sur la graduation du cercle le nombre des dégrés dont le Soleil est écarté du Nord ou du Sud du Compas, ce qui donne l'Azimut observé, qui étant comparé avec l'Azimut calculé pour le moment de l'observation, où l'on prend aussi la hauteur du Soleil sur l'horizon ou la variation; mais comme cette observation est peu susceptible d'exactitude, on s'en sert rarement: d'ailleurs le Compas de variation, en y appliquant des verres obscurs & transparents, semblables à ceux des Octans, est préférable pour toutes les observations, où le Soleil ne seroit pas élevé au-dessus de l'horizon au-delà de quinze dégrés le soir ou le matin, quand on ne peut pas voir l'Astre à l'horizon.

COMPAS *renversé.* C'est une Boussole que l'on peut tenir suspendue, & dont on voit la Rose en dessous; de la même maniere qu'elle s'apperçoit en dessus dans une autre.

COMPAS *à Pointes.* C'est un Instrument à doubles charnieres, qui s'ouvre & se ferme à volonté, pour décrire des Cercles de différents Diamètres, & prendre des ouvertures plus ou moins grandes. Son principal usage entre les mains des Marins, est de servir à pointer la Carte; c'est le principal Instrument d'un Étui de Mathémathique.

COMPAS *à Mâture.* C'est un Compas à Pointes courbées, en portion de Cercles; il sert à mesurer toutes les surfaces courbes, prises sur des solides Ronds ou Cilindriques; comme le Diametre des Mâts, des Canons, des Boulets, &c.

COMPORTER. Un Vaisseau doit bien se comporter quand il est bien construit, de bonne forme, qu'il est bien chargé & bien arrimé, qu'il est en assiette, s'il gouverne bien, qu'il porte bien la Voile, qu'il tangue peu, que ses mouvements soient doux & qu'il soit d'une grande marche, il se comporte bien.

CONDAMNÉ. Un Vaisseau est condamné, quand il est jugé par une assemblée d'experts, hors d'état de naviguer & d'être radoubé; de sorte qu'on le dépece pour en retirer le fer, & en faire du bois à feu.

CONFLUENT. C'est l'endroit où deux Rivieres se joignent, pour couler ensuite dans le même lit.

CONGÉ *de l'Amiral.* C'est un Passe-Port que les Capitaines des Vaisseaux sont obligés de prendre de l'Amirauté avant leur départ, pour constater d'où ils sont, ce qu'ils sont & où il vont: ce Congé nomme le Capitaine, le Vaisseau, & porte de plus la qualité du chargement, ce qu'il contient de tonneaux & ce qu'il en peut porter.

CONNOISSANCE. Prendre connoissance de terre, c'est la bien reconnoître, être certain de l'endroit où l'on est, l'ayant vue d'assez près pour en reconnoître les marques, tous les indices & n'en point douter. On prend aussi connoissance du fond, des Bancs, des approches de terre, en jettant la Sonde.

CONNOISSANCE *d'un Navire*. On a connoissance d'un Vaisseau quand on le voit; on en prend connoissance en l'approchant d'assez près pour l'examiner, reconnoître sa force, ses dispositions & de quelle nation il peut être; ce qu'on reconnoît au nombre des Sabords, à la largeur de la Voilure, à l'entre-deux des Mâts, à la longueur du Vaisseau, à sa hauteur sur l'eau, à son Accastillage, dont le gout est toujours différent chez les différentes nations, & à la maniere dont il est gréé.

CONNOISSANCE *de l'Ennemi. Quand nous vîmes la Flotte Ennemie, le Général la fit reconnoître par une Frégate, qui l'approcha d'assez près pour en prendre une parfaite connoissance. Elle compta le nombre des Vaisseaux de ligne, celui des Frégates, & reconnut que tous les autres étoient des Vaisseaux Marchands ou de transport; elle fit son rapport au Commandant, qui n'ayant pas fait attention aux Signaux de cette Frégate lorsqu'elle revenoit, perdit un temps précieux, qui nous fit manquer ce convoi quoique bien reconnu.* C'est le défaut ordinaire des Hommes indécis, de ne sçavoir pas profiter des circonstances.

CONNOISSEMENT. Acte sous Signature privée, du Capitaine au Chargeur; le Connoissement contient la déclaration des Marchandises chargées sur le Vaisseau; le nom des Propriétaires, celui à qui on les adresse, le lieu du chargement & déchargement, l'engagement de les remettre à leur destination, sauf les périls & fortunes de la mer, avec le prix du frêt. Les Connoissements sont triples; l'un reste au Chargeur, le second va à l'adresse de celui qui doit recevoir les effets chargés, & le troisieme reste au Capitaine chargé: vingt-quatre heures après que les Marchandises sont chargées à bord du Vaisseau, le Chargeur doit présenter au Capitaine les Connoissements pour les signer, à peine de payer le retardement, si cela en faisoit; & aussi-tôt que le Navire est arrivé au lieu de son déchargement, le Capitaine est aussi obligé d'avertir les intéressés qu'il est dans le Port, & que c'est lui qui est chargé pour leur compte.

CONGRÉAGE. Le Congréage d'un Étai, d'un Hauban, Cal-Hauban, &c. n'est autre chose que la ligne que l'on tourne entre ses Tourons pour le fortifier & le garnir, le soutenant par des Guirlandes, à distances égales.

CONGRÉÉ. Un Cordage est congréé, quand il est garni entre ses Tourons, d'une ligne ou autres menus Cordages, soutenus par des Guirlandes, de distance en distance.

CONGRÉÉ. On congréé un Cable, quand il a servi & qu'il est un peu ragué; & pour le congréer on se sert d'un Caranterier plus ou moins gros, selon la circonférence du Cable, & quelques fois on y met un Filin de 2 à 3 pouces.

CONGRÉER. C'est faire le Congréage d'une manœuvre, en plaçant un Cordage de proportion entre ses Tourons, pour remplir le vuide qu'ils laissent entre-eux extérieurement.

CONGRÉURE. *Voyez* CONGRÉAGE.

CONSEIL *de Guerre.* C'est une assemblée des Officiers-Généraux d'une Armée Navale, ou des principaux Officiers d'un Vaisseau, pour prendre une résolution sur les circonstances où l'on se trouve, par rapport au temps, à la route & aux ennemis. On peut remarquer ici en passant, qu'en général, les Conseils de Guerre tenus pour sçavoir s'il faut combattre ou non, prennent toujours le parti de la négative; parceque la plupart des Conseillers pensent le plus souvent à leur conservation particuliere, plutôt qu'au bien qui peut résulter d'un Combat, & comme la pluralité des voix l'emporte, on penche presque toujours pour la sûreté plutôt que pour la gloire, & l'avantage de la Nation.

CONSEIL *de Guerre pour la Justice.* C'est une assemblée d'Officiers-Généraux, ou principaux Officiers, pour juger sur les Ordonnances un Criminel, Soldat, Matelot, ou autres gens qui ont commis des délits portés au Conseil par le Major de la Marine ou de l'Escadre: il faut voir à ce sujet l'Ordonnance de la Marine, imprimée en 1765.

CONSEIL *de Construction.* C'est une assemblée des premiers Officiers de la Marine & des Constructeurs Ingénieurs du Roi; quelquefois il s'est tenu devant Sa Majesté & le Ministre de la Marine y a présidé dans certaines circonstances. On verra dans l'Ordonnance de la Marine de 1765, l'ordre de ce Conseil. Mais nous pouvons observer que les connoissances des Conseillers sur l'Architecture Nautique, devant être très-entendues & fondées sur la plus sçavante Géométrie & l'expérience la plus suivie; il se trouve peu de ces Messieurs en état de prononcer sur une matiere aussi compliquée, & qui demande une étude particuliere: quelque fondé que l'on soit en Théorie ou en pratique, si l'on n'a qu'une de ces parties, on fera toujours un Constructeur fort médiocre, pour ne pas dire quelque chose de plus.

CONSENTI. Un Mât a consenti lorsqu'il a plié & qu'il reste forcé dans une mauvaise situation sans se redresser; & lorsqu'il a éclaté sans se rompre tout a fait. Le Vaisseau a consenti dans toutes ses parties pendant l'échouage, parceque toutes ses liaisons ont largué.

CONSENTIR. C'est obéir à un effort ou par force; c'est un terme de Charpentier.

CONSERVE. On navigue de Conserve en faisant route plusieurs Vaisseaux ensemble. Ainsi être de Conserve, c'est être de compagnie & faire route plusieurs ensemble.

CONSERVER. C'est garder en vue un Vaisseau que l'on veut joindre & reconnoître de près, pour le combattre s'il est ennemi: *Nous vimes un Vaisseau dans la nuit, nous virâmes dessus pour le conserver jusqu'au jour.*

CONSOMMATION. C'est tout ce qui est consommé pendant le cours d'un voyage dans un Vaisseau. L'Écrivain tient les Régistres des consommations, & chaque Maître tient dans son particulier un état de ses consommations.

CONSTRUCTEUR. C'est un Officier préposé particuliérement, & uniquement pour donner le plan & faire exécuter la construction ou bâtisse des Vaisseaux; on a réglé leur rang & leur service, par Ordonnance du Roi en 1765. Les Ports Marchands ont leurs Constructeurs particuliers, mais qui ne tiennent aucun rang distingué, quoiqu'ils puissent être aussi instruits que les autres. Le Constructeur habile doit être Géometre, Physicien & Mécanicien; parce que son Art demande une connoissance parfaite des Courbes & de leurs propriétés, du poids spécifique des Fluides, de leur action sur les surfaces par leur pression, leur résistance & de toutes leurs forces. Enfin, connoître les Méchaniques; parce que le Navire est un composé de plusieurs machines toutes simples, & si bien disposées qu'il n'y a aucune confusion; ce qui rend le Vaisseau lui-même la plus belle machine connue; elle se met en mouvement par les impulsions de l'eau & du vent, pour transporter les plus grandes pesanteurs aux extrémités du monde, en parcourant souvent plus de quatre lieues par heure, sous un fardeau de deux à trois mille, & trois mille cinq cents tonneaux.

CONSTRUCTION. C'est l'ouvrage même de la bâtisse du Navire; c'est sa charpente & la réunion de toutes ses parties sous la main de l'ouvrier; c'est le premier pas du Constructeur vers le Méchanisme; il est Charpentier alors pour l'exécution de son plan, & il doit l'être dans le fait pour l'œconomie du bois de la charpente, & sçavoir profiter de toutes les pièces & les placer à propos, afin de n'en point perdre: il doit sçavoir donner les liaisons les plus fortes à son Architecture & la faire durer le plus qu'il est possible; en un mot, il doit conduire & faire exécuter l'ouvrage, sinon de la main, du moins de la tête; il détermine toutes les dimensions des pièces, leur position, leur figure, leur place, l'union des unes avec les autres & leurs liaisons; il commence par faire allonger la Quille sur les Chantiers & lui donner ses dimensions particulieres, liant ses différentes parties par des écarts ou endentements les unes sur les autres que l'on cheville en fer rivé sur viroles; ensuite on leve l'Etrave & l'Estambot sur les extrémités de la Quille, avec leurs liaisons de contre-Etrave, contre-Estambot & Courbes, ou pièces de remplissage & massives, qu'on lie les unes avec les autres, par de bonnes chevilles de fer, rivées sur viroles en dehors de l'Estambot: ces pièces étant solidement établies & accorées, on procéde à l'assemblage des parties qui composent les membres en liant les Varrangues aux premieres, secondes & troisiemes allonges, ou allonges de revers par les genoux de fond, genoux de premieres & secondes allonges; genoux de revers ou de troisiemes allonges; ce qui étant bien uni par des chevilles quarrées, ou gougeons de fer de deux pieds en deux pieds, les membres se trouvent finis ; après quoi on les leve les uns après les autres, perpendiculairement sur la contre-Quille, aux distances marquées par l'Ingénieur, sur des entailles qu'il y a fait pratiquer ; & à mesure que la membrure se leve & plombe, on place des Acores Tribord & Babord & les Lisses, pour tenir toute cette charpente debout & verticalement dans tous les sens, par rapport au plan de la Quille, dont elle suit la pente : cela fait, on place les Carlingues sur le milieu des Varrangues & les Marsouins dans les façons ; on place les Ceintures ou Bauquières, endentées sur les membres, ainsi que les Serres & Serres d'Empatures; on vaigre obliquement du haut en bas, moitié plein & moitié vuide ; entaillant entre les membres sur Épaulettes, ou bien l'on s'y prend de la maniere ordinaire, si connue de tout le monde, mais qui n'est pas la meilleure à beaucoup près ; on place les Baux des deux Ponts, les Porques & faux-Baux, &c. On borde le Vaisseau en dehors, en lui appliquant ses Préceintes & Bordages ; on place les Courbes, en dedans les Taquets debout, les Coëffes ou Guirlandes ; toutes les Barres de Pont étant placées d'avance en levant l'Estambot, & l'on borde les Ponts aussi-tôt qu'on a placé les Barotins & Entremises ; on place les Épontilles sous les Hiloires renversées ou faix de Pont ; on endente sur les Baux les Gouttieres, & deux rangs d'Hiloires de chaque bord, avec les Hiloires du milieu ; on place le Taille-mer avec les Dauphins ou Jauteraux ; on met les montans de Voute & de contre-Voute à la Poupe, avec les Quenouillettes, on borde par dessus, &c. & quand tout cet ouvrage est fini, ont fait le Bert pour lancer le Vaisseau à l'eau, ou pour l'ordinaire on l'acheve de construire. J'ai vu qu'on le finissoit quelquefois entiérement sur le Chantier, qu'on le carènoit en plein & qu'on le doubloit avant de le lancer, & l'on ne se trouvoit pas mal de cette méthode, qui est bien œconomique en fait de construction.

CONSTRUIRE. C'est bâtir un Vaisseau, en faire faire la construction.

CONSUL. C'est une personne établie par commission du Roi, pour représenter les droits de la nation, chez les Étrangers où il réside : le Consul doit faciliter le commerce, protéger les Marchands, juger leurs différents & légaliser les Actes expédiés dans leur ressort, afin qu'ils fassent foi en France. Quand un Consul ne se donne pas les mouvements nécessaires pour soutenir les droits de la nation, dans les différents qui peuvent arriver avec les Étrangers, on est en droit de le sommer ; d'agir au nom du Roi & de protester contre son inaction, pour ensuite lui faire rendre compte au Ministre de son défaut d'exactitude.

CONTINENT. C'est la plus grande étendue de terre ferme & non isolée. On connoît deux Continents dans le monde, & on en soupçonne un Austral. Le plus ancien Continent connu, est celui que nous habitons ; il contient l'Europe, l'Afrique &

l'Asie ; le second, découvert par Christophe Colomb, Génois de nation, est connu sous le nom d'Amérique.

CONTOIR ou *Comptoir.* C'est un établissement fait en pays étranger pour le Commerce. Les Compagnies des Indes de France, d'Angleterre & de Hollande, ont plusieurs Comptoirs établis sur les Côtes de Coromandel, de Malabar & de Bengale; en outre des Chefs-lieux, Villes & Forteresses, qu'elles y ont pour leur Commerce. En Chine, elles n'ont qu'un Conseil de Résidence pour le Commerce des Thé, Soirie & Porcelaine.

CONTRAIRE. Le vent est contraire quand il ne permet pas de porter à route, lors même qu'on est au plus près. La Bordée est contraire quand on perd plus qu'on ne gagne du côté de la vraie route.

CONTRARIÉ. On est contrarié quand on est long-temps sans pouvoir porter à route, à cause du vent debout qui en écarte.

CONTRE-AMIRAL. C'est un Lieutenant-Général des Armées Navales : le Contre-Amiral a rang immédiatement après Vice-Amiral, & commande les Chefs d'Escadres; il porte un Pavillon quarré au Mât d'Artimont : *Voyez* LES ORDONNANCES *de la Marine à ce sujet.*

CONTRE-BITTES. On appelle ainsi les Courbes, placées sur l'avant des Montans & qui servent à les appuyer. Les contre-Bittes sont les Taquets de Bittes.

CONTRE-BRASSER. C'est Brasser au vent, des Voiles orientées au plus près, lorsqu'elles ont le vent dedans, & leur faire prendre vent dessus, pour culler & pour abattre, quand ce sont celles d'Avant qu'on contre-brasse, & pour culler & venir au vent, quand ce sont celles de l'Arriere.

CONTRE. *Etre à contre d'un Vaisseau.* C'est tenir deux Bordées différentes avec le même vent & se croiser. *Il est à contre de nous*, c'est-à-dire qu'il a les Amures à Tribord, lorsqu'on les a à Babord.

CONTRE-ESTAMBOT. C'est une pièce de bois droite, semblable à l'Estambot, mais moins large; on la place en dehors de l'Estambot, à placage, en les liant ensemble avec de gros clous à pointes perdues. C'est sur le contre-Estambot que portent les ferrures du Gouvernail, parcequ'il sert de fourrure à l'Estambot. On met quelquefois un contre-Estambot en dedans ; mais le mieux est de faire monter la branche de la Courbe de l'Estambot, jusqu'au repos des Estains, ou au premier Pont.

CONTRE-ETRAVE. C'est une pièce de bois qui est ordinairement faite de deux morceaux, que l'on pose à placage sur l'Etrave en dedans, en les liant l'une à l'autre avec des clous à pointes perdues; elle sert à fortifier l'Etrave, & l'on a attention que les empatures ou écarts de la contre-Etrave, soient plus éloignés qu'il est possible de ceux de l'Etrave : quelquefois la pièce d'en-bas de la contre-Etrave forme une Courbe, dont la branche horizontale couvre la contre-Quille en s'unissant avec elle par un écart, & alors elle fait la courbe de l'Etrave ; mais quand cela ne se trouve pas ainsi naturellement, on ajoute une pièce pour faire la même liaison avec la Quille & l'Etrave, c'est-à-dire pour fortifier l'écart du Brion avec l'Etrave.

CONTRE-MAITRE. Officier Marinier qui a le district du fond de Calle, sous le commandement des Officiers supérieurs, du Maître & second Maître d'Equipage : c'est le second Ordre des Officiers Mariniers de manœuvres.

CONTRE-MARCHE. Mouvement successif de Vaisseaux en lignes, qui virent de Bord ou viennent au vent, ou arrivent dans les eaux les uns des autres au même point, pour faire la même route, & se suivre comme ils le faisoient auparavant. C'est la premiere & la plus simple évolution navale.

CONTRE-MARÉE; *aller contre-Marée.* C'est aller contre le cours de la mer, dans le flux ou le reflux : on a la Marée contraire.

CONTRE-QUILLE. C'est une pièce de Bordage, de 2, 3, 4, 5, ou 6 pouces d'épaisseur dans le milieu, selon la grandeur des Vaisseaux; elle s'applique sur la Quille, & augmente de hauteur en s'approchant des extrémités, jusqu'à devenir égale aux branches horizontales des Courbes d'Etraves & d'Estambot, auxquelles elles se lient par des empatures : la Contre-Quille fortifie la Quille, à laquelle elle est liée par des clous à pointes perdues; on fait dessus les entailles des couples ou membres, de deux pouces de profondeur, selon les circonstances, pour ne point affoiblir la Quille, & la pouvoir changer avec plus de facilité au besoin; enfin, on fait monter la contre-Quille, ou les courbes, dans les façons de l'arriere & de l'avant, de la hauteur nécessaire pour que les Fourcats puissent porter dessus avec moins de longueur de talon.

CONVOI. On appelle *Convoi*, l'escorte de Vaisseaux de Guerre, sous la protection desquels une Flotte Marchande navigue. *Notre Convoi étoit de six Vaisseaux de Roi & une Frégate.*

CONVOYER. C'est accompagner des Vaisseaux Marchands dans leur route, & les protéger contre les Ennemis. C'est le plus noble Métier du Vaisseau du Roi, de protéger le Commerce, de le secourir & de lui aider en toutes choses; c'est pour cela que la Marine Militaire est instituée.

COQ. C'est le Cuisinier de l'Equipage; il a soin de la Chaudiere, fait cuire la Soupe, la Viande, qu'il distribue aux plats, à mesure qu'ils viennent prendre leur Ration à l'heure du repas.

COQUE. C'est le pli qui se fait aux Cordages neufs quand ils sont trops torts; cela les empêche de passer dans les Poulies, & retarde le service.

COQUE *de Navire.* C'est le corps du Vaisseau sans Mâts ni Apparaux.

COQUILLAGES. On donne ce nom à tous les Poissons revêtus de Coquilles dures; comme Moule, Huître, &c. mais particuliérement à une espèce de Bernache qui s'attache aux Carènes des Vaisseaux qui sont long-temps à l'eau sans carèner, ce qui les retarde beaucoup dans leurs vitesses du même temps; car il y a une différence considérable de marche entre le même Vaisseau, sale ou carèné de frais.

CORBILLON. Espèce de petite Gamelle, dans laquelle on met du Biscuit d'un repas à sept hommes aplatés ensemble, ou qui mangent au même plat.

CORDAGE. Nom général de toutes les espèces de Cordes prises ensemble; ainsi les Cables, les Grêlins, les manœuvres Dormantes & Courantes, sont tous des Cordages différents, &c.

CORDAGE *blanc*. C'est un Cordage qui n'est point goudronné, ni avant ni après sa fabrique.

CORDAGE *goudronné*. C'est le cordage ordinaire, qui est goudronné avant d'être fabriqué. On met le goudron sur les fils de Caret, en les passant dedans, & les tournant sur un Tour, à mesure qu'ils s'empreignent de goudron.

CORDAGE *ragué*. C'est celui qui est écorché par le frottement; alors il est avarié, & n'est plus que dans l'ordre du vieux cordage.

CORDAGE *refait*. C'est celui qui est composé des fils de Caret, & des Tourons d'un cordage qui a déja servi.

CORDAGE *de rechange*. C'est le Cordage de toute espèce, que l'on embarque pour changer les manœuvres qui s'usent ou se rompent pendant le voyage.

CORDAGE *en trois*. C'est un cordage fait de trois Tourons, & chaque Touron est composé de fil de Caret, tord ensemble & allongé; cette espèce de cordage en trois, sert aux manœuvres courantes, & n'est commis qu'une fois; au lieu que le cordage en trois, façonné en Grêlin, a chacun de ses Tourons composé de trois cordons en fils de Caret, & est commis deux fois; il sert à faire des Haubans, Etais, Ecoutes, Amures, Cables, Grêlins, Aussieres, &c. & est préférable à tout autre, parce qu'il allonge moins, qu'il est plus fort à grosseur égale, & moins pesant, n'ayant pas de mèche inutile au milieu, pour soutenir ses Tourons.

CORDAGE *en quatre*. C'est un cordage fait de quatre Tourons de fils de Caret, tordus sur une mèche filée; de sorte que cette mèche placée au milieu, soutient la torsion des Tourons qui la presse entr'eux, & comme elle ne peut s'allonger dans le travail, autant que le reste de ce cordage, elle rompt ordinairement avant que les Tourons aient fait leur effort pour s'allonger autant qu'eux dans les autres parties qui travaillent; ce défaut oblige le cordage à se rompre avec plus de facilité dans tous les endroits où il ne se trouve plus soutenu, ce qui n'arrive point au cordage en trois; joint à ce que la mèche est ordinairement faite de vieilles étoupes, que les Cordiers vendent au poids, au même prix que le reste du cordage à qui elles servent d'appui.

CORDE. C'eſt un cordage ordinaire, fait avec le Chanvre filé en fil de Caret, enſuite tord en Tourons, tordus enſemble pour faire la corde, qui eſt toujours compoſée de trois Tourons.

CORDE *de retenue.* C'eſt celle qui eſt frappée ſur quelque fardeau pour le retenir & l'empêcher d'aller au mouvement du Navire; on la nomme pendant le travail *Retenue. Tiens bon ſur la Retenue.*

CORDELLE. On hale un Vaiſſeau à la Cordelle, quand on le fait marcher à force de bras, par le moyen des cordes que des hommes tirent à terre. Cela ſe pratique dans les Rivieres.

CORDERIE. C'eſt le lieu où l'on fait le Cordage; il doit être couvert, & avoir au moins cent ſoixante toiſes de longueur, afin de pouvoir y filer à l'aiſe les Tourons des Cables, & les allonger dans toute leur longueur, pour les réduire par la double torſion à cent toiſes ou cent-vingt braſſes. Il y a des Corderies dans tous les Ports du Roi & dans les Villes de Commerce : il y a des Corderies particulieres qui fourniſſent aux Vaiſſeaux Marchands, à tant du cent de cordage.

CORDERIE *dans les Cables.* Avoir une Corderie dans ſes Cables. *Voye* TOUR dans les Cables.

CORDIER. Le Maître Cordier eſt celui qui a la direction de la Corderie, qui ordonne & conduit la compoſition & la fabrique du cordage.

CORDIERS. Ce ſont les Ouvriers de toute eſpèce que le Maître de la Corderie emploie pour faire le cordage, parer le Chanvre, filer le fil de Caret, le goudronner & former les Tourons.

CORDON ou *Touron.* C'eſt le Touron ſimple, qui n'eſt compoſé que de fils de Caret tordus enſemble. Ainſi dans le cordage deux fois commis, le Touron eſt compoſé de trois cordons tournés enſemble, & le cordage l'eſt de trois Tourons, commis l'un ſur l'autre, & tords en dernier lieu; de ſorte que ſi les Tourons ſont de trois cordons, le cordage ſe trouve compoſé de neuf cordons.

CORNE. C'eſt une Vergue qui embraſſe le Mât par une de ſes extrémités, en appuyant deſſus; ſon uſage eſt d'enverguer les grandes Voiles ou Bômes de Bateaux, Goelletes, Senaults de Vaiſſeaux & Artimons; elle a une Driſſe frappée ſur le bout, au ras de la Fourche, & une Balancine ſur l'autre extrémité, pour l'apiquer auſſi-tôt que la Voile eſt haute, avant de la border; on la ſoutient encore dans ſon milieu par une forte Balancine. Beaucoup de Vaiſſeaux ont des Cornes à l'Artimon au lieu de Vergue; mais elles ſont d'un mauvais uſage dans ce cas, parce qu'il n'eſt pas aiſé de les manœuvrer à volonté, de les tenir au Roulis, qui les faiſant aller d'un côté à l'autre, malgré les Palans à Itaque que l'on place ſur le bout de la Corne, elle donne de fortes ſecouſſes au Mât de Perroquet de Fougue.

CORNE *d'Amorce* ou *Pulverin.* C'eſt une corne de Bœuf bien vuidée, & garnie au gros bout d'un bouchon de bois, cloué avec de petits clous tout autour de la corne qui l'enveloppe; on place au milieu de ce bouchon une vis de la groſſeur du pouce, pour pouvoir remplir cette corne de poudre propre à amorcer les Canons : elle ſe vuide par le petit bout, qui eſt bouché par un bouchon de bois attaché à la corne ; on la garnit d'une Sonde & d'une Épinglette, pour ſervir à crever la gargouſſe & à introduire la poudre dans la lumiere du Canon que l'on amorce : chaque corne doit contenir de quoi amorcer vingt à vingt-cinq fois un Canon, elle ſert de fourniment au Chef de Pièce, qui la porte en bandoliere ſur le côté gauche.

CORNETTE. C'eſt une eſpèce de Pavillon affecté au Chef d'Eſcadre, qui le porte au Mât d'Artimon. La Cornette eſt fendue juſqu'aux deux tiers de ſon battant, & ſes proportions ſont fixées par les Ordonnances.

COROIS. C'eſt une compoſition de Brai, de ſuif & de ſouffre, que l'on fait bouillir enſemble pour eſpalmer les Vaiſſeaux; le Corois gras eſt celui dans lequel il n'entre point de ſouffre; c'eſt celui qui tient le milieu. *Voyez* COUROIS.

CORPS *du Vaiſſeau.* C'eſt la Coque entiere, dépourvue de ſes Agrès & Apparaux de Mâture.

CORPS *de Bataille.* C'eſt l'Eſcadre que commande ordinairement le Général d'une Armée Navale au milieu de l'ordre de Combat. Le Corps de Bataille eſt toujours poſté entre l'Avant & l'Arriere-Garde, ſoit que l'Eſcadre du Général y ſoit, ou n'y ſoit pas.

CORPS *mort.* On appelle ainſi de groſſes Ancres, que l'on mouille en les empenelant avec d'autres Ancres, pour tenir les Vaiſſeaux dans les Rades pendant les plus forts coups de vent, afin qu'il ne chaſſent pas.

CORPS *de Pompe.* C'eſt la partie du tuyau dans lequel agit le Piſton, pour élever l'eau par aſpiration, ou la refouler par compreſſion.

CORPS *de Carène d'un Vaiſſeau.* C'eſt la partie du Navire qui avoiſine le Maître couple ſur l'Arriere & l'Avant, & qui a les mêmes capacités; elle eſt formée par pluſieurs Maîtreſſes levées égales & ſemblables. Pluſieurs Conſtructeurs ne mettent qu'une Maîtreſſe levée, d'autres en mettent trois, cinq, ſept, & juſqu'à neuf, dans les Vaiſſeaux qui ont le plus de capacité : cela, comme bien d'autres choſes, eſt ſujet au caprice de l'Ingénieur, lorſqu'il n'eſt pas guidé par les vrais principes, qui ne laiſſent jamais de pareilles indéciſions ſur cette matiere que nous nous propoſons de traiter amplement dans un autre ouvrage.

CORRECTION. C'eſt une eſtime particuliere du chemin

& de la route du Vaisseau pendant vingt-quatre heures, *d'un midi à l'autre.* On la fait après l'observation de la Latitude, par comparaison avec la Latitude estimée ; on porte ensuite la route plus ou moins Nord, ou Sud, Est ou Ouest, selon que la différence en Latitude est plus d'un côté que de l'autre, & que la Lame & le vent, ou le Courant, sont estimés porter plus vers un côté que de l'autre : par exemple, si l'on a cinglé entre le Nord & l'Ouest, que la différence en Latitude soit Nord, & que la mer ait battu le Vaisseau en portant sur le Nord, il est probable que la différence entre les Latitudes observées & estimées, n'est occasionnée que par ce transport de la Lame, d'une, deux ou trois lieues pendant les vingt-quatre heures : ainsi l'on peut détourner la route & la corriger, de même que le chemin, en transportant cette déviation dans la perpendiculaire, à la direction qu'a eu le Navire pendant la course ; parce que les corps sont poussés par les fluides, selon une ligne perpendiculaire à leur longueur, ou souvent encore dans le sens direct où porte la mer, selon qu'ils sont plus ou moins obliquement exposés à son mouvement, comme on peut le remarquer en laissant aller un Bateau au Cours d'une Riviere il ne le suit jamais exactement ; mais il faut observer que cette maniere d'estimer la route & le chemin, est seulement plus probable que celle dont on se sert ordinairement, & qu'elle est regardée comme une estime moins grossiere ; de plus il arrive quelquefois que cette façon d'opérer ne s'accorde pas avec les différences en Latitude, parce que le Courant peut avoir porté contre le vent & la Lame, sans qu'on ait pu s'en appercevoir, ou par d'autres raisons semblables, qu'il n'est pas possible de pénétrer ; alors on s'en tient à l'estime ordinaire du Loch, & l'on ne fait point de correction.

CORSAIRE ou *Armateur.* C'est un Vaisseau armé en guerre par un particulier, avec une Commission de l'Amiral, pour courre sur les ennemis de l'État ; il les combat, & s'en empare quand il peut, les fait prisonniers de guerre, vend leurs Vaisseaux pris & Cargaisons à son profit : le tiers net des prises appartient à l'Équipage, qui sert toujours à la part, & ne doit point recevoir d'avance ; les deux autres tiers restent à l'Armement ; on peut voir à ce sujet les Ordonnances du Roi sur la course. Les Corsaires doivent être d'une certaine force ; c'est-à-dire, qu'on ne devroit jamais équiper en Course, que des Vaisseaux au moins de quarante Canons, dont l'Artillerie seroit de Douze ou de Dix-huit sur la Batterie, avec du Six sur les Gaillards ; il en résulteroit qu'aucune Frégate ennemie ne pourroit se mesurer avec eux, qu'à force égale, & souvent ils pourroient se défendre contre les Vaisseaux de guerre, Gardes-Côtes ennemis, sur-tout dans les Courses d'hiver, & dans les temps où ces Vaisseaux ne peuvent pas se servir de leur premiere Batterie ; ils auroient en outre une supériorité décidée ſur les plus forts Vaiſſeaux du Commerce, & un Combat douteux ne les obligeroit pas de relâcher après leur priſe faite, ou de l'abandonner à moitié battue; joint à ce qu'effectivement il ſera bien plus facile & bien plus ſûr de leur conférer une marche ſupérieure qu'à des Embarquations que la cupidité fait armer, & que la mer domine toujours, pour peu qu'on les charge de Voile dans une chaſſe de bon frais. On obligeroit encore les Armateurs à mieux prendre leurs meſures; & comme ils ſeroient plus attentionnés à choiſir leurs Capitaines, parce qu'ils riſqueroient davantage, ces Vaiſſeaux ſeroient mieux commandés, moins ſouvent pris, mettroient moins de priſonniers de la Nation entre les mains des ennemis, & procureroient un profit ſûr à l'Etat, pour peu qu'ils priſſent ſur l'Ennemi.

CORVETTE. Tout Bâtiment d'une marche ſupérieure, & qui porte moins de vingt Canons en Batterie, eſt une Corvette; ſon uſage eſt de porter des ordres & des paquets; ainſi il faut que la Corvette marche, gouverne, évolue, & porte ſupérieurement la Voile; elle n'a de capacité que ce qui eſt néceſſaire pour porter avec facilité ſon Armement.

COSSE. Eſpèce d'Anneau de fer, convexe dans l'intérieur de ſa circonférence, & concave dans tout l'extérieur; cette canelure eſt faite pour recevoir l'Eſtrope qu'on lui met, afin de la placer où elle doit ſervir. Il y a des Coſſes de bois que l'on nomme *Margouilltes*. *Voyez ce mot.*

COTE. On entend par Côte, une grande étendue de terre le long du bord de la mer; par exemple, la Côte de Bretagne, celle d'Angleterre, de Barbarie, de Guinée, &c.

COTE *Accore*. C'eſt une Côte élevée en précipices.

COTE *Nord & Sud*, *Eſt & Oueſt*, &c. La Côte eſt Nord & Sud, quand ſon giſſement ou direction eſt ſur une ligne parallele à ces deux points de l'horizon. Ainſi on connoît le giſſement d'une Côte, quand on peut déterminer la parallele à deux Points quelconques oppoſés de la Bouſſole.

COTÉ. Le côté d'un Navire eſt ſon travers; ainſi préſenter le côté, c'eſt donner le travers.

COTÉ, *faux côté*. Un Vaiſſeau a un faux côté, quand il eſt Bordier, parce qu'il a un côté plus renflé que l'autre, ou plus peſant; c'eſt toujours un défaut de conſtruction.

COTÉ *du vent*. C'eſt celui qui eſt expoſé au vent. *Nous étions Tribord au vent.*

COTÉ *de deſſous le vent*. C'eſt celui qui eſt oppoſé au cours du vent, & qui n'en eſt pas frappé; c'eſt le côté ſur lequel un Vaiſſeau incline ordinairement par l'effet de ſes Voiles, lorſqu'elles ſont expoſées à l'impulſion du vent.

COTÉ *en travers*. Un Vaiſſeau met le côté en travers, quand il met en Panne, parce que dans cette ſituation, le vent frappe ſur le travers du Navire.

COTIER, *Pilote Côtier.* C'est celui qui connoît parfaitement les Côtes, leurs vues, leurs gisements, les Mouillages, Ports, Baies, Rades, Rivieres, Ances, & tous les endroits de la Côte où elle est pratique. Ainsi l'on dit : *Pilote Côtier de la Côte d'Angleterre, de la Côte de Bretagne, &c.*

COUCHANT. C'est le Point de l'horison où le Soleil se couche. *Voyez* OCCIDENT & OUEST.

COUDE. Une Riviere fait coude dans tous les endroits où elle se détourne; ainsi lorsque le cours change sur la gauche, le coude est concave vers la droite, & forme une pointe du côté du détour à l'opposé du coude.

COULAGE. C'est la perte des Liqueurs en Fûtaille, qui composent le chargement ou l'approvisionnement d'un Vaisseau; le coulage provient de la défectuosité des Fûts, ou de l'Arrimage, & particuliérement de la spiritualité des Liqueurs dont les parties les plus subtiles s'évaporent au travers des pores du bois; on donne dix pour cent de coulage dans les voyages de long cours à ceux qui sont chargés de rendre compte du chargement.

COULE. On dit qu'un Vaisseau coule, quand il s'enfonce peu-à-peu dans l'eau, & qu'enfin il s'y enfonce tout-à-fait, & disparoît.

COULE. Une Fûtaille coule, quand elle perd la Liqueur qu'elle contient, & qu'elle la laisse échaper par quelqu'endroits ouverts par accident.

COULÉ. Un Vaisseau est coulé, quand il est submergé par le volume d'eau qui a pénétré dedans, au travers des voies & ouvertures qui y ont été faites par accident ou volontairement.

COULÉE. La Coulée d'un Vaisseau, c'est la forme de sa Carène depuis le gros du Navire jusqu'aux extrémités. Un Vaisseau a de belles coulées, quand elles sont avantageuses pour diviser le fluide; ce terme n'est pas fort en usage.

COULER. C'est s'enfoncer dans l'eau jusqu'à y disparoître. Ainsi l'on dit, qu'un Vaisseau vient de couler, quand il s'est enfoncé, & a disparu.

COULER *bas.* C'est exactement couler. *En nous battant contre le Vaisseau de l'Avant, nous le fimes couler bas, à force de coups de Canons à l'eau.*

COULER *bas d'eau.* C'est prendre autant d'eau par les ouvertures faites à la Carène, qu'on en peut jetter dehors avec les Pompes & Seaux : ainsi l'on dit d'un Vaisseau qui fait beaucoup d'eau, qu'il coule bas d'eau, pour dire qu'il est indigent & en danger.

COULISSE. C'est le canal dans lequel passe la Quille du Vaisseau, lorsqu'on le lance à l'eau sur Drague, ou lorsqu'il glisse sur sa Quille, & sur des Coites placées à hauteur d'appui de sa Varrangue, placée parallellement au plan de son Grillage.

COUP *de mer.* C'eſt le choc violent d'une lame d'eau contre le Vaiſſeau dans un gros temps; il y en a de fort dangéreux, *Nous reçûmes un coup de mer qui enfonça tout notre Plat-bord.*

COUP *de Gouvernail.* C'eſt le mouvement ſubit & précipité du Vaiſſeau vers un côté, occaſionné par une diſpoſition vive du Gouvernail, pour éviter quelque accident imprévu. Cette manœuvre à ſouvent lieu dans la Marine, ſur-tout quand on navigue en Eſcadre, ou en combattant pour éviter tout d'un coup l'Abordage d'un Vaiſſeau qui veut aborder ou qui manœuvre mal, ou qui ſe trouve devant vous par accident: dans l'une ou l'autre de ces circonſtances il faut être prompt à déterminer le mouvement de ſon Navire & ſa manœuvre, car on n'a preſque jamais le temps de la réflexion. C'eſt particuliérement ces coups de manœuvre hardis & vivement exécutés, qui caractériſent l'homme Marin & le Manœuvrier habile.

COUP *de Vent.* C'eſt une Tempête : un coup de vent eſt toujours un mauvais temps à la mer, de quelque partie qu'on le reçoive; mais moins incommode & moins dangéreux quand on l'a en Poupe ou grand Largue; parce qu'on fait ſa route, ſi on n'eſt pas proche de terre, & qu'en fuyant devant le temps, on ſe ſouſtrait en partie à l'impulſion du vent & au choc de la mer, qui s'éleve preſque toujours par des groſſes Lames qui briſent en ſe déployant ſelon le cours du vent. Quelquefois les coups de vent prennent ſubitement par un Grain, & ceux qui ſe déclarent ainſi ne ſont pas ordinairement de longue durée, quoique très-vifs : d'autres fois ils ſe manifeſtent d'avance, & de maniere à ſe prévenir de pluſieurs heures, d'un jour, de deux & trois; dans ce cas ils ſont ſouvent de longue durée & violents, augmentant gradativement de force en ſoufflant par ſautes de différents points de la Bouſſole, ce qui eſt toujours l'inconvénient le plus dangéreux d'une Tempête, ſur-tout quand la ſaute eſt complette de ſeize pointes. Souvent les coups de vent ſont orageux.

COUP *de Canon à l'eau.* C'eſt un Boulet reçu dans la partie ſubmergée du Vaiſſeau. Tous les coups que l'on reçoit au-deſſous de la ligne de Flotaiſon ne percent pas, parce que le fluide leur réſiſte & empêche le Boulet de traverſer; mais ceux qui ne ſont qu'à un ou deux pieds ſous l'eau, ont ſouvent un effet dangéreux, ſur-tout dans les Vaiſſeaux foibles d'Echantillon.

COUP *de Canon en plein bois.* Tous les coups reçus dans le corps du Vaiſſeau au-deſſus de l'eau, ſont en plein bois; les uns percent & beaucoup reſtent dans le bois, ſur-tout quand ils rencontrent le milieu d'un membre.

COUPE *Verticale d'un Vaiſſeau.* C'eſt le Plan des membres vus de face dans le prolongement de la Quille, ſur laquelle ils ſont élevés perpendiculairement; ainſi chaque membre peut être pris pour une Coupe Verticale du Navire.

COUPE

COUPE ou *Tranche horizontale.* C'eſt la ſection du Vaiſſeau priſe horizontalement; de ſorte que les différents enfoncements du Navire marquent les différentes Coupes de Flotaiſon par où il paſſe, juſqu'à ce qu'il ſoit chargé ; ainſi la ſurface de Flotaiſon eſt la plus grande Coupe hoizontale de la Carène, & toutes celles que l'on fait au-deſſous par le calcul du Plan, doivent lui être paralleles, & ſe trouver comme elle dans le Plan de l'horizon.

COUPÉE. Une Coupée eſt une interruption d'un Pont, pour pratiquer une Chambre d'une plus grande élévation à l'Arriere ; elle ne ſe pratique que dans les petits Vaiſſeaux & ſur le ſecond Pont; s'ils n'en ont qu'un, la Coupée prend ſur la Calle, parce qu'on fait toujours baiſſer le Pont à l'endroit de la Coupée.

COUPEAU. C'eſt l'éclat de bois que le Charpentier ſépare de la pièce qu'il travaille : les Coupeaux ſont près d'un tiers du bois employé à la conſtruction, & ne ſont bons qu'à brûler.

COUPER *les Cables.* C'eſt une manœuvre de prompte exécution ; elle s'exécute à coups de Hache en coupant les Cables ſur la Bitte, quand on ne peut pas lever l'Ancre, ou quand on eſt preſſé d'appareiller devant l'ennemi, ou pour éviter le mauvais temps.

COUPER *les Mâts.* C'eſt une opération critique, qui s'exécute avec la Hache dans les circonſtances preſſées, occaſionnées par la Tempête & la force du vent, auquel on veut ôter tout ce qui peut lui donner priſe, & faire chaſſer les Ancres quand on eſt mouillé, ou faire chavirer le Navire par trop d'inclinaiſon lors qu'on eſt ſous Voiles. On procéde à cette opération en coupant d'abord les Haubans de deſſous le vent, enſuite le Mât & les Haubans du vent avec les Etais, de maniere qu'aucune manœuvre ne le retienne quand il tombe.

COUPER *l'Ennemi.* C'eſt le traverſer en ſéparant, par exemple, l'avant-Garde de ſon corps de Bataille, de maniere qu'elle ne puiſſe être ſoutenue par ce dernier, qui doit être aſſez occupé par ceux qui ne coupent pas, pour qu'on n'ait rien à riſquer dans l'exécution de cette manœuvre. Cette évolution s'exécute par une partie de l'Armée, ou par l'armée entiere ſelon les circonſtances; mais toujours lorſque l'Ennemi laiſſe de trop grands intervalles entre ſes Eſcadres ou quelques Pelotons de ſon Armée, qui par leur éloignement ſont jugés pouvoir être battus avant le ſecours : en un mot, *Couper* dans ce ſens, c'eſt ſéparer les forces de l'Ennemi, de maniere qu'on puiſſe en détruire une partie à la vue de l'autre, ſans riſquer beaucoup ni ſe compromettre; c'eſt toujours une manœuvre de tête qui caractériſe le Général, l'Homme de mer & le Manœuvrier.

COUPER *un Vaiſſeau.* C'eſt le croiſer de maniere qu'on puiſſe être à portée de le combattre au point de ſection des deux routes ; c'eſt l'Art du Chaſſeur. On entend encore par *Couper un Vaiſſeau*, le ſéparer de l'Armée ou de ſa Flotte, pour le combattre.

COUPER *à terre.* C'est aller à terre directement, & par la ligne la plus courte, ou de plus grande vitesse.

COUPER *un Vaisseau terre*, ou *se mettre à terre de lui.* C'est se poster entre la terre & le Vaisseau qu'on chasse, pour l'empêcher de s'y refugier.

COUPLE *de Haubans.* C'est une paire de Haubans faite du même bout de Cordage plié en deux par le milieu, & lié ensemble par un bon Amarrage, à la distance nécessaire pour que le double fasse un œil assez grand pour être capelé sur le Mât à qui il appartient.

COUPLE, *être en couple d'un Vaisseau, se mettre en couple.* C'est se porter travers par travers à petite distance, ou à se toucher l'un & l'autre, s'amarrant ensemble.

COUPLE *de Lof.* C'est exactement celui sur lequel le grand Lof, ou Dogues de grandes Amures, sont placés Tribord & Babord en avant du grand Mât; ainsi il répond ou doit répondre perpendiculairement sous le Taquet d'Envergure de la grande Voile, lorsqu'elle est orientée au plus près du vent.

COUPLES *de Gabarit.* Ce sont ceux dont le Périmetre est déterminé sur le Plan de projection du Navire, & qui sont exécutés en grand sur le contour des Gabarits tracés pour l'exécution du Vaisseau: on leve les Couples de Gabarit tous entiers & lorsqu'ils sont finis, en les plaçant verticalement sur la Quille à distances égales; on les lisse & assujettit à demeure & bien exactement, afin de ne pas se tromper dans les Couples de remplissage qui doivent achever la Coque.

COUPLES *de remplissages.* Ce sont ceux dont le Périmetre est déterminé par les Lisses entre ceux des Gabarits: on monte les Couples de remplissages, par morceaux & pieces gabariées sur Lisses; lorsque ceux de Gabarits sont en place, on met ordinairement un Couple de remplissage entre deux de Gabarits, quelquefois on en place trois, mais il faut plus d'attention à bien lisser alors, parce que les distances sont très-grandes.

COUPLES *de Balancement.* On appelle *Couple de Balancemet* dans l'Architecture navale, les deux Couples Verticales sur l'Arriere & l'Avant du maître Couple, qui ont le plus de similitude; ainsi le Couple de Balancement de l'Arriere a les mêmes ouvertures dans certains points que le Couple de Lof qui est pris ordinairement pour celui de Banlancement de l'Avant, afin que les lignes d'eau de la Proue aient un certain rapport avec celles de la Poupe, & qu'elles s'entre-balancent, de maniere que le centre de gravité de la partie du Vaisseau comprise entre les deux Couples de Lof & de Balancement, soit à-peu-près dans le Plan du maître Couple: c'est une observation qui devient regle chez la plupart des Constructeurs, & dont ils se font une espèce de religion de principe pour leur Art; cependant on peut assûrer que ceux qui sont munis d'une bonne Théorie, & qui connoissent à fond les parties de l'Architecture Nautique, ne sont point attachés à cette regle qui prouve plutôt l'insuffisance de celui qui l'adopte, que sa capacité.

COUPLES ou *Levées*. Ce sont les côtes ou membres du Vaisseau : on les pose verticalement sur la Quille, qui en fait comme l'épine du dos : chaque Couple est composé d'une Varangue qui en forme la partie inférieure, & se marie avec un Genou de fond, se pousse par une premiere Allonge, un second Genou, second Allonge, un Genou de revers & une Allonge de revers ; toutes ces pièces se doublent en se plaçant alternativement les unes & les autres par ordre, côtes à côtes, & forment le membre.

COURANT *de manœuvre*. On appelle *Courant de manœuvre* la partie du Cordage qui est mobile, & qui passe sur les Rouets des Poulies; tel est, par exemple, le Garant d'un Palan, d'une Cargue ou d'une Drisse, &c. sur lesquels les hommes halent pour hisser un fardeau, carguer ou hisser une Voile ; ainsi c'est la partie de la manœuvre sur laquelle on applique la puissance.

COURANT. Mouvement de l'eau vers une certaine direction ; ainsi l'on dit : *le Courant porte au Sud*, quand l'eau vient du Nord & qu'elle va au Sud. Le Courant d'une Riviere est son écoulement vers son embouchure ; toute eau qui a un écoulement ou mouvement constant du même côté est un Courant. Il y a bon Courant, quand il a une certaine rapidité ; le Courant est fort lorsqu'il va très-vîte, il est foible s'il a peu de vîtesse. Pour connoître le transport du Courant, quand on est en calme & en pleine mer, il faut mettre un Canot à l'eau, embarquer une ligne de sonde de 100 à 200 brasses avec une petite Chaudiere, & lorsqu'on est au large du Navire à 20 ou 30 toises, on empli la Chaudiere d'eau, & on la jette à la mer bien entalinguée pour la laisser couler, en filant de la ligne à mesure qu'elle demande : quand il y a 100 à 150 brasses de filé, plus ou moins, on tient sur la ligne en faisant tourmort sur le bout de l'Etrave du Canot, qui s'évite tout de suite le bout au Courant, & en marque la direction ; on en mesure la vîtesse, si on jette le Loch, parce que la Chaudiere ayant attrapé l'eau tranquille, résiste plus que le Bateau ne peut tirer, par la force de l'impulsion de l'eau sur sa Proue ; ce qui prouve évidemment que les Courants ne sont que superficiels en pleine mer.

COURANTES, *Manœuvres Courantes*. On appelle ainsi toutes les manœuvres qui ne sont pas fixées par les deux bouts, qu'on peut faire aller & venir au moyen des Poulies ; de sorte que les Bras, Boulines, Balancines, Ecoutes, Amures, Cargues, &c. sont des manœuvres Courantes.

COURBATON *d'Eperon*. C'est la Courbe qui lie le Digon à l'Etrave ; on l'appelle *Courbaton* parce que les branches ne sont pas fort longues.

COURBATONS. Ce sont de petits Courbes qui servent à lier les Baux de Gaillards & Dunettes avec les membres ; on emploie des Courbatons à d'autres usages.

COURBATONS ou *Taquets de Hune.* Ce sont des pièces de bois qui ont de longueur, la distance du bord de la Hune au trou du milieu ; ils lient sa Charpente, les plaçant dessus en forme de rayons, ils peuvent avoir deux pouces d'épaisseur & de largeur, étant un peu arrondis par le dessus.

COURBATONS *de Beaupré.* C'est la petite Courbe que l'on met entre les Violons, avec un Chouquet pour planter le Bâton de Pavillon d'Avant, ou pour mâter un Mât de Perroquet de Beaupré.

COURBATONS *de Bittes.* Ce sont les Courbes placées sur les Baux, en avant des petites Bittes & Bittons.

COURBES. C'est en général toutes pièces de bois à deux branches ; on les tire de la tête des Arbres, en faisant servir d'une part la plus forte branche, & le corps de l'Arbre de l'autre ; leur jonction faisant le collet de la Courbe qu'ils forment : on tire souvent d'un même Arbre plusieurs Courbes de différentes forces, selon la grosseur de ses branches & leur disposition, parce qu'il en faut de toutes sortes d'ouvertures pour les placer suivant les circonstances dans les différents Angles ou Encoignures. Les Courbes servent le plus ordinairement à lier les Baux avec les membres, faisant ensemble une liaison solide, si elles sont exactement jointes aux Baux & aux côtés du Navire, sur lesquels on les cheville ; de maniere que l'Angle solide de chaque Courbe soit parfaitement emboîté dans l'Angle formé par le Bord & les Baux.

COURBES *d'Arcasses.* Ce sont de fortes pièces de liaison, placées dans chaque Angle de la Poupe Tribord & Babord ; on les place horizontalement en liant une de leurs branches sur la Barre d'Hourdi, & l'autre sur les membres du Vaisseau ; on leur donne le plus de longueur que l'on peut, & le plus de force possible, sans cependant leur permettre de venir jusqu'au Sabord de retraite, parce qu'il ne faut pas gêner le Canon qu'on est quelquefois obligé d'y placer.

COURBES *ou Taquets de Bittes.* Ce sont celles que l'on place en avant des grandes Bittes ; une branche sur trois ou quatre Baux du Pont, & l'autre contre les montants des Bittes.

COURBES *d'Ecubiers* ou *Guirlandes.* Ce sont des Courbes qui servent à lier l'Avant du Vaisseau, en s'étendant des deux côtés de l'Etrave dessous les Ecubiers en dedans : elles s'entaillent de quelques pouces sur l'Etrave, sur laquelle on les cheville ainsi que sur les membres & Apôtres de dehors en dedans, ainsi qu'il est expliqué au mot Coëffe ; mais nous pouvons observer que ces pièces ne font pas un Angle comme les Courbes proprement dites ; elles ont une courbure douce, dans laquelle on ne remarque pas d'Angle.

COURBES *de contre-Lisse.* Ce sont des Courbes placées dans la Calle, sur les façons de l'Arriere ; leur branche inférieure est liée obliquement sur plusieurs membres, & la supérieure arboute contre l'Arcasse au-dessous de la Barre du premier Pont,

COURBES *de fer.* Ce ſont des pièces de Forgeron, faites en fer très-fort, & bien travaillé ſur un Gabarit donné par un Charpentier pour ſubſtituer le fer au bois, dans le cas où l'on manque de bois, & lorſqu'on veut que les Courbes paroiſſent peu, parce que dans les Vaiſſeaux de ligne, les Courbes en bois ſont toujours tres-fortes & d'un grand volume, ce qui eſt ſouvent fort incommode dans les Entre-Ponts & embaraſſant pour le ſervice, ainſi que dans les Galeries; de ſorte qu'on préfére preſque toujours les Courbes de Fer; joint à ce qu'effectivement elles ſont d'un bon ſervice, & qu'elles ſervent très-ſouvent à pluſieurs Vaiſſeaux.

COURBES *pour le Courant des grandes Ecoutes.* Ce ſont des Courbes placées Tribord & Babord ſous les porte-Haubans d'Artimon, ſur leſquelles on frappe une Poulie de retour pour le Courant des grandes Ecoutes qui viennent paſſer de-la dans leurs trous du Vibord du Gaillard d'Arriere

COURBURE. C'eſt la maniere dont une pièce de Charpente eſt courbée, ſoit en Arc, ou ſuivant la direction d'une autre Courbe.

COURSE. C'eſt le metier du Vaiſſeau Garde-Côte, comme du Corſaire; l'un & l'autre ſont en Station, & armés contre les Ennemis de l'Etat, ils doivent chaſſer & viſiter tous les Vaiſſeaux qu'ils voient. Cette école eſt la meilleure où l'on puiſſe envoyer un Officier pour apprendre ſon métier, il verra plus d'évenements dans une année de croiſiere bien faite, que pendant dix d'une autre navigation; un Vaiſſeau eſt en courſe, quand il eſt en croiſiere.

COURSIER. C'eſt un Canon de chaſſe; les Galeres ne portent que des Courſiers; ils ſervent à tirer ſur les Vaiſſeaux que l'on pourſuit.

COURSIVE. Paſſage étroit que l'on pratique entre les Soutes pour faciliter le ſervice des Poudres pendant un Combat.

COURIR. C'eſt en général faire route ſur le Largue, vent arriere ou au plus près. Ainſi l'on dit *courir Largue* & *vent arriere, courir au plus près, courir une bordée, &c.*

COURIR *de l'autre Bord.* Pour courir de l'autre Bord ou ſur l'autre Bord, il faut tenir le vent d'un côté, & virer pour le prendre de l'autre, en changeant d'Amures. *Nous eûmes connoiſſance d'un Vaiſſeau ſur l'Avant à nous, on lui donna le bout, & auſſi-tôt qu'il vit que nous chaſſions, il vira ſur l'autre Bord, & courut ſa bordée juſqu'à terre, où il ſe refugia.*

COURIR *au large.* C'eſt s'éloigner de terre, & tirer à la mer à toutes Voiles.

COURIR *à terre* ou *ſur la terre.* C'eſt faire route du côté de terre pour en prendre connoiſſance. *Nous courûmes à terre juſqu'à la nuit.*

COURIR *la grande bordée.* C'eſt faire le Quart par moitié d'Equipage; c'eſt-à-dire, qu'une moitié repoſe, tandis que l'autre veille.

COURIR *le même Bord* ou *la même Bordée.* C'est faire la même route que le Vaisseau que l'on suit, en se tenant sur la même parallele, étant orienté de la même maniere.

COURIR *sur son Ancre.* C'est être poussé par le vent ou le Courant, sur le Cable vers l'Ancre mouillée.

COURIR *Bord sur Bord.* C'est louvoyer à petites bordées, en virant souvent de Bord.

COURIR *la Bouline.* On fait courir la Bouline à un Criminel, lorsqu'on le fait passer entre deux rangs de Matelots pour être frappé par chacun d'un coup de Garcettes à chaque tour qu'il fait: il court le long d'une corde tendue entre les rangs, & sur laquelle il est retenu par une ceinture estropée sur une Cosse passée sur la corde tendue; c'est une punition prescrite par les Ordonnances de la Marine.

COURIR *une Bordée.* C'est faire un Bord, tenir le plus près du vent pendant un certain temps; *Nous fûmes obligés de courir une Bordée vers le Nord pour nous élever.*

COURIR, *faire courir.* C'est porter bon plein lorsqu'on est au plus près, sans tenir le vent de trop près.

COUROI. Composition de Souffre, de Résine, de Verre pilé & d'Huile de Baleine, dont on enduit à banc la Carène des Vaisseaux, pour les préserver des vers; il s'applique tout bouillant, & de la même maniere que le Brai, avec le Guipon: ce Couroi peut être bon tant qu'il tient, mais comme il tombe par écaille en peu de temps, il devient bientôt inutile; ainsi l'on préfére le Couroi simple fait avec du Brai gras, parce qu'il coute moins & qu'il tient mieux, quoiqu'il n'empêche pas le ver de piquer.

COUROIER. C'est donner le Couroi au Vaisseau en se servant de Guipon, pour l'appliquer à banc, & en enduire la Carène en plein.

COUROIR. C'est une Coursive, un passage étroit pratiqué quelque part pour la commodité du service.

COURONNEMENT. C'est l'Ordre de Sculpture qui termine la Poupe par le haut; on lui donne le plus de grace & de goût qu'il est possible.

COURS ou *Course du Vaisseau.* C'est son sillage, sa route, & la direction qu'il suit d'un côté ou de l'autre.

COURS, *voyage de long-cours.* Ce sont ceux qui se font aux deux Indes, à la Côte d'Afrique, à l'Amérique, en pleine mer, &c. & dont les traversées sont longues.

COURS *de l'eau, le cours d'une Riviere* ou *de la Marée.* C'est la direction du courant & du transport des eaux. *Nous nous laissions aller au cours de l'eau; nous dérivions au cours de la Marée.*

COURT. La Côte court N.E. & S.O. 5 à 6 lieues; c'est-à-dire, qu'elle est prolongée dans cette direction pendant cet espace; ensuite elle prend un autre cours plus vers le Nord. Ainsi le cours de la terre est son gissement, sa direction par rapport aux Points de l'horizon.

COURT. Le Vaiſſeau court de l'Avant, quand il a de la vîteſſe.

COURT. *On voit un Vaiſſeau qui court comme nous, nous courons comme lui*, c'eſt-à-dire, qu'on fait la même route l'un & l'autre, qu'on parcourt les mêmes paralleles. Ainſi lorſque la Vigie crie *Navire*, on demande ordinairement, *Comment court-il?* pour ſçavoir qu'elle route il tient.

COURTIER. C'eſt un homme dont l'Emploi eſt de faire vendre les Marchandiſes qui viennent par mer dans les Ports du Commerce, quand on n'a pas de correſpondants; il trouve auſſi les chargements des Vaiſſeaux qui veulent charger à frêt pour quelque endroit que ce ſoit: on s'adreſſe à un Courtier pour ſe faire charger à frêt, & on le paie pour tous les mouvements qu'il ſe donne. Lorſqu'on veut ſçavoir s'il y a quelques Vaiſſeaux de tel ou tel endroit dans le Port, les Courtiers peuvent vous en inſtruire, ils vous diront le temps de leurs arrivées, de leurs départs, ce qu'ils ont apporté, ce qu'ils chargent & où ils vont; ils ſont inſtruits de toutes ces choſes.

COUSSIN *de Canon*. C'eſt un gros Coin de bois tronqué; on le met ſous la culaſſe du Canon qu'il ſert à élever; & lorſqu'on veut pointer la pièce, on ſe ſert par-deſſus de Coins de Mire.

COUSSIN *de Beaupré*. C'eſt une eſpèce de Fourcat en dedans de l'Etrave, ſur lequel repoſe le Mât de Beaupré quand il eſt placé dans ſon Etembrai; il y en a un autre ſous le pied de ce Mât, ſur lequel il arboute entre les montants de ſa Carlingue, ou Couliſſe ſur le premier Pont, parce que ce Couſſin eſt retenu entre deux montants établis de chaque côté, ſolidement liés au premier & ſecond Pont, & maintenus verticalement par une forte traverſe à queue d'aronde au-deſſus du Couſſin, qui a un Adant ſur lequel repoſe le pied du Mât, lorſqu'il a entré quarrément entre ſes montants, & qu'il s'eſt logé ſous la traverſe, de ſorte qu'il eſt retenu ſans pouvoir bouger de droit ni de gauche, ni reculer, ni s'élever dans les mouvements du Vaiſſeau ſous Voiles.

COUTEAU *à deux manches*. C'eſt un Inſtrument de Tonnelier, dont la lame eſt droite, & emmanchée aux deux bouts par deux manches placés horizontalement; de ſorte qu'en tirant ſur ces deux poignées, & appuiant ſur le bois que l'on veut tailler & qui doit être retenu ferme, on lui donne la figure qu'il doit avoir.

COUTURE. C'eſt la diſtance qui ſe trouve entre deux Bordages; on la remplit d'Etoupe en la calfatant, enſuite on l'enduit de Brai gras bien bouillant.

COUTURE *ouverte*. C'eſt celle qui eſt devenue plus grande par la ſéchereſſe ou le mouvement du Navire, & dont l'Etoupe eſt ſortie; les voies d'eau des Vaiſſeaux ne ſont ſouvent que des coutures ouvertes.

COUTURE *plate.* C'eſt une couture que font les Voiliers en aſſemblant les Lais des Voiles, les faiſant ſe croiſer l'une ſur l'autre d'un pouce, de ſorte qu'elles ſe trouvent doubles; on les pique encore quelquefois par une eſpèce de faufilure, à petits points dans le milieu de la couture.

COUTURE *ronde.* C'eſt une couture ſimple qui aſſemble les Lais des Toiles à Voiles, Lis à Lis; on ne s'en ſert que pour les menues Voiles.

CRAIE. C'eſt une eſpèce de Pierre blanche, dont les Charpentiers ſe ſervent aſſez bien pour tracer ſur le bois la figure qu'ils doivent donner à la pièce qu'ils charpentent. On en frotte une ligne que l'on tend ſur les points marqués ſur le bois; & lorſqu'elle eſt bien tendue, on la pince pour l'élever, & on la lâche tout de ſuite; de maniere qu'en ſe débandant ſur le bois comme la corde d'un Arc, elle laiſſe très-bien marqué une ligne fort droite dans toute ſon étendue, par laquelle on fait paſſer la Scie ou la Hache. Au lieu de Craie on ſe ſert de Pierre noire ou de Sanguine, qui font le même effet ſelon leur couleur, elle n'eſt cependant pas auſſi avantageuſe que le blanc.

CRAMPE *de Mâture.* C'eſt une Crampe dont la traverſe de 15 à 19 pouces de longueur, eſt droite & à Angles droits avec ſes pointes qui n'ont que 2 pouces; ſon uſage eſt de tenir ferme les petites pièces de Mâture lorſqu'on les travaille.

CRAMPE. Eſpèce de Clou de fer à deux pointes paralleles, plus ou moins écartées, jointes à la tête par une traverſe à Angle droit, ou arrondie de l'une à l'autre. On met des Crampes ſur les Ecarts plus ou moins fortes ſelon les endroits où on les place. Les petites Crampes ſervent à ſaiſir des choſes peſantes dans quelques endroits du Vaiſſeau avec des cordages, en les plaçant contre le bord ou ſur les Ponts.

CRAMPE *de Carène.* Elle différe des Crampes ordinaires en ſes extrémités qui ſont plates, & percées à jour pour recevoir des clous; elle eſt recourbée en deſſus, de maniere qu'elle s'applique ſur le bois, & que cette Crampe forme comme une eſpèce d'Anſe, ſur laquelle on peut faire effort.

CRAPAUD. C'eſt une Barre de fer plat, épais d'un pouce environ, & longue de 3 à 4 pieds; courbée verticalement par un coude de 4 à 5 pouces, & recourbée par un autre horizontal de 6 pouces environ, arrondi ſur un pouce & demi ou deux pouces de diametre; de ſorte que la tête de ce Crapaud eſt doublement courbée, & la queue qui eſt droite & plate, a deux à trois pieds de long, dans l'eſpace deſquels on perce quatre à cinq trous pour la cheviller en fer ſur la Barre du Gouvernail, en paſſant les Chevilles de deſſous en deſſus, & les goupillant ſur Viroles; ainſi le Crapaud eſt deſtiné à ſupporter la Barre du Gouvernail par ſa tête qui gliſſe ſur le croiſſant de Tribord à Babord lorſqu'on gouverne le Vaiſſeau. On a imaginé dans pluſieurs Vaiſſeaux de mettre un Rouet de fonte ſur la partie ronde du Crapaud, pour diminuer ſon frottement ſur le croiſſant, & ce Rouet eſt arrêté par un Ecrou pratiqué ſur l'extrémité de la tête du Crapaud.

CRAQUE. Le Vaiſſeau craque, quand il eſt en mouvement par l'agitation des Vagues & Lames de la mer. Ce craquement eſt un bruit que fait la charpente dans les différents frottements de ſes pièces les unes contre les autres, parce qu'elles ne peuvent être ſi bien unies, & liées les unes avec les autres, qu'il ne ſe faſſe un certain jeu dans toute la machine.

CRAVATTE. La Chaloupe du Vaiſſeau porte l'Ancre d'Affour en Cravatte, ou en Bandouliere pour la porter dans l'endroit où elle doit la mouiller, en ſe halant ſur un Grêlin allongé pour cela. On prend une Ancre en Cravatte en la mettant en travers ſur un cordage qui la tient ſuſpendue derriere la Chaloupe, de maniere qu'elle porte en équilibre ſur ce cordage (qui paſſe ſur le Davier) par le milieu de ſa Verge, les Becs d'un côté & le Jas de l'autre, que l'on ſoutient des deux bords par un bout de Carantenier ou de quelqu'autre cordage.

CRAVATTE. C'eſt un franc-Filin que l'on paſſe pardeſſus les bas Mâts d'un Vaiſſeau, abattu en quille un peu audeſſus des franc-Filins de Carène qu'elle doit ſoulager, parce qu'on roidit cette Cravatte ſur le Ponton, auſſi-tôt que le Vaiſſeau eſt en Quille, & on la file avant de virer, lorſqu'on veut redreſſer le Vaiſſeau: c'eſt une manœuvre de précaution. On appelle encore *Cravatte* un Filin ou franc-Filin, dont un bout paſſe dans une Poulie au-deſſus des Portugaiſes, de l'appareil des Bigues que l'on place dans les Vaiſſeaux pour les démâter lorſqu'on n'a pas de Mâture prête; tandis que le double paſſe ſur le Mât, & que l'autre bout fait dormant de l'autre côté ſur l'appareil des Bigues; de ſorte que cette Cravatte ſert de balancine pour contretenir le Mât, à meſure qu'on le démâte.

CREPUSCULE. C'eſt le jour imparfait que l'on a quelque temps avant le lever du Soleil, & quelque temps après ſon coucher: le Crépuſcule commence le matin, lorſque le Soleil approche de l'horizon à 18 dégrés environ, & finit le ſoir, lorſqu'il eſt à la même diſtance au-deſſous du même cercle; cette clarté eſt produite par la réfraction des rayons de lumiere que le Soleil nous envoie, lorſqu'il n'eſt pas trop loin de notre horizon.

CREUX. C'eſt la diſtance qui ſe trouve du deſſus de la Quille au-deſſus des Baux du premier Pont; cette hauteur eſt toujours de la moitié de la plus grande largeur du Vaiſſeau de ligne; quelquefois on la fait moins grande d'un ſixieme au plus dans les autres Navires.

CREUX *de Calle.* C'eſt la hauteur priſe de Carlingue ſous Baux au milieu du Vaiſſeau; ainſi le creux de la Calle eſt moindre que celui du Navire, de toute l'épaiſſeur de la Varangue, de celle de la Carlingue & de la hauteur du Bau, ce qui fait trois pieds environ dans un Vaiſſeau de 74 Canons.

CREVÉ. Un Canon a crevé, lorſque l'exploſion de la Poudre l'a mis en pièce; cet accident n'arrive guères à bord des Vaiſſeaux ſans qu'il n'en coute la vie à quelques-uns; on a vu juſqu'à trente Hommes tués ou bleſſés par les éclats d'un ſeul Canon crevé pendant le Combat.

CRIBLÉ *des vers*. Un Vaiſſeau eſt criblé par les vers, lorſqu'ils l'on piqué de part en part du franc-Bord, de maniere qu'il fait eau de toute part; il arrive quelquefois que les vers percent juſqu'aux membres, ſur-tout dans les pays chauds, où cette inſecte abonde.

CRIBLÉ *de coups de Canon*. On dit qu'un Vaiſſeau eſt criblé de coups, lorſqu'après un Combat il a reçu beaucoup de Boulets dans le corps, dont la plupart percent le côté à jour, & quelquefois les deux bords; ſur-tout quand ils ſe trouvent paſſer entre les membres; car lorſqu'ils frappent ſur le milieu d'une levée, ils rencontrent par-tout du bois plein qui leur oppoſe une grande réſiſtance, les empêche de paſſer au travers de la muraille; c'eſt auſſi pour cela que l'on a quelquefois garni la Muraille des Vaiſſeaux d'Eſtacade, depuis le ſecond Pont juſqu'à ſept à huit pieds ſous l'eau, pour les préſerver d'être criblés par le Canon des Ennemis, car le Boulet reſte alors dans le bois, & bouche aſſez exactement ſon trou; joint en ce qu'en ne pénétrant pas dans l'intérieur, il ne bleſſe ni ne tue perſonne, & ne fait voler aucun éclat. Bien des gens prétendent qu'il n'eſt pas poſſible de faire des Vaiſſeaux à l'épreuve du Boulet; cependant on voit tous les jours des Navires recevoir une grande quantité de coups de Canon de différent calibre, ſans en être percés à jour; ſur-tout quand ils frappent au-deſſous du premier Pont des Vaiſſeaux de l'échantillon de 74 à 84 Canons.

CRIBLÉE. Une Voile eſt criblée, lorſqu'elle a reçu une grande quantité de Boulets & de Mitrailles dans un Combat; un ou deux coups de Canon chargés en Grappes de Raiſin, tirés au milieu d'un Hunier, le criblent de maniere qu'il y a quelquefois autant de vuide que de plein dans la Voile, ainſi il ne produit qu'une partie de ſon effet ſur le Vaiſſeau.

CRIC. Le Cric eſt un Inſtrument fort utile dans la Marine; il ſert à preſſer les effets de chargement, pour les ſerrer de maniere à ne pas perdre d'eſpace, on l'emploie pour remonter les Canons ſur leurs Affûts, pour lever toutes ſortes de fardeaux à une certaine hauteur. Le Cric eſt compoſé d'une forte Barre de fer forgé, & fourchue par ſon extrémité ſupérieure; elle eſt dentée dans toute ſa longueur d'un côté; les dents de cette Barre s'engrenent dans les dents du Pignon d'une Roue dentée, qui s'engrene elle-même ſur un autre Pignon, à qui une Manivelle donne le mouvement en la faiſant tourner: ſi la Manivelle eſt de quinze pouces, on peut la conſidérer comme le rayon d'une Roue de trente de diametre; & ſi le premier Pignon qu'elle met en jeu, a un pouce de rayon, & la grande Roue dans laquelle il s'engrene, douze auſſi de rayon, ſon Pignon deux, en s'engrenant dans les dents de la Barre de fer; on peut connoître aisément le rapport de la puissance employée sur la Manivelle, au fardeau qu'on peut enlever, en considérant le rapport du produit des rayons des Pignons, au produit de celui des rayons des Roues : le produit des Pignons est 2, celui des Roues est 180; ainsi la puissance est au poids enlevé par l'effort de la machine, comme 2 à 180 ou 1 à 90; or si la puissance est égale à 50 livres, ce qui est à-peu-près la force qu'un homme peut faire sur la Manivelle, on aura le produit de 50 par 90, égal à 4500 livres pour le poids enlevé par un seul homme.

CRIQUE. On appelle *Crique* un petit Port, dans lequel un Vaisseau peut se retirer pendant la Tempête, & où il pourroit entrer y étant forcé par l'Ennemi : mais en général le Crique est la retraite des Barques, des Bateaux Pêcheurs, & de toutes les Embarquations qui font le Capotage ; parce qu'en naviguant terre-à-terre ils se logent dans tous les petits Ports pour éviter le mauvais temps que leurs Capitaines & Patrons prévoient assez bien pour l'ordinaire.

CROC *à Cosse*. Fer recourbé par un bout, & qui porte un œil à l'autre extrémité, dans lequel est soudé une Cosse qui reçoit l'Estrope de la Poulie à laquelle il doit servir; on en met aux Poulies de Caïornes, de Bredindin, de Palans d'Etais, de Palans de Canon, de Candelettes, &c. Il y a des Poulies estropées en fer, & dont le Croc fait partie de l'Estrope; telles sont les Poulies de Capon, de Guinderesse, &c.

CROC *à Emerillon*. Ce Croc est à-peu-près fait comme les autres, mais au lieu de boucle à son autre extrémité, il a une tête qui tourne en dedans d'une boucle de fer allongée, & applatie par un des côtés pour y pratiquer un trou, dans lequel passe la tête du Croc; à l'autre extrémité de cette boucle on soude une Cosse, qui reçoit l'Estrope de la Poulie sur laquelle on veut se servir de ce Croc, qui est particuliérement en usage pour les Poulies de Drisses des Huniers; par ce qu'il est facile de défaire les tours que le cordage trop tord des Itagues fait faire aux Drisses.

CROC *à Pompe*. C'est un Crochet de fer au bout d'une longue Verge de fer, qui a une boucle à l'autre extrémité pour pouvoir y crocher un Palan, lorsque la Chopine que l'on veut retirer du fond de la Pompe fait résistance; car l'usage de ce Croc est de mettre les Chopines dans le corps des Pompes, & de les retirer lorsq'uon veut les remettre en état.

CROC *de Palanquin*. C'est un Croc ordinaire à Cosse, qui est estropé à la Poulie du Palanquin de Ris de chaque bord aux bouts des Vergues de Hunes; il sert à crocher l'Itague du Ris que l'on veut prendre dans le Hunier, pour mettre la Patte de Ris à joindre à la Vergue en palanquant dessus, afin de faciliter de faire la pointure au Matelot qui est le plus en dehors sur la Vergue.

CROCHE. Un Vaisseau croche, lorsqu'il incline. *Voyez* BANDE & INCLINAISON.

CROCHE. C'eſt un commandement que l'on fait à celui qui eſt chargé de crocher le Capon dans l'Arganeau de l'Ancre, lorſqu'elle eſt à fleur d'eau : on le dit auſſi à tous ceux qui ont un Palan à crocher quelque part que ce ſoit, en obſervant de nommer la choſe qu'il faut crocher.

CROCHER. C'eſt l'action de paſſer le Croc dans la choſe que l'on croche ou qu'il faut crocher. *On eſt à crocher le Capon, ou va crocher les Caïornes.*

CROCHÉ. Le Palan eſt croché, quand ſon Croc eſt paſſé dans le fardeau qu'il doit enlever; le Capon eſt croché, lorſque ſon Croc eſt dans l'Arganeau de l'Ancre, &c.

CROCHER *un Vaiſſeau.* C'eſt lui jetter ſes Grapins, lorſqu'on l'aborde pour l'enlever l'Epée à la main. *Voyez* ACCROCHER. *Nous le ſerrâmes de ſi près, qu'il nous fut aiſé de le crocher.*

CROCHETS *d'Armes.* Ce ſont des Crochets de fer que l'on place dans différents endroits, pour ſoutenir & porter les Armes en forme de Ratelier.

CROISÉE. On dit *la Croiſé d'un Vaiſſeau*, en parlant de la grandeur de ſes Vergues, & on juge ſouvent de loin de la force des Navires par l'étendue de leur Croiſée, parce qu'on ſuppoſe que ceux qui ont les Vergues les plus longues, ſont les plus grands.

CROISÉE *d'Ancre.* C'eſt l'étendue de ſes Bras & Pattes; ainſi l'on dit qu'une Ancre à 10 pieds de Croiſée, pour dire que ſes Bras ont cette longueur de l'extrémité d'une Patte à l'autre.

CROISER. C'eſt ſe tenir ſur un Parage pour y faire la courſe, le garder & s'emparer des Vaiſſeaux qui y paſſent; c'eſt le métier du Corſaire & du Garde-Côte Croiſeur.

CROISEUR. Un Vaiſſeau Croiſeur eſt celui qui garde un Parage; il fait tantôt une route, tantôt une autre, il ne garde aucune direction ſuivie; il va & vient ſans ceſſe, & plus il parcourt de chemin, ſans s'écarter du point autour duquel il doit faire ſes courſes, plus il voit d'étendue, & moins ſa Proie doit lui échaper.

CROISIERE. *Tenir la Croiſiere, être en Croiſiere.* C'eſt être ſur le Parage où il faut croiſer, & le garder en bon Croiſeur. Une bonne Croiſiere ſe tient ſur le Parage le plus fréquenté des Vaiſſeaux Marchands Ennemis, qu'il faut toujours s'attacher à ruiner dans une Guerre Maritime, afin de faire tomber leurs forces navales par la quantité de priſes & de Priſonniers que l'on fait, en leur ôtant les facultés de fournir aux dépenſes des Armements; ce moyen ſeul a réuſſi aux François dans les années 1693 & juſqu'en 1697, au-delà de tout ce qu'on peut dire, puiſqu'on frappa une Médaille pour tranſmettre à la poſtérité les richeſſes priſes ſur les Ennemis de la France, par nos Armateurs qui tenoien tla mer en Croiſiere, quoique nous n'euſſions pas d'Armée navale alors; cette maxime ſe confirma de 1707 à 1709, par les Corſaires François, & Armements particuliers qui déſolerent l'Angleterre, la Hollande & le Portugal, au point de les obliger à la Paix, malgré leur supériorité sur terre.

CROISSANT. C'est une forte pièce de charpente en Arc de cercle, de 70 à 80 dégrés, que l'on place & cloute fortement sous les Baux dans la Ste. Barbe, pour recevoir le Crapaud de fer qui soutient le bout de la Barre du Gouvernail; cette pièce doit être garnie d'une bande de fer en dessus, afin de conserver le bois qui seroit bien vîte mangé par le frottement du Crapaud, qui est continuellement en mouvent par le jeu du Gouvernail, & de sa Barre que l'on promene sans cesse d'un bord à l'autre pour gouverner le Vaisseau : si on vouloit faire faire à la Barre du Gouvernail l'Angle le plus avantageux, il faudroit donner au Croissant 90 à 92 dégrés d'Arc.

CROIX *dans les Cables.* C'est-à-dire que les Cables sur lesquels on est affourché, sont croisés l'un sur l'autre par un demi-tour du Vaisseau, fait en évitant au changement de vent ou de marée; cette Croix se fait en passant par-dessus le Cable qui ne travailloit pas.

CROUPIERE. On appelle *Croupiere* l'Amarre que l'on mouille derriere le Vaisseau, & que l'on bride à un des Sabords de l'Arriere, ou que l'on passe dedans pour tenir le Navire toujours évité du même côté & de la même maniere : quelquefois on passe un Grêlin en embossure par un des Sabords opposé à celui où est la Croupiere, afin de tenir le Vaisseau des deux côtés sur la même Croupiere.

CROUTE. On appelle *Croute* la premiere planche sciée d'une pièce de bois ronde, parce qu'elle conserve la rondeur du dessus avec quelque peu d'aubour.

CRUE *d'Eau.* C'est l'augmentation subite de l'eau dans une Riviere, en sorte qu'elle soit fort augmentée, sans cependant déborder.

CUBE. C'est un Solide qui a ses trois dimensions égales, longueur, largeur & profondeur. Lorsqu'on veut connoître le déplacement d'eau d'un Vaisseau, on réduit le Solide de la Carène prise extérieurement en pieds cubes. On réduit de même le bois de construction en pieds cubes, pour l'acheter & pour le vendre, par ce que c'est le Solide le plus aisé à mesurer.

CUBER. C'est réduire un Solide en pieds cubes pour en connoître la quantité ou la valeur. On mesure la Calle d'un Vaisseau en la cubant, & on divise la quantité des pieds cubes par 48 & demi, pour avoir le nombre de tonneaux qu'elle peut contenir, parce qu'un tonneau ou quatre barriques, Fûts de Bordeaux bien arrimées, cubent ensemble 48 pieds & demi cubes. Et lorsque c'est la Carène que l'on veut cuber pour connoître son déplacement, on multiplie le nombre des pieds cubes du Solide fluide qu'elle déplace par 72 livres, pesanteur d'un pied cube d'eau de mer, & on divise le produit par 2000 liv. poids du tonneau, pour avoir au Quotient les tonneaux déplacés par le Vaisseau; enfin, si c'est du bois qu'il s'agit de vendre ou acheter, il faut encore le cuber pour multiplier le nombre des pieds cubes par le prix de vente ou d'achat.

CUEILLE. C'est-à-dire, largeur de toile à Voile : il y a des toiles des différentes Cueilles ou largeurs. *Voyez* TOILE.

CUEILLETTE. C'est l'amas des différentes Marchandises rassemblées de plusieurs particuliers pour faire le chargement d'un Vaisseau ; ainsi l'on dit qu'un Vaisseau charge en Cueillette, quand on assemble de plusieurs personnes les effets de sa Cargaison : *Il a chargé en Cueillette.*

CUEILLIR *un Cable* ou *une Manœuvre.* C'est plier en rond, ou en élipses fort allongées, les Cordages que l'on veut cueillir, en faisant entrer les plis les uns dans les autres, & les uns sur les autres : on appelle aussi cette maniere de plier les Cordages, *Rouer.*

CUILLER *à Brai.* C'est une grande Cuiller de fer, dont on se sert pour prendre le Brai bouillant dans la Chaudiere.

CUILLER *à Canon.* Feuille de fer ou de cuivre, concave & demi-circulaire, clouée sur un cilindre de bois du diamettre du Boulet; on l'emmanche au bout d'un bois d'Ecouvillon, & elle sert à retirer les Boulets des Canons quand, on veut les désarmer ; si on veut ôter toute la charge, & que la Gargousse creve en la retirant avec le Tire-bourre, on se sert de la Cuiller pour sauver la Poudre.

CUILLER *à Pompe.* C'est une espèce de Foret acéré & coupant, avec lequel on perce les Pompes ; il se monte sur une longue Gaule de fer rond, & on le tourne à force de bras en le soutenant sur des Chevalets placés, ainsi que le corps de Pompe, bien horizontalement, car il faut que cette pièce de bois soit percée exactement dans le centre.

CUIRS *verds.* Ce sont des Peaux de Bœufs sans aprêts, avec lesquelles on couvre les Ecoutilles de la Ste. Barbe : on en garnit aussi les Vergues dans tous les endroits où elles peuvent toucher le Cordage.

CUIRS *forts.* Ce sont des dos de Peaux de Bœufs bien tannés à la chaux, les plus dures & les plus solides qu'il soit possible de trouver, afin qu'elles ne molissent pas aisément à l'eau : on s'en sert pour garnir les Chopines & Heuses des Pompes, pour faire leurs Clapets, & pour mettre sur les Dalots des Batteries basses des Vaisseaux de Guerre, en forme de Soupape pour empêcher l'eau d'entrer dans l'Entrepont.

CUISINE. C'est l'endroit où on fait cuire le manger de l'Equipage ; il y a une Cuisine Tribord & Babord sous le Gaillard d'Avant ; celle de Tribord appartient aux Matelots & Soldats; celle de Babord aux Officiers de l'Etat-Major. En faisant les Cuisines on prend toutes les précautions nécessaires contre les accidents du feu, en garnissant les environs de Tôles en feuilles. Pour que les Cuisines fussent bien faites & moins pesantes, il faudroit que la Carcasse dans laquelle on fait la maçonnerie fût de fer en barres, garnie tout-au-tour d'une double feuille de Tôle, qui pourroit se changer toutes les fois qu'on le jugeroit à propos; par ce moyen on pourroit démonter avec facilité les Cuisines pour les visiter, & visiter le Pont qu'elle échauffe, & on les remonteroit avec la même aisance.

CUL-*de-Lampe*. Ornement qui termine la Sculpture des Bouteilles par le bas, & dont l'extrémité repose sur la premiere Préceinte.

CUL-*de-Port*. Certain nœud que l'on fait sur le bout des cordes qui servent de Bosses de bout & de Bosses à bouton; il se fait en passant les Tourons décordés, les uns par-dessus, les autres à revers, & les serrant ensuite; on le double en faisant repasser une seconde fois le bout des Tourons dans les interstices extérieurs de la premiere passe, de maniere qu'ils se réunissent tous dans le milieu du Cul-de-Port. Le nœud de Hauban se fait par deux Culs-de-Port opposés, & l'un sur l'autre, après avoir entrelacé les Tourons des deux cordages les uns dans les autres, comme pour faire une Epissure.

CUL-*de-Sac*. Grand enfoncement dans les terres que l'on appelle aussi Golfe; tel est, par exemple, celui qui se voit en Europe entre le Cap de Finisterre & l'Isle d'Ouessant.

CUL-*de-Vaisseau*. C'est la Poupe.

CUL, *être sur Cul, tomber sur Cul*. C'est être plus chargé sur l'Arriere que sur l'Avant: *Notre Vaisseau est trop sur Cul*, c'est-à-dire, qu'il est trop callé sur l'Arriere.

CULASSE. C'est la partie du Canon, comprise entre les Tourillons & le Bouton; elle est plus forte en Métail que le reste du corps du Canon, parce que c'est dans son intérieur que se fait l'explosion de la Poudre, & le plus grand effort de cette matiere, lorsqu'elle l'enflâme; on lui donne ordinairement pour diametre en dehors, trois diametres du calibre.

CULE. Le Vaisseau cule, quand il va en arriere.

CULÉ. Un Vaisseau a culé, lorsque par comparaison de sa vîtesse à celle d'un autre, il a resté de l'Arriere en parcourant la même parallele; ainsi lorsqu'on va plus vîte qu'un autre, on dit qu'il a culé.

CULER. C'est aller en arriere; ainsi quand on dispute de marche avec un Vaisseau que l'on chasse sur la même ligne, & qu'au lieu de le joindre, on l'éloigne en restant de l'Arriere, on dit: *Nous ne faisons plus que culer*; & lorsque l'on fuit devant un Ennemi que l'on double de sillage ou de vîtesse, alors *il cule, il ne fait que culer*.

CULER, *mettre à culer*. C'est coëffer les Voiles sur les Mâts pour faire culer le Vaisseau; & lorsqu'un Navire a coëffé toutes ses Voiles, on dit qu'*il a tout mis à culer*.

CURETTE. C'est un Instrument de fer plat, & recourbé en forme de Gratte, emmanché au bout d'une Perche de 15 à 18 pieds, pour nettoyer les Pompes en dedans.

DAGUE *de Prévôt.* C'eſt le bout de corde avec lequel le Prévôt frappe ceux de l'Equipage qui ſont condamnés à être amarrés ſur le Canon ou au Cabeſtan; il ſe ſert ſouvent d'une Garcette de Ris.

DALE *à feu.* Conduit qui ſert à porter le feu aux Poudres, & autres matieres combuſtibles dans les Brûlots. Cette Dale eſt ſouvent faite comme une petite Auge.

DALE *à Pompe.* Petit Canal de bois que l'on place quelquefois vis-à-vis le dégorgeoir de la Pompe, pour conduire l'eau au Dalot qui la jette dehors.

DALOT. On appelle *Dalot* la Boîte de bois ou de plomb, que l'on place dans les ouvertures faites obliquement de haut en-bas dans la fourrure de Gouliere, ras le Pont & les Goulieres pour conduire l'eau dehors : ces Boîtes ou Dalots ſont placés de dedans en dehors quarrément, plus évaſés en dedans qu'en dehors, & bouchant le plus exactement poſſible les ouvertures dans leſquelles on les enchâſſe pour empêcher l'eau de tomber entre les membres, le Vaigre & le franc-Bord. Les Dalots que l'on place dans les Entre-Ponts des Vaiſſeaux de Guerre, ſont garnis par dehors d'un Clapet de cuir fort, cloué ſur l'Avant pour empêcher la mer d'entrer.

DALOTS *à feu.* Ce ſont les Tuyaux d'un Brûlot qui répondent d'un bout aux Dales, & de l'autre aux Artifices, pour porter le feu d'une même Dale dans pluſieurs endroits en même temps, & produire un embraſement général & ſubit.

DAMES. On appelle *Dames* deux chevilles de fer faites en Toulet, mais plus longues & plus fortes; on les place dans deux trous garnis de bandes de fer des deux côtés du Davier de l'Avant ou de l'Arriere de la Chaloupe, pour empêcher que le cordage qui paſſe deſſus, n'en ſorte lorſque la Chaloupe embarde d'un côté ou de l'autre, en ſe halant ſur un Grêlin ou Auſſiere.

DAME-JANNE. Groſſe Bouteille de verre dont on ſe ſert à bord des Vaiſſeaux pour ſoutirer le Vin, afin qu'il ſoit moins baloté que dans la Barique, lorſqu'on n'a pas aſſez de Bouteilles ordinaires; une Dame-janne contient ordinairement vingt Bouteilles de Pintes.

DAMELOPRE. Eſpèce d'Embarquation Hollandoiſe, dont on ſe ſert pour naviguer ſur les Canaux & eaux internes; elle tire fort peu d'eau, eſt à fond plat & de port.

DANGERS.

DANGERS. Ce ſont des Rochers, Bancs, Briſants, &c. ſur leſquels un Vaiſſeau peut périr; il y a des dangers cachés ſous l'eau, d'autres ſont à découvert le long des Côtes ou en pleine mer, dans les Baies, Rades & quelquefois dans les Ports. Les dangers doivent être marqués lorſqu'ils ſont toujours couverts, ou lorſqu'ils couvrent & découvrent aux Marées, par des Baliſes, Bouées & Pavillons, s'ils ſont aux environs des entrées des Ports, Rivieres navigables ou des Rades, & le long des Côtes, afin que les Vaiſſeaux les évitent de jour, & pendant la nuit il devroit y avoir des feux élevés ſur des Tours bien placées, dont la poſition feroit toujours connoître les dangers qu'il faut éviter.

DARDS *à feu*. Eſpèces de Baguettes artificiées que l'on tire avec le Fuſil dans les Voiles des Vaiſſeaux que l'on combat pour les mettre en feu; ces Baguettes ſont garnies de petits Crochets ou Barbets de fer qui les retiennent accrochées dans les Voiles qu'elles doivent embraſer. Cette maniere d'incendier contraire aux bonnes Loix de la guerre & à l'humanité, eſt de l'invention des Anglois : la droiture, la générosité & l'aménité reconnues des François, ne leur ont jamais permis de ſe livrer à cette férocité, abſolument contraire à la vraie valeur, qui n'a pas beſoin de pareils artifices pour vaincre.

DAVIER. Rouet ou Rouleau de bois dur, que l'on met ſur le derriere & le devant des Chaloupes; il roule ſur un Aiſſieu de fer placé entre deux Montants ou dans une mortaiſe, pour faciliter la manœuvre lorſqu'on eſt obligé de tirer avec force ſur le cordage que l'on fait paſſer ſur le Davier, pour diminuer le frottement; il ſert particuliérement à faciliter la manœuvre de lever des Ancres. On met auſſi des Daviers dans les Cercles de Bouts-dehors de Vergues les plus en dehors, pour avoir plus d'aiſance à les pouſſer dehors, & à les haler dedans.

DAUGREBOT ou *Dogrebot*. Eſpèce d'Embarquation Hollandoiſe, qui a un Reſervoir dans le fond de calle, pour conſerver le poiſſon qu'ils vont prendre ſur le Dogre-banc.

DAUPHINS ou *Jotteraux*. On donne ce nom aux quatre Courbes qui lient le Taille-mer avec le corps du Vaiſſeau; on en place deux de chaque côté, bien chevillées l'une ſur l'autre, au-travers de la Gorgere & du Digon qu'elles aſſujettiſſent, étant chevillées de dehors en dedans ſur les Coëffes & Vaigrages de l'Avant, ſelon les pièces de charpente qui ſe trouvent vis-à-vis; car les Dauphins ſont ſouvent la continuité des deux premieres Préceintes, ſur leſquelles ils s'appliquent; on garnit le deſſus & le deſſous d'une fourure de même épaiſſeur, arrondie ſur les arrétes, & d'une autre à plat, miſe entre deux : les Ecubiers doivent toujours déterminer la place du Dauphin le plus haut.

DEBACLAGE. Dérangement des Bateaux dans un Port, par quelqu'accident que ce ſoit; ainſi lorſqu'il y a quelques dérangements dans une Flotte par confuſion, mauvais temps, peur de l'ennemi, ou mauvaises manœuvres ; c'est dans ce sens qu'on dit qu'il y a un débaclage, du désordre.

DEBACLE. Un Port est débaclé, quand il est dérangé & en désordre par accident. La Riviere se débacle, lorsqu'elle charroie les glaçons rompus par le dégel ; & elle est débaclée, lorsqu'il n'y en a plus à charoyer.

DEBARCADERE. Mot Espagnol, assez adopté des Marins, pour exprimer l'endroit sur le bord de la mer, où l'on peut débarquer les Marchandises avec des Vaisseaux ou des Bateaux : c'est le même qu'Embarcadere.

DEBARQUE. Un homme débarque, quand il sort d'un Vaisseau pour ne plus faire partie de son Equipage : on débarque aussi les Marchandises, en les faisant sortir du Navire.

DEBARQUÉ. *Il a débarqué, il est débarqué* ; on s'exprime ainsi, pour dire qu'il a sorti du Vaisseau, en parlant de quelqu'un. *Tout est débarqué* ; c'est-à-dire, que tout est dehors, qu'il ne reste plus rien à Bord.

DEBARQUÉE. La Cargaison est débarquée, lorsqu'elle est toute à terre. Ainsi l'on dit : *Toutes les Marchandises que nous avions ici, sont débarquées.*

DEBARQUEMENT. C'est l'endroit où l'on peut débarquer sur le bord de la mer, & décharger les Vaisseaux & Bateaux. Le Débarquement est aisé, commode, quand il n'y a pas de grosses Houles, & que l'on peut y débarquer de tout temps.

DEBARQUEMENT *de Troupes.* C'est le lieu où une Escadre a fait une descente chez l'ennemi. *Cet endroit est propre pour faire un Débarquement considérable, parce qu'il est à l'abri, & que la mer y est toujours belle. Notre Débarquement se fit sous la protection du feu de quatre Vaisseaux de guerre, qui avoient nettoyé l'endroit de la Descente.*

DEBARQUER. C'est sortir du Vaisseau. Ainsi l'on dit : *Nous venons de débarquer tel homme* ou *telle chose*, pour dire qu'on l'a mis à terre, pour tout-à-fait ou pour un temps. *Nous venons de débarquer notre Capitaine, qui ne se rembarquera qu'au départ.*

DEBITER *le bois.* C'est mesurer les pièces avec la Règle & le Compas, & marquer avec la craie ce qui doit être enlevé avec la hache ou la scie, pour leur donner la forme qu'elles doivent avoir, soit en Planches, Bordages ou Madriers.

DEBITER *le Cable.* C'est défaire le choc du Cable sur la Bitte, ainsi que le tour de Bitte, afin de haler le Cable dedans avec plus de facilité. On débite toujours le Cable, quand on veut lever l'Ancre, pour fouetter les Garcettes sur le Tournevire, en avant des Bittes.

DEBORDE *les Avirons.* Commandement à l'Equipage d'un Bateau à Rames, d'ôter les Avirons de dessus leurs Toulets & de dessus le Bord, pour les mettre dans le Bateau, afin qu'ils ne gênent pas pour charger & décharger, ou pour les empêcher de trainer à l'eau, quand on va à la Voile.

DEBORDE *du Bord.* Un Bateau déborde, lorsqu'il quitte le Vaisseau en poussant au large. *Déborde* est aussi un terme dont on se sert pour le faire pousser au large, en lui commandant de s'en aller.

DEBORDE *les Huniers.* Commandement pour faire filer leurs Ecoutes, lorsqu'on veut les carguer; on dit la même chose pour les autres Voiles, en les nommant toujours dans le commandement avec le côté par où l'on veut commencer. Ainsi l'on dit : *débordé au vent ou sous le vent, à Tribord ou à Babord.*

DEBORDÉ. Un Hunier, un Perroquet, Artimon ou Foc, &c. sont débordés, lorsque leurs Ecoutes sont Largues. Ainsi l'on dit : *Il est débordé des deux Bords, au vent ou sous le vent.*

DEBORDÉ. Un Vaisseau est débordé quand, pour le radouber, on lui a ôté son Bordage du Franc-bord. *Il est débordé sur le Pont, si c'est celui du Pont qu'on a enlevé, &c.*

DÉBORDÉ & *débordée.* Les Fleuves & Rivieres sont débordés, quand leurs eaux passent au-dessus de leur lit ordinaire, & qu'elles inondent les campagnes voisines.

DEBORDÉE. les Voiles sont débordées, quand leurs Ecoutes sont larguées en Bande. *La Misaine & la grande Voile sont débordées.*

DEBORDEMENT. Le Débordement d'un Fleuve ou d'une Riviere n'est occasionné que par l'augmentation des eaux, qui se grossissent au point de passer par-dessus les bords, le lit se trouvant trop petit pour les contenir; cela n'arrive que par des fontes subites de neiges ou de pluies abondantes, qui font durer les Débordements plusieurs jours, & quelquefois plusieurs mois, selon les endroits & les situations des Rivieres.

DEBORDER. C'est filer les Ecoutes d'une voile pour la carguer.

DEBORDER *d'un Vaisseau abordé.* C'est pousser au large après l'avoir attaqué à l'Abordage; cela n'arrive que lorsque l'ennemi s'est assez bien défendu pour repousser les attaques.

DEBORDEZ ou *Déborde.* Différentes manieres de commander, pour faire déborder les Voiles que l'on nomme : *Déborde les Huniers, la grande Voile, &c.*

DEBOSSE *le Cable.* Commandement pour faire lever les Bosses de dessus le Cable, pour en filer ou pour le débiter, lorsqu'on veut le virer dedans.

DEBOSSER *le Cable* ou *toute autre manœuvre.* C'est lever les Bosses de dessus la manœuvre bossée, pour la larguer.

DEBOSSER. C'est lever les Bosses de dessus la manœuvre bossée, pour la filer ou la roidir davantage; ainsi lorsqu'on dit qu'il faut débosser, on nomme toujours la manœuvre; le Cable, la Guinderesse, l'Appareil, &c.

DEBOUQUÉ, *débouquée.* Un Vaisseau ou une Flotte sont hors du Détroit lorsqu'ils sont débouqués, c'est-à-dire, en pleine mer, au large des terres qui forment l'Ouvert du Détroit.

DEBOUQUEMENT. Entrée ou sortie d'entre des Terres ou Isles, pour prendre la Haute-mer. Ainsi l'on dit : *être au Débouquement du Détroit de Gibraltar*, quand on est à l'ouvert de ce Détroit, un peu en dehors, du côté de l'Océan.

DEBOUQUER. C'est sortir d'entre les terres pour entrer en pleine mer.

DEBOUT *à la lame.* Un Vaisseau est debout à la lame, lorsqu'il lui présente exactement l'Avant, & que le flot vient directement à lui; il prend la lame debout, parce qu'il la traverse, & qu'il passe de l'une à l'autre, en tanguant ordinairement beaucoup, car la Proue est élevée par la poussée verticale de la lame qui la choque, de maniere qu'elle retombe souvent entre deux flots, ce qui produit un mouvement vif & continuel, le plus fatiguant de tous ceux que la mer fait éprouver à un Vaisseau.

DEBOUT *à terre.* C'est présenter le bout à la terre. *Nous gouvernions debout à terre, lorsque nous en eûmes connoissance.*

DEBOUT *au vent.* C'est présenter l'Avant au vent. *Nous étions évités le bout au vent pendant la tempête... Notre Chaloupe nagea le bout au vent.*

DEBOUT *au Courant.* C'est avoir la Proue du côté de la source de la Riviere. *Nous étions évités debout au Courant, droit dans le fil de l'eau; de sorte qu'il nous étoit aisé de gouverner sur notre Cable.*

DEBRI. Un débri est un morceau d'un Vaisseau péri, ou d'un Navire condamné & que l'on a dépecé.

DEBRIS. Plusieurs pièces d'un Vaisseau péri ou dépecé. *Nous vîmes en passant les débris d'un Vaisseau qui avoit péri à la Côte, & que la mer entraînoit.*

DECAPE. Un Vaisseau ou une Flotte décape, lorsqu'ils sortent d'entre des Caps : ainsi lorsqu'on se trouve à l'Ouest de la Ligne tirée du Cap Finistere au Cap Lezard, on décape.

DÉCAPÉ. Un Vaisseau se dit décapé, lorsqu'il est au large & hors d'entre les Pointes ou Cap qui bornent l'entrée ou la sortie d'un Golfe.

DECAPER. C'est sortir d'entre les Caps d'un cul-de-sac ou Golfe pour prendre la grande mer. *Les vents contraires nous tinrent dans le cul-de-sac plus de quinze jours, de sorte que nous eûmes bien de la peine à décaper.*

DECAPELE ou *Décaple.* Un Vaisseau décapele, lorsqu'on ôte tous les Haubans & Étais de ses Mâts, pour les visiter ou le désarmer; il décapele ses Mâts de Hune, lorsqu'il n'ôte que leur Gréement.

DECAPELÉ. Un Vaisseau est décapelé, lorsqu'on l'a dégarni

de tout ſon Grécment, & que ſes Mâts reſtent nuds, ſans manœuvres. Un Mât eſt décapelé, quand il n'a ni Haubans ni Etais, & qu'il eſt dégarni de ſon Gréement. Ainſi l'on dit: *Ce Vaiſſeau a décapelé ſon grand Mât ou ſon Mât de Miſaine; il a décapelé ſes bas Mâts, &c.*

DECAPELER. C'eſt l'action d'ôter le Capelage d'un Vaiſſeau, ſes Hunes, Haubans, Cal-Haubans, Etais, &c. *On eſt à décapeler les bas Mâts, & on décapelera les Hunes après.*

DECARVE. Une pièce de bois décarve une autre pièce dans la charpente, lorſqu'elle couvre ſon écart, & elles s'entredécarvent, lorſque les écarts de l'une ne ſe trouvent pas vis-à-vis de ceux de l'autre. C'eſt une obſervation eſſentielle qu'il faut bien garder dans la charpente des liaiſons des Vaiſſeaux.

DECARVER. C'eſt placer une pièce de charpente ſur les écarts d'une autre, de maniere que le fort du bois de l'une couvre le foible de l'autre.

DECHARGE. On décharge un Vaiſſeau, en lui ôtant ſa Cargaiſon, & tous les effets de poids qu'il peut contenir. Un Vaiſſeau eſt en Décharge pendant tout le temps qu'il faut pour le décharger de ce qu'il contient.

DECHARGE. Commandement pour faire changer les Voiles quand elles ont le vent deſſus, en virant vent devant, & que le Vaiſſeau eſt aſſez avancé dans ſon mouvement giratoire, pour pouvoir les éventer ſur l'autre bord en les changeant, ou pour leur donner une diſpoſition plus favorable à l'évolution: ainſi on décharge ou change les Voiles du grand Mât, auſſi-tôt que le Vaiſſeau eſt vent devant, & celles de Miſaine ſont déchargées dès qu'il eſt abattu d'un certain nombre de dégrés, aux environs de 40 à 45 dégrés ſous le vent de la direction du fluide. On décharge les Voiles dans tous les cas où elles ont le vent deſſus, & on les change de ſituation pour les éventer ou les mettre en Ralingues; mais l'on entend particuliérement par *Décharge*, l'ordre d'éventer la Voile déſignée, qui a le vent deſſus.

DECHARGÉ. Un Hunier eſt déchargé, quand on lui a remis le vent dedans, après l'avoir eu deſſus; & toute Voile eſt déchargée, auſſi-tôt qu'on la reventée après l'avoir eu coëffée.

DECHARGÉ. Un Vaiſſeau eſt déchargé, quand il eſt vuide de ſon chargement.

DECHARGEMENT. Le déchargement d'un Vaiſſeau ſe fait en lui ôtant ſa charge; c'eſt l'action de la décharge.

DECHARGER. C'eſt faire le déchargement d'un Vaiſſeau, & lui ôter ſa charge.

DÉCHARGER *les Voiles*. C'eſt les changer, & leur ôter le vent de deſſus pour le mettre dedans.

DÉCHARGENT. Les Rivieres ſe déchargent dans la mer

lorſque leurs Embouchures y répendent; & les unes ſe déchargent dans les autres, lorſque les premieres ſe réuniſſent aux ſecondes pour couler dans le même lit.

DECHET. On appelle aſſez communément *Déchet*, la perte que font les différents effets, ſur le poids ou ſur la quantité. Le déchet ſur le Biſcuit ſe fait en Mache-moure; celui des Liqueurs, en coulage ou évaporation; celui des viandes ſalées, ſur le poids, &c.

DECHOUE. Un Vaiſſeau eſt déchoué, lorſqu'il flotte après avoir été échoué.

DÉCHOUER. C'eſt remettre à flot un Vaiſſeau échoué, ou autre eſpèce d'Embarquation.

DECLINAISON. La Déclinaiſon des Aſtres n'eſt autre choſe que leur Latitude, ou leurs diſtances à l'Equateur vers le Nord ou vers le Sud; celle du Soleil augmente ou diminue tous les jours, en parcourant continuellement l'Ecliptique, & ſe terminant à 25 dégrés 28 à 29 min. aux deux Tropiques de part & d'autre de l'Equateur.

DECOLEMENT, *terme de Charpentier.* C'eſt couper une partie d'un Tenon pour le racourcir, & faire en ſorte qu'il ne ſoit ni trop long ni trop court pour remplir exactement ſa mortaiſe.

DECOUVERTE. La découverte d'une Eſcadre eſt une Frégate fine Voiliere, qui ſe porte en Avant ou ſur les Aîles de la Flotte, pour voir ce qui ſe paſſe à une certaine diſtance: il y a ſouvent pluſieurs découvertes dans la même Eſcadre. On appelle auſſi *Découverte*, l'homme qui eſt en ſentinelle au haut des Mâts pour découvrir de plus loin: les Frégates chargées de découvrir doivent toujours avoir des hommes en vigie ou découverte au haut de leurs Mâts, & préférer ceux qui ont la vue perçante aux autres; on leur donne des Longues-vues courtes & claires, pour mieux découvrir & reconnoître les objets.

DECOUVRE. La mer découvre dans le reflux ou Juſant, les choſes qu'elle couvroit ſous ſes eaux pendant le temps du flot ou flux. Ainſi l'on dit: *Tel Banc ou telle Roche couvre & découvre à toutes marées, ou ſeulement dans les eaux vives*: il y en a qui ne ſe voient que dans les grandes eaux des Equinoxes.

DECOUVRIR *les Terres* ou *un Vaiſſeau.* C'eſt les appercevoir. *Il étoit huit heures du matin, quand on commença à découvrir les Ennemis vers le N. O.*

DEFEND. Commandement que l'on fait au Brigadier d'un Bateau, pour lui faire défendre le choc que l'Embarquation pourroit donner contre le Vaiſſeau, ou autre choſe ſolide que l'on aborde; il oppoſe ſa Gaffe en faiſant force deſſus, pour rompre l'Aire du Bateau, & empêcher qu'il ne ſe fracaſſe en abordant avec trop de vîteſſe.

DEFENDRE, *ſe défendre.* C'eſt réſiſter lorſqu'on eſt attaqué par des forces égales ou ſupérieures que l'on n'a pas intention de combattre ; c'eſt le propre des Vaiſſeaux du Commerce de ſe bien défendre, & ne point attaquer.

DEFENSES. Les défenſes ſont des troncos de Cables que l'on ſuſpend le long du bord des Vaiſſeaux, pour les empêcher d'être heurtés par des Bateaux ou autres Embarquations, qui peuvent être obligés de mettre bord-à-bord, & qui en tanguant & roulant écorcheroient les Préceintes ſans ces précautions, & s'endommageroient eux-mêmes. Les Bateaux ont auſſi leurs propres défenſes pour leur conſervation particuliere ; ce ſont des Tronçons de deux ou trois pieds de vieux cordages, que l'on ſuſpend à chaque Toulet, & que les Rameurs ont ſoin de mettre dedans auſſi-tôt qu'ils pouſſent au large ; ces défenſes leur ſervent quand ils abordent quelques Vaiſſeaux, ou lorſqu'ils ſont amarrés les uns contre les autres, ou le long des Quais, &c. Lorſque dans les Rivieres, on craint les glaces & le choc que les glaçons peuvent donner au Vaiſſeau, en ſuivant le cours de l'eau qui le tranſporte, on fait une eſpèce de Blindage autour de chaque Navire, avec des planches & des Mâts, pour empêcher que le Vaiſſeau ne ſoit endommagé pendant que la Riviere charie, & ce Blindage n'eſt qu'une autre eſpèce de défenſe pour conſerver le franc-bord.

DÉFENSES *gabariées ſur le Bord.* Ce ſont des pièces de bois gabariées ſur le côté du Vaiſſeau, & clouées ſur le bord, depuis la Liſſe de Plat-bord juſqu'à la premiere Préceinte, pour empêcher le côté des Bateaux que l'on embarque, de toucher le Franc-bord, & les empêcher de s'accrocher ſous les Pitons & Viroles qui pénétrent de dedans en dehors à tous les Sabords.

DÉFENSES. Un Vaiſſeau eſt en état de défenſe, lorſqu'il eſt bien armé, & qu'il peut réſiſter à un autre de ſa force ; il eſt hors de défenſe, quand il eſt déſemparé & hors d'état de combattre.

DÉFERLE. La mer déferle, lorſque la lame briſe en écumant avec bruit ; elle déferle ſur les Rochers & Briſants qu'elle choque avec force : *Les lames étoient ſi élevées, & pouſſées avec tant de force de la part du vent, que quoique nous euſſions la Miſaine & le grand Hunier dehors, pour fuir devant le temps, elles venoient preſque toutes ſe déferler ſous notre Arcaſſe.*

DEFERLE. Commandement pour faire déferler les Voiles nommées, lorſqu'on veut les appareiller.

DEFERLÉ. Un Hunier ou un Perroquet eſt déferlé, lorſqu'il eſt déployé ſur ſes Cargues, & qu'il n'eſt plus ſerré ſur la Vergue ; il eſt libre de ſes Rabans de Ferlage, & de tout ce qui paroît le tenir ſerré : *Nous avons déferlé nos Huniers pour les appareiller.*

DÉFERLÉE. Une Voile eſt déferlée, lorſqu'elle n'eſt plus ſerrée, qu'il n'y a qu'à larguer ſes Cargues pour la border. *Toutes nos Voiles étoient déferlées, & nos Huniers hiſſés ſur leurs*

Cargues, toutes prêtes à être bordées & orientées en appareillant.

DEFERLER. C'est dépaqueter les Voiles lorsqu'elles sont serrées sur leurs Vergues, c'est les déployer pour les mettre en état d'être bordées en filant leurs Cargues; ainsi pour déferler une Voile, on largue tous les Rabans de Ferlage, & on la laisse sur les Cargues jusqu'au moment de la border. *Le Commandant fit signal de déferler les Huniers, & de soutenir avec les quatre Voiles majeures.*

DEFIE *du vent* ou *de l'arrivée.* Commandement au Timonnier pour lui faire prévenir par coup de Gouvernail, le mouvement qui porte le Navire trop au vent, ou qui le fait arriver plus qu'il ne faut; ainsi l'on défie & défie tout, quand on craint que le Vaisseau n'obéisse pas assez vîte.

DEFIE *du Bord.* Commandement au Brigadier d'un Canot de défendre le Choc, en abordant contre le Bord ou le Quai, lorsqu'on y va directement & qu'on ne le prolonge pas; cet Abordage se défie en appuyant la Gaffe contre le Bord, & faisant force dessus pour amortir & arrêter l'Aire que porte le Bateau.

DEFIÉ. Le Vaisseau est défié du vent, lorsqu'il a son Gouvernail disposé pour le faire arriver: de même il est défié de l'Arrivée, lorsqu'il a sa Barre à venir au vent. Ainsi lorsqu'on dit au Timonnier, *Défie*, il répond, *il est défié.*

DEFIER. C'est en général empêcher que le choc de quelque chose en mouvement ne soit trop violent; c'est arrêter la vitesse peu-à-peu, & assez à temps pour qu'il n'y ait point de choc, ou du moins pour qu'il soit très-foible.

DEFIER *du vent* ou *de l'arrivée.* C'est prévenir avec le Gouvernail le mouvement du Vaisseau vers le vent, ou lorsqu'il obéit trop au vent: lorsqu'on dit au Timonnier de défier, il répond, *la Barre est à défier, la Barre est toute à défier*, quand elle est tout-à-fait du Bord que l'on défie.

DEFOURE *le Cable.* C'est commander d'ôter la Fourure qui le garnit dans l'Ecubier & contre la Guibre.

DEFOURÉ. Un Cable, un Hauban, &c. est défouré, lorsqu'il est dégarni de sa Fourure: une manœuvre est défourée, si elle n'a plus de Fourure.

DEFOURER. C'est ôter la Fourure qui garnit une manœuvre; ainsi il convient de défourer tout ce qui est fouré ou garni dans le Gréement, lorsqu'on veut le visiter, afin de découvrir s'il n'y a pas de mal sous la Fourure. Défourer un Cable, c'est lui ôter sa Fourure, lorsqu'il est assez viré dedans pour qu'il n'en reste plus dans l'Ecubier.

DEGAGE. On dégage une chose engagée, lorsqu'on en a besoin, c'est-à-dire, qu'on la débarasse des choses qui empêchent qu'on ne s'en serve dans le moment: on ne doit jamais être dans le cas de dégager les choses utiles, elles doivent être toujours parées au besoin.

DEGAGE. Un Vaiſſeau ſe dégage des dangers où il ſe trouve, en s'en débarraſſant, à force d'adreſſe, de travail & de patience : on ſe dégage d'un Combat déſavantageux par de bonnes manœuvres & des coups hardis; il ſe dégage d'un Abordage, en repouſſant l'ennemi qui l'aborde.

DEGAGÉ. Un homme eſt dégagé, lorſqu'après avoir été engagé, on lui a donné ſon congé.

DEGAGÉ. Un Vaiſſeau eſt dégagé, quand il s'eſt ôté d'un mauvais pas où il s'étoit fourré, par accident ou mal-adroitement; il eſt dégagé des Pointes, lorſqu'il les a paſſées & qu'il n'en a plus rien à craindre; il eſt dégagé d'un Combat déſavantageux, lorſque par une bonne manœuvre, il a pu ſe dépêtrer des mains d'un ennemi ſupérieur avec lequel il s'étoit mal-engagé; enfin on eſt dégagé de tout ce que l'on a eu à craindre, lorſqu'on ne court plus aucun riſque.

DEGAGÉE. Une manœuvre eſt dégagée, auſſi-tôt qu'elle eſt en état de ſervir, après avoir été embarraſſée par quelque accident.

DEGAGER *un Vaiſſeau de l'ennemi.* C'eſt le ſecourir & le délivrer, lorſqu'il eſt embarraſſé & ſerré de près dans un Combat par des forces ſupérieures.

DEGAGER, *ſe dégager d'un Abordage.* C'eſt ſe débarraſſer d'un Abordage mal fait, & dans lequel on ſe trouve le plus foible; il n'eſt pas toujours aiſé de s'en tirer : on cherche toujours à ſe dégager d'un Combat & d'un Abordage déſavantageux, & l'on n'y parvient qu'en repouſſant l'ennemi, & le harcelant par de fines manœuvres.

DEGAGER *un Cable* ou *une Manœuvre engagée.* C'eſt les débarraſſer de ce qui les engage & les retient, pour les mettre en état de ſervir, & les avoir parés au beſoin.

DEGARNIR. C'eſt ôter la garniture & fourure de deſſus les manœuvres dormantes ou courantes, qui ſont garnies de toile goudronnée & de Bitord, ou qui ſont couvertes de Paillets, Sangles, toiles ou fils de Caret, &c.

DEGARNIR *les Vergues.* C'eſt leur ôter toute la garniture de manœuvres & de Poulies, qui ſervent à manœuvrer les Voiles qu'elles portent; on leur ôte auſſi tous les Paillets, bourlets & cuirs qui les couvrent dans certains endroits, pour les empêcher d'être mangées au mouvement, en appuyant ſur les Haubans dans le Braſſeïage.

DEGARNIR *un Mât.* C'eſt le dégréer, lui ôter ſa garniture, ſes manœuvres, tout ſon Gréement.

DEGARNIR *un Navire.* C'eſt le dégréer de tout ce qui ſert à ſon équipement; ainſi on le dégarnit de ſes Canons, de ſes Voiles, de ſes Mâts, de ſes manœuvres, &c. lorſqu'on les lui ôte.

DEGARNIR *le Cabeſtan.* C'eſt ôter ſes Barres, & détourner le Tourne-vire qui l'enveloppe en partie, ou toute autre manœuvre, pour la dépoſer tout-à-fait.

DEGARNIR *les Canons.* C'eſt ôter leur garniture de Palans, Bragues, Platines, &c. & ne leur rien laiſſer de ce qui peut les mettre en état de tirer.

DEGAUCHIR. C'eſt un terme de Charpentier, qui ſignifie dreſſer une pièce de bois, de maniere qu'on puiſſe la travailler pour la placer où elle doit ſervir; ainſi c'eſt lui ôter tout ce qui la rend gauche & mal tournée.

DEGORGEOIR. C'eſt le nom d'une eſpèce d'Aiguille de dix à douze pouces de long, en fil de fer de près d'une ligne de diametre; dont les Canonniers ſe ſervent pour crever la Gargouſſe avec laquelle le Canon eſt chargé, & introduire la poudre dans ſa Lumiere pour l'amorcer.

DEGRADE. Un Vaiſſeau dégrade, lorſqu'en louvoyant ſur une Côte, il tombe ſous le vent, & manque le Port où il veut aller.

DEGRADÉ. Un Vaiſſeau eſt dégradé, quand il a tombé ſous le vent de l'endroit qu'il vouloit attraper à bout de Bordée; de maniere qu'il ne puiſſe y revenir de quelque temps.

DEGRADER. C'eſt tomber ſous le vent d'une Côte ou d'un Port.

DEGRADER *un Officier.* C'eſt lui ôter ſes Honneurs, ſes Titres & tout Commandement.

DEGRÉ. C'eſt la 360 partie du Cercle. Les dégrés de Latitude ſe comptent de l'Equateur au Pole ſur le Méridien, & valent 20 lieues chaque; la lieue eſt de 2851 toiſes & demie. Les dégrés de Longitude ſe comptent ſur l'Equateur depuis le premier Méridien, & vont vers l'Eſt & l'Oueſt juſqu'à 180 dégrés; mais l'on obſerve que les dégrés de Longitude, en s'approchant des Poles, ſe comptent ſur des cercles paralleles à l'Equateur d'un plus petit diametre que lui, & dont par conſéquent les dégrés ſont plus petits; ce qui les rend ſujets à des obſervations particulieres dans les opérations du Pilotage, ainſi qu'on le trouve très-bien expliqué dans le Traité de la Navigation de Mr. BOUGUER, revu & abrégé par feu Mr. l'Abbé DE LA CAILLE, auquel nous renvoyons pour plus ample explication.

DEGRÉÉ. Un Vaiſſeau eſt dégréé, quand ſes Mâts ſont nuds & dégarnis de leurs Gréements: il eſt dégréé en partie, quand il n'eſt pas tout-à-fait dégarni de ſon Gréement; ainſi l'on dit qu'*un Navire eſt dégréé de ſon petit Mât de Hune*, quand ce Mât lui manque; de même, *il eſt dégréé d'une Vergue telle ou telle*, lorſqu'elle n'eſt pas en état de ſervir, ou quand on ne l'a pas miſe en place. Ce mot s'applique aux différentes circonſtances: un Vaiſſeau eſt dégréé après un combat, parce qu'il a une partie de ſon Gréement coupé par le Canon; il l'eſt auſſi, quand après un coup de vent il lui manque une partie de ſon Gréement.

DEGRÉEMENT. C'eſt la perte accidentelle d'une partie du Gréement: un Mât de Hune abattu par la force du vent, ou par le Canon de l'ennemi, eſt un Dégréement. Ainſi l'on dit : *Le Dégréement de ſes Mâts de Hunes, de ſes baſſes Vergues, ou de toute autre partie de ſon Gréement, le mit hors d'état de manœuvrer.*

DEGRÉER. C'eſt l'action d'ôter le Gréement d'un Navire : *On eſt à le dégréer, on va le dégréer ;* Expreſſions propres aux circonſtances. C'eſt dans ce ſens que pluſieurs Capitaines ordonnent avant le combat de tirer haut pour dégréer l'ennemi, lorſqu'ils ſe jugent abſolument ſupérieurs, & qu'ils ne veulent pas endommager le corps du Vaiſſeau qu'ils ſont certains de prendre ; mais cette méthode fait quelquefois tuer bien du monde, par l'ennemi qui, ſe ſentant ménagé, ſe défend & tire toujours à bon compte, dans l'eſpérance que quelques coups heureux pourront le dégager.

DEGROSSI. Une pièce de Charpente eſt dégroſſie, lorſqu'elle eſt parée & dreſſée, prête à recevoir les dimenſions que l'ouvrier doit lui donner en la finiſſant ; ainſi l'on dit qu'on a dégroſſi tous les Bois propres à la conſtruction d'un Vaiſſeau, & qu'ils ſont prêts à recevoir la forme du Gabarit.

DEGROSSIR. C'eſt parer le bois avec la hache pour le mettre en état d'être gabarié & reparé par l'ouvrier qui y donne la derniere main à l'herminette. *Voyez* DÉBITER.

DEHORS. Un Vaiſſeau eſt dehors, lorſqu'il a ſorti du Port, & pris la haute mer : un Vaiſſeau eſt encore dehors, lorſqu'il eſt au Large, & qu'il veut entrer : un Vaiſſeau met dehors, lorſqu'il fait route pour ſortir : *Il va mettre dehors*, quand il ſe diſpoſe à ſortir... *Il mettra dehors ſur le mi-flot, il ſortira.*

DEHORS, *mettre les Huniers dehors*, ou *les baſſes Voiles*. C'eſt les déferler & les appareiller : *Nous mîmes toutes Voiles dehors pour donner chaſſe.* On dit aux Gabiers : *Jette les Fonds hors la Hune*, pour leur faire parer la Voile du Bord, & faciliter de les border.

DEJETTE. Le bois ſe déjette, lorſqu'il eſt employé trop verd dans la conſtruction des Vaiſſeaux ; c'eſt-à-dire, qu'il ſe défigure, qu'il s'ouvre en faiſant effort pour ſe retirer, il ſe travaille, & l'étoupe reſſort des coutures qui deviennent trop larges.

DELABRÉ. Un Vaiſſeau eſt délabré, lorſqu'après un combat, ou une tempête, il a ſes Mâts rompus, ſes Voiles déchirées, & ſon Gréement en déſordre ; c'eſt un délabrement général.

DELACER. On ſe ſert quelquefois de cètte expreſſion pour dire que la mer ſe retire, & laiſſe à pied ſec des choſes qu'elle couvroit

DELAISSEMENT, *abandon*. Acte par lequel un Négociant aſſuré ſur quelque Vaiſſeau, dénonce la perte du Navire aux Aſſureurs, & leur abandonne les effets ſur leſquels l'Aſſurance eſt faite, avec ſommation de payer la valeur de ce qui eſt aſſuré.

DELESTAGE. C'eſt la décharge du Leſte d'un Vaiſſeau. Les Ordonnances fixent les précautions qu'il faut prendre pour déleſter, parce qu'il ne faut pas que le Leſte tombe dans les Ports ni les Rades, à cauſe du fond qui ſe gâteroit & empêcheroit les Ancres de tenir; ce qui ne manqueroit pas d'occaſionner des accidents aux Navires qui chaſſeroient avec plus de facilité dans les coups de vent.

DELESTER. C'eſt décharger un Vaiſſeau de ſon Leſte, & le porter dans l'endroit marqué par le Réglement.

DELIVRE. On délivre un Vaiſſeau, en levant des Bordages en dehors, & des Vaigres en dedans, pour le viſiter & voir ſi ſes membres ſont bons, s'il y a moyen de le radouber, & le mettre en état de naviguer encore.

DELIVRER *du Bois.* C'eſt le parer à la hache, & le mettre en état d'être employé; c'eſt le dégroſſir.

DELIVRER *un Vaiſſeau.* C'eſt lever ſon Bordage, ſes Vaigres, ſes Ponts, & défaire toute ſa Charpente pour le radouber, ou pour le dépecer lorſqu'il eſt condamné.

DELIVRÉ. Un Vaiſſeau eſt délivré de ſon Franc-bord, lorſqu'on l'a levé pour découvrir ſes membres par le dehors: on a délivré ſes Ponts, ſi on a levé leurs Bordages, &c.

DEMANDE. Une pièce de bois eſt faite à la Demande du bois, lorſqu'on le laiſſe dans toute ſa force, ſans en ôter; elle vient à ſa Demande, lorſqu'elle ſe place tout de ſuite ſans travail & comme d'elle-même en la poſant, parce qu'elle eſt exactement bien travaillée.

DEMANDE. Le Navire demande du Cable, lorſqu'il eſt mouillé, & qu'il a évité ſur ſon Cable qu'il tient tendu: on en peut filer alors, ſi on le juge à-propos, à meſure qu'il demande, c'eſt-à-dire, lorſqu'il l'a tendu; auſſi demande-t-on, quand on a mouillé & fait Tête, ſi le Navire demande du Cable, ou ſi le Cable demande: *Le Cable demande-t-il? eſt-il tendu?* Il commence à *Demander*, lorſqu'il ſe roidit; & il *Demande*, lorſqu'il eſt tendu.

DEMARRAGE. Un Démarrage eſt l'accident qui arrive à pluſieurs Vaiſſeaux dans une Rade, par le mauvais temps qui fait rompre des Cables, ou chaſſer des Ancres. Ainſi l'on dit: *Il y a eu un grand Démarrage en Rade*, pour dire que beaucoup de Vaiſſeaux ont démarré.

DEMARRE. Commandement pour faire démarrer quelque choſe qui eſt amarré.

DEMARRE. Un Vaiſſeau démarre, quand il leve ſes Amarres d'Affour pour ſe diſpoſer à partir, ou quand il largue toutes ſes Amarres du Quai ou Ponton d'un Port, pour aller en Rade.

DEMARRÉ. Un Vaiſſeau eſt démarré, quand il eſt libre de ſes Amarres, & de tout ce qui peut le retenir.

DEMARRER. C'eſt en général détacher quelque choſe

d'amarré. Ainſi l'on dit: *Démarrer les Canons*, pour les laiſſer libres de leurs Palans, quand on veut les tirer.

DEMATAGE. Un Vaiſſeau a eſſuyé un Dématage complet, lorſqu'il a perdu tous ſes Mâts par accident. *Notre Dématage ne fut pas conſidérable, car nous ne perdimes qu'un Mât de Hune, au lieu que celui de l'ennemi fut total.*

DEMATE. Un Vaiſſeau démâte, lorſqu'on lui ôte ſes Mâts, ou qu'ils tombent par l'effort du vent qui les rompt, ou par l'effet du Canon. *Voilà un Vaiſſeau qui démâte*; c'eſt l'inſtant du démâtage.

DEMATE *la Chaloupe* ou *le Canot*. Commandement pour faire ôter les Mâts d'un Bateau; ſoit qu'on veuille aller à l'Aviron contre le vent, ou qu'il faille l'embarquer, ou pour s'en ſervir autrement qu'à la Voile.

DEMATÉ. Un Vaiſſeau eſt démâté, quand il n'a point de Mâts; ainſi l'on dit qu'un Vaiſſeau eſt démâté de ſon grand Mât, de ſon Mât de Miſaine, de ſon Baupré, de ſon Mât d'Artimon, de ſes Mâts de Hune, ou d'un ſeul, lorſque l'un ou l'autre de ces Mâts lui manque.

DEMATER *un Vaiſſeau*. C'eſt lui ôter ſes Mâts.

DEMATER *un Vaiſſeau à coups de Canon*. C'eſt couper & abattre ſes Mâts dans un combat; c'eſt le dégréer de ſes Mâts.

DEMEURE. Un Vaiſſeau demeure de l'Arriere, quand il n'en peut pas ſuivre un autre à Voilure égale. *Notre camarade demeura toujours de l'Arriere, quoique nous n'ayons pas forcé de Voile autant que lui.*

DEMEURE *au Nord*. Une Terre, un Vaiſſeau, une Flotte, &c. demeure au Nord, quand on la releve dans ce Point de la Bouſſole; elle demeure ou reſte à tel point de l'horizon, ſelon la circonſtance & à telle diſtance.

DEMEURÉ. Un Vaiſſeau qui, faute de marche ou de volonté, ne va pas auſſi vîte qu'un autre, demeure de l'Arriere. *Notre camarade a toujours demeuré de l'Arriere hors de portée, ſans vouloir prendre part à l'action, quoiqu'il fût le maître de s'engager comme nous; mais la crainte qui le dominoit, le fit demeurer ſpectateur.*

DEMEURER, c'eſt *Reſter*. Ainſi l'on dit: *Les ennemis s'entêterent à demeurer au vent, ſans oſer arriver; ce qui nous fit demeurer en Ligne: nous leur gagnâmes le vent dans la nuit, & au point du jour nous engageâmes l'Action, pour ne pas demeurer comme eux, à nous regarder les uns & les autres... Nous chaſſâmes toute la journée ſur le N. E. & ce ne fût que ſur les cinq heures qu'on s'apperçût que les ennemis commencerent à reſter de l'Arriere.*

DEMI-CLEF. Eſpèce de nœud double que l'on fait ſur le cul d'une des Poulies d'un Palan roide & tendu, en prenant le double du Garant; cette demi-Clef ſert à amarrer le Palan ſur lui-même, & l'empêcher de courir & de ſe larguer. On fait aussi une demi-Clef sur d'autres manœuvres dans les mêmes circonstances, parce qu'elle serre toujours sans larguer, & qu'il est plus aisé de la défaire que toute autre espèce de nœud.

DEMI-BATTERIE. Un Vaisseau a une demi-Batterie, quand il n'a de Canons que jusqu'à son grand Mât, dans son Entre-pont: alors il a Batterie & demie, parce que celle de dessus le Pont est sensée complete.

DEMI-PONT ou *Gaillards*. *Voyez* GAILLARDS.

DEMI-A-DEMI. On place des pièces de charpente de demi-à-demi, en les entaillant de maniere qu'elles s'emboîtent l'une sur l'autre, & l'une dans l'autre, en se croisant & se mettant au droit l'une & l'autre.

DEMONTÉ. Un Canon est démonté, quand il est dehors de dessus son Affût, ou que son Affût est brisé. *Nous reçûmes une Bordée en hanche, qui nous démonta plusieurs Pièces.* Le Gouvernail est démonté, quand il est hors de ses Gonds.

DEMONTÉ. Un Capitaine est démonté, quand on lui a ôté le commandement du Vaisseau qu'il montoit.

DEMONTER *un Capitaine.* C'est lui ôter le commandement du Vaisseau qu'il monte. Un Général ne doit pas balancer de démonter les Capitaines de son Escadre qui l'ont abandonné dans l'Action, parce que le crime de lâcheté & de poltronnerie est puni de mort par les Ordonnances, & qu'il doit faire instruire leur procès par le Major, pour en rendre compte au Conseil de guerre, aussi-tôt l'arrivée.

DEMONTER *les Canons.* C'est les ôter de dessus leurs Affûts.

DEMONTER *le Gouvernail.* C'est l'enlever hors de ses Gonds, pour le visiter & le mettre en Radoub; on démonte ordinairement le Gouvernail de tous les Vaisseaux qui restent longtemps dans le Port, parce que son poids contribueroit à les faire arquer plus vîte; & on ne les doit monter que lorsqu'ils sont dans le cas de s'en servir.

DEPART. C'est le moment de partir. *Le vent contraire retarda notre Départ de quinze jours; ce qui donna le temps de recevoir de nouveaux ordres, qui remirent le Départ à un mois.* Les retardements de départ sont toujours désavantageux au bien du service; on donne le temps aux ennemis de prendre leurs précautions & de susciter des obstacles, & souvent l'entreprise manque, parce que le départ a été retardé. Dans les Opérations Maritimes, il faut toujours que l'Armement soit précipité & bien fait, qu'il n'y manque rien, & que le départ soit encore plus prompt; car partout où la célérité manque, on peut être prévenu.

DEPARTEMENT. C'est un Port & Arcenal, où le Roi tient ses Vaisseaux & Officiers de Marine: ainsi le Département de Brest est le premier & le plus considérable; celui de Toulon après, Rochefort ensuite. Dans le Département du Havre, il n'y a que des Frégates: on appelle aussi Département des Classes, le Chef-lieu où se tient le grand Bureau, & où réside un Commissaire-Général de la Marine, ou un Commissaire-Ordonnateur aux Classes.

DEPASSE. Un Vaisseau en dépasse un autre, lorsqu'il marche mieux à Voilure égale, en parcourant les mêmes paralleles. Un Vaisseau dépasse bien, lorsqu'il a une grande vîtesse; il dépasse à terre, lorsque les objets que l'on y voit restent en peu de temps sur l'Arriere, quand on prolonge la Côte.

DEPASSE. Commandement pour faire dépasser la manœuvre nommée; *Dépasser les Cargues de Misaine*, *&c.*

DEPASSER *un endroit*. C'est aller au-delà : on dépasse un Port, quand on veut aller plus loin, on le dépasse aussi quelquefois, quand on veut y aller, par inadvertance, par défaut de bien manœuvrer, ou parce qu'on n'en connoît pas bien les approches ni les vues.

DEPASSER *le Tourne-vire*. C'est changer de bord la disposition des Tours, en mettant la partie qui travailloit en s'enveloppant sur le Cabestan dans la premiere disposition, au-dessous des Tours qui se devident de l'autre côté, à mesure que l'on vire, afin que le Virage se trouve changé de Bord, & que l'on puisse frapper le Tourne-vire à Babord, de la même maniere qu'il l'étoit sur le Cable de Tribord.

DEPASSÉE. Une manœuvre est dépassée, lorsqu'elle n'est plus dans ses Poulies; elle est mal passée, quand elle fait des tours & des détours qui la font travailler sur une mauvaise direction, ou sur une direction forcée. *Toutes nos Manœuvres sont dépassées*; c'est-à-dire, qu'on les a ôté de leurs Poulies, & défrappé de partout où elles servoient.

DEPASSER *le Lit du vent en abattant*. Lorsqu'on est le bout au vent, les Voiles coëffées, & que le Vaisseau abat sur un Bord ou sur l'autre, il dépasse le Lit du vent, en présentant sa Proue sur un autre point de l'horizon que celui d'où le vent souffle.

DEPASSER *un Vaisseau*. C'est passer à côté de lui, en faisant la même route, & le laisser de l'Arriere par supériorité de vîtesse. *Nous vîmes un Vaisseau sur l'Avant à nous*; *& comme il faisoit la même route, nous l'eûmes bientôt atteint & dépassé.*

DEPASSER *les Manœuvres*. C'est ôter les Manœuvres courantes de leurs places & Poulies, pour les changer, raccommoder, ou pour dégréer le Vaisseau.

DEPASSER *le Lit du vent d'un Vaisseau*. C'est tenir la même route que lui, ou une autre route, & aller au-delà du prolongement de la ligne qui pourroit être tirée de la source du vent au Vaisseau qu'il faut dépasser.

DEPECÉ. Un Vaisseau est dépecé, lorsqu'après sa condamnation, on l'a mis en pièces pour en tirer le fer, & le bois que l'on met au feu : *Ce Vaisseau n'est bon qu'à être dépecé.*

DEPECER. C'est l'action de défaire un Vaisseau : *On est à*

dépecer tel Vaisseau pour en tirer le fer, & le bois pour le brûler... Ce Navire est trop vieux, il n'est bon qu'à dépecer.

DEPENDANT, *aller en dépendant.* C'est approcher d'un Vaisseau peu-à-peu, en arrivant ou tenant le vent de plus en plus, pour s'accoster comme insensiblement, sans vouloir faire paroître qu'on a ce dessein. Cette manœuvre a ses inconvénients, parce qu'elle allonge le chemin, en faisant parcourir une ligne courbe pour aller au Vaisseau chassé de cette maniere; aussi manque-t-on le but presque toujours, en se trouvant trop de l'Arriere ou de l'Avant.

DEPEND. Le vent dépend du Sud, quand il est à l'Est ou à l'Ouest, & qu'il souffle de quelques dégrés vers le Sud : il dépend du Nord, s'il a une direction qui prend de ce côté-là plutôt que du Sud.

DEPENSE. C'est la *Cambuse.* C'est l'endroit où se fait la distribution des vivres à chaque repas.

DEPENSIER, ou *Maître Valet.* C'est le Commis aux vivres à Bord des Vaisseaux, il les distribue à l'Equipage, & réside dans la Cambuse : il est placé par le Munitionnaire sur les Vaisseaux du Roi ; mais à Bord des Marchands, c'est le Maître Tonnelier qui est chargé de la distribution.

DEPLACEMENT *d'eau.* C'est le volume d'eau dont le Navire occupe la place, en s'enfonçant dans le fluide par son propre poids & celui de sa charge. C'est du déplacement d'eau d'un Vaisseau que dépend l'élévation de sa Batterie : si ce déplacement est trop foible par rapport à son poids, sa batterie sera noyée ; s'il est trop fort, elle sera trop élevée : son centre de gravité se trouvera trop haut, & le Vaisseau pourra ne pas bien porter la Voile. Le déplacement d'eau du Navire est toujours égal à sa pesanteur; c'est-à-dire, qu'il enfonce dans le fluide, jusqu'à ce qu'il y ait équilibre entre la pesanteur du Vaisseau & la poussée verticale du fluide.

DEPLANTER. C'est faire quitter le fond à l'Ancre, lorsqu'on veut la lever ; ainsi l'on dit qu'*elle va déplanter*, lorsque le Cable est apiq, & qu'il n'y a plus qu'un dernier effort à faire pour qu'elle soit levée : *La Tenue est si forte dans ce Mouillage, qu'on a bien de la peine à déplanter ses Ancres.*

DEPLANTE. Espèce de commandement & d'encouragement que l'on dit aux gens qui virent au Cabestan pour les engager à travailler de force, & déplanter tout d'un coup l'Ancre, parce que le Cable est apiq.

DEPLANTE. L'Ancre déplante au moment qu'elle quitte le fond, qu'elle dérape : elle est déplantée alors, parce qu'elle n'a plus de prise.

DEPLANTÉ. Maniere de dire qu'un Vaisseau a levé son Ancre, qu'il l'a fait quitter le fond, & qu'il ne reste plus qu'à la virer pour la mettre au Capon : *Ce Vaisseau est déplanté, il va faire servir.*

DEPOUILLER *une Côte.* C'est en tomber sous le vent. *Voyez* DÉRADER.

DERADE. Un Vaiſſeau, une Chaloupe déradent, lorſque le vent les oblige de tomber au large de l'endroit où ils veulent aller. Ils déradent encore, lorſque le mauvais temps les oblige de quitter le lieu où ils ſont mouillés, & de prendre la mer: *Voilà un Vaiſſeau qui dérade, il s'en va.*

DERADÉ. Un Vaiſſeau eſt déradé, quand il eſt ſous le vent d'une Rade ou Port où il veut aller, & que le mauvais temps l'empêche d'attraper : *Il eſt affalé & déradé pour quinze jours*, car *Déradé* dit poſitivement qu'il n'y a plus d'eſpoir de rattraper le Mouillage dans les vingt-quatre heures, il faut néceſſairement pluſieurs jours. Un Vaiſſeau eſt encore déradé, quand le temps forcé l'a obligé de quitter ſes Ancres, & de prendre le Large.

DERADER. C'eſt être forcé de quitter la Rade & ſes Ancres par le mauvais temps; c'eſt auſſi tomber ſous le vent d'un Port, & être emporté en pleine mer par le vent & le Courant; de maniere qu'il faut après cela pluſieurs jours pour revenir: *Voilà un Vaiſſeau qui va dérader, s'il n'y prend garde, il ne ſerre pas la Côte d'aſſez près, il déradera ſûrement.*

DERALINGUE. On déralingue une Voile, en lui ôtant ſes Ralingues.

DERALINGUÉ. Un Hunier, Perroquet, Artimon, Foc eſt déralingué, quand on lui a ôté ſes Ralingues, ou quand le vent l'a déchiré le long de ſes Ralingues, de maniere que la toile n'y tient plus. Ainſi l'on dit; *Il eſt déralingué dans le fond ou ſur les côtés, Tribord ou Babord, depuis le fond juſqu'aux Ris, ou plus haut, ſelon la circonſtance.*

DERALINGUÉE. Une Voile eſt déralinguée, lorſqu'elle n'a plus de Ralingues; elle eſt déralinguée dans telle ou telle partie, quand la toile a quitté la Ralingue de cet endroit. *Le grand Hunier eſt déralingué dans le fond.*

DERALINGUER. C'eſt ôter les Ralingues d'une Voile. *Nos Voiles ſont ſi mauvaiſes, que ſi le vent augmente, elles vont toutes déralinguer.*

DERAPÉ. L'Ancre dérape, lorſqu'elle quitte priſe ſur le fond, ſoit qu'elle chaſſe, ou dans l'inſtant qu'on la leve.

DERAPER. L'Ancre eſt prête à déraper, dès l'inſtant où elle commence à être ſoulagée de deſſus le fond. L'Ancre vient de déraper, lorſqu'en chaſſant elle laboure le fond; on la fait déraper quelquefois pour la rendre plus aiſée à lever, au moment où l'on voudra appareiller, & afin de n'être pas obligé d'être ſi long-temps à la déplanter dans l'inſtant de l'Appareillage; mais cette précaution ne ſe prend que lorſque l'on eſt mouillé ſur des fonds de vaſe argileuſe.

DERIVANT. Un Vaiſſeau va en dérivant, lorſqu'il ſe laiſſe aller au cours de l'eau. *Nous deſcendions la Riviere en dérivant... Nous allongions la Côte en dérivant, comme le Courant nous portoit.*

DERIVE. On entend par *Derive* le transport du Vaisseau sous le vent de la route qu'il tient : elle est connue par l'Angle formé entre le prolongement de la Quille du Vaisseau vers l'arriere, & la Ligne qu'il trace quand il cingle au plus près du vent, ou qu'il gouverne sur quelque route qui en approche : le Vaisseau en divisant le fluide, laisse comme une espèce de vuide entre les filets d'eau détournés qui retombent les uns sur les autres, en se réunissant aussi-tôt qu'il a passé, après avoir été divisé par l'effort de la Masse poussée par l'action du vent sur les Voiles ; il se fait un choc latéral à mesure que le Vaisseau s'échappe avec vîtesse ; & de ce choc, il en résulte une colonne en tourbillons, qui reste toujours long-temps marquée sur l'Arriere, & assez distincte pour pouvoir être observée dans l'étendue d'un espace plus long que le Navire qui la produit par sa rapidité. Cette trace visible dans tous les temps sans exception, forme un Angle avec le prolongement de la Quille ; on le mesure ordinairement avec une espèce de Graphomètre divisé en dégrés, & placé à demeure sur le milieu de la largeur du Vaisseau, verticalement au-dessus de la Quille, sur l'endroit le plus commode de la Poupe, dans la fenêtre du milieu de la grande Chambre ou sur sa galerie, & on prend son ouverture pour la Derive, c'est-a-dire, pour l'écartement dont le Navire s'éloigne de la route sur laquelle on gouverne en tombant sous le vent. Cette Derive est plus grande ou plus petite dans les différents Vaisseaux, au plus près du vent, selon qu'ils ont plus ou moins de rapidité dans leur sillage du même temps & sous la même Voilure ; mais l'on observe toujours, & sans variété, que la Derive est plus ou moins grande dans le même Vaisseau, selon les différentes circonstances de sa vîtesse, ou du plus & moins de force dans l'impulsion du vent, lorsque sa Voilure est la même, du plus ou moins de surface de Voile du même temps ; & d'un temps différent pour la force du vent, du plus ou moins d'obliquité des Voiles avec la Quille, du plus ou moins d'élevation des Lames de la mer, & de la maniere dont le Navire en est frappé. Considérant le Navire dirigé au plus près du vent, seulement par ses Voiles différemment orientées, se mouvant par leur puissance dans un eau tranquille, les Géometres ont déterminé l'Angle de la Derive pour toutes les routes, sur les connoissances simples de la forme de sa Proue, & des différents Angles formés entre ses Voiles & sa Quille : d'où ils ont tiré des Tables exactes en elles-mêmes, par rapport aux données du problême tel qu'ils l'ont conçu, mais fausses en effet, puisqu'ils ont erré dans le principe, opérant sur des conditions fort éloignées de la vérité ; en voici la preuve. L'expérience qui doit nous guider dans cette recherche, nous apprend qu'un Vaisseau, quel qu'il soit, orienté au plus près du vent, & autant que la disposition de son Gréement puisse le permettre, derive d'une certaine quantité, lorsqu'il serre le vent le plus qu'il est possible : si ce Navire quitte ensuite le plus près pour courir

Largue, sans changer l'obliquité de ses Voiles avec la Quille, il est évident que sa vîtesse augmentera dans le rapport de l'augmentation du Sinus d'incidence du vent sur ses Voiles; cela est démontré par les Auteurs de la Théorie de la manœuvre, & confirmé par le fait; mais la Derive n'est plus la même, quoique l'obliquité des Voiles n'ait pas changé, & que les mêmes parties de la proue devroient être frappées par l'eau, si la Derive ne diminuoit pas, puisque la direction de l'effort de la Voilure n'a pas varié, le Navire étant poussé dans le même sens, & la même direction; elle diminue considérablement, & elle diminue d'autant plus que la vîtesse est plus rapide; d'où il suit nécessairement qu'elle n'est pas en raison du plus ou moins d'obliquité des Voiles avec la Quille dans le même Navire, comme nous l'ont enseigné tous les Auteurs qui en ont traité, & à qui l'expérience manquoit absolument sur cette partie essentielle de la Théorie Nautique. Si nous poussons nos recherches plus loin dans l'examen d'autres circonstances, l'expérience nous prouve encore l'insuffisance des résultats que l'on nous a donnés à ce sujet: il ne s'agit que d'examiner le Navire au plus près, bien orienté d'un petit temps, où la foiblesse du vent peut à peine le tenir gouvernant, lors même que la mer est très-belle & sans Houlle; on trouvera dans cette circonstance une Derive qui sera à-peu-près perpendiculaire à la surface générale des Voiles; elle approchera de 60 dégrés, un peu plus ou un peu moins, au lieu de 12 à 15 dégrés que donneroient les Tables sous le même orientage de Voilure: le principe est donc encore en défaut dans ce cas, ainsi que dans le précédent, qui prouvent l'un & l'autre que la Derive n'est pas conforme aux regles des Géometres; elle se rapportera encore moins à leurs principes, si on observe ce qui se passe à cet égard, à mesure que le vent augmente de force, & le Vaisseau de vîtesse, parce que cette Derive qui excédoit celle des Tables trois ou quatre fois, se réduit peu-à-peu & par gradations à 50, 40, 30, 20, 15, 10, & de 8 à 5 & 4 dégrés, presque autant au-dessous qu'elle étoit au-dessus de ce que nous donneroit les méthodes Géometriques adoptées, quand le Vaisseau aura seulement une vîtesse de deux lieues par heure, s'il est sur-tout du nombre de ceux qui passent pour Voiliers; ce qui constitue alors un vent très-médiodre, qui permet toutes especes de Voiles hautes: si ce Navire atteignoit une rapidité de sillage de trois lieues à trois lieues & demie par heure au plus près, dans cette circonstance où la mer est unie, la Derive seroit insensible à l'œil. Si au lieu d'un fin Voilier, il s'agit d'une Flûte dont la marche soit plus tardive; les mêmes observations nous ont montré que sa Derive est plus grande que celle du Vaisseau marcheur dans les mêmes circonstances, mais toujours plus ou moins forte que celle des Tables qui nous ont été données par MM. PITOT & BOUGUER; nous pouvons sur-tout accuser ce dernier, à qui la Marine a tant d'obligations, & à qui nous rendons hommage, que trop prévenu en faveur de sa sçavante Théorie, il n'a pas fait assez d'attention à ce qui s'est passé autour de lui, lorsqu'il étoit sur mer; il n'avoit qu'à jetter les yeux sur la surface unie des eaux, lorsque son Vaisseau étoit au plus près dans la circonstance proposée d'une belle mer & d'un vent foible & presque insensible, il auroit plutôt reconnu qu'un autre, qu'il étoit emporté dans la direction de l'effort de ses Voiles, en divisant aisément le fluide dans ce sens, qui, selon ses principes mêmes, n'oppose qu'une résistance infiniment petite, quand il est choqué avec une très-petite vîtesse de la part des solides; cette seule observation l'auroit conduit à celle-ci : la Derive diminue à proportion que l'accélération du sillage augmente, parce que l'eau résiste de plus en plus sur le côté, & davantage que dans le sens direct; de maniere que le Vaisseau trouvant, à mesure que le vent augmente de force, plus de résistance latéralement que directement, puisque la surface de sa Carène sur le côté est souvent seize ou vingt fois plus grande que dans le sens direct; il suit que l'eau résistant à la maniere des solides, quand elle est choquée avec la plus grande vîtesse, elle oppose une résistance seize ou vingt fois aussi forte sur le côté que sur la Proue; ainsi le transport ou le cours du Navire dans le sens latéral est bien plutôt éteint, que son mouvement dans le sens direct; ce qui constate une Derive toujours diminuée sous une plus grande vîtesse grâdative & infiniment petite sous une rapidité de sillage infini, parce que l'eau opposant continuellement une résistance plus forte, en raison des différentes grandeurs des surfaces choquées, & des quarrés de la vîtesse accélérée par les différentes impulsions du vent; il en résulte selon l'expérience journaliere des Vaisseaux en mer, que la Derive est proportionnelle aux différentes vîtesses du Navire, au plus ou moins d'obliquité de ses Voiles avec la Quille, & au plus ou moins d'aisance qu'il trouve à diviser le fluide par la Proue que par le côté; à quoi il faut ajouter les différentes circonstances d'une mer plus ou moins élevée, & de la maniere dont elle choque le Vaisseau, qui se trouve plus ou moins incliné sous l'effort de ses Voiles. On doit remarquer qu'à mesure que le Vaisseau augmente de vîtesse, l'impulsion de l'eau augmente en raison des quarrés des vîtesses, & que la partie latérale qui s'oppose à la Derive, en choquant le côté de la Carène, augmente continuellement, pour diminuer le transport du Vaisseau selon la perpendiculaire à sa Quille, de la même maniere que l'impulsion directe s'oppose sans cesse à la rapidité du sillage. *En traitant cet article, je me trouve à Bord d'un Vaisseau qui cingle au plus près sous toutes ses Voiles d'un beau temps, bon frais & belle mer, dont la vîtesse est de deux lieues & deux lieues & demie par heure, ses Voiles faisant un Angle de 35 dégrés environ avec sa Quille, & la Derive n'est que de 5 dégrés au plus; cependant il s'en faut beaucoup qu'il soit d'une marche supérieure, il n'a jamais atteint pour plus grande rapidité de sillage du temps le plus favorable qu'on puisse avoir, que trois lieues & demie par heure, mesurées par un Loch de 47 pieds & demi au nœud, & jetté avec toute l'exactitude possible* : si l'on examine la Table du Traité du Navire, page 438, on verra que sa Derive devroit être d'onze dégrés au moins, pour toutes les circonstances du grand frais, du bon frais, comme celui que nous avons, par exemple, du petit frais, & du très-petit frais ; ce qui est extrêmement loin de la vérité, puisque dans les cas extrêmes, ce même Navire nous montre une Derive quintuple de celle de la Table indiquée, ou une qui n'en seroit que la moitié : si on s'en rapportoit au Traité de la manœuvre des Vaisseaux du même Auteur, imprimé en 1757, onze ans après le précédent, on trouveroit dans la troisieme Table, page 514, que la Derive devroit être de 16 dégrés 39 min. pour le cas le plus favorable, ou de 22 dégrés 54 min. pour celui que nous regardons comme le plus désavantageux ; ce qui tombe encore dans l'erreur dont nous avons parlé au commencement de cet article ; mais en s'arrêtant à la Table de la page 516, & à la Proue Curviligne de 55 dégrés, on trouveroit 5 dégrés, ou 5 dégrés 30 min. pour la Derive ; ce qui conviendroit parfaitement au cas de notre Derive actuelle, mais nullement à celle d'une moindre vîtesse, parce qu'elle augmente toujours à mesure que la rapidité du sillage diminue ; ce qui suffit pour prouver évidemment que les principes adoptés sont insuffisants, faute sans doute d'avoir eu les données nécessaires pour la solution du problême.

DERIVE. La Derive vaut la route, quand, étant en Panne ou à la Cape, on derive du côté où l'on doit aller.

DERIVÉ. Un Vaisseau a derivé, lorsqu'il a tombé sous le vent de l'endroit où il comptoit être au bout de sa Bordée. *Il a derivé, il est déradé.*

DERIVER *beaucoup*. C'est avoir une grande Derive, un Angle très-ouvert, compris entre la direction de la Ligne que parcourt le Vaisseau, & le prolongement de la Quille sur l'Avant ou sur l'Arriere.

DERIVES, *avoir belles Derives*. On a belles *Derives*, quand on est au large de tous côtés, & qu'en derivant en Cape, de cinquante à soixante lieues, on n'a rien à craindre des Côtes dont on est éloigné.

DERIVES. On est en Derives, lorsqu'on se laisse aller au gré du vent & de la mer : ainsi tout ce qui est sur la mer abandonné à lui-même sans direction, est en Derives : il va de tous côtés.

DERIVES. On appelle *Derives* des especes de semelles faites de trois à quatre planches, à qui on donne deux fois le creux du Bâtiment pour qui on les fait, & le tiers ou la moitié de leur longueur pour largeur ; elles ont d'épaisseur à la partie supérieur, le double du bordé du Navire, & la moitié à l'autre extrémité; elles tournent autour d'une cheville de fer, sur laquelle elles sont fixées sur la Préceinte : on enleve verticalement la Pelle en la faisant tourner sur son Aissieu, quand on ne veut pas les mettre à l'eau, & on les tient suspendues parallellement aux côtés du Navire; aussi-tôt qu'on est dans le cas de tenir le plus près, on laisse tomber celle de dessous le vent, qui présente toute sa surface latérale à la mer, & fait diminuer la Derive en augmentant la résistance du fluide sur le côté; tandis qu'elle reste la même dans le sens direct; ce qui est encore une observation favorable au principe de l'article de la Derive.

DEROBE. Un Vaisseau dérobe le vent d'un autre, en le rangeant de fort près du côté du vent, pour empêcher le vent de passer jusqu'à lui, en le tenant à l'abri de ses Voiles.

DEROBER *le vent d'un Navire.* C'est être si près de lui du côté du vent, qu'il se trouve abrié par les Voiles de celui qui est au vent, de sorte qu'il ne reçoit plus qu'une partie de son impulsion, & qu'il reste pour un temps comme en calme.

DÉS *de fonte.* C'est une forte garniture de Cuivre à Pans & oreilles, que l'on place bien solidement dans le milieu des Rouets de Poulies, pour les empêcher de s'user en tournant sur un Aissieu de fer.

DESAFFOURCHE. Un Vaisseau desaffourche, lorsqu'il leve ses Ancres pour rester sur une seule.

DESAFFOURCHÉ. Un Vaisseau est désaffourché, quand il a levé toutes ses Ancres d'Affour, & qu'il reste mouillé sur une seule Ancre.

DESAFFOURCHER. C'est lever les Ancres d'Affour; & rester sur une seule Ancre, pour être plutôt prêt à appareiller.

DESARME. Un Vaisseau, une Escadre désarme, lorsqu'on congédie les Equipages, qu'on dégrée les Vaisseaux, qu'on remet leurs Munitions de guerre & de bouche dans les Magasins, & que les Navires rentrent dans le Port pour ne pas sortir.

DESARMÉ. Un Vaisseau est désarmé, quand, en revenant de la mer, on lui a ôté tous ses Agrès & Apparaux, qu'il n'a plus d'Equipage, & qu'il est dans le Port en attendant d'être réarmé.

DESARMÉE. Une Escadre est désarmée, lorsqu'après la Campagne elle rentre dant le Port pour n'en plus sortir jusqu'à un nouvel Armement, ou lorsqu'après avoir été armée, elle a reçu contre-ordre, pour la faire rester & désarmer.

DESARMEMENT. C'est l'action de désarmer un ou plusieurs Vaisseaux. Un Vaisseau est en désarmement pendant le temps qu'on lui ôte ses Agrès & Apparaux, Munitions de guerre & de bouche.

DESARMER. C'est quitter le Vaisseau; Ainsi l'on dit,

qu'*un Equipage vient de désarmer d'un Vaisseau*, quand il a fini la Campagne & quitté le Navire.

DESARMER *un Vaisseau*. C'est en faire le Désarmement, en lui ôtant toutes ses manœvres & autres ustenciles en général, sans exception de la moindre chose qui peut servir à son Armement.

DESARMER *les Canons*. C'est ôter les Boulets & la Mitraille qu'ils peuvent contenir sur leurs charges de poudre; ainsi lorsqu'on veut faire un salut de Canon, on les désarme.

DESARIME. C'est defaire actuellement l'Arrimage d'un Vaisseau: on ne désarime que ce qui est mal arrimé pour le rarimer; on désarime encore ce qui est arrimé, pour le décharger du Navire ou pour s'en servir.

DESARIMÉ. Un Vaisseau est désarimé, quand on a remué toute sa Cargaison, & qu'on ne l'a pas rarimée. *Tout est désarimé & en gavauche.*

DESARIMER. C'est defaire l'Arrimage d'un Vaisseau pour le décharger; il ne faut désarimer dans les Rades où le Vaisseau roule beaucoup, qu'à mesure qu'on décharge & qu'on charge, afin de tenir toujours le Vaisseau en état de n'avoir rien à craindre du mauvais temps.

DESCEND. Un Vaisseau descend la Riviere, lorsqu'il suit le cours de l'eau, en allant vers l'Embouchure.

DESCENDANT. C'est le temps du Jusant. *Voyez* EBRE & JUSANT.

DESCENDRE. C'est aller du haut en bas.

DESCENDRE *du Bord*. C'est aller du Vaisseau à terre, & c'est dans ce sens qu'on dit *Descendre à terre*.

DESCENDRE *une Riviere*. C'est suivre son cours avec l'eau.

DESCENDU. Un Vaisseau est descendu la Riviere, quand il est à son Embouchure. Un homme est descendu, quand il vient des Hunes, & qu'il est sur les Ponts.

DESCENTE. On fait une Descente de Troupes, en mettant par mer une Armée de Soldats à terre chez l'ennemi, pour envahir son pays, ou pour faire contribuer.

DESEMBARQUER. *Voyez* DEBARQUER.

DESEMPARE. On désempare un Vaisseau en le combattant & lui coupant ses Mâts, ses Voiles, Vergues & manœuvres, le mettant hors d'état de se défendre & de manœuvrer.

DESEMPARÉ. Un Vaisseau est désemparé, quand il est dégréé; ainsi l'on dit qu'il est désemparé du petit Mât de Hune, quand on le lui a coupé à coups de Canon, &c.

DESEMPARER. C'est degréer un Vaisseau ennemi en le combattant. *Dès notre premiere Bordée, nous eûmes le bonheur de le désemparer de ses basses-Vergues.*

DESSUS *du vent*. On a le dessus du vent d'un Vaisseau ou d'une Escadre, quand on est au vent. Ainsi l'on dit: *Nous avions le dessus du vent, mais il sauta du N. E. au S. E. ce qui nous fit perdre cet avantage, & l'ennemi se trouva au-dessus du vent de notre Ligne.*

DESSUS, commandement. *Mettez vingt hommes dessus*, c'est-à-dire, qu'il faut faire travailler vingt hommes ensemble sur la chose nommée.

DESTINATION. La destination d'un Vaisseau est l'endroit où il va, & pour lequel il est expédié.

DETACHÉ. Un Vaisseau est détaché pour observer l'ennemi, lorsque le Commandant de l'Escadre lui a donné ordre d'aller seul à sa suite pour observer sa route, ses manœuvres & ses forces : on ne détache pour ces sortes d'opérations, que des Capitaines intelligents, bons manœuvriers, & qui ont des Vaisseaux fins Voiliers.

DETACHEMENT. C'est un certain nombre de Vaisseaux que l'on sépare sous le commandement d'un seul, pour donner chasse, pour observer & inquiéter les ennemis, ou pour faire quelqu'autre expédition. On fait aussi des Détachements de Chaloupes & Canots pour surprendre des Vaisseaux à l'Ancre, pour visiter de nuit une Rade ou un Port, &c.

DETACHER. C'est séparer un ou plusieurs Vaisseaux, pour chasser & découvrir au large de l'Armée, ou pour faire quelque expédition particuliere. *Le Général fit détacher six Vaisseaux de l'Armée pour chasser les Frégates ennemies qui nous observoient.*

DETALE *bien*. Un Vaisseau détale bien, lorqu'il marche vîte : c'est une maniere de dire qu'un Navire est fin Voilier, *il détale bien*.

DETALINGUE. On détalingue un Cable, en défaisant l'Entalingure qui l'attache à l'Arganeau de l'Ancre.

DETALINGUÉ. Un Cable est détalingué, quand on l'a depassé de l'Arganeau de l'Ancre sur lequel on l'avoit entalingué.

DETALINGUER. C'est l'action de défaire l'Entalingure d'un Cable, pour le dépasser de l'Arganeau de l'Ancre auquel il étoit entalingué. *Il faut mettre six hommes à détalinguer le Cable de Tribord.*

DETOUCHER, *se détoucher.* C'est remettre un Vaisseau à flot, lorsqu'il s'est échoué.

DETROIT. Passage ou Canal entre deux terres, pour aller d'une mer dans une autre. Un Détroit est formé par deux Pointes d'un Continent, comme celui de Gibraltar ; ou par une Côte du Continent & une Isle, comme celui de Malac ; ou par deux Isles, comme celui de la Sonde, entre Sumatra & Java.

DEVENTE. Une Voile dévente, quand elle commence à battre, parce que le vent la frappe en Ralingue, & la fait fasier.

DEVENTÉ. Un Hunier est deventé, quand il reçoit le vent en Ralingue, & qu'il est à barbayer ; il ne le reçoit ni dessus ni dedans.

DEVENTÉE. Les Voiles sont deventées, lorsqu'elles ont le vent en Ralingue, & qu'elles sont à fasier.

DEVENTER. C'est l'action de disposer les Voiles, de maniere qu'elles ne puissent recevoir l'impulsion du vent qu'en Ralingues, ni dessus ni dedans; elles sont alors à fasier. On fait déventer les Voiles par le moyen de leurs bras, en les tenant parallellement au lit du vent.

DEVERGUE. Commandement pour faire déverguer une Voile que l'on nomme. Ainsi l'on dit : *Dévergue le grand Hunier, &c.*

DEVERGUÉ. Un Hunier ou Perroquet est dévergué, lorsqu'on l'a ôté de la Vergue sur laquelle il étoit envergué.

DEVERGUÉE. Un Hunier ou Perroquet, une basse Voile ou toute autre que ce puisse être, est deverguée, aussi-tôt qu'elle est ôtée de sa Vergue : *Nos Voiles étoient déverguées pour les raccommoder; ce qui nous embarrassa beaucoup, quand on fit le signal de partir.*

DEVERGUER. C'est ôter les Voiles qui sont en Vergues. Ainsi l'on dit : *Déverguer un Hunier* ou *toute autre Voile. Aussi-tôt que le combat fut fini, nous fûmes obligés de déverguer nos Voiles Majeures pour les changer.*

DEVIRE. Commandement pour faire devirer au Cabestan, afin de faciliter de choquer le Tourne-vire. On devire encore pour amener les fardeaux pesants que l'on embarque ou débarque à force de Cabestan. *Devire* veut toujours dire *Détourne.*

DEVIRER. C'est détourner le Cabestan, après avoir bossé le Cable ou autre Manœuvre, pour la faire mollir & la détendre un peu, afin de choquer avec facilité, & faire remonter les tours de la manœuvre qui enveloppe le cilindre du Cabestan.

DEVIRER *une manœuvre.* On fait devirer une manœuvre courante, & tous les Cordages qui peuvent en servir, pour la détordre avant de la passer, afin de l'empêcher de faire des coques : c'est l'inconvénient de tout Cordage trop tordu; on y rémédie, en le faisant devirer avant de l'employer.

DEVIS. Le Devis d'un Vaisseau est l'état détaillé de toutes ses proportions en général, du Cubage des Bois bruts & travaillés, du poids du Fer & de la maniere dont on l'emploie, du Cordage, de la Main-d'œuvre, & des frais de l'Achat & Travaux différents pour le mettre en état de prendre Cargaison & de naviguer. On doit ajouter au Devis d'un Vaisseau le calcul du Déplacement d'Eau, pour constater son poids, & la quantité dont il entrera dans l'eau par sa propre pesanteur, tout armé, & lorsqu'il ne lui manquera que sa Cargaison, & ensuite pour quand il sera chargé; afin de calculer la diminution de l'impulsion directe de l'eau sur sa Proue, pour en déduire sa marche lorsqu'il prendra la mer; & connoître aussi l'élévation de sa Batterie, pour déterminer après cela la hauteur du méta-centre, & la quantité dont son centre de gravité sera au-dessous de ce point, pour être sûr de la Stabilité ; après quoi on procédera à l'examen du Vaiſſeau en mouvement, pour déterminer, par l'impulſion de l'eau ſur la Proue, pour la Derive la plus ordinaire, & l'inclinaiſon qu'il pourra avoir d'un bon frais, le Point autour duquel les Voiles doivent être en équilibre ſur l'axe; pour, après ce procédé, fixer la hauteur du Point Vélique qui regle celle du centre d'effort de la Voilure, & qui conſtate la Mâture parfaite en terminant le Devis, qui n'eſt jamais ſi complet que nous venons de l'expliquer, parce que les Conſtructeurs ne ſe donnent jamais la peine de ſe livrer à tous ces calculs qu'ils ne connoiſſent preſque pas, & qu'ils regardent, aſſez mal-à-propos, comme inutiles.

DIABLE. Eſpèce d'Avant-train à deux roues, dont on ſe ſert dans les Ports pour enlever les groſſes pièces de bois, & les porter d'un lieu à un autre : mais ſon principal uſage eſt pour le tranſport des Canons : on leve la fleche du Diable, qui tourne ſur l'aiſſieu de fer ſur lequel ſont les roues ; on applique les chaînes ſur le fardeau bien roides, de maniere qu'il puiſſe être en équilibre avec lui-même, l'on abaiſſe la fleche qui fait levier alors, & on la bride ſur une autre fleche ſtable & horizontale ; enſuite on place les bêtes de charrois pour traîner la machine & ſa charge où l'on veut.

DIABLOTIN. Le Diablotin eſt la Voile d'Etai du Perroquet de Fougue : il s'amure dans les Gambes de grande Hune, & ſe borde ſur le côté du Navire. Cette Voile & rien, c'eſt à-peu-près la même choſe.

DIAMANT *de l'Ancre.* C'eſt la jonction des deux Bras avec la Verge, qui fait un angle au milieu.

DIAMETRE. On appelle *Diametre* la ligne droite qui partage la circonférence d'un Cerle en deux parties égales, en paſſant par le centre; de ſorte que les deux points de part & d'autre ſur la circonférence, ſont exactement oppoſés. Ainſi le Diametre d'un Canon, c'eſt la ligne qui coupe le cilindre creux de ſon âme perpendiculairement à ſon axe; & le Diametre d'un Boulet eſt la ligne qui paſſe par ſon centre, en ſe terminant à la ſuperficie convexe de cette ſphere, ſans faire le moindre détour.

DIANNE. C'eſt une batterie des Tambours des Corps-de-Gardes, des Ports & Arcenaux de Marine, qui ſe bat tous les matins au petit point du jour, & qui ſe termine par un coup de Canon, que l'on appelle *Coup de Canon de la Dianne*; & l'on ouvre tout de ſuite les chaînes, pour que le travail du Port commence par-tout.

DIGON. Le Digon eſt la pièce de Charpente qui remplit dans le Taille-mer l'eſpace qui ſe trouve entre la Gorgere & l'Etrave, auxquelles il eſt lié par des Adents à croc de bas en haut, & bien chevillé : quelquefois le Digon eſt compoſé de pluſieurs pièces de rempliſſage, d'autres fois il eſt d'une ſeule pièce.

DIGUE. C'eſt un ouvrage ſolide, fait en maçonnerie &

charpenterie, pour arrêter les eaux courantes ou celles qui ont flux & reflux : il eſt plus conſidérable que le Batar-d'eau, doit durer plus long-tems, & ſoutenir une plus grande maſſe d'eau. La Hollande n'eſt à l'abri des inondations que par la grandeur & la ſolidité de ſes Digues.

DISPERSE. On diſperſe une Flotte, une Eſcadre, en ſéparant ſes Vaiſſeaux, lorſqu'ils fuient un ennemi ſupérieur, l'un d'un côté, & l'autre de l'autre.

DISPERSÉ. C'eſt être ſéparé & diviſé. *Quand nous vîmes l'Ennemi, il étoit diſperſé par pelotons qui ne tarderent pas à ſe réunir à leur Commandant.*

DISPERSÉE. Une Flotte eſt diſperſée par la tempête, lorſque les Vaiſſeaux ne peuvent plus ſe conſerver, & que chacun fait ſa route à ſa fantaiſie. Elle peut auſſi être diſperſée par un ennemi ſupérieur qui oblige les Vaiſſeaux de fuir, chacun ſelon ſon avantage.

DISPERSER. C'eſt ſéparer une Flotte, la mettre en fuite & en déroute, de maniere qu'elle ne puiſſe plus ſe réunir.

DISPUTE *le vent.* Une Armée, une Eſcadre, un Vaiſſeau diſpute le vent à ſon ennemi, en manœuvrant pour le gagner; ils louvoient l'un & l'autre, & ſe diſputent l'avantage du vent, parce qu'ils en connoiſſent l'importance.

DISPUTER *le vent.* C'eſt louvoyer pour gagner le vent à un Vaiſſeau ennemi ou à une Armée qui veut ſe maintenir dans ſon avantage, en louvoyant auſſi, profitant le plus qu'il eſt poſſible de ſes Bordées : *Nous continuâmes de leur diſputer le vent, & nous parvinmes à le gagner le ſecond jour.*

DISTANCE. La diſtance d'un lieu à un autre, d'un Vaiſſeau à une flotte, &c. eſt l'intervalle qui ſe trouve entre les deux. On la meſure ordinairement en lieues marines & parties de lieues. *Nous eûmes connoiſſance des Ennemis à 4 lieues de diſtance vers le Nord, & peu de temps après nous vîmes la Côte de Bretagne au S.O. à la diſtance de 8 à 9 lieues; ce qui nous fit eſpérer de pouvoir nous ſauver ſans combattre.*

DISTANCE *d'entre les Sabords.* C'eſt l'intervalle meſuré en pieds & pouces que l'on met entre les Sabords. Il doit être toujours aſſez grand, pour que le ſervice de l'Artillerie ne ſoit pas gêné; il ne faut pas non plus qu'il ſoit trop grand, parce que les Vaiſſeaux auroient trop peu de Canons, relativement à leurs longueurs.

DISTINGUE. On diſtingue les objets, quand on les voit aſſez clairement pour juger de leur forme & de leur grandeur; ceux qui ſont près de nous, ſe diſtinguent à la vue; ceux qui ſont éloignés, peuvent ſe diſtinguer à l'aide de Longues-vues & de Téleſcopes. L'on a toujours beſoin de Longues-vues pour diſtinguer la grandeur des Vaiſſeaux & juger de leurs forces, avant que l'on en ſoit aſſez proche pour les craindre; ainſi il eſt très-avantageux d'avoir une de ces machines la plus parfaite, afin de pouvoir diſtinguer à une grande diſtance les Vaiſſeaux que l'on peut craindre.

DISTINCTION. Les Vaiſſaux Amiraux, Commandants, Chefs de Diviſions portent leurs marques de diſtinction au haut des Mâts; l'Amiral porte ſon Pavillon de diſtinction au grand, le Vice-Amiral au Mât de Miſaine, & le Lieutenant-Général au Mât d'Artimon; ainſi que le Chef d'Eſcadre qui y met ſa Cornette, qu'il peut auſſi arborer ſur le grand Mât, quand il commande en Chef une Eſcadre ſéparée. Les Capitaines de Vaiſſeaux portent pour diſtinction une Flamme au grand Mât; & s'ils ſont en corps d'Armée, ils la portent au Mât de leur Eſcadre. Les Vaiſſeaux des Diviſions d'une Armée Navale ſont encore diſtingués par leurs Girouettes, que l'on entremêle de couleurs différentes.

DISTINGUER. C'eſt reconnoître parfaitement une choſe: *Nous avons pu diſtinguer & reconnoître les objets, auſſi-tôt que la brume a été levée, & que le grand jour a permis de voir clair... Nous avons vu un Vaiſſeau dans la nuit, que nous avons conſervé bien ſoigneuſement, ſans avoir pu diſtinguer quelle étoit ſa force, mais au jour nous avons reconnu qu'il étoit de guerre; ce qui nous a fait prendre chaſſe.*

DIVISE. On diviſe une Armée pour en faire pluſieurs Corps que l'on appelle *Diviſions*, qui doivent naviguer de concert & ſous les ordres d'un ſeul Général, quoiqu'ils aient chacun un Chef particulier. On diviſe toutes choſes que l'on ſépare, également ou inégalement.

DIVISER. C'eſt *Séparer.* Un Général doit diviſer ſes forces, de maniere que la diſtribution en ſoit égale dans l'ordre de combat, qu'il doit cependant régler, autant qu'il lui eſt poſſible, ſelon que l'Ennemi a diviſé ſes Vaiſſeaux forts également ou inégalement; car il peut les diviſer, de maniere qu'il ſoit plus fort dans une partie que dans l'autre.

DIVISION. C'eſt une partie détachée de l'Armée Navale ſous le Commandement d'un Officier Général, ou d'un ancien Capitaine de Vaiſſeau. La premiere Diviſion forme la premiere Eſcadre, & eſt commandée particuliérement par le Général: la ſeconde Diviſion fait la ſeconde Eſcadre, ſous le Commandement du ſecond Officier Général aux Ordres du Général: la troiſieme Diviſion compoſe la troiſieme Eſcadre, commandée par le troiſieme Officier Général, ſubordonné, comme tous les autres, directement au Général; & par ſubordination, à l'Officier-Général Chef de la ſeconde Diviſion. Dans les Armées nombreuſes, il y a dans chaque principale Eſcadre des Subdiviſions commandées par les principaux Officiers de ces Eſcadres: ces Subdiviſions ne ſe font que pour ſoulager le Général pendant le temps du combat; parce-qu'elles ne ſont établies que pour manœuvrer ſelon les circonſtances qui ne peuvent pas toujours être vues par le Général, à cauſe de l'éloignement, du grand feu & de la fumée, qui empêchent ſouvent de diſtinguer les objets, & ce qui se passe dans les deux Armées : aussi ne doit-on confier ces Commandements qu'à des Officiers sûrs & consommés dans l'Art des Combats, parce que les mouvements qu'ils doivent faire faire à leurs Vaisseaux, sont souvent d'une très-grande conséquence; puisqu'ils doivent être en état de sçavoir, non seulement soutenir les parties de l'Armée qui peuvent avoir du dessous, mais encore profiter des fautes de l'Ennemi, pour le détruire & le battre avec avantage; souvent sans que le Général ni son Chef de Division puissent en avoir connoissance. Enfin tout Détachement d'une Armée Navale ou Escadre, est une Division : *On détacha une Division de Vaisseaux & Frégates pour observer de près l'Ennemi qui cherchoit à faire fausse route. Le Commandant de cette Division s'acquitta si bien de sa Commission, en harcelant les Vaisseaux de son Arriere-Garde, qu'il nous facilita le moyen de le joindre & de le combattre avec avantage.*

DOGRE. Espèce d'Embarquation à un Mât; il porte une basse-Voile, un Hunier & un Perroquet garnis, avec deux Focs & une Trinquette amurés sur le Baupré; il a de plus, un Artimon à Corne ou Senault, qui se borde Tribord & Babord du couronnement : cette maniere de gréer est très-avantageuse; au plus près du vent, le Dogre a beaucoup de surface de Voile au vent, avantageusement orientée, de la même maniere que celle des Bots; sur le Largue & vent Arriere, il peut en déployer plus qu'un Bot, & l'orienter beaucoup mieux, sans avoir l'embarras d'un Guis très-pesant & toujours embarrassant; ainsi je crois que la Voilure du Dogre est la meilleure de toutes celles qu'on puisse donner à une Embarquation, à cause de sa légereté & de sa grandeur. Il y a des Dogres à deux Mâts, c'est-à-dire, qui ont un petit tronçon de Mât à l'Arriere, sur lequel s'oriente un Artimon seul.

DOGUE *d'Amure*. Pièce de bois située verticalement sur le Vi-bord du Navire des deux côtés, répondant exactement sous les Taquets d'Envergures de la grande Vergue, quand elle est orientée au plus près, ou devant y répondre : on place un Rouet de Poulie dans chaque Dogue d'Amure, sur lequel on fait passer la grande Amure pour faciliter d'amurer la grande Voile; ce Rouet est placé obliquement pour conduire l'Amure sur le Gaillard d'Avant avec le moins de frottement possible.

DONNER *à la Côte*. C'est gouverner droit sur la terre pour entrer dans le premier Port qui se présentera; soit qu'on craigne l'ennemi, ou que l'on soit indigent de maniere à craindre de périr. *Le vent étoit fort, la mer très-élevée, & le temps très-chargé, de sorte qu'on ne voyoit pas de loin, cependant nous ne balançâmes pas de courir à terre pour donner à la Côte, afin de nous mettre dans le cas d'avoir quelque espoir de nous sauver, soit en entrant dans un Port, ou en nous jettant sur le Rivage : nous sçavions qu'il y avoit des Vaisseaux ennemis dans le Parage où nous étions; ainsi nous donnâmes à la Côte pour les éviter, & pour être dans le cas de nous loger quelque part, ou nous échouer, s'ils venoient à nous poursuivre de trop près; le mauvais temps ne put nous arrêter, nous forçâmes de Voiles toute la nuit, en veillant bien exactement, ayant du monde en Vigie sur les Vergues, sur le Baupré, aux Bossoirs & par-tout; & bien nous en prit, car nous vîmes tout d'un coup les Brisants devant nous, ce qui nous fit revenir au large pour ne pas échouer; au jour nous nous reconnûmes, & donnâmes dans le Port, sans attendre la marée, car nous vîmes deux Vaisseaux de guerre ennemis au large, qui donnoient chasse à un petit Vaisseau, qui ne put donner dedans qu'une heure après nous.*

DONNE *vent devant.* Un Vaisseau donne vent devant, quand il met la Barre du Gouvernail sous le vent, & qu'il vient au vent de maniere à le prendre ou recevoir droit de l'Avant, en virant de Bord.

DONNE *à la Côte.* Un Vaisseau donne à la Côte, quand il gouverne dessus pour en prendre connoissance. *Les Vaisseaux qui viennent du Large ont bien beau temps pour donner à la Côte, ils doivent arriver incessamment* : ainsi l'on dit souvent qu'un Vaisseau donne à la Côte, lorsqu'on le voit s'en approcher.

DONNE *le Bout.* Un Vaisseau donne le Bout à un autre, lorsqu'il gouverne droit dessus.

DONNE *le Travers.* Un Vaisseau donne le Travers, quand il présente le côté à celui qu'il veut canonner, ou que l'on veut aborder de long-en-long, Travers-par-Travers. *Voilà un Vaisseau qui va nous donner le Travers.*

DONNÉ *vent Devant.* Un Vaisseau a donné vent Devant, lorsqu'il est venu le bout au vent pour virer de Bord, & qu'il est coëffé.

DONNER *la voix.* C'est une maniere de crier lentement, en prononçant quelques mots, à la fin desquels tous ceux qui sont rangés sur la manœuvre, tirent ensemble avec force pour faire travailler comme on le désire. *Donne la voix*, c'est commander à un des Travailleurs de chanter, *hissa, ho, hi, hissa, ho, hisse. Voyez* CHANTER.

DONNER *vent Devant.* C'est virer de Bord, en faisant passer l'Avant du Navire par le lit du vent. *Un Vaisseau vient de donner vent Devant*, quand il est le bout au vent. *Il a pris vent Devant.*

DONNER *dedans.* Un Vaisseau vient de donner dedans, quand il est entre les Pointes d'un Détroit, ou d'un Port dans lequel il entre. *Il donne dedans en y entrant.*

DONNER *la Cale.* C'est caler un homme pour délit commis à Bord. *Voyez* CALE.

DONNER *dans une Flotte.* C'est se jetter au milieu d'une Fotte de Vaisseaux Marchands, mal soutenus par leurs Vaisseaux de guerre, pour y mettre le désordre, & s'emparer de tout ce que l'on peut : on donne sur la tête, quand on se jette sur l'Avant-Garde; on donne sur la queue, en attaquant l'Arriere-Garde;

& on donne dans le milieu, si on se mêle avec le centre; mais pour faire cette manœuvre, il faut n'avoir rien à craindre des Vaisseaux de Convoi; ainsi il faut avoir assez de Navires pour attaquer & s'emparer de ceux qui couvrent les Marchands, tandis que les Frégates & autres Vaisseaux donnent sur la Flotte.

DONNER *chasse*. C'est chasser ou poursuivre ceux qui prennent la fuite. Pour donner Chasse par la voie la plus courte, il faut, quand on est sous le vent, & qu'on donne Chasse au plus près, virer de Bord toutes les fois qu'on trouve le Vaisseau chassé dans la perpendiculaire à la route que l'on tient sur les différentes Bordées que l'on est obligé de courir; parce que de cette maniere, on garde toujours les plus petites distances où l'on peut être avec le Navire que l'on chasse, & on l'oblige à fuir sur le plus près; ce qui est souvent un avantage pour le Chasseur.

DONNER *une Bosse*. C'est donner un Cordage à un Bateau pour le traîner après soi, lorsqu'il ne peut pas suivre.

DONNER *une Remorque*. C'est ranger un Vaisseau dégréé d'assez près pour le mettre à lieu de prendre un Cable que l'on file, pour le traîner après soi.

DONNER *le Bout*. C'est présenter l'Avant. *Ce Vaisseau nous donne le Bout, il gouverne droit sur nous, il donne le Bout à terre.*

DONNER *le Travers*. C'est présenter le côté en plein.

DONNER *la Route*. C'est ordonner la route sur laquelle on doit gouverner pour aller à sa destination. Le Capitaine donne la route à son Bord, & personne ne peut ni ne doit le faire que lui. Un Vaisseau donne la route à un autre qui est sous ses ordres. Le Commandant d'une Escadre fait ou donne la route.

DONNER *la Bande*, c'est incliner. Un Vaisseau donne la Bande, lorsqu'il plie sous l'effort du vent. *Voyez* BANDE & INCLINAISON.

DONNER *le feu à son Vaisseau*. C'est le chauffer pour le carêner; cela se fait en allumant du bois léger, propre à faire un feu clair sur la Carène du Navire que l'on veut carèner, afin de brûler le Brai & tout ce qui peut cacher les défauts du franc-Bord, & piqures des vers. Lorsqu'on donne le feu à un Vaisseau, on tient des Pompes refoulantes prêtes à jetter de l'eau par-tout où le feu pourroit prendre sur le Corps du Navire & l'endommager; on place des hommes avec des seillots, des Bailles pleines d'eau & des Fauberts mouillés sur le haut du Navire, pour arrêter la montée de la flamme: d'autres ont des fourches, des crocs de fer, des balais au bout de grandes perches pour abattre le feu, & le porter partout où il est nécessaire qu'il aille.

DONNER *un Suif*. C'est enduire de suif chaud le dessous du Vaisseau après qu'il est carèné. On ne donne de suif qu'aux Vaisseaux qui vont en Croisiere pour deux, trois ou quatre mois au plus ; il s'applique sur le Franc-bord, & tient lieu de Spalm.

DONNER *une Carène.* C'est carêner un Vaisseau. *On est à donner la Carène à quatre Vaisseaux.*

DONNER *son feu à un Vaisseau.* C'est tirer dessus. *Nous donnions notre feu au Matelot de l'Avant du Général ennemi, & il ne manquoit pas de nous donner le sien.*

DONNER *une Bordée de Canon.* C'est tirer toutes les Pièces que l'on a d'un côté, sur le Vaisseau que l'on combat. *Etant sur l'Avant du Vaisseau ennemi, nous virâmes vent devant, & lui donnâmes la Bordée de Babord en virant, ensuite nous laissâmes abattre notre Navire jusqu'à être vent Arriere, pour lui donner tout de suite la Bordée de Tribord ; ainsi il réçut deux Bordées coup sur coup, & ne nous en donna qu'une.*

DONNER *ses basses-Voiles, ou un Hunier, ou les Perroquets, ou toute autre Voile à un Vaisseau.* C'est marcher aussi vîte que lui, du même vent, sans avoir les Voiles qu'on lui donne : *Nous donnions nos basses-Voiles aux meilleurs Vaisseaux de l'Escadre.*

DONNER *le feu au Canon.* C'est mettre le feu à l'amorce pour tirer le coup. La meilleure maniere de donner le feu aux Canons à Bord des Vaisseaux, c'est de se servir de Batterie de Fusil, bien ajustée aux Pièces, parce que cela est plus prompt que la mêche.

DORMANT. On appelle *Dormant*, la partie fixe d'une manœuvre courante ; tel est, par exemple, le Dormant du grand Bras, ou de tel autre, parce que le bout qui fait Dormant, quand il est passé en deux, est fixe & amarré à demeure sur l'Arriere, au côté du couronnement, tandis que le reste de la manœuvre passe dans des Poulies, sur lesquelles il court ; s'il est triple, comme dans les grands Vaisseaux de Ligne, le Dormant se fait en dehors sur le bout de la grande Vergue, & le courant passe dans deux Poulies de Pantoires, frappées à l'opposé l'une de l'autre, sur le bout de la Vergue, à son Capelage, & à côté du couronnement, pour revenir à son retour dans le Navire, en passant sur un Rouet placé pour cela au-dessus de la Bouteille Tribord & Babord.

DORMANT, *faire Dormant.* C'est fixer le bout d'une manœuvre courante en l'amarrant à demeure, pour laisser le reste libre d'aller & venir sur ses Poulies.

DORMANTES. On appelle *manœuvres dormantes*, celles dont les deux bouts sont fixés, & qui ne servent qu'à appuyer & soutenir ; tels sont les Etais, Haubans & Cal-Haubans.

D'OU *est le Navire?* Demande qui se fait à un Vaisseau que l'on ne connoît pas, après qu'on l'a hélé, & qu'il a répondu.

DOUBLAGE. C'est un revêtement de planches d'un demi-pouce, ou trois quarts de pouce d'épais, garnies de Ploc, tenu par du Goudron au Doublage ; on l'applique sur le Franc-bord de de la Carène des Vaisseaux, pour les préserver des vers dans les voyages de Long-cours, & pour faire durer plus long-temps le Calfatage : le meilleur Doublage que l'on puisse donner aux Vaisseaux, c'est celui de cuivre en feuilles bien minces; on l'attache avec des clous de même métail, en faisant doubler les feuilles les unes sur les autres, celles de l'Avant prenant sur celles de l'Arriere d'un pouce, afin que les lignes d'eau ne présentent pas une plus grande surface dans le sens direct, & que l'eau ayant moins de surfaces raboteuses à rencontrer, elle ait moins de puissance pour détacher le Doublage, en s'introduisant dessous, par les petits intervalles qu'il peut y avoir entre lui & le Franc-bord : ce Doublage a l'avantage sur tous les autres, de mettre les Vaisseaux parfaitement à couvert des vers qui ne peuvent plus les ronger; il ne se salit presque pas, parce que les herbes de la mer ni les Coquillages ne peuvent s'y attacher, à cause de sa surface unie, & du verd-de-gris qui s'y oppose; ce qui est d'une conséquence infinie pour la marche des Vaisseaux; il conserve mieux qu'aucun autre le Calfatage, puisqu'il n'est pas sujet à se pourrir, & il y a toujours peu de chose de perdu quand on veut l'ôter dans les Carènes que l'on se trouve toujours obligé de donner aux Vaisseaux qui ont souffert sous l'eau, parce que le premier poids s'y retrouve à-peu-près.

DOUBLAGES *des Voiles.* Ce sont des pièces de toile que l'on coud à tous les endroits où il y a des Pattes de Boulines & de Cargues, pour fortifier la Voile, parce qu'elle travaille dans tous ces endroits plus que dans les autres : on met souvent des Doublages du haut-en-bas des basses-Voiles, & des Huniers, le long des Ralingues, ainsi que dans le fond.

DOUBLE *Chaloupe.* C'est une Chaloupe pontée; elle est plus longue & plus large que les autres Chaloupes, moins haute de bois qu'une Barque, & d'une plus grande vîtesse sous Voile & à la Rame. Cette Embarquation navigue très-bien dans les belles mers.

DOUBLE. Un Vaisseau en double un autre, en lui passant au vent; on dit aussi qu'il le double de vîtesse, lorsqu'il marche mieux. *Notre Vaisseau est si bon Boulinier, qu'en moins de deux heures nous doublâmes au vent le Vaisseau que nous chassions, ce qui lui fit perdre toute espérance de se sauver.*

DOUBLE *de manœuvre.* Le double d'une manœuvre est la partie qui la redouble dans le sens de sa longueur, en faisant aller & venir le Cordage parallellement à lui-même, passant sur des Poulies. Ainsi l'on dit : *Le double du grand Bras, ou de toute autre manœuvre* : on dit encore de haler sur le double, quand le Courant n'est pas paré, afin de ne point perdre de temps, & de la faire travailler tandis qu'on la pare.

DOUBLÉ. On dit qu'un Vaisseau est doublé, quand il est révêtu de son Doublage. *Notre Vaisseau acheve sa Carène aujourd'hui, & finit d'être doublé.*

DOUBLÉ. On a doublé un Vaiſſeau ou un Cap au vent, quand on l'a dépaſſé & qu'il reſte de l'Arriere, de maniere que le vent contraire ne puiſſe pas faire revenir ſous le vent à lui.

DOUBLER *un Vaiſſeau de viteſſe.* C'eſt le dépaſſer, & marcher mieux que lui, quoique la ſupériorité ne ſoit pas du double.

DOUBLER *les manœuvres.* C'eſt en augmenter le nombre, pour obvier à celles qui peuvent être coupées pendant le Combat. On double les Bras de toutes choſes, & les Driſſes & Itaques; on boſſe les Ecoutes des Huniers & les Vergues, &c.

DOUBLER *au vent.* C'eſt paſſer au vent de la choſe que l'on veut doubler, & la laiſſer de l'Arriere.

DOUBLER *par ſous le vent.* C'eſt paſſer ſous le vent d'une choſe, & la laiſſer de l'Arriere.

DOUBLER *les ennemis.* C'eſt les mettre entre deux feux, à l'Avant ou Arriere-Garde, quand on eſt ſupérieurs en Vaiſſeaux, ou que l'on ſe trouve en paſſe de le faire avec avantage.

DOUBLER *un Cap, une Pointe, une Iſle.* C'eſt les dépaſſer. *Nous avons doublé les Acores en Latitude, & demain elles le ſeront en Longitude.*

DOUCEUR. *File en douceur.* C'eſt-à-dire, doucement, également & ſans ſecouſſe. *Amene en douceur.*

DOUELLES ou *Douves.* On appelle *Douelles* en terme de Tonnelier, toutes les pieces de bois qui ſervent à faire une Fûtaille. Ainſi l'on dit : *Les Douelles de Barriques, de pièces de deux, de trois & de quatre, &c.* C'eſt le bois de Merrain.

DOUILLE. On appelle ainſi un conduit de cuivre ou de fer blanc que l'on adapte au corps d'un entonnoir, quel qu'il ſoit. On appelle auſſi *Douille*, le manche d'une Bayonnette, qui s'ajuſte autour du bout du Canon, d'un Fuſil de Munition.

DRAGON. On appelle *Dragon*, un grain blanc, qui frappe en tourbillon; il paſſe vivement, & n'agit qu'un inſtant, ſubitement & violemment; c'eſt un vent impétueux, reſſerré, & capable de mettre les Vaiſſeaux ſur lequel il donne, en danger, ſi on n'a prévenu ſon arrivée avec la plus grande promptitude de manœuvre; car alors il couche les Vaiſſeaux, déchire les Voiles & les emporte en lambaux, en moins de temps qu'il n'en faut pour en parler. On trouve de ces eſpèces de grains dans la Zone Torride, quelquefois dans les autres mers, mais c'eſt lorſque le temps eſt à l'orage, au lieu qu'entre les Tropiques on les reçoit preſque toujours du plus beau temps; ce qui les rend plus dangéreux qu'ailleurs, à cauſe de la quantité de Voiles que l'on porte. On reconnoît le Dragon à un petit nuage noir, quelquefois blanc ſur ſa ſuperficie, par le réflet des rayons du Soleil, il monte de l'horizon avec la plus grande rapidité, en faiſant bouillonner l'eau devant lui, & vous tombe ſur le corps le plus ſouvent, avant qu'on ait le temps de le prévoir ; la mer blanchissant dessous, est emportée en fumée devant lui, ce qui vous l'annonce.

DRAGUE. On appelle ainsi une certaine machine de fer, propre pour pêcher sur le fond, dont le montant est demi-circulaire, la corde droite comme un diamettre, & le tout tenu, lié par trois branches de fer en Araignée, qui se réunissant au même point, font une boucle à laquelle on amarre le Cordage qui sert à tirer la Drague, quand elle est sur le fond ; mais avant de s'en servir, on a soin de garnir le Montant circulaire d'un gros Filet de Quarantenier à maille ; quelquefois on le fait d'un Cordage plus fin, qui est soutenu par quelques Montants de fer en dehors : on pêche à la Drague avec des Bateaux le long des Côtes, à deux ou trois lieues au large, dans l'ouvert des Baies, & par-tout où il y a un fond propre au poisson. Lorsque la Drague est dehors, les Bateaux la traînent sur le fond, en dérivant ou en faisant de la Voile, selon qu'il vente peu ou beaucoup, & ils la retirent quand ils la jugent pleine, à force de bras ou de Virevau. On se sert aussi de pelles de fer emmanchées en Racloir, & de Crocs, que l'on appelle *Dragues* pour retirer les Balots qui tombent à la mer, dans les Ports, sur de petites profondeurs.

DRAGUE *d'Avirons.* La Drague d'Avirons est composée de trois Avirons de la même longueur, & propre au même service ; les Avirons se vendent par Drague.

DRAGUÉE. Une chose a été draguée, quand elle a été trouvée sur le fond, en faisant traîner des Grapins par des Bateaux : ainsi l'on dit qu'*un Cable a été dragué*, parce qu'on l'a retiré en le draguant : *une Ancre est draguée*, lorsqu'on la trouve sur le fond, & qu'on la retire de l'eau.

DRAGUER. C'est chercher sur le fond avec la Drague ou avec des Grapins, ou des Cordages appesantis par des poids, pour les faire couler & draguer le fond.

DRAGUER *le fond.* C'est le racler avec quelque chose que ce soit. *Nous descendions la Riviere en draguant avec une ou deux Ancres devant le nez*, c'est-à-dire, que le Vaisseau alloit à reculons par l'effet du courant de l'eau, en traînant ses Ancres.

DRAGUES. Pièces de bois façonnées, que l'on cloue sous les Vaisseaux échoués pour les soutenir droits, & les faire porter en plein sur une plus grande longueur.

DRAILLE. C'est une manœuvre sur laquelle passent les Bagues frappées sur le Guindant du grand & petit Foc, des Voiles d'Etais & Foc de derriere ; elle fait Dormant en bas ; quelquefois des deux bouts, & d'autres fois elle se roidit en hissant la Voile ; les Drailles servent à tendre les Voiles & à les exposer au vent, en facilitant la manœuvre de celles auxquelles elles servent. On met des Drailles horizontales, appellées quelquefois *Faix de Tantes*, pour soutenir les Tantes des Gaillards & de Dunettes par des Anneaux ou Bagues cousues sur les côtés des Tantes.

DRESSE *les Voiles.* Commandement pour les faire brasser, de maniere qu'elles le soient toutes également & uniformément devant & derriere.

DRESSE *les Vergues.* Commandement pour brasser les Vergues également par-tout, & les dresser horizontalement sur leurs Balancines.

DRESSE *le Bateau.* Commandement que l'on fait aux gens d'un Bateau, pour les faire s'arranger de maniere qu'il n'incline pas plus d'un côté que de l'autre, & qu'il soit droit sous Voiles.

DRESSER *un Vaisseau à la Bande.* C'est le mettre droit. *Le Vaisseau est bien dressé*, c'est-à-dire, qu'il est droit.

DRESSER *les Voiles.* C'est les dresser uniformement les unes & les autres sur leurs Bras & Balancines.

DRESSER *la Barre. Voyez* BARRE DROITE.

DRESSER *une pièce de bois.* C'est en ôter toutes les inégalités avec l'Herminette, pour la finir de travailler.

DRISSE *de Pavillon.* C'est une Drisse simple, dont un bout se frappe sur le haut de la Gaîne, le courant passe sur un Rouet pratiqué dans la Pome du Mât, & tombe au pied, pour s'amarrer sur le bas de la têtiere du Pavillon, & servir de Cal-bas : ainsi la Drisse sert à hisser & amener.

DRISSES, *Cordages qui servent à hisser les Voiles.* C'est une manœuvre courante ; ainsi chaque Voile a sa Drisse ; elles sont simples sur les Voiles d'Etais, parce qu'il y a une Poulie à un Rouet sur leur têtiere, dans laquelle passe la Drisse, dont un bout fait Dormant à la tête du mât, & le courant passe dans un autre Poulie, qui est capelée exprès ou frappée sur le Chouquet, pour venir tomber du haut en bas sur les Gaillards, & passer dans une Poulie de Retour ; quelquefois les Drisses des Voiles d'Etais sont simples, comme celles des Focs, sur la têtiere desquelles on frappe une Itaque, sur le bout de cette manœuvre, on estrope une Poulie simple, dans laquelle passe la Drisse qui fait Dormant d'un bout en bas, tandis que le courant passe sur une autre Poulie de Retour. Les Drisses des Huniers sont des Palans, dont les Poulies ont deux & trois Rouets : l'une qui est à Croc à Emerillon se croche Tribord & Babord en dehors des Lisses des Gaillards, en même temps que l'autre est frappée sur le bout des Itaques ; de sorte qu'il y a une Drisse de chaque côté pour un Hunier ; les Drisses des Perroquets les plus commodes, sont celles qui ont un petit Palan frappé sur une Itaque & croché dans la Hune, parce qu'il ne faut que peu de monde pour les hisser, quand ils sont grées de cette maniere : les Drisses des basses Vergues sont des Caillornes, qui doivent toujours se mettre à bas, aussi-tôt que ces Vergues sont sur leurs Suspentes.

DRISSES *fausses* ou *fausses Drisses.* Ce sont des Drisses

que l'on met de plus, avec de fauſſes Itaques aux Huniers, lorſqu'on ſe prépare au combat.

DRISSES *de flammes.* Ce ſont celles que l'on paſſe à la tête des Mâts & aux bouts des Vergues pour y hiſſer des Pavillons & Flammes en Signaux.

DRISSES. C'eſt en général toutes manœuvres courantes, qui peuvent ſervir à hiſſer quelques Voiles ou Vergues que ce ſoit; ainſi chacune a ſa Driſſe.

DROIT *d'Ancrage.* C'eſt ce qui ſe paie dans certains Ports pour y avoir permiſſion d'y reſter & d'y faire le Commerce; il ſe regle ſur la grandeur des Vaiſſeaux.

DROIT. Un Vaiſſeau eſt droit, quand il n'incline pas ſur un bord, & qu'il eſt chargé également: on dit auſſi qu'un Vaiſſeau eſt droit, quand il n'incline pas ſous l'effort du vent, au plus près d'un grand frais. *Il porte bien la Voile, il eſt toujours droit.*

DROITURE. Un Vaiſſeau va en droiture d'un lieu à un autre, quand il ne s'arrête nul part avant d'y arriver. *Il fera ſa route en droiture juſqu'en Chine.*

DROME. On appelle ainſi un aſſemblage de pluſieurs Mâts, Vergues, Bouts-dehors & Eſpars liés enſemble, que l'on tient à flot, pour les conſerver dans l'eau de mer, mais il faut avoir bien attention que les vers ne s'y logent pas, car ce ſeroit autant de perdu.

DROME *d'un Vaiſſeau.* C'eſt toute ſa menue Mâture & ſes Vergues qu'il met à l'eau, quand il a quelque temps à reſter dans un Port. *Un tel Vaiſſeau demande ſa Drome; il la conduit à Bord avec ſes Bateaux.*

DROUSSE ou *Droſſe de Gouvernail.* On appelle *Drouſſe*, le Cordage ou Filin blanc, de trois ou quatre pouces de circonférence, qui envelope le Cilindre de la Roue du Gouvernail par trois ou cinq tours, étant fixé par un clou ſur le milieu du Marbre, de maniere qu'en tournant la Roue de droit à gauche, le bout qui paſſe au-travers des Ponts, s'envelope autour du Cilindre, & tire par conſéquent ſur Tribord le bout de la Barre du Gouvernail auquel il eſt amarré, tandis que celui de Babord ſe dévelope de deſſus, & file a meſure que l'autre abraque, parce que l'un & l'autre bout de la Drouſſe paſſent ſur des Rouets, dans des Pouliots attachés ſous les ouvertures du ſecond Pont, & vont ſe rendre à Bord des deux côtés, dans des Poulies eſtropées ſur des Chevilles à boucles & à Coſſes, pouſſées dans le bord & chevillées ſur Viroles en dehors; enſuite ces courants de la Drouſſe reviennent du Bord faire leur Dormant des deux côtés ſur le bout du Timon, afin de le mettre en mouvement, le faiſant aller d'un Bord à l'autre, ſelon le beſoin.

DROUSSE *de baſſe-Vergue*, & quelquefois *Dran.* C'eſt le Cordage qui ſert de Racage aux baſſes-Vergues; on le ſouque avec un Palan, frappé ou croché ſur le double, ou on le largue selon le besoin. La Drousse passe dans deux Cosses estropées sur la Vergue Tribord & Babord du Mât, & fait Dormant sur la Vergue des deux côtés, entre les Estropes & le Mât, de maniere que le double tombe sur l'arriere du Mât, & reçoit un Palan à Croc que l'on roidit ou largue selon les circonstances : cette méthode vaut beaucoup mieux que le Racage, parce qu'elle pese moins, qu'elle a autant de force, si on y met du Cordage proportionné, & qu'on peut la larguer & la serrer autant qu'on le juge à propos.

DUNES. Monticules & élevations de sable sur les bords de la mer.

DUNETTE. Demi-Gaillard élevé à l'Arriere, depuis le Mât d'Artimon jusqu'au couronnement dans les grands Vaisseaux. La Dunette doit avoir au moins cinq pieds, & cinq pieds quatre pouces sous Baux, selon la grandeur des Vaisseaux ; mais le moins de hauteur est toujours le mieux, à cause de l'élevation des Œuvres-mortes, & des poids d'en haut qui sont tous contraires à la stabilité des Bâtiments, parce qu'ils font monter le Centre de gravité. On pratique sous la Dunette, les Chambres des Officiers, sur l'avant de la Chambre du Conseil, qui appartient au Capitaine avec celle où il couche, & qui a une porte de communication. Dans l'espace du milieu qui se trouve entre les Chambres qui sont le long du Bord, on place la Roue du Gouvernail & l'Habitacle, de sorte que le Timonnier est à l'abri.

EAU. C'est un fluide connu de tout le monde : l'Eau élémentaire connue sous le nom d'*Eau douce*, sert à la vie de tous les animaux : elle est insipide, transparente, sans couleur, sans odeur, & pénétre à travers de tous les pores de la plupart des Corps ; son poids est d'environ soixante-dix livres le pied-cube : l'eau de la mer est extrémement différente, quoiqu'elle soit aussi claire que la douce, aussi fluide & aussi pénétrante, du moins sensiblement, parce qu'elle se corrompt plus vîte, qu'elle est chargée de parties salines qui lui donnent un goût acre, salé & amer ; ainsi l'on ne doit point être surpris de la trouver plus pesante d'un trente-cinquieme plus que la premiere, car plusieurs expériences exactes lui donnent soixante-douze livres au pied-cube ; d'ailleurs, lorsqu'on la distile selon la méthode de M. Poisonier, pour en faire de l'eau douce, on trouve après la distilation un résidu qui fournit quatre sels différents, & bien distincts, le sel Marin, le sel de Seignette, le sel de Glauber, & le sel Amoniac ; on peut s'adresser à l'imprimé que l'Auteur a donné de son procédé, pour distiler l'eau & séparer les sels. Malgré la fluidité de l'eau, & la facilité qu'on trouve à la diviser, elle supporte les plus grands fardeaux, & c'est en parcourant la surface immense des mers, qu'on lui fait porter tous les jours les poids les plus considérables. Un Vaisseau de 80 Canons pese 3400 Tonneaux environ, mais il n'enfonce dans le fluide que jusqu'à ce qu'il ait déplacé un volume d'eau égal en pesanteur à la sienne ; s'il entre en mouvement, le liquide qui le porte, lui oppose une résistance qui l'empêche de courir avec toute la vîtesse que pourroit lui imprimer l'impulsion du vent sur ses Voiles, s'il se mouvoit dans un milieu non résistant, mais cette résistance qui paroît détruire toute la vîtesse du Navire, lui laisse cependant assez de liberté pour parcourir quelquefois plus de quatre lieues Marines par heure, parce qu'elle n'augmente qu'en raison du quarré des différentes vîtesses, & que l'industrie a procuré les moyens d'opposer une force qui, ayant procuré une certaine rapidité au sillage, fait de plus équilibre à la résistance de l'eau ; de maniere que le Vaisseau semble courir avec une vîtesse uniforme, comme s'il n'étoit sujet à aucune puissance; ainsi nous voyons deux fluides, le vent & l'eau concourir ensemble à nous présenter le plus curieux & le plus étonnant spectacle de l'industrie humaine.

EAU *faite. Notre eau est faite* ; c'est-à-dire, qu'on a pris sa provision d'eau douce.

EAU *changée.* L'eau eſt changée par la couleur aux approches des terres & le long des Côtes, quand on vient du large, parce qu'il s'y mêle des vaſes que les Rivieres charroient, ou que la couleur du fond ſe peint juſqu'à ſa ſuperficie; car celle que l'on tire avec un ſeillot eſt ordinairement fort claire.

EAUX *baſſes.* Les eaux ſont baſſes, quand la mer eſt retirée à la fin du Juſan, & quand il y a peu de profondeur ſur les Bancs, Traverſes & Rochers qui ſont dans les Ports & Rades. *Les eaux ſont ſi baſſes dans cette Morte-eau, qu'il n'y a plus moyen d'entrer ni de ſortir.*

EAUX *hautes.* Les eaux ſont hautes, lorſque la mer eſt à ſon plein au plus haut du flot, & quand il y a beaucoup de profondeur ſur les Bancs des Ports & Rades : les eaux ſont encore hautes dans les Rivieres dans le temps des grandes eaux, lorſqu'elles ſont enflées par les crues que produiſent les pluies & fontes de neige : les paſſages ſont libres pour les Vaiſſeaux, lorſque les eaux ſont hautes.

EAUX *d'un Vaiſſeau, être dans ſes eaux.* On entend par les eaux d'un Vaiſſeau, le prolongement de ſa Quille vers l'Arriere, auſſi loin que la vue peut porter du haut des Mâts ; ainſi un Vaiſſeau qui coupe cette ligne prolongée, paſſe dans les eaux du Navire d'où elle part ; s'il y demeure quelques temps, on dit qu'il eſt dans ſes eaux, qu'il reſte dans ſes eaux. *Nous étions dans les eaux de l'Eſcadre ennemie, quand nous en eûmes connoiſſance.*

EAUX *montantes* ; c'eſt-à-dire, que la mer monte : les eaux ſont montantes dans le temps du flot.

EAUX *deſcendantes.* C'eſt lorſque la mer ſe retire pendant le Juſant.

EAUX *vives.* On appelle *Eaux vives*, le temps que la mer rapporte après les commencements du ſecond & du quatrieme Quartier de la Lune, parce que les marées augmentent juſqu'à la Pleine & nouvelle Lune.

EAUX *mortes.* Les eaux ſont mortes dans les intervalles du premier au ſecond Quartier de la Lune, & du troiſieme au quatrieme, parce que le flux & reflux ſe trouvent très-foibles dans ces temps-là : ainſi les eaux amortiſſent depuis le premier Quartier au ſecond, & depuis le troiſieme au quatrieme, en diminuant tous les jours de grandeurs.

EAUX *vives au Gouvernail.* On dit qu'un Vaiſſeau a des eaux vives à ſon Gouvernail, lorſqu'il eſt pincé à l'Arriere, & que les filets d'eau qui coulent le long de ſes flancs, approchent beaucoup du paralléliſme de la Quille, & choquent le Gouvernail le plus directement poſſible.

EBAROUI. Se dit d'un Vaiſſeau deſſéché par l'ardeur du Soleil, & dont les coutures ſe ſont ouvertes.

EBAUCHÉ. Le bois eſt ébauché, quand il eſt dégroſſi & à demi travaillé.

EBAUCHER. C'eſt bûcher le bois, le dégroſſir pour le mettre en œuvre.

EBE ou *Juſant.* C'eſt le reflux de la mer, c'eſt ſon mouvement régulier par lequel elle ſe retire ou baiſſe le long des Côtes, après y avoir monté par le flot ; de ſorte qu'il y a deux fois Ebe & deux fois Flot en vingt-quatre heures.

EBE. *Il y a un Ebe de paſſé*; c'eſt-à-dire, que la mer a baiſſé une fois. *Nous fûmes un Ebe à venir.*

EBRANLÉ Un Vaiſſeau eſt ébranlé par les ſecouſſes qu'il donne lorſqu'il touche, & l'ébranlement va juſqu'à faire rompre les Mâts, & mettre le Navire en pièces, ſi les ſecouſſes ſont fortes ; ce qui arrive toujours quand la mer eſt élevée, & qu'elle bat.

EBRANLEMENT. C'eſt le jeu de toute la machine, occaſionné par une ſecouſſe violente que le Vaiſſeau donne, lorſqu'il touche d'une groſſe mer ſur quelque fond dur, ou lorſqu'il reçoit quelque coup de mer très-fort. *Nous reçûmes une Lame dans l'Arcaſſe qui ébranla ſi fort toute la Poupe, que nous crûmes qu'elle étoit briſée.* Tous les ébranlements que reçoit un Vaiſſeau, tendent à le délier, à mettre ſes parties en jeu, & à les déſunir.

ECART ou *Empature.* C'eſt la jonction bout-à-bout de deux Bordages ou Préceintes ; ou l'empature des mêmes Bordages, quand ils croiſent l'un ſur l'autre de demi-à-demi : cette méthode eſt plus de liaiſon que de faire des Ecarts en About, & eſt toujours uſitée aux jointures des Préceintes. On fait des Ecarts à toutes les pièces de Charpente qui ſont faites de pluſieurs morceaux, comme à la Quille, à l'Etrave, & aux Baux.

ECART *double.* C'eſt celui dont les pièces de bois ſont croiſées l'une ſur l'autre, & endentées de maniere que ſur le bout de l'Adent il reſte aſſez de largeur pour le clouage ; c'eſt un Ecart de demi-à-demi.

ECART *à Croc.* C'eſt celui qui étant double, a pluſieurs Adents, qui, en s'emboîtant les uns dans les autres, font l'office de Tirants ; enſorte qu'ils ne peuvent ſe déſunir, ſans que le bois ne rompe dans le ſens de ſa longueur.

ECARVÉE. Une pièce eſt écarvée, lorqu'elle ſe joint avec une autre par des Ecarts de liaiſon ; on le dit auſſi d'une pièce charpentée ſur une autre, pour que leurs Ecarts s'uniſſent bien ; elle eſt écarvée, lorque les Ecarts ſont travaillés & finis.

ECHAFAUD ou *Chafaud de Pêche.* C'eſt une Platte-forme de bois plus ou moins grande, élevée ſur Pilotis & Piliers au bord de la mer, un peu avancée dans l'eau : c'eſt ſur cet Echafaud qu'on habille, décole & lave la Morue, pour la faire ſaler enſuite & ſécher à terre dans l'Iſle de Terre-neuve.

ECHAFAUD *de Navire.* C'eſt l'aſſemblage de deux ou trois planches côtes-à-côtes ſur le plat, clouées ſur des Traverſes, pour être ſuſpendues le long du bord d'un Vaiſſeau que l'on veut calfater ; c'eſt un Echaufaud volant. *Voyez* CHAFAUD.

ECHAFAUDAGE. Ce font plufieurs Echafauds, ou manieres d'échafauder, affemblées. On fait des Echafaudages en triangle autour des Mâts pour cheviller les Longis, & faire d'autres ouvrages pareils. On échafaude dans les Cales, pour charger & décharger les Vaiffeaux à la main.

ECHANCRURE. On appelle ainfi les Cavités que les Voiliers pratiquent dans les côtés & le fond des Huniers, en les coupant : ils les échancrent pour que la Voile faffe mieux & foit plus plate, quand elle eft appareillée, & en cela, ils fe trompent très-groffiérement, car il faut au contraire que les deux côtés de ces Voiles foient exactement rectilignes, & que le fond foit échancré de maniere que le Périmetre de la Courbe foit égal à la ligne droite, tirée d'une Poulie d'Ecoute à l'autre.

ECHANTILLON. L'Echantillon d'un Vaiffeau n'eft autre chofe que fon épaiffeur abfolue : fon Echantillon eft compofé de l'épaiffeur du Membre de fon Bordage extérieur & du Vaigrage. Ainfi l'on dit : qu'*un Vaiffeau eft d'un fort Echantillon*, quand fa charpente eft forte, folide & bien faite.

ECHANTILLON *des bois*. C'eft l'épaiffeur & la largeur des pièces de bois. Ainfi l'on dit : qu'*elles font d'un fort Echantillon*, quand elles font fortes dans leurs dimenfions : elles font d'un même Echantillon, fi elles font de mêmes dimenfions ; & d'Echantillon différent, fi elles différent dans leurs proportions. L'Echantillon eft trop foible, fi les pièces n'ont pas affez de groffeur dans leurs dimenfions pour en tirer le fervice qu'on fe propofe.

ECHAPÉE. On appelle *Echapée* dans la Marine, la partie des façons de l'Arriere des Vaiffeaux : un Navire qui eft fin par l'Arriere, & dont les lignes d'eau font droites, a une belle Echapée ; il doit être fenfible à fon Gouvernail.

ECHARPES ou *Herpes*. On appelle *Echarpes* des pièces de bois contournées, qui partent du deffous des Boffoirs Tribord & Babord, & vont fe terminer par une Courbe derriere la tête de la Figure, en fervant d'appui & de foutien au Grillage de la Poulaine, & d'ornement à l'Eperon ; car leur tournure demande beaucoup de goût de la part du Conftructeur.

ECHAUFFÉ. On dit que le Bois ou le Cordage eft échauffé, lorfqu'il a été mouillé d'eau douce, & qu'il commence à pourrir ; ils fe rompent alors fort facilement, & font d'un mauvais ufage.

ECHELLE. Divifion d'une Ligne en partie égale, pour repréfenter les mefures & fractions de mefure : ainfi fur les plans des Vaiffeaux, l'Echelle repréfente des pieds, pouces, lignes & points : fur les plans des Ports, Rades & Côtes, l'Echelle doit repréfenter des dégrés & minutes de Latitude & Longitude, lorfque les plans font réduits ; & quand ils ne le font pas, elle repréfente feulement des lieues & des toifes.

ECHELLE *où le Commerce fe fait*. C'eft un terme affez général pour exprimer l'endroit où on fait le Commerce dans la Méditerranée. Smirne & Alexandrie, sont les Echelles les plus importantes du Levant.

ECHELLE ou *Escalier*. Ce sont en général tous les dégrés par où l'on monte & descend dans les différents étages des Vaisseaux; il y a aussi une Echelle Tribord & Babord, vers le milieu des Vaisseaux, que l'on appelle ordinairement *Escalier*, & qui sert à monter des Bateaux dans le Navire, par le moyen de Tire-vieilles, que l'on place des deux côtés.

ECHELLE *de corde*. On appelle *Echelle de corde*, un assemblage de deux Cordages, qui sont les Montants de l'Echelle, & de Traverses ou Echelons de bois rond, longs de dix-huit pouces chacun, bien amarrés sur les Cordages qui servent de supports: ces Echelles se placent dans différents endroits, pour monter & descendre, lorsqu'on ne peut pas fixer les deux bouts, de sorte que quand on est dans l'Echelle, on se trouve en l'air.

ECHELLE *des solidités d'un Navire*. C'est une ligne courbe, qui passe du haut-en-bas par les centres de Gravité de toutes les Tranches horizontales de la Carène d'un Vaisseau, & sur laquelle on peut marquer de pied en pied, de deux pieds en deux pieds, ou de trois pieds en trois pieds, le nombre des pieds-cubes de chaque enfoncement, ou celui des Tonneaux; pour faire connoître à la seule inspection du plan, ou du Vaisseau même, de combien il pesera de Tonneaux à chaque enfoncement marqué sur cette Echelle, que l'on n'a peut-être jamais vu sur aucun plan, ni sur aucun Navire, à la honte de MM. les Constructeurs, qui craignent toujours d'en faire trop, & qui n'en font jamais assez.

ECHELON. On appelle *Echelon*, toutes les traverses qui servent à appuyer le pied en montant & descendant dans une Echelle: c'est aussi ce que l'on connoît sous le nom de *Marche d'Escalier*.

ECHOUAGE. Se dit de l'endroit où un Vaisseau peut échouer sans accident. *Il est d'un bon Echouage*: il se dit encore pour un Vaisseau qui a échoué. *Il n'a pas fatigué pendant son Echouage*.

ECHOUE. Un Vaisseau échoue, quand il reste à sec par la retraite de la mer durant l'Ebe; il s'échoue encore, en se mettant à la Côte pour s'échouer, de maniere à ne pouvoir pas flotter, faute d'eau après être échoué. On s'échoue en faisant route pour s'échouer sur la Côte, lorsqu'on craint de couler bas d'eau: on s'échoue encore dans plusieurs Ports, de haute mer, pour se carêner pendant la basse marée, & tandis que le Vaisseau reste à sec. Le premier est un Echouage forcé, & dans lequel on cherche le salut des hommes; dans le second, c'est un Echouage tranquille & nécessaire, qui contribue à rendre le Vaisseau navigable.

ECHOUÉ. Un Vaisseau est échoué, quand il touche le fond avec la Quille, & qu'il n'a pas assez d'eau pour flotter.

ECHOUÉ *à sec*. C'est être touché si haut vers la terre,

que le Vaiſſeau reſte iſolé, lorſque la mer eſt retirée par le Juſant. *Ayant fait Côte vent-Arriere, le vent & la mer nous jetterent ſi haut ſur le plein, que nous reſtâmes à ſec.*

ECHOUEMENT. Un Vaiſſeau qui a ſorti de ſon échouage, a fait un échouement. Ainſi l'on dit; qu'*il n'a pas ſouffert dans ſon Echouage ou dans ſon Échouement*; s'il y a reſté en s'affaiſſant ſur lui-même par ſa propre péſanteur, on peu dire que *ſon Echouement eſt cauſe de ſa perte*; mais je crois qu'échouage doit être préféré, parce qu'il eſt plus en uſage & auſſi expreſſif. Un Echouage, de quelque maniere qu'il ſoit fait, eſt toujours une épreuve pour le Vaiſſeau qui le ſouffre, ſur-tout s'il n'eſt porté que ſur le milieu, ou ſur les extrémités; s'il porte en plein de bout-en-bout ſur ſa Quille, il ſouffre moins, quoique cette ſituation ſoit toujours un état forcé, & pour lequel il n'eſt point fait.

ECHOUER. C'eſt toucher ſur le fond volontairement ou accidentellement, de maniere que faute d'eau, on ne puiſſe pas flotter. *Un Vaiſſeau reſte échoué, il vient d'échouer, il ne flotte plus.*

ECLAIRCIE. On appelle ainſi l'endroit du Ciel qui devient clair d'un temps nébuleux & chargé; c'eſt auſſi le côté où la Brume commence à ſe lever, & où le Soleil paroît. *La Brume ſe leva dans le S. E. & nous vîmes dans l'Eclaircie que nous n'étions qu'à deux lieues de terre.*

ECLAIRCIT. Le temps s'éclaircit, lorſqu'il eſt nuageux ou brumeux, & que le Soleil diſſipe la pluie & la brume, en ſe montrant. *Le temps s'eſt éclairci ſur les trois heures, & a commencé à ſe mettre au beau.*

ECLAIRS. C'eſt un feu Electrique, ſelon la nouvelle Phyſique, qui ne ſe manifeſte que par le choc d'un nuage électriſé, contre un autre qui ne l'eſt pas: quoiqu'il en ſoit, les éclairs ſont toujours orageux, & il n'y a guère de Tonnerre ſans Eclairs.

ÉCLAT *de bois.* C'eſt un morceau d'une pièce de bois, qui ſe ſépare ſous le coup de Hache du Charpentier, en ſautant à quelque diſtance; cet éclat eſt ordinairement appellé *Coupeau*; au lieu que celui qu'un coup de Canon fait voler d'un Vaiſſeau, conſerve toujours le nom d'*éclat* quelque petit ou gros qu'il ſoit. *Nous reçûmes pluſieurs coups de Canons en plein bois, qui nous mirent beaucoup de gens hors de combat, parce qu'ils firent ſauter beaucoup d'éclats d'entre les Sabords.*

ECLATE. Un pièce de bois qui ſe trouve trop chargée, comme un Barot, par exemple, éclate, en ſe caſſant peu-à-peu ſous la charge, de maniere à pouvoir être apperçue long-temps avant de ſe rompre tout-à-fait. De même un Mât éclate, lorſqu'il ſe rompt en partie, & qu'il ſe leve un écli dans le ſens de ſa longueur.

ECLATÉ, *éclatée.* Un Mât eſt éclaté, ou toute autre

pièce de bois, lorſqu'il a été forcé de maniere que l'écli qui ſe leve eſt aſſez conſidérable pour mériter attention.

ECLI. C'eſt une languette de bois qui ſe leve de long dans une pièce, après s'être rompue ſur la circonférence, du côté où les fibres ont été forcés de s'alonger au-delà de leur force: ces éclis affoibliſſent extraordinairement un Mât, ou toute autre piece de bois, & ne font qu'augmenter; ainſi le plus court eſt de changer tout Mât éclié, pour éviter les accidents d'un dématage.

ECLIÉ. On dit qu'un Mât eſt éclié, lorſqu'il eſt rompu en partie ſur ſa circonférence, & que l'écli eſt bien marqué. *Voyez* ECLATÉ. Une Vergue eſt de même écliée, ſi elle eſt rompue en partie.

ECLIPTIQUE. C'eſt le grand Cercle de la Sphere qui ſépare le Zodiaque en deux parties égales, & ſur lequel le Soleil fait ſa révolution annuelle, en parcourant tous les Signes du Zodiaque, & ſe terminant aux deux Solſtices dans le point de Contact des Tropiques.

ECLUSE. C'eſt un ouvrage pratiqué dans les Digues, pour retenir & lâcher les eaux à volonté; c'eſt particuliérement un Canal borné par deux Portes aux extrémités, ces Portes ſe hauſſent & ſe baiſſent quand on le veut, & de telle quantité qu'on ſouhaite, quand elles ſont à couliſſes: le Canal doit être aſſez grand pour contenir les Bateaux qui remontent ou deſcendent, & quand ils y ſont entrés par une des Portes, on la referme, & on ouvre l'autre pour le laiſſer paſſer. Il y a des Ecluſes qui ont des Portes à Battants, d'autres à Mantelets ou Vannes, &c.

ECOUTES. Manœuvres courantes qui ſervent à border & tendre les Voiles, pour les expoſer à l'impulſion du vent: elles prennent différentes dénominations ſuivant les Voiles à qui elles appartiennent. Les Ecoutes des baſſes-Voiles ſont Dormant ſur le Bord du Navire, paſſent dans une Poulie au point de la Voile, enſuite ſur un Rouet de Pouliot placé dans le côté du Vaiſſeau pour entrer dedans. Les Ecoutes des Huniers & Perroquets ſont ſimples, elles ſont Dormant ſur le point de la Voile, filent le long des Vergues, en paſſant dans les Poulies d'Ecoutes & de Balancines, au bout des Vergues & dans des Poulies frappées deſſous le milieu des Vergues de Hunes & Baſſes-Vergues, Tribord & Babord des Mâts: les Ecoutes des Perroquets paſſent dans des Poulies de conduite, le long des bas-Haubans & de Retour contre le Vibord des Gaillards; tandis que celles de Hunes vont ſe rendre le long des bas-Mâts, aux Bitons d'Ecoutes. Les Ecoutes des Voiles d'Etais ſont ambulantes, tantôt placées plus ou moins de l'Avant, ainſi que celles des Bonnettes-baſſes, qui s'amarrent toujours le plus près du Bout-dehors qu'il eſt poſſible; celles des Bonnettes de Hunes paſſent dans une Poulie ſur le bout de la baſſe-Vergue, & s'amarrent dans les Hunes. Les Ecoutes des Focs ſont ſimples comme celles des Voiles d'Etais, font Dormant ſur les points, & ſe bordent ſur le Bord du Navire. L'Ecoute d'Artimon eſt ordinairement un Palan ſimple, à Croc, qui ſe croche tantôt d'un bord, tantôt de l'autre du Couronnement. Les Ecoutes prennent le nom de la Voile à qui elles ſervent. Ainſi on dit : *Les grandes Ecoutes, les Ecoutes de Miſaine, de petit & de grand Hunier, &c.*

ECOUTILLES. Les Ecoutilles, ſont des ouvertures rectangulaires, faites au milieu de la largeur des Vaiſſeaux ſur les Ponts; elles doivent répondre exactement les unes au-deſſus des autres, & avoir aſſez d'ouvertures pour que ce qui doit y paſſer ne ſoit pas gêné. La grande Ecoutille eſt placée ordinairement en avant du grand Mât, vers le milieu de la longueur du Vaiſſeau; la ſeconde Ecoutille eſt plus en avant précisément à l'échapée du Gaillard d'Avant, & répond ſur la foſſe aux Cables; la troiſieme Ecoutille ſe trouve immédiatement ſur l'Arriere du grand Mât, & répond à la Cale aux vivres; il y a de plus une Ecoutille au ſecond Pont, ſur l'Avant du Mât d'Artimon, avec un grand Eſcalier pour deſcendre dans l'Entre-Pont; on voit encore au premier Pont dans le milieu de la Sainte-Barbe, une petite Ecoutille qui répond ſur la Courſive des Souttes à pain, & communique aux Souttes à poudre; ainſi par-tout où l'on doit charger & décharger quelques choſes dans les différents endroits de la Cale, on voit des Ecoutilles.

ECOUTILLON. Diminutif d'Ecoutille; petite Ecoutille pratiquée ſeulement pour le paſſage des hommes; ou pour les effets d'un petit volume. Il y a ordinairement quatre Ecoutillons pratiqués ſur le ſecond Pont, deux en avant & deux en arriere du grand Mât, entre lui & la grande Ecoutille, & l'Ecoutille aux vivres; ils ont chacun un Eſcalier pour deſcendre & monter de l'Entre-Pont. On voit encore un Ecoutillon ſur le premier Pont en avant de l'Eſtembot, il répond ſur la Soutte de rechange, où le Canonnier met tous ſes uſtenciles.

ECOUVILLON, *terme d'Artillerie.* C'eſt un inſtrument composé d'un petit Cilindre de bois arrondi par le bout extérieur, garni d'une peau de mouton, dont le diametre eſt moindre de deux ou trois lignes que celui du Canon; il eſt emmanché au bout d'une gaule de bois de Frêne bien arrondie, & plus longue que l'âme de la Pièce à qui il eſt propre. On fait ſouvent le manche de l'Ecouvillon en cordes, de ſix à huit pouces de circonférence, bien torſes & goudronnées pour les affermir; ce ſont les meilleurs & les plus maniables, mais de quelque matiere qu'ils ſoient, ils ont à l'autre bout un autre petit Cilindre de bois qui ſert de Refouloir.

ECOUVILLONNER. C'eſt ſe ſervir de l'Ecouvillon, en le paſſant juſqu'au fond du Canon, pour le nettoyer & éteindre le feu qui pourroit reſter dans l'âme par quelques morceaux de la Gargouſſe après avoir tiré. On ne manque jamais d'écouvillonner les Pièces à chaque coup qu'elles tirent pendant un

Combat; & pour les rafraîchir, on trempe l'Ecouvillon dans l'eau avant d'écouvillonner.

ECRIVAIN *de Vaisseau.* C'est un Officier d'administration, qui tient tous les Régistres en ordre : qui veille aux consommations & les porte sur ses Livres; il fait les Inventaires des morts en mer, tient lieu de Notaire & de Greffier à cet égard; a inspection sur les vivres, & gens commis à leur distribution, il doit les recevoir, les goûter & les visiter conjointement avec un Officier nommé par le Capitaine. L'Ordonnance de la Marine fixe ses fonctions & son rang.

ECRIVAINS *de Marine.* Il y en a un nombre infini, que l'on emploie dans les Ports de toute maniere; Ecrivain principal, Ecrivains aux Constructions, aux Radoubs, aux Corderies, aux Forges, aux Bois, à l'Hôpital, à la Voilerie, à la Tonnelerie, aux vieux Cordages, à la Sainte-Barbe, aux Poudres, aux Appels, &c. C'est un état très-multiplié aujourd'hui.

ECUBIERS. Les Ecubiers sont des trous ronds, percés un peu obliquement, deux de chaque côté Tribord & Babord de l'Etrave en dessus de la Poulaine, dans lesquels on passe les Cables, quand on veut les entalinguer aux Ancres pour se disposer à mouiller. Les Ecubiers ont toujours plus de diamètre d'ouverture que le gros Cable du Navire, parce qu'il y doit passer avec la plus grande facilité, lors même qu'il est épissé. Lorsque les Cables, dans les Vaisseaux de Commerce, sont sur le second Pont, les Ecubiers sont percés au ras du Tillac obliquement de haut en bas, & l'on place à quelques pieds sur l'Arriere un Chevalet en Tourniquet sur Taquets élevés de six à huit pouces au-dessus du Pont, sur lequel on l'établit bien solidement, pour faciliter la manœuvre des Cables. Dans les Vaisseaux de guerre, on perce les Ecubiers Entre-Pont à la moitié de la hauteur des deux Ponts; alors on fait une Gatte sur l'Arriere avec des Dalots pour l'écoulement des eaux; & dans tous les temps il faut que les Ecubiers soient garnis de plomb, d'un demi-pouce ou de trois quarts de pouce d'épaisseur, & évasés en dehors, arrondis sur l'Arête.

ECUEIL. C'est en général toutes sortes de Bancs ou Rochers cachés sous l'eau, ou à fleur d'eau, & par-dessus lesquels les Vaisseaux ne peuvent passer sans courir risque d'y périr.

ECUELLE. C'est une plaque de fer concave, dans laquelle tourne le Pivot du Cabestan en appuyant dessus; c'est une espèce de Saussier de fer.

ECUME. Mousse blanche qui paroît sur la surface de la mer, quand elle fort agitée, & autour du Vaisseau, quand il cingle avec vîtesse.

ECUMER *sur la mer.* C'est pirater, être Forbans, voleurs publics.

ECUMEUR *de mer.* C'est un Forban qui pirate, & vole indifféremment sur toutes les Nations : il est à remarquer que l'Angleterre en a plus fourni que toutes les autres Nations ensemble.

ECUSSON. Espèce de Cartouche sculpté, dans lequel on met les Armes du Roi, de la Province, de la Ville, ou du Propriétaire du Vaisseau; c'est un ornement de Poupe, qui se place au milieu de la Gallerie ou du Couronnement. Quelquefois on met aux Frégates un Ecusson au lieu de Figure sur le Taille-mer, parce que cela est plus léger, qu'il est susceptible de beaucoup de goût, & que cela termine également bien l'Eperon.

EFFACE. Un Vaisseau s'efface, lorsqu'il présente le bout, & qu'il se place de maniere à présenter le côté : *Il faut qu'il s'efface pour canonner la terre*; on s'efface quand le vent est fort avec les Voiles d'Arriere, ou des Grêlins disposés pour cela, sur lesquels on vire à force de Cabestan.

EFFACÉ. Un Vaisseau est effacé, quand il présente le Travers à quelques endroits. *Il est effacé devant la Batterie, devant l'Entrée.*

EFFACER, *s'effacer*. C'est présenter le côté de plus en plus, lors par exemple, qu'un Vaisseau est embossé avec des Cables ou Grêlins pour canonner l'endroit qu'il attaque, ou pour défendre celui qu'il doit garder; il vire sur ses embossures pour s'effacer davantage & mieux présenter le côté.

EGORGÉ. Un Hunier est égorgé, lorsqu'il est cargué avec un Egorgeoir.

EGORGEOIR. C'est une espèce de Cargue particuliere, que l'on met aux Huniers, pour faciliter de les carguer d'un vent forcé & de les serrer en Chemises; on passe les Egorgeoirs dans deux Poulies simples, frappées sur les Haubans de l'Avant du Mât de Hune, un peu au-dessus de la Vergue lorsqu'elle est amenée, ensuite ils passent Tribord & Babord, sur les deux Ralingues des côtés du Hunier, & vont faire Dormant au milieu de la Vergue, sur l'Avant, pour s'amarrer sur les Itaques ou sur l'Estrope de la Poulie d'Itaque : d'autres fois on frappe les Poulies sur la Vergue même ou sur les Itaques, si elles font Dormant sur la Vergue, & l'on place les deux Dormants sur l'Arriere, en faisant passer les Courants sur l'Avant, pour passer ensuite de l'Avant à l'Arriere dans les Poulies : cette méthode vaut mieux, car on peut carguer le Hunier & l'égorger jusques contre le Mât sans qu'il soit amené; & lorsqu'on veut qu'il soit serré par l'Egorgeoir, jusques contre le Mât, si les Poulies sont frappées sur les Haubans, on fait passer celui de Tribord dans la Poulie de Babord, & celui de Babord dans celle de Tribord, & le Courant de chaque Egorgeoir tombe comme les autres manœuvres sur les Gaillards, d'où l'on pese dessus.

EGORGER *un Hunier*. C'est le carguer avec l'Egorgeoir; cette maniere est très-vive.

EGOUT. On appelle ainsi tout endroit à Bord d'un Vaisseau

ſeau où l'eau ſe ramaſſe & pénétre le bois qu'elle pourrit à la longue : les Egouts ſont toujours dangéreux pour les qualités du bois, ils le corrompent en peu de temps.

EGOUTER. On ſe ſert ſouvent de ce terme pour dire ſécher l'eau qui coule ſur le Pont, lorſqu'elle y eſt entrée par un coup de mer, ou qu'il a tombé beaucoup de pluie.

EGOUTOIR. C'eſt un Treillis dont on ſe ſert dans les Corderies, pour faire égouter le Cordage qui a été goudronné.

EGUILLETTES *de Porques* ou *Porques*. Ce ſont de doubles membres que l'on met dans la Cale par-deſſus les Vaigres, pour fortifier le fond des grands Vaiſſeaux, & ſervir d'appuis aux faux Baux. *Voyez* PORQUES.

ELANCEMENT. C'eſt l'obliquité que fait l'Etrave avec le prolongement de la Quille ſur l'Avant ; il ſe meſure ordinairement en abaiſſant une perpendiculaire du point le plus en dehors de la Saillie de l'Etrave juſques ſur la ligne prolongée de la Quille, & la diſtance du point de Section des deux lignes au bout de la Quille meſure l'Elancement de l'Etrave. Cet Elancement a été juſqu'à préſent fort arbitraire entre les Conſtructeurs ; les uns en ont donné beaucoup, les autres peu, & quelques-uns point du tout : avec ces variétés, ils ont cependant conſtruit de bons & mauvais Vaiſſeaux. Le grand Elancement produit des lignes d'eau plus courtes, ſans être plus renflées, & ſouſtrait beaucoup de bois inutile ſous la partie de l'Avant, duquel il diminue la peſanteur & la réſiſtance latérale de l'eau. La ſouſtraction entiere de l'Elancement rend l'Avant plus ſolide, ſi l'on a égard à la poſition des bois qui y ſont employés verticalement, mais il rend les Vaiſſeaux plus peſants dans cette partie, par la quantité de bois & de fer qui y entre, augmente la réſiſtance du fluide ſur la Proue, en augmentant ſa ſurface directe, qui ſe préſente perpendiculairement au choc de l'eau ; il rend les Vaiſſeaux ardents & difficiles d'arrivée, puiſqu'il fait augmenter la réſiſtance du fluide ſur le côté, & procure auſſi l'avantage d'une moindre Derive ; d'où il ſuit qu'entre ces deux extrêmes d'Etrave verticale, ou de plus grand Elancement, il y a un milieu qui participe autant de l'un que de l'autre, & qui leur eſt préférable ; on pourroit donc déterminer pour tous les Vaiſſeaux en général l'Elancement de l'Etrave, de maniere qu'elle feroit toujours avec le prolongement de la Quille, un angle de 45 dégrés à-peu-près ; par ce moyen, on conſerveroit à l'Avant aſſez de ſolidité : la réſiſtance du fluide ſur la ſurface de l'Etrave diminueroit de moitié, & n'augmenteroit pas dans le même rapport, eu égard au moindre Elancement poſſible ; tandis que le Mât de Miſaine auroit ſa Carlingue ſur la Quille, & que le fluide trouveroit aſſez de ſurface latérale pour diminuer la Derive, ſans que le Navire ſoit gêné dans ſes évolutions, autant qu'il auroit pu l'être ſans Elancement.

ELEVATION. Terme d'Artillerie, par lequel on entend

l'Angle ſur lequel on tire les Pièces au-deſſus de l'horizon ; la plus grande portée eſt ſous l'élevation de 45 dégrés ; & toutes les portées de la même Pièce avec des charges égales, ſont entr'elles comme les Sinus doubles des différents Angles d'élevation ; c'eſt ce qui eſt démontré dans la Géometrie des Courbes. *Voyez* la PARABOLE.

ÉLEVER *au vent un Navire ou une Terre.* C'eſt en louvoyant s'en éloigner, ſi elle eſt ſous le vent, & s'approcher de la ſource du vent ; & ſi on eſt ſous le vent de l'objet qu'il faut élever, c'eſt en approcher en ſerrant le plus près. *Nous vîmes un Vaiſſeau dans le Lit du vent, nous lui donnâmes chaſſe, & nous élevâmes dans trois heures au vent à lui.*

ELEVER. C'eſt approcher de maniere qu'il paroît que l'objet ſur lequel on porte, ſe montre toujours de plus en plus.

ELEVER *la Latitude ou la Longitude.* C'eſt augmenter le nombre des dégrés de Latitude & de Longitude, en allant de l'Equateur vers les Poles, ou du premier Méridien vers l'Eſt ou l'Oueſt. *Nous élevions notre Latitude & notre Longitude tout enſemble, en portant ſur le N. E. ce qui abrégeoit notre Route.*

ELINGUE. C'eſt un Cordage aux deux bouts duquel on fait une boucle, en le repliant & l'épiſſant ſur lui-même, leſquelles paſſent comme un Laçon à chaque bout ; de maniere que chaque courant peut ſe ſerrer & ſe lâcher aiſément. Il y a pluſieurs ſortes d'Elingues : celles dont nous venons de parler, ſont des Elingues à Barriques & à Pièces, elles ne différent entr'elles que par la groſſeur & la force du Cordage ; les Elingues à Quart & à Balot ſont faites d'un Cordage en double, épiſſé par ſes deux bouts : les Elingues à Pattes ſont d'un Cordage ſimple, au bout duquel on eſtrope deux forts Crocs de fer plat, à Coſſes ; ils ſe crochent dans les jables des Fûtailles, pour les enlever de l'Arrimage, quand on ne peut pas les élinguer autrement. Toutes ces différentes Elingues ſont faites de Cordages plus ou moins gros & longs, ſelon l'uſage auquel on les deſtine.

ELINGUER. C'eſt paſſer l'Elingue ſous les bouts des Fûtailles ou autres effets, & ſerrer le courant deſſus, pour les enlever avec le Palan, qui ſe croche ſur le milieu de l'Elingue. Dans une Cale, il y a toujours des hommes qui déſariment, & d'autres qui ſont placés pour élinguer à meſure que l'on hiſſe au Palan.

ELME, *Feu Saint-Elme.* Eſpèce de Météore, qui paroît quelquefois pendant la nuit ; que l'on connoît vulgairement par *Feu-folet* ; il ſe voit en mer dans l'obſcurité, & lorſque l'air eſt agité ; on l'apperçoit ſur les Girouettes, le bout des Vergues, quelquefois ſur la tête des hommes, comme la flamme d'une Bougie ; tantôt plus ou moins clair ; on le prend aſſez volontiers pour le préſage du beau & mauvais temps : lorſqu'il paroît pendant un coup de vent, on dit qu'il en dénote la fin, & cela eſt vrai, car le mauvais temps n'eſt pas perpétuel ; ainſi du beau temps au coup de vent, parce qu'on doit toujours s'attendre à l'un ou l'autre de ces changements, sur-tout s'il y a longtemps qu'on a le même temps.

EMBANQUÉ. On dit qu'un Vaisseau est embanqué, quand il est entré sur quelque grand Banc. *Nous avions embanqué sur le Banc de Terre-Neuve huit jours avant ceux qui avoient parti avec nous.*

EMBARCADERE. Terme Espagnol, pour signifier l'Endroit où l'on peut embarquer & débarquer les effets de chargement : il est assez adopté parmi les Marins. *Voyez* DEBARCADERE.

EMBARDE. Un Vaisseau embarde, lorsqu'il lance d'un Bord sur l'autre, étant à l'Ancre, soit par l'effet du vent ou du Courant, ou parce qu'on lui donne ce mouvement avec le Gouvernail.

EMBARDER. C'est obliger un Navire qui est à l'Ancre évité le bout à un Courant rapide, de lancer sur un Bord ou sur l'autre, en lui faisant sentir son Gouvernail ; c'est faire embarder ; mais souvent les Vaisseaux prennent leurs Lans d'embarder par le seul effet du Courant.

EMBARGO. Défense du Souverain, de laisser sortir des Ports de sa Domination aucun Vaisseau de l'État ; alors l'Embargo est sur les Vaisseaux de la Nation ; on le met aussi sur ceux des Nations Etrangères, lorsqu'on veut les arrêter pour commencer des hostilités contre eux, ou pour user de représailles.

EMBARQUATION. L'on entend par ce terme, toute espèce de petits Navires à un ou deux Mâts, & qui n'ont pas plus de soixante à quatre-vingt pieds de longueur.

EMBARQUE. Commandement pour faire entrer l'Equipage dans le Vaisseau ou dans les Bateaux ; on se sert aussi de ce mot pour dire que l'on charge actuellement quelques effets. *On les embarque.*

EMBARQUEMENT. C'est l'action d'embarquer des Troupes reglées sur des Vaisseaux de guerre & de transport, pour les porter en quelque pays que l'on veut défendre ou attaquer. *Notre Embarquement se fit à Dunkerque, & le Débarquement à Douvres.*

EMBARQUER. C'est mettre quelque chose dans un Vaisseau : on dit aussi des personnes, qu'*elles s'embarquent, qu'elles vont s'embarquer.*

EMBARQUER *la Chaloupe* ou *le Canot.* C'est la mettre dans le Vaisseau sur ses Chantiers, pour prendre la haute mer.

EMBELLE. On entend par ce terme, le travers du Vaisseau, & particuliérement la partie du milieu de sa longueur, qui, dans la plupart des Navires, est sensiblement de la même largeur.

EMBOUDINURE ou *Embodinure.* C'est une garniture

de Tourons de Cordage, dont on couvre l'Arganeau des Ancres, pour empêcher les Cables de se gâter contre le fer, lorsqu'il sont entalingués.

EMBOSSE. Un Vaisseau s'embosse, lorsqu'il fait manœuvre pour présenter le côté autrement qu'il n'est évité sur ses Ancres, afin de donner le Travers à un objet qu'on veut découvrir avec toute son Artillerie.

EMBOSSÉ. Un Vaisseau est embossé, quand il présente le côté à un passage, & qu'il est maintenu dans cette position par des Cables & des Ancres, de maniere qu'il ne puisse point éviter autrement par la force du vent ou de la marée.

EMBOSSER *un Navire.* C'est le traverser au vent ou au Courant qui le tient évité quand il est mouillé, de maniere qu'ayant un Grêlin frappé sur son Cable debout, ou une Ancre mouillée pour cela un peu de l'Avant & à longueur de Cable, de sorte qu'elle se trouve dans la perpendiculaire à son Travers quand il sera assez traversé, on puisse en virant sur l'une ou l'autre de ses Amarres faire présenter le côté du Navire à l'endroit qu'il doit défendre ou attaquer; l'Embossure passant toujours par un des Sabords le plus de l'Arriere, pour se garnir plus aisément au Cabestan, & pour que le Vaisseau résiste moins à se traverser.

EMBOSSURES. Se dit en général de toutes les préparations de Cables, Grêlins & Aussieres frappés quelques parts, ou entalingués sur des Ancres mouillées, pour embosser un Vaisseau; on les appelle *Embossures.* Ainsi l'on dit; qu'*un Navire fait ses Embossures*, quand il se dispose à s'embosser, pour présenter le côté à un objet qu'il veut canonner, quoique le vent & la marée puissent le faire éviter autrement. On fait encore Embossure, quand on veut appareiller avec sûreté d'abattre sur un Bord déterminé dans un endroit étroit, ou pendant un coup de vent, pour éviter un danger en abattant. Un Vaisseau mouille en faisant Embossure sur l'Arganeau de l'Ancre qu'il laisse tomber, qui se trouve de cette maniere entalinguée à deux Amarres, lorsqu'il veut s'effacer en mouillant pour attaquer ou se défendre: ainsi *faire Embossure*, c'est se disposer à s'embosser.

EMBOUCHÉ. Un Navire est embouché, quand il est entre les terres qui forment l'Embouchure d'une Riviere.

EMBOUCHURE. C'est l'entrée d'une Riviere du côté de la mer, & l'endroit où elle s'y décharge.

EMBOUFFETÉ. Le Franc-bord est embouffeté, quand les Bordages entrent les uns sur les autres à mi-bois; cette méthode ne se pratique qu'à Surate; mais par-tout on embouffete les Planches des Cloisons.

EMBOUQUER. C'est entrer entre les terres d'un Détroit. *Nous nous trouvions plus de vingt Vaisseaux rassemblés par le vent contraire, qui cherchions tous à embouquer le Détroit de Gibraltar.*

EMBROUILLÉ. Le temps est embrouillé, lorsqu'il est sombre, chargé de vapeurs & brumeux.

EMBRUMÉ. Le temps est embrumé, quand il fait une petite Brume, qui n'empêche pas de bien distinguer les objets à une lieue en mer.

EMBRUMÉE. La terre est embrumée, quoique le temps soit fort clair, lorsque l'air est fort, & qu'elle est couverte d'une espèce de Brume, ou d'exhalaisons que le Soleil pompe, & qui la cachent aux yeux de ceux qui en sont à une certaine distance, de sorte qu'on ne peut pas bien la reconnoître, quoiqu'on la voie; cela arrive fort souvent du temps le plus fin dans la Zone Torride.

EMERILLON. C'est une espèce d'Ameçon à tête, qui tourne sur une plaque de fer forgé, qui sert de boucle en se repliant en Arganeau, qui reçoit une chaîne de fer pour servir d'Avançon à la ligne de pêche, & empêcher que les gros poissons ne la coupent lorsqu'ils se prennent avec l'Emérillon. Ainsi un Croc à Emérillon est un Croc de Palan, qui a une tête faite en dedans d'une plaque de fer très-forte, sur laquelle elle tourne, & dont les deux côtés se replient l'un sur l'autre en forme de boucle, dans laquelle on soude une Cosse pour recevoir l'Estrope de la Poulie à qui il doit servir.

EMMANCHÉ. Une hache, un refouloir, une masse, un marteau, ou tout autre outil est *emmanché*, quand il a un manche, c'est-à-dire, une poignée avec laquelle on peut le mettre en usage.

EMMORTAISER. C'est faire entrer le Tenon d'une pièce de Charpente dans sa Mortaise.

EMPATTEMENT *de Grue*. C'est toute la Charpente sur laquelle elle est élevée, comme sur des pieds écartés les uns des autres, par le bas plus que par le haut.

EMPATER. C'est faire croiser & joindre des pièces de bois de demi-à-demi les unes sur les autres, avec Adent & sans Adent.

EMPATURE. C'est la jonction de deux pièces de bois qui se croisent en se joignant bien intimément l'une contre l'autre. Ainsi l'on dit : *l'Empâture des Varangues avec les Genoux.*

EMPENELAGE. C'est deux Ancres amarrées l'une à l'autre par un bout d'Aussiere, & à une certaine distance l'une de l'autre; de maniere qu'elles soient toutes deux dans la direction du Cable, l'Ancre empenelée est ordinairement la plus forte, & c'est toujours celle qui est entalinguée au Cable, & le Cordage qui fait l'Empenelage est amarré sur le milieu de sa Croisée, & va s'entalinguer sur l'Arganeau de l'Ancre d'empenelle.

EMPENELLE. On appelle ainsi la petite Ancre qui fait l'Empenelage, pour empêcher la grosse de chasser.

EMPENELER. Se dit de l'action de mouiller l'Ancre d'Empenelage, & de dispoſer tout pour faire l'Empenelage.

EMPLANTURE. On appelle *Emplanture*, le trou qui ſert de Carlingue aux Mâts des Bateaux; il ſe pratique ordinairement ſur une eſpèce de Carlingue ménagée en forme de Taquet ſur la Carlingue du fond du Bateau.

EMPORTÉ. On dit, par exemple, que *le grand Mât fut emporté par la violence du vent, ſes Haubans rompus, les Chaînes arrachées, & tout enſemble fut emporté.*

EMPORTÉE. Les Voiles ſont ſouvent déchirées & emportées par la violence du vent.

EMPOULETTES. Ce ſont les Horloges de ſable dont on ſe ſert à la mer pour meſurer la durée du temps & régler le ſervice de l'Equipage: elles ſont compoſées ordinairement de deux petites fioles de verre clair, que l'on adapte goulot-à goulot, dans lequel il y a du ſable qui coule de l'une dans l'autre pendant une demi-heure, & que l'on tourne & retourne du haut en bas auſſitôt que tout eſt paſſé.

ENCAPÉ. On dit qu'un Vaiſſeau eſt encapé, quand il eſt entre des Caps; mais plus particuliérement, lorſqu'il eſt en dedans du Cap Finiſtere, de celui de Lezart & de l'Iſle de Oueſſant, qui ſont les Pointes les plus avancées du cul-de-ſac, ou Golfe de Gaſcogne.

ENCASTREMENT. C'eſt l'entaille circulaire que l'on fait ſur chaque Flaſque d'un Affût, pour y placer les Tourillons du Canon.

ENCLAVER, *terme de Charpenterie.* C'eſt faire entrer un Tenon dans ſa Mortaiſe, les Gabords dans la Rablure de la Quille, les Barbes des Bordages aux extrémités du Vaiſſeau, dans les Rablures de l'Etrave & de l'Eſtambot: ainſi *enclaver* veut dire, faire entrer une pièce dans une autre, en la plaçant dans le paſſage qu'on lui a fait.

ENCOIGNURE. C'eſt l'angle intérieur compris entre les deux branches des Courbes au collet: tout ce qui eſt terminé en coin par deux ſurfaces qui ſe rencontrent, forme une encoignure.

ENCOMBRÉ. Un Vaiſſeau eſt encombré, quand il eſt embarraſſé de diverſes choſes, qu'on a de la peine à s'y tourner & à trouver les choſes dont on a beſoin; c'eſt une eſpèce de confuſion dans l'arrangement.

ENCOMBREMENT. L'encombrement d'un Vaiſſeau vient toujours de l'embarras que produiſent les effets mal arrangés, par le peu d'ordre de ceux qui commandent à Bord. Il y a des effets que l'on dit être d'un grand encombrement, parce qu'ils peſent peu, & qu'ils ſont d'un gros volume: *Nous étions chargés d'effets d'encombrement; ce qui nous avoit obligés de prendre beaucoup de Leſt.*

ENCOMBRER. C'eſt *Embarraſſer.*

ENCONTRE, *être à l'encontre l'un de l'autre.* Deux

Vaisseaux vont à l'encontre, lorsqu'ils courent sur des routes opposées, mais paralleles : ils sont amurés à l'encontre l'un de l'autre, lorsqu'ils ont les Amures l'un sur Tribord & l'autre sur Babord.

ENCOUTURÉ. Le Franc-bord d'une Embarquation est encouturé, lorsque le Bordage supérieur passe sur l'inférieur, & ainsi de suite en montant, de maniere qu'ils ne sont point Cans à Cans, & qu'ils se croisent d'un ou deux pouces sur le plat. *Voyez* QUEIN.

ENDENTE. On endente les pièces de Charpente, en faisant des Tenons dans les unes, & des espèces de Mortaises dans les autres, afin que les premieres entrent dans les secondes, & qu'elles forment une liaison plus forte & plus solide : les Ecarts à Adents ou Croc, ont des Endentements.

ENDENTÉ. Les Bordages des Ponts, les Hiloires, sont endentés sur les Baux, lorqu'ils ont des entailles qui les font entrer sur les Baux, en les prenant dans leur endentement. *Voyez* ENTAILLES.

ENFILADE. Un Vaisseau reçoit une enfilade, lorsqu'il essuie une Bordée de Canon de son ennemi dans le Derriere ou par Devant, de maniere que les Boulets passent d'un bout à l'autre ; c'est ce qu'il y a de plus dangéreux pendant un combat, & c'est ce qu'il faut éviter avec grand soin.

ENFILÉ. Un Vaisseau est enfilé, quand il reçoit des coups par l'Arriere ou l'Avant. Il suffit d'être enfilé par une seule Bordée bien tirée, pour avoir décidément le dessous d'un combat, qui d'ailleurs pourroit être égal ou supérieur.

ENFILER. C'est tirer à son ennemi des coups d'enfilade par l'Avant ou l'Arriere : on doit toujours chercher à profiter des moments qui peuvent faire enfiler le Vaisseau contre lequel on combat.

ENFLECHURES. Ce sont les Echelons des cordes qui servent à monter sur les Haubans & Gambes de Hunes : on les fait de Quarantenier en dix-huit, lui faisant faire une demi-clef sur chaque Hauban, afin que l'enfléchure serre toujours, au lieu de larguer, à mesure qu'on la charge en montant dessus ; ce qui l'empêche de riper sur le Cordage qui lui sert de Montant.

ENGAGE. On dit qu'un Officier engage des Matelots, lorsqu'il s'accommode avec eux des salaires qui leur seront payés pour tel ou tel Voyage, sur tel Vaisseau commandé par M. tel, &c. On trouve dans les Ordonnances de Marine les formes réglées auxquelles un Officier doit se conformer, lorsqu'il engage un Equipage.

ENGAGÉ. On dit qu'un homme est engagé, lorsqu'il est convenu de prix avec son Capitaine, & qu'il a signé l'Acte de son Engagement.

ENGAGÉ *de mauvais temps par trop de vent.* Un Vaisseau est dit *engagé par un grain*, lorsqu'ayant donné la Bande jusqu'à accôter, il se trouve compromis par une trop forte inclinaison,

& dans le cas de périr : *Nous reçûmes un vent si fort de la partie du S.O. que notre Vaisseau fut plus de quatre heures engagé au point d'avoir l'eau jusqu'à la grande Ecoutille.*

ENGAGÉ. Un Cable s'est engagé avec une Ancre, lorsqu'en traînant sur le fond, il a pris sous les Becs, ou y a fait Tour-mort.

ENGAGÉ. Un Vaisseau est engagé avec un autre Vaisseau, lorsqu'il en est assez pres pour ne pouvoir plus éviter de combattre, si l'ennemi veut l'attaquer : lorsqu'il combat, il est tout-à-fait engagé : *Nous eûmes toutes les peines du monde à l'engager au Combat ; il sembloit craindre de s'engager.*

ENGAGÉ *sur la Côte ; être engagé à la Côte.* C'est être chargé sur la terre par le mauvais temps, & en danger d'y périr : *Nous nous trouvions engagés entre les Pointes d'une Baie profonde, lorsque le vent sauta au N.O. & nous permit de doubler la Pointe de Babord.*

ENGAGÉE. Une manœuvre est engagée, lorsqu'elle est embrouillée avec d'autres & hors d'état de servir dans l'instant : *Elle est engagée, il faut la parer.*

ENGAGER *des gens.* C'est les enrôler pour former un Equipage, & convenir avec eux des prix qu'ils auront par mois, pendant le cours du Voyage pour lequel ils s'engagent.

ENGAGER *l'Arrimage.* C'est l'encombrer avec d'autres effets de maniere qu'il soit fort difficile de l'atteindre. Ainsi lorsqu'on demande quelques effets de Cargaison qui sont fourrés dans l'Arrimage, on dit qu'ils sont *engagés*, que l'*Arrimage est engagé par les Cables, &c.*

ENGAGER *un Combat.* C'est attaquer un Vaisseau. Alors on dit qu'on vient d'engager l'Action : *Il étoit cinq heures quand on engagea le Combat, & nous restâmes engagés plus de sept heures de suite.*

EN GARANT. On file une Manœuvre en Garant, lorsqu'elle fait force, & qu'on la largue doucement & peu-à-peu.

ENGORGE. Le Lest engorge les Lumieres & les Pompes, quand il est assez menu pour passer entre le Vaigrage du fond, & tomber entre les Varangues, où il bouche les passages de l'eau.

ENGORGÉE. La Pompe est engorgée, quand il y a du sable ou du gravier dedans, qui y monte avec l'eau aspirée ; lorsque le Lest est trop menu, & qu'il filtre par les Lumieres ou passages qui conduisent l'eau aux Pompes, il les engorge.

ENGRAISSEMENT. C'est un terme de Charpente qui signifie qu'on fait entrer les Tenons de force dans leurs Mortaises, ensorte qu'il n'y ait aucun jeu dans l'Assemblage,

EN GRAND, *porter en Grand.* C'est, lorsqu'on arrime, porter une chose pesante les deux bouts en même temps, & les poser aussi ensemble, de sorte que le tout se trouve être appuyé dans le même instant dans toutes ses parties, & bien placé.

ENGRAVER *dans le Lest.* C'est enterrer quelque chose

dans le Left, de maniere qu'il y foit caché en tout ou en partie. On engrave fouvent les fûtailles d'un Chargement avec du petit Left, de menus Cailloutages, pour le faire monter dans le Chargement, & éviter que le centre de gravité du Vaiffeau fe trouve trop bas. Cela fe pratique, ou doit fe pratiquer, dans les Vaiffeaux dont la ftabilité eft grande, afin d'adoucir les mouvements du Roulis, & les rendre plus lents.

ENHUCHÉ. On dit qu'un Vaiffeau eft enhuché, quand il eft haut fur l'eau, & que fes Œuvres-mortes font fort-élevées. C'eft un défaut de conftruction; parce que tout ce qui peut augmenter la pefanteur des hauts & la hauteur de leur poids commun, eft contraire à la ftabilité du Navire par rapport au centre de gravité qui monte proportionnellement. Il y a des Vaiffeaux qui font enhuchés de l'Arriere, d'autres le font de l'Avant, & les plus mal conftruits le font de par-tout : de quelque façon que cela foit, c'eft toujours un défaut qu'il eft aifé d'éviter, dans les grands Vaiffeaux fur-tout, en ne donnant que les hauteurs néceffaires pour le fervice; ainfi les Frégates & les Flûtes dont les Entre-Ponts n'ont point d'Artillerie, doivent être rafes; au lieu que les Vaiffeaux de Ligne, qui doivent avoir de 5 pieds 2 pouces à 5 pieds 4 pouces fous Baux, font toujours plus élevés dans leurs Œuvres-mortes, & peuvent avoir le défaut d'être enhuchés, fi leur Architecte n'y prend garde.

ENJALER. C'eft placer le Jas à une Ancre entre l'Arganeau & l'Arête qui le fixe fur la Verge. On place les deux Tenons qui font forgés avec l'Ancre dans des Mortaifes faites exprès, & bien juftes dans les deux pièces qui forment le Jas; enfuite on les gournable enfemble avec de bonnes Chevilles de bois de chêne fec & nourri, & on place après les cercles de fer fur le Jas, qui fervent à le lier & marier les deux pièces qui le compofent enfemble, en les chaffant à coups de maffes : on met 4 ou 6 cercles de fer bien gabariés fur chaque Jas d'Ancre, felon la grandeur du Jas qui eft toujours proportionné à fon Ancre; & lorfque cela eft fait, l'Ancre eft enjalée.

ENLAÇURE. C'eft un terme de Charpente qui fignifie *Percer la Mortaife & le Tenon enfemble*, afin d'y paffer une cheville de fer ou de bois, qui puiffe arrêter & tenir ferme l'affemblage.

EN LIGNE. Une Efcadre armée ou Flotte eft en Ligne, lorfque tous les Vaiffeaux font dans les eaux les uns des autres, & qu'ils s'y maintiennent.

ENLIGNER *le bois*. C'eft le mettre fur la même ligne, en fe fervant d'une regle ou d'un cordeau, afin qu'une pièce ne dépaffe pas l'autre, & que toutes fe trouvent fur la même ligne.

ENMANCHE. Un Vaiffeau *enmanche*, quand il entre dans la Manche entre la France & l'Angleterre, ou dans la Manche de Briftol entre l'Angleterre & l'Irlande. Il eft *enmanché*, lorfqu'il eft entre les terres.

ENSEIGNE *de Vaisseau.* C'est le rang d'un Officier, qui suit immédiatement le grade de Lieutenant, & qui dans l'absence de ce dernier, le remplace & jouit des mêmes prérogatives par subordination.

ENSEIGNE *de Poupe, de Beaupré. Voyez* PAVILLON.

ENSEIGNE *de Port.* C'est un Officier de Port qui suit le Lieutenant de Port, & fait le même service par subordination.

ENTAILLE. On appelle *Entaille* toute ouverture faite de long ou en travers sur une pièce de bois, pour y faire entrer une autre pièce de Charpente : ainsi l'on fait des Entailles quarrées de distance en distance sur la Contre-quille pour recevoir le milieu des Varangues & le bout des Fourcats qui doivent reposer dessus : on en fait sur l'Estambot pour recevoir la Barre d'Hardi, celle d'Arcasse & celles des Ponts. On en fait par-tout où on les juge nécessaires pour augmenter les liaisons & fortifier la Charpente. Il y a des Entailles en sifflet, qui sont coupées en chanfrein, & obliquement sur les deux pièces de bois.

ENTAILLÉ. On dit qu'un Vaisseau est entaillé dans sa Charpente, lorsque toutes les pièces de liaisons (comme Hiloires, Goutieres, Serre-Goutieres, Serres de Pont ou Bauquieres) sont entaillées les unes avec les autres, & liées par des Adents dans tous leurs écarts.

ENTAILLER. C'est faire des entailles sur les bois avec l'herminette, la hache ou le ciseau.

ENTALINGUE. On entalingue les Cables aux Ancres, pour les mettre en état d'être mouillées, & de servir à amarrer le Vaisseau.

ENTALINGUÉ, *Entalinguée.* Un Cable est entalingué à son Ancre, quand l'entalingure est faite, & l'Ancre y est entalinguée.

ENTALINGUER. C'est passer le Cable dans l'Arganeau de l'Ancre; ensuite on fait faire Tour-mort au bout du Cable sur lui-même au-dessus & le plus près qu'il est possible de l'Arganeau, en faisant trois Amarrages, avec du Carantenier sur ce tour, bien souqués & bien forts, de maniere que rien ne puisse courir lorsque le Cable fera force; ainsi l'on ne néglige pas de les souquer le plus qu'on peut. On entalingue les petits Cables & Grêlins, en faisant faire Tour-mort au Cable sur l'Arganeau de l'Ancre, & le bridant ensuite avec de bons Amarrages de Carantenier, comme à l'ordinaire.

ENTALINGURE. On appelle ainsi toute la partie du Cable employée à l'entalinguer, elle est à-peu-près de trois brasses de longueur dans les gros Cables.

ENTENNE. Vergue de Galere, de Chabeck & de Chaloupe : on oriente sur cette espèce de Vergue une Voile Latine à trois pointes, qui est très-avantageuse au plus près du vent; mais qui n'est pas favorable de vent arriere, & qui peut être dangéreuse dans une saute de vent qui coëffe, parce qu'alors elle n'est pas aisée à manœuvrer.

ENTENNES *d'Arrimage.* On appelle *Entennes* dans un Arrimage, les rangs de fûtailles, Caiſſes ou Ballots qui ſont arrimés verticalement les uns au-deſſus des autres, en prenant la largeur entiere du Navire; ainſi une Entenne eſt préciſément une tranche verticale faite dans le ſens de la largeur, & dont l'épaiſſeur eſt déterminée par la longueur des effets arrimés.

ENTER, *terme de Charpentier.* C'eſt joindre bout-à-bout & à-plomb deux pièces de bois, en les aſſemblant avec Tenon & Mortaiſe, ou par entaille.

ENTERRER *les Fûtailles dans le l'Eſt.* C'eſt les engraver. *Voyez ce terme.*

ENTONNOIR. C'eſt un vaſe de bois, ou de fer-blanc ou de cuivre, auquel on ajoute une Douille qui entre dans la bonde d'une fûtaille qu'on veut remplir, ou de toute autre eſpèce de vaiſſeau propre à contenir les liqueurs : les Entonnoirs de bois ſont faits à-peu-près comme un petit baille; ceux de fer ou de cuivre ſont coniques; & ceux qu'on fait pour charger les mortiers, & tranſvaſer la poudre à Canon, ſont plus longs de conduit & plus larges que les autres.

ENTRANT, *en entrant.* Se dit lorſqu'on parle de quelque choſe qui s'eſt paſſée, pendant que le Vaiſſeau entroit dans un Port : *Nous vîmes, en entrant, que tous nos camarades étoient entrés... En entrant dans la Rade, nous vîmes que le coup de vent s'y étoit fait ſentir.*

EN TRAVERS, *être en Travers.* C'eſt préſenter le côté au vent, en mettant en Panne, ou à la Cape, ou à ſec, ſans faire de chemin : *Nous mîmes en Travers pour laiſſer approcher les Vaiſſeaux qui portoient ſur nous... Les Vaiſſeaux qui étoient ſous le vent, nous parurent en Travers, vent deſſus, vent dedans, & à la Cape.*

ENTRE. Un Vaiſſeau entre, lorſqu'il fait route dans l'entrée d'un Port pour y entrer.

ENTRE *dedans.* Commandement qui ſe fait aux gens qui ſont ſur les Vergues, à prendre ou larguer des Ris, ou à ſerrer des Huniers ou des Perroquets, pour les faire entrer dans la Hune.

ENTRÉ. Un Vaiſſeau eſt entré, lorſqu'il eſt en dedans des Pointes qui forment l'entrée, & des Rochers qui en ſont les dangers : *Il eſt entré, il eſt en dedans de tout*; ou *Il eſt ſeulement entré en dedans des Pointes*, on déſigne alors l'endroit où il eſt.

ENTRÉE. On appelle ainſi le paſſage par lequel on entre dans un Port, dans une Riviere, dans une Rade fermée. La ſituation de l'entrée eſt toujours déterminée par les routes qu'il faut faire pour entrer & ſortir; elle gît N.E. & S.O. s'il faut courir ſur ces deux routes en ſortant & en entrant de l'ouvert de la Rade.

ENTREMISES. On appelle ainſi toutes les pièces de bois qui ſe mettent entre les autres pour fortifier la Charpente:

elles les appuient, & ôtent le jeu du tout. Les Entremises des Ponts servent à soutenir le Calfatage.

ENTREPOT. C'est le lieu où l'on rassemble & dépose les Marchandises qu'une Compagnie de Commerce rassemble pour ses Armements, ou pour ses Ventes.

ENTRER. C'est faire route pour aller dans un Port, en venant de la mer.

ENTRE-SABORDS. Pièces de Bordages qui sont entre les Sabords des Vaisseaux, & qui n'ont par conséquent de longueur que la distance d'un Sabord à l'autre, ainsi ils font très-peu liaison.

ENTRE-TOISE. C'est en général une pièce de Charpente qui se place entre plusieurs autres pour former la liaison: ainsi il y a des Entre-toises dans la Charpente des Chevres; il y en a de croisées en Croix de Saint André dans diverses autres Charpentes, & on en met aussi dans l'intérieur des Affûts de Canon, en les plaçant sous les Encastrements des pièces; mais on observe de l'échancrer en rond dans sa partie supérieure pour donner du jeu au Canon, & ses extrémités s'emboîtent à Tenon dans des Mortaises sur les Flasques de l'Affût qu'elle consolide.

ENTRE-PONT. L'Entre-pont des Vaisseaux ordinaires est l'étage compris entre le premier Pont & le second; il est exprimé par le sens seul du terme. Tous les Vaisseaux en général ont un Entre-pont; dans les Vaisseaux de guerre, on y établit la premiere Batterie & les plus gros Canons: dans les Vaisseaux Marchands, Flûtes, Frégates, Corvettes, l'Entre-pont est bas, & ne sert qu'à loger quelques effets & l'Equipage. Les Vaisseaux au-dessus de quatre-vingt-six Canons en France, ont ordinairement trois Ponts, & deux Entre-ponts par conséquent.

ENTRE *vent & marée*; être entre vent & marée, c'est avoir le vent d'un Bord & la marée de l'autre; de sorte que le vent & le Courant vont à sens contraire.

ENVERGUE. On envergue les Voiles, lorsqu'on les place à leurs Vergues; elles sont en Vergues, lorsqu'elles sont enverguées, & en état de servir & d'être appareillées.

ENVERGUÉE. Une Voile est enverguée, quand on l'a mise à sa Vergue en état d'être appareillée. Ainsi l'on dit: qu'*un Hunier est envergué*, quand il est rabanté sur sa Vergue.

ENVERGUER. C'est mettre les Voiles en Vergues: on y procéde en allongeant la Voile dépaquetée sur l'Avant du Mât, dans la Hune ou sur le Pont; on passe toutes les Cargues dans leurs Margouillets, & on les frappe sur les Pattes de Fond & de Cargues-Boulines, ensuite on la hisse jusqu'à ce que la têtiere touche la Vergue, en se servant des Palanquins, dont les Itaques sont frappés sur les Pointures de la têtiere; on hisse aussi sur les Cargues-fonds & Boulines en même temps, après toutes fois qu'on la garnie de ses Rabans de Faix; aussi-tôt qu'elle est haute, on roidit la Têtiere jusqu'à ce que les Pointures ſoient à joindre aux Taquets d'Envergure : alors on fait les Pointures ſur les Taquets avec les Rabans de Pointure, en ſaiſiſſant le point à la Vergue par deux ou trois tours du Raban, que l'on arrête en faiſant un nœud plat ſur le milieu de la Vergue avec les deux bouts du Raban, qui ne doit pas être trop long ; enſuite tous les Matelots qui ſont rangés ſur la Vergue, font repaſſer les Rabans dans leurs Œillets de Têtiere, en tournant chacun le ſien ſur la Vergue, afin qu'ils ſoient doubles par-tout ; ramenant après cela les deux bouts ſur le milieu de la Vergue, on les ſouque fortement, & on leur fait faire un nœud plat ; cela étant fini, la Voile eſt ce qu'on appelle *envergué*. Il n'eſt peut-être pas inutile d'obſerver que pour conſerver les Œillets de la Têtiere des Voiles, il eſt bon de garnir le haut de chaque, avec quelques tours de fil de Caret qui prennent l'Œillet & la Têtiere ; cela empêchera qu'au mouvement le Raban ne mange l'Œillet & la toile.

ENVERGURE. On entend par *Envergure*, la largeur des Voiles, qui ſe meſure de Taquet en Taquet ſur les Vergues; ces Taquets ſervent à arrêter les points de Têtieres ou d'Envergures des Voiles. On dit qu'*un Vaiſſeau a une grande Envergure*, pour dire qu'il porte des Voiles larges.

ENVOYER. C'eſt tirer du Canon; il ſe dit de cette maniere en demandant au Canonnier s'il eſt prêt à tirer. *Envoyez quand vous ſerez paré... Nous lui envoyâmes notre Bordée, il nous envoya la ſienne.*

EPACTE. C'eſt un nombre qui exprime pour chaque année l'âge à-peu-près qu'avoit la Lune à la fin de l'année précédente ; l'Epacte augmente de onze jours chaque année, parce que les nouvelles Lunes arrivent onze jours plutôt une année que l'année précédente ; & l'uſage ordinaire de l'Epacte eſt de ſervir à trouver à quelque choſe près l'âge de la Lune, en y ajoutant le quantieme du mois où l'on eſt, & le nombre des mois écoulés depuis Mars y compris, & ſi cette ſomme eſt au-deſſous de trente, on a l'âge de la Lune; ſi au contraire elle eſt au-deſſus, on ôte trente pour les mois qui ont trente-un jours, & 29 pour ceux de 30 jours; le ſurplus donne l'âge de la Lune, qui ſert à connoître enſuite l'heure des pleines & baſſes marées pour quelque endroit que ce ſoit, ainſi qu'il eſt très-bien expliqué dans le Traité de Navigation, de Mr. l'Abbé DE LA CAILLE.

EPARS. Les Marins appellent *Epars* de certains éclairs qui ne ſillonnent pas ; ils ont l'air d'amorces qui brûlent, & ne ſont jamais ſuivis de détonation comme l'éclair, parce qu'apparemment ils ne trouvent pas autant de réſiſtance dans la nue que l'éclair.

EPATEMENT. On appelle *Epatement*, l'Angle que font les Haubans avec leurs Mâts & entr'eux. On prend auſſi pour l'*Epatement*, la diſtance même des Haubans aux Mâts par en-bas.

EPATÉS. Les Haubans d'un Mât sont épatés, quand ils sont écartés du pied du Mât par en-bas, & qu'ils font un Angle plus ouvert avec le Mât qu'à l'ordinaire. Des Haubans épatés sont avantageux pour la solidité de la Mâture, parce qu'ils la soutiennent mieux; il ne faut avoir qu'une idée de la décomposition des forces pour en être convaincu; mais ils faut avoir l'attention de reculer de deux ou trois pieds les Porte-haubans, afin que le Brasseïage soit libre, & que les Voiles s'orientent bien au plus près.

EPAULEMENT *de Tenon; terme de Charpente.* C'est l'Ecart entaillé quarrément à mi-bois sur le bout d'une pièce pour en ajouter une autre, de maniere que le Tenon entre en partie dans le bois qu'on laisse sur le côté & qui doit être mortaisé, en même temps que l'autre partie du Tenon entrera debout dans la Mortaise pratiquée dans l'Epaulement.

EPAULETTE. C'est en terme de Charpentier, une entaille faite sur le côté d'une pièce de Charpente, dans laquelle entre une autre pièce qui est entaillée elle-même sur son plat, de sorte que l'une entre dans l'autre par des côtés différents, & différe des entailles à plat, qui font entrer les pièces de demi-à-demi, & les mettent de niveau sur le plat.

EPERON. C'est un assemblage de Charpente posé en faillie sur l'Avant de l'Etrave, à laquelle il est lié par des Chevilles de fer, goupillées en dedans sur Viroles. On fait les Lieures du Beaupré sur la Gorgere ou Taille-mer, comme étant la pièce la plus saillante : moins cette pièce a de saillies, plus elle est avantageuse au Navire; parce que l'Eperon en total pese moins alors, & qu'il acquiert plus de solidité; mais il faudroit avoir attention dans la Charpente de l'Eperon, de faire ensorte que les Adents du Taille-mer prissent en-dessous sur l'Etrave, & pièce sur pièce de même, au lieu de les faire reposer dessus un Epaulement; car, lorsque dans les mouvements du Tangage les Lieures du Beaupré le tirent en haut, il résisteroit autant par la force du bois que par celle du fer qui le lie à l'Etrave; ce qui donneroit beaucoup plus de stabilité au Beaupré & à l'Eperon, qu'ils n'en ont ordinairement. En dedans du Taille-mer ou Gorgere, on voit ordinairement plusieurs pièces de remplissage qui forment le Digon, lorsqu'on donne beaucoup de saille à l'Eperon; toutes ces pièces sont unies les unes aux autres par des Empatures, & liées avec des Chevilles de fer, qui traversent jusqu'en dedans, & que l'on goupille à Viroles sur les Guirlandes & la Contre-Etrave; on consolide le tout par une Courbe Capucine; dont une Branche s'applique sur l'Etrave, & l'autre sur le Digon, & par des Jautereaux ou Courbes appliqués horizontalement des deux Bords, sur le côté du Navire & sur le Taille-mer, en chevillant en fer l'une sur l'autre, de travers en travers, & sur le Vaigré en dedans du Navire; l'on donne de cette maniere une grande solidité à l'Eperon qui soutient la Figure, les Echarpes de Poulaine & la Poulaine même avec tout l'effort des Lieures du Beaupré. J'obſerve que, par rapport à la facilité que doit trouver le Navire à diviſer le fluide, il faut diminuer le plus qu'il eſt poſſible la ſurface extérieure du Taille-mer, en le réduiſant ſur l'Avant à la largeur des têtes des Chevilles de fer, qui le traverſent pour ſa liaiſon, lui laiſſant d'ailleurs toute ſon épaiſſeur ſur l'Etrave, d'où il doit commencer à diminuer par une pente douce, qui le réduiſe à l'épaiſſeur que pourra lui permettre la groſſeur de la tête de ſes Chevilles au-deſſous des ouvertures, dans leſquelles paſſent les Lieures du Beaupré. En général, on ne doit donner de Saillie à l'Eperon que ce qu'il en faut pour la grace du Navire: j'ai vu des Vaiſſeaux qui n'en avoient point du tout, ſeulement une eſpèce de Gorgere de trois à quatre pieds de ſortie pour établir les Lieures, & cela placé avec goût, étoit tout auſſi bien que l'Eperon le mieux conditionné, & n'en avoit aucun des déſavantages.

EPI *du vent*. C'eſt le point d'où il ſouffle; un Vaiſſeau reſte dans l'Epi du vent, lorſqu'il eſt, par rapport à vous, dans la direction du lit du vent.

EPINEUX. Un Paſſage eſt épineux, quand il eſt hériſſé de Rochers, garni d'Ecueils & de Bancs, entre leſquels il y a de la difficulté à naviguer.

EPINGLETTE. C'eſt une Aiguille de fil de fer, longue d'un pied environ, dont les Canonniers ſe ſervent pour faire entrer la Poudre dans les Lumieres des Canons, lorſqu'on les amorce après avoir crevé la Gargouſſe avec le Dégorgeoir.

EPISSÉ. On dit qu'un Cable eſt epiſſé, quand, ayant rompu, on l'a rajuſté par une Epiſſure, ou lorſqu'on a fait Ajus de deux ou trois Cables bout-à-bout.

EPISSÉE. Une Manœuvre eſt épiſſée, lorſqu'on lui a fait une Epiſſure pour la racommoder après avoir rompu, ou la ralonger avec un bout de même groſſeur, ſi elle eſt trop courte.

EPISSER. C'eſt ajouter une corde au bout d'une autre, de maniere qu'en entrelaſſant les Tourons de l'une dans ceux de l'autre, & ceux de celle-ci dans ceux de la premiere; après les avoir décordées toutes les deux de la même longueur, en les croiſant les uns dans les autres également, & les ſerrant fermes l'un après l'autre, les faiſant paſſer par ordre ſous les Tourons, cordés des deux Cordages, de ſorte qu'ils ne puiſſent ſortir de cet entrelaſſement que l'on appelle Epiſſure, & qui eſt ordinairement plus forte que le Cordage même, ſi elle eſt bien faite: il y a deux ſortes d'Epiſſures, la longue & la quarrée; la premiere ſe fait ſur les Manœuvres courantes, l'autre dans les autres circonſtances.

EPISSOIR. Poinçon de fer ou de bois dur, un peu courbé, propre à lever les Tourons des Cordages que l'on veut épiſſer, pour faciliter le paſſage des Tourons que l'on entrelaſſe ſous ceux qui ne ſont pas décordés.

EPISSURE. On appelle *Epiſſure*, l'entrelaſſement qui unit

deux Cordages enſemble par des paſſes de leurs Tourons les uns ſur les autres : il y a différentes ſortes d'Epiſſures ; la premiere eſt un entrelaſſement des Tourons de deux Cordages les uns dans les autres, de maniere qu'elle devient double dans toute ſa longueur en groſſeur ; la ſeconde ſorte d'Epiſſure eſt longue, parce qu'après avoir décordé les trois Tourons de chaque bout, & de la même longueur, on en détourne un ſeul plus loin, que l'on remplace par un de ceux de l'autre bout, que l'on épiſſe juſqu'à ce qu'on le faſſe s'entrelaſſer deux ou trois fois ſous les Tourons du Cordage entier, en faiſant faire les mêmes paſſes du côté de l'Epiſſure au Touron que l'on a remplacé ; enſuite on fait exactement la même opération ſur l'autre bout de l'Epiſſure qui ſe trouve alors achevée ; de maniere que ſa groſſeur n'augmente que d'un tiers : auſſi ſe fait-elle toujours ſur les manœuvres courantes quand elles caſſent, & que d'ailleurs elles ſont encore en état de ſervir, parce qu'elle peut paſſer dans les Poulies ; au lieu que la premiere ſorte d'Epiſſure ne ſe fait que ſur les Eſtropes de Poulies, ſur les Cables d'Ajuſt, ſur les Grêlins, Pantoires, Suſpentes & autres Manœuvres dormantes de cette eſpèce ; car ſur les Haubans & Etais que l'on rajuſte, on fait un nœud que l'on appelle *de Haubans*, & que nous définirons à ſon article.

EPITE. Petit Coin ou Cheville de bois à Pans & pointue, dont on ſe ſert pour boucher les trous que les clous peuvent avoir faits dans le Franc-bord d'un Vaiſſeau que l'on carène après l'avoir dédoublé ; on force les Epites à coups de maillets à Calfat, & on les rompt enſuite ras le bois dont elles bouchent les trous : on fait encore des Epites quarrées & pointues, que l'on fiche dans la tête des Chevilles, après y avoir fait un trou avec un Epitoir, pour les groſſir & les faire forcer dans leur trou lorſqu'elles ſont frappées.

EPITOIR ou *Epiſtoir.* Inſtrument de fer de la longueur d'un pied environ, il eſt pointu & quarré ; ſon uſage eſt d'ouvrir la tête ou le bout d'une Cheville de bois après qu'elle eſt frappée, afin de pouvoir y loger une Epite pour la renfler & la faire forcer dans ſon trou.

EPONTILLÉ. Un Vaiſſeau eſt épontillé, lorſque toutes ſes Epontilles ſont en place, & qu'elles ſoutiennent les Ponts les uns ſur les autres ; car il y a des Epontilles dans tous les étages du Navire, y compris la Cale.

EPONTILLER. C'eſt mettre les Epontilles que l'on a levées quelque part pour faciliter quelques manœuvres, particuliérement celles du Cabeſtan, ſous le Gaillard de Derriere & en Entre-pont ; & auſſi-ôt qu'on a fini, on ne manque pas d'épontiller les Ponts pour les ſoutenir & les empêcher de s'affaiſſer ſous les poids dont ils ſont chargés.

EPONTILLES *à Gorges.* Ce ſont des Epontilles coupées en ſifflet, & auxquelles on conſerve un Support ou Adent,

pour

pour porter ce qu'elles doivent ſoutenir ; elles ſe cloutent deſſus la pièce qu'elles doivent appuyer.

EPONTILLES. Pièces de bois droit que l'on met verticalement au-deſſus de la Carlingue, ſous les Hiloires renverſées ou Faix de Pont, pour ſoutenir le milieu des Baux, de la même maniere que le feroient des Etançons : on met encore des Epontilles dans l'Entre-pont, ſous les Gaillards & Paſſe-avants pour le même effet ; mais celles-ci ſont à Charnieres, au bout d'en-haut ſur les Baux, de maniere qu'on les leve & qu'on les remet quand on veut ; le bas s'emboîte dans une eſpèce de Saucier en Talut, pratiqué dans les Hiloires, de maniere qu'elles ne peuvent aller ni d'un côté ni de l'autre, & il faut toujours qu'elles reſſortent par le même endroit où elles ont entré.

EQUARRIR, *terme de Charpentier.* C'eſt dreſſer le bois propre à la Charpente, en lui donnant une forme quarrée, ou parallélipipede de Rectangle, ou oblique, le mettant à cinq, ſix ou huit Pans, en le travaillant à la Hache & à l'Herminette.

EQUARRISSAGE. L'Equarriſſage d'une pièce de bois eſt la meſure de ſa hauteur & de ſa largeur ; elle a ſix ou huit pouces d'Equarriſſage, ſi elle a l'une de ſes meſures ſur chaque face ; & ſi elle avoit ſix pouces de large ſur huit de hauteur, on diroit qu'elle a ſix pouces d'Equarriſſage ſur une face, & huit ſur l'autre : ainſi les deux dimenſions de l'Equarriſſage connues & combinées avec la longueur de la pièce, en font connoître la ſolidité en pieds & pouces cubes.

EQUARRISSEMENT. C'eſt la réduction d'une pièce de bois brut à la forme quarrée ou poligone ; on enleve pour cela avec la Hache toute la croute & l'aubour qui ſe trouvent ſur chaque face, de ſorte qu'il n'en reſte que peu ſur les angles ſolides de la pièce, lorſqu'elle eſt équarriée, ce qui la diminue d'un tiers au moins de ſon cube primitif.

EQUATEUR. C'eſt le Cercle du plus grand mouvement dans le ciel & ſur la terre ; il ſépare notre Globe en deux parties égales, celle du Nord & celle du Sud ; il marque les points de l'Eſt & de l'Oueſt. L'Equateur terreſtre paſſe en Amérique par l'Embouchure de la Riviere des Amazones, en Afrique par l'Iſle de Saint Thomas, dans les Indes par les Iſles de Sumatra & de Borneo, & dans la mer Pacifique par les Iſles Gualapes ; il eſt le Cercle du plus grand diamètre, & lorſque le Soleil y eſt, le jour eſt égal à la nuit par toute la terre.

EQUERRE. C'eſt un inſtrument de Géometrie, qui ſert aux Charpentiers & à preſque tous les Artiſans ; il eſt composé de deux règles de bois, de fer, ou de cuivre, bien perpendiculaires l'une à l'autre en dehors & en dedans ; l'Equerre ſert à vérifier un angle droit, & à élever une perpendiculaire méchaniquement ſur une autre ligne ; ainſi il faut que les deux règles ſoient bien ſolidement ajuſtées & bien dreſſées. Cette ſorte

d'Equerre s'appelle *Droite*; & les Charpentiers, quand ils s'en servent pour dresser leurs bois, vérifier leurs Coupes, Tenons & Mortaises, appellent cela *tirer à l'Equerre*, *dresser à l'Equerre*, & *mettre une pièce d'Equerre*: c'est aussi ce qu'ils appellent ordinairement *Equerre quarrée*.

EQUERRE *fausse*, ou *Equerre pliante*. C'est une Equerre qui ne differe de la premiere, que parce que les deux Régles qui la composent roulent sur une Charniere comme un Compas en s'ouvrant & se fermant : la fausse Equerre sert aux Charpentiers à conduire la coupe de leur bois en angles obtus ou aigus, & à leur donner ce que l'on appelle en construction, l'*Equerrage*.

EQUERRAGE. L'Equerrage se pratique dans la Construction avec bien de l'exactitude & de la précision sur tous les Membres de l'Avant & de l'Arriere, autres que les maîtres Gabarits; c'est l'Art du Charpentier, pour évuider toute la Membrure, en allant des maîtres Gabarits vers les extrémités; de maniere que le Bordage se trouve appliqué exactement à plat sur tous les Membres, en se formant par des Courbes adoucies de la même maniere que les Lisses, sans qu'il paroisse aucun jour entre les Membres & lui; & comme on ôte du bois en dehors sur l'Arriere & l'Avant des Membres, on en laisse autant en dedans dans la même partie, pour que le Vaigrage se moule intérieurement comme le Bordage sur l'extérieur; & les Charpentiers appellent, *laisser en gras dedans* ce que l'on ôte en maigre par dehors. C'est *équerrer* ou *donner l'Equerrage*. Les Lisses donnent l'Equerrage à plusieurs points de chaque Membre.

EQUERRER. C'est donner l'Equerrage à une pièce de Charpente, tel que le Constructeur l'a marqué sur le Gabarit de cette pièce.

EQUINOXIAL. Le Cercle équinoxial est le même que l'Equateur; on ne lui a donné ce nom probablement, que parce qu'il détermine le moment des Equinoxes au commencement du Printemps & de l'Automne. Ainsi *Voyez* EQUATEUR. Mais on nomme *Courant équinoxial*, le transport général des eaux vers l'Ouest dans la Zone Torride; parce que les vents en soufflant continuellement de la partie de l'Est entre le Nord & le Sud, poussent la mer vers le côté opposé, & il n'y a de variété dans ce transport qu'aux approches des Côtes, qui, en s'opposant au cours de l'eau, la font toujours refluer sur une direction relative à leurs gissements.

EQUIPAGE. Ce terme signifie généralement tous les hommes que l'on embarque pour le service d'un Vaisseau; Officiers Mariniers, Matelots, Soldats & Mousses, pris ensemble, font l'Equipage; il est plus ou moins nombreux, selon la grandeur des Vaisseaux & leur destination : en temps de guerre, lorsqu'on arme un Vaisseau, Frégate ou Corsaire pour croiser, on ne lui donne jamais moins de dix hommes par Canon : ainsi une Frégate de trente Canons a trois cent hommes d'Équipage; un Vaisseau de soixante-quatre Canons, six cent quarante; un de soixante-quatorze a sept cent quarante hommes, & l'État-major en sus.

EQUIPÉ. Un Vaisseau est équipé, quand il ne lui manque rien pour faire route & remplir la mission à laquelle il est destiné; alors il est bien équipé: il est mal équipé, s'il lui manque quelque chose d'absolument nécessaire.

EQUIPER. C'est armer un Vaisseau, & le pourvoir de toutes les choses nécessaires pour le mettre en état de faire le plus sûrement la mission dont on le charge; il s'applique également à plusieurs Vaisseaux. Ainsi l'on dit: *Equiper une Escadre*, *une Armée navale*, *une Flotte*.

EQUIPETS. Ce sont de petits compartiments de planches que l'on fait dans tous les endroits du Vaisseau, pour y conserver tout ce qui ne doit pas tomber au Roulis. On fait des Équipets sur tout le Fronteau de la Sainte-Barbe en dedans, pour loger les Gardes-feux sur deux rangs dans chaque.

ERMINETTE ou *Herminette*. C'est un outil de Charpentier, le plus en usage après la Hache; il sert à dresser le bois quand il est dégrossi, & est manié avec beaucoup d'adresse par ceux qui sont dans l'usage de s'en servir; il est fait à-peu-près comme un Hoyau, ou comme une Tille de Tonnelier, plat & tranchant d'un côté; il porte un marteau de l'autre côté, & un manche de trois pieds ou trois pieds & demi de longueur, qui passe dans un trou entre la tête & le tranchant; il a une Courbure qui lui est propre du côté du tranchant; il faut que cet instrument soit bien asserré & bien coupant.

ERRE. *Voyez* AIRE.

ERSE. C'est une espèce de Boucle ou d'Elingue faite de fil de Caret, plus ou moins grande, selon l'usage qu'on en veut faire, & plus ou moins forte. Pour faire une Erse, on ne fait que tourner le fil de Caret également, tendu autour de deux morceaux de bois à la distance l'un de l'autre de la longueur de l'Erse, parce qu'on s'en sert en double, & lorsqu'il y a assez de tours, ou qu'elle est assez grosse, on les lie tous ensemble en faisceau de distance en distance avec le même fil de Caret, & l'Erse est achevée; on s'en sert pour différents usages, mais particuliérement pour tourner autour des fardeaux que l'on veut enlever en crochant un Palan dedans l'Erse.

ERSIEAU ou *Estrope d'Aviron*. C'est une espèce de petite Erse que l'on fait d'un Touron de menu Cordage, en le recordant sur lui-même, de maniere qu'il fasse une boucle de la grandeur qu'on veut; on s'en sert ordinairement pour tenir les Avirons sur leurs Toulets, lorsqu'on nage dans les Chaloupes & Canots.

ESCABEAU. Petit Siege sur lequel les Calfats sont assis pour calfater, il se ferme & contient tous leurs outils.

ESCADRE. Détachement particulier d'un certain nombre de Vaiſſeaux de guerre. On appelle auſſi de ce nom les trois parties qui compoſent une Armée navale, quoiqu'on emploie plus communément le terme de *Diviſion*; car *Eſcadre*, à le bien prendre, eſt un nombre de Vaiſſeaux de guerre au-deſſous de vingt, raſſemblés ſous les ordres d'un Officier-Général, lequel opére ſéparement de l'Armée navale.

ESCALE. C'eſt un vieux mot qui ne veut dire que relâcher, pour ſe mettre à l'abri du mauvais temps, ou éviter l'ennemi, & prendre Langue; nous ne le mettons ici que parce que nous le trouvons dans les anciens Dictionnaires, & que pluſieurs Marins s'en ſervent encore par habitude.

ESCALIER. *Voyez* ECHELLE.

ESCALIER ou *Echelle de commandement*. C'eſt un Eſcalier poſtiche que le Vaiſſeau Commandant conſtruit à Tribord avec un Garde-fou, pour faciliter la montée & la deſcente de ſon Bord; cet Eſcalier eſt ordinairement pavoiſé.

ESCARPÉ. Un Rocher eſt eſcarpé, quand il eſt coupé à plomb d'un côté, & que la rapidité empêche d'y aborder.

ESCARPÉE. La Côte eſt eſcarpée, lorſqu'elle eſt rapide, qu'il y a peu de pente du côté de la mer, & qu'il eſt impoſſible d'y grimper, ou du moins fort difficile.

ESCLAVE. C'eſt ordinairement un homme acheté à la Côte de Guinée, ou dans d'autres parties de l'Afrique, de l'Aſie ou de l'Amérique, pour le ſervice de l'acheteur: il ſe fait un Commerce conſidérable d'Eſclaves dans les Colonnies.

ESCOPE. Eſpèce de Pelle de bois, creuſe, dont on ſe ſert pour vuider l'eau des Bateaux: il y a encore une autre eſpèce d'Eſcope creuſe, longue de deux pieds environ, un peu recourbée, emmanchée d'un bout de bois rond, & long de deux pieds & demi; on s'en ſert pour arroſer les Navires, en faiſant le tour dans un Bateau.

ESPALMER. C'eſt après avoir carèné un Navire, lui donner un ſuif depuis la Quille juſqu'à la flotaiſon, en ſuivant ſa Carène à meſure qu'on le redreſſe, s'il eſt en Quille; on pourroit être exempt de cette dépenſe, ſi on doubloit les Vaiſſeaux en feuilles de cuivre.

ESPARS. Ce ſont des gaules de Sapin ou de Pruſſe, fort droites, de 20 à 40 & 50 pieds de longueur, propres à faire des Mâts de Chaloupe & de Canot, des Bouts-dehors de Vergues, des Livardes, ou autres Vergues de menues Voiles. On ſe munit toujours d'Eſpars dans les Vaiſſeaux qui font des voyages de long-cours pour les trouver au beſoin pendant la Campagne.

ESPAVE, *droit d'Eſpave*. C'eſt un droit qui ajuge au Seigneur Riverain les choſes trouvées ſur le bord de la mer qui baigne ſes terres, lorſqu'elles ne ſont réclamées par perſonne.

ESPINGOLE. C'eſt une Arme montée comme le Fuſil, & qui n'en differe que par le Canon, qui eſt fort court, évaſé par la volée, de la même maniere à-peu-près qu'un Entonnoir; de sorte que le fond se trouve du calibre d'un Fusil de Munition ordinaire; sa portée est courte, on la charge avec sept ou huit balles pour la tirer de proche, lorsqu'on en vient à l'Abordage. Il y a des Espingoles qui sont montées sur des Chandeliers, & qui se tirent comme les Pierriers avec une plus forte charge en Poudre & Balles : on les nomme quelquefois *Strombaux*.

ESPOULETTE, *terme d'Artillerie*. C'est un Canal de fer-blanc en forme de petit Entonnoir, d'un diamètre plus petit que celui des Lumieres de Canon; on s'en sert pour porter le feu à la Charge avec plus de vivacité; & on artificie l'Espoulette en la remplissant d'une meche de fil de coton, enduite d'une composition de Poudre à Canon pulverisée & tamisée, détrempée à l'Esprit de Vin : lorsqu'on veut se servir de l'Espoulette ainsi préparée, on perce la Gargousse avec la Sonde, & au lieu d'amorcer, on met le tuyau dans la Lumiere, & pour peu que le feu en approche, elle s'enflamme avec plus de vivacité que la Poudre même, & si les Gargousses sont de toile ou d'étoffe, il n'est pas nécessaire de les percer pour se servir de l'Espoulette, l'activité de son feu suffit pour enflammer la Charge.

ESPONTON. C'est une Arme plus défensive qu'offensive, dont on se sert sur les Vaisseaux pour défendre l'Abordage; sa lame est longue d'un demi-pied environ, & est emmanchée sur un brin de Frêne de sept à huit pieds de longueur, & la Douille s'allonge des deux côtés du manche pour le garantir des coups de Haches-d'Armes & de Sabres dans l'attaque de l'Abordage défendu à coups d'Espontons.

ESSARDER. Ce terme est usité dans la Marine pour dire *Sécher un endroit humide* : lorsqu'il y a eu de l'eau rassemblée quelque part dans le Vaisseau, on la jette dehors, & ensuite on l'essarde avec des Fauberts.

ESSES *d'Affût*. On appelle ainsi les Goupilles de fer rond dont on se sert pour retenir les Roues d'Affûts de Canon dans leurs Aissieux; elles sont contournées en S allongées pour la facilité de les mettre & de les ôter de leurs trous; on ne leur donne guères que deux, trois ou quatre lignes de diametre, selon le Canon au service duquel on les emploie, & la grosseur de l'Aissieu.

EST. C'est le point du Cercle de l'horizon qui est écarté du Nord & du Sud de 90 dégrés; on le connoît sous le nom de l'Orient ou Levant, parce que lorsque le Soleil est à l'Equateur, il se leve exactement à l'Est pour tout le monde, & le jour est égal à la nuit par toute la terre.

ESTACADE. Assemblage formé de Pieux & Pilotis enfoncés dans le sable ou la vase, garnis de Mâts de Hunes & autres, liés avec des chaînes & des cordages pour barrer &

fermer l'entrée d'un Port de mer aux Vaiſſeaux ennemis qui pourroient l'attaquer : on ſoutient ordinairement les bouts de l'Eſtacade par de bonnes Batteries de Canon & de Mortiers, & par des Vaiſſeaux emboſſés en dedans.

ESTACADES *de Conſtruction.* Ce ſont des pièces de rempliſſage que l'on met dans les Mailles des Vaiſſeaux de Ligne, pour les tenir pleins depuis leur ſecond Pont juſqu'à huit pieds ſous l'eau, afin de les mettre dans le cas de réſiſter plus long-temps au Combat, & leur donner aſſez de force pour les rendre impénétrables aux coups de Canon : ces Eſtacades ont la même épaiſſeur que les Membres ſur le Tour. Il eſt très-vrai que ſi les Vaiſſeaux remplis par des Eſtacades entre leurs Membres, ne ſont pas impénétrables au Boulet, du moins ſont-ils dans le cas d'y réſiſter plus que les autres, & les coups de Canon ſous l'eau ſont plus aiſés à boucher, parce qu'on peut y frapper un Burin avec plus de force que ſi ce n'étoient que des planches.

ESTAINS. On appelle ainſi le dernier Membre qui termine la Poupe des deux côtés de l'Etambord; les Eſtains repoſent ſur l'Etambord par en-bas, à la hauteur des façons de l'Arriere, & vont en s'ouvrant doucement & concavement s'unir aux deux bouts de la Barre d'Hourdy par des Entailles bien clouées deſſus par dehors ; ils ſe prolongent au-deſſus de cette Barre par des Allonges qu'on nomme de *Corniere*, & le tout enſemble s'élevant à la hauteur du Couronnement, forme le couple de l'Eſtain ou les Eſtains.

ESTIME. C'eſt la meſure de la vîteſſe du Vaiſſeau par approximation & par l'expérience que l'uſage donne : on ſe ſert pour meſurer le Sillage, du Loch, parce que cet inſtrument eſt beaucoup plus juſte que le coup-d'œil, quelque habitude qu'on puiſſe avoir, & qu'il eſt le meilleur & d'un uſage plus facile que tous ceux qu'on nous a préſentés juſqu'à préſent. On eſtime encore la Route par approximation des Lens du Vaiſſeau, de la Dérive, de la variation de la Bouſſole, du tranſport de la mer, de la force de la Lame, & du plus ou moins de rapidité du Sillage; conſidérations toutes différentes les unes des autres, qu'il faut avoir l'habitude d'approximer en particulier, & de combiner enſemble, parce qu'on ne peut les meſurer avec l'exactitude géométrique : c'eſt de-là que viennent les principales cauſes des erreurs qui ſe commettent tous les jours ſur la direction de la Route, & l'eſpace parcouru depuis de Départ à l'Arrivée, par rapport à la Longitude, que nous ne ſommes point encore en pouvoir d'obſerver comme la Latitude : toutes les Méthodes qu'on a pu nous donner juſqu'à préſent pour rémédier à ces inconvéniens, ſont encore trop compliquées & demandent plus de temps que n'en ont les Marins, pour pouvoir être employées dans tous les temps ſur les Vaiſſeaux; ce qui fait toujours qu'on préfere une Eſtime moins juſte à une Méthode plus exacte, mais plus laborieuſe; parce que d'ailleurs, on ſe défie continuellement de son exactitude, & on compte sur une erreur évidente en plus ou en moins, & cette défiance est la sûreté des Marins, lorsqu'à la fin d'une longue Traversée, ils approchent des Terres : au reste, on sçait à-peu-près de combien l'erreur peut être pour ou contre, par les Journaux des anciens Navigateurs, & les observations de ceux qui les ont suivis jusqu'à nous.

ESTIMER *le Chemin & la Route.* C'est jetter le Loch pour connoître la vitesse du Vaisseau, observer la Dérive, remarquer la direction de la Lame & son élevation, par rapport à la direction que l'on suit, & faire attention aux variétés du vent dans sa direction & son impulsion qui changent continuellement ; on tient une Table chaque jour de toutes ces Estimes, & on les combine tous les midis apres la hauteur prise, c'est ce qui acheve l'opération d'estimer.

ESTIVE. On dit qu'on donne une Estive à des Haubans & Etais neufs, lorsqu'on les roidit & qu'on les bride ensuite par le milieu avec des Palans, qui vont de Tribord à Babord de l'un à l'autre pour les roidir encore, à mesure qu'ils s'allongent & prennent du mol ; de cette maniere on ne court pas risque de les voir s'allonger beaucoup lorsqu'on sera en mer, parce que c'est dans le Port que se fait cette opération. On dit encore qu'*on charge en Estive*, lorsque les Cargaisons sont composées d'effets susceptibles d'être pressés à force de Crics, de Verins ou de Traux ; cette méthode est usitée dans la Méditerranée, à Bord des Vaisseaux qui chargent en Balles de laine ; on les estive de maniere que souvent les Ponts des Vaisseaux en levent.

ESTIVER. C'est en général presser les effets d'un Arrimage avec quelques machines d'une grande force, comme Crics, Verins, Traux ou Cabestans, & c'est dans ce sens que les Provençaux disent *estiver à Trau*, car le Trau n'est qu'une de ces machines disposées pour l'usage qu'on en veut faire dans un Arrimage.

ESTROPE. C'est en général une espèce de boucle, faite de Filin, que l'on épisse par les deux bouts repliés l'un sur l'autre, & dans laquelle on met une Poulie, sur laquelle on bride l'Estrope par un Amarrage fait de Ligne & souqué avec un Tressillon, afin que la Poulie ne puisse sortir de son Estrope : les Estropes sont plus ou moins grandes, plus ou moins grosses, selon qu'elles doivent servir à des Poulies différentes, & à des travaux plus ou moins forts ; ainsi les Estropes des Poulies de Carène sont ordinairement doubles, & du franc-Filin le plus fort ; celles des Poulies de Bouts de Vergues pour les Ecoutes des Huniers sont différentes de celles des Poulies de Drisses, & celles-ci différentes des autres Estropes de Poulies d'un usage plus commun : il y a des Estropes sur lesquelles on place des Cosses estropées après la Poulie, pour y crocher un Palan ; il y en a d'autres que l'on garnit d'une Cosse à Croc ; il y a d'autres Estropes qu'on caple sur les Mâts, & qui different abſolument des autres, parce qu'elles ne reçoivent pas de Poulies; ce ſont des Eſtropes de Pataras, des Pentoires, qui ſont auſſi une ſorte d'Eſtropes du même genre, &c.

ESTROPE *d'Aviron* ou *Erſieau*. *Voyez* ERSIEAU.

ESTROPE *de Marche-pied*. Ce ſont des Eſtropes de menus Filins, qui font le tour des Vergues ſur leſquelles on les place de diſtance à autre; elles ſont garnies d'une Coſſe chacune, dans laquelle paſſe le Marche-pied à qui elles ſervent de ſupports d'un bout de la Vergue à l'autre.

ESTROPE *de Gouvernail*. Ce ſont des Eſtropes placées ſur des Coſſes, tenues à l'Etambord & au Gouvernail par des Pitons à la même hauteur, pour empêcher que celui-ci ne ſorte de ſes Gonds dans les Echouages; il y a une ou deux de ces Eſtropes de chaque côté; l'on ſent bien qu'elles ne peuvent ſe placer qu'après que le Gouvernail eſt monté.

ESTROPÉE. On dit qu'une Poulie eſt eſtropée, quand elle eſt garnie de ſon Eſtrope.

ESTROPER. C'eſt placer l'Eſtrope ſur une Poulie, en faire l'Amarrage, & la mettre en état de ſervice; on le dit auſſi d'une Coſſe & d'un Margouillet que l'on eſtrope.

ETAI ou *Etay*. C'eſt un gros Cordage dormant, qui va de la tête de tous les Mâts ſe fixer ſur l'Avant, pour les ſoutenir contre les ſecouſſes du Tangage, & contre-balancer l'effort des Haubans, qui leur ſervent d'Etai ſur l'Arriere. Ainſi *Etai*, en mer comme à terre, ſignifie *ſoutien* ou *appui*. Tous les Etais en général ſont proportionnés aux Mâts qu'ils doivent ſoutenir; celui du grand Mât eſt le plus fort, celui de Miſaine ſuit après, ceux d'Artimon & du grand Mât de Hune ſont de même force; celui du petit Mât de Hune eſt moins fort; l'Etai du Mât de Perroquet de Fougue vient après, & ceux des Mâts de Perroquets ſont les plus foibles, comme étant les plus élevés, & devant ſoutenir de moindres efforts de la part de leurs Mâts, qui ſont plus petits & moins gros que les autres: chaque Etai a trois parties diſtinctes; le Collet d'Etai eſt la premiere, qui fait le tour du Mât auquel il eſt affecté, il paſſe ſur tout le Capelage, en paſſant par-deſſous le Traverſin de l'avant des Barres; ce Collet eſt travaillé finement, c'eſt un des Chefs-d'œuvres du Matelotage, par la maniere dont il eſt œuvré; on fait d'abord une Pomme en Luzin, Merlin, Ligne d'Amarrage, ou Carantenier; à une certaine diſtance du bout, elle doit être faite de maniere à ne pouvoir courir ſur le corps du Cordage, qui, au-deſſus & au-deſſous eſt bien garni, & congréé en menu Cordage juſqu'à l'œil de l'Etai, qui eſt fait ſur le bout de l'Etai, avec le même ſoin que la Pomme, en peignant bien les fils de Caret, pour que l'Epiſſure ne ſoit pas trop groſſe, & qu'elle ſe termine à rien; quand tout cela eſt fait, on paſſe l'autre bout de l'Etai dans l'œil, & on le fait courir juſqu'à la Pomme, qui lui ſert d'arrêt; au-deſſous du Collet eſt le corps de l'Etai, qui ſe termine à la Moque de Ride, que l'on eſtrope ſur l'autre bout, & qui sert à le roidir & l'unir au Collier d'Etai, par la Ride qu'on passe de la Moque d'Etai ou Galoche, dans celle du Collier, qui fait la troisieme partie du grand Etai; tous les autres Etais sont faits de la même maniere, ils ne différent de celui-ci, que par la maniere de les rider; l'Etai de Misaine, celui du petit Mât de Hune, & de petit Perroquet se rident sur le Beaupré par des Caps-moutons, ou des Moques qui y sont placés; celui du grand Mât de Hune passe de dessus-en-dessous de la Hune de Misaine dans une Poulie qui est frappée entre les Longis de Misaine sur l'Arriere, & on le roidit par un Palan, qui se croche dans la boucle d'un Piton placé au ras de l'Etembrai sur le Gaillard d'Avant, & dont la Poulie d'en-haut est crochée dans le double du bout de cet Etai; celui du grand Perroquet se ride sur l'Arriere du Capelage du petit Mât de Hune, dans une Moque de Ride ou Cap-Mouton; l'Etai d'Artimon se roidit sur une Moque estropée sur un petit Collier qui fait le tour du pied du grand Mât; on voit ceux de Perroquet de Fougue & de Perruche se roidir dans la grande Hune, comme les autres par des Rides qui passent dans des Caps-Moutons ou des Moques, c'est ce qui se pratique ordinairement; on verra dans la partie du Grément du Manœuvrier complet, une autre disposition d'Etai pour les Mâts de l'Arriere, qui les rendra indépendants de ceux d'Avant, ce qui est un avantage essentiel.

ETALE. La mer est Etale dans l'instant qui marque l'intervalle du flux & reflux, c'est-à-dire, qu'elle ne monte ni ne baisse.

ETALE. Un Vaisseau en étale un autre, lorsqu'il a une vitesse égale au premier, soit qu'il ait plus ou moins de Voiles d'appareillées. Ainsi l'on dit : *Nous étalions tous les Vaisseaux de l'Escadre sous nos deux Huniers.*

ETALÉ. On dit qu'un Cable a étalé à l'effort du vent, lorsqu'il y a résisté : *Notre Cable de Tribord etala tout l'effort du coup de vent.*

ETALER. C'est égaliser, résister avec égalité, se soutenir sans perdre ni gagner. Ainsi étaler la marée, c'est ne pas perdre, lorsqu'elle est contraire; on étale la marée en mouillant, lorsqu'elle est opposée par son cours à la route qu'on veut faire. *Nous mouillâmes pour étaler le flot*; *& à la mer Etale, nous raparaillâmes pour profiter du Jusant... Les ennemis étoient au vent à nous, ce qui fit prendre au Général le parti d'étaler tous les Jusans à l'Ancre, & de louvoyer pendant tous les flots... Cette manœuvre nous mit au bout de trois ou quatre jours à lieu de combatre, parce que le vent devint favorable à ses desseins.*

ETAMBOT ou *Etambord*. C'est une pièce de bois droite, élevée perpendiculairement ou peu obliquement en dehors, sur le bout de l'Arriere de la Quille, sur laquelle il se lie par un Tenon & par une Courbe, & souvent par un remplissage de Charpente, qui sert aussi à porter le bout des Varangues acculées de l'Arriere; on fait une Rablure à l'Etambord comme à la Quille, pour recevoir les Barbes des Bordages de la Carène sur lequel on les cloue : l'Etambord porte les Barres d'Hourdy, de Pont & d'A casse; & lorsque le Vaisseau est fini, que les Ferrures du Gouvernail sont placées sur le Contre-Etambord & l'Etambord, on le divise par pied & demi-pied, pour connoître les divers enfoncements du Vaisseau par la Poupe dans l'eau, c'est ce qu'on appelle ordinairement le *tirant d'eau de l'Arriere*.

ETAMBRAI. On appelle *Etambrai*, tous les trous faits dans les Tillacs, pour passer les Mâts & les planter dans leurs Carlingues. Les Etambrais sont ronds, & ont à-peu-près un pied de diamettre plus que leur Mât, pour faciliter le passage des Coins dont on les appuie quand ils sont tenus en Gres. Lorsque le grand Mât passe dans les Gaillards, il a trois Etambrais au-dessus les uns des autres, celui du premier Pont où on place les Coins, & ceux du second Pont & du Gaillard que l'on garnit de Braies. On pratique les mêmes précautions aux Etambrais du Mât de Misaine à ceux d'Artimon, parce que ordinairement ce Mât prend un Barrot dans la Dunette, ce qui lui procure, comme aux autres Mâts, trois Etambrais, dont deux sont garnis de Braies; mais pour empêcher plus efficacement l'eau de tomber entre les Ponts par ces ouvertures, on en garnit tout le tour d'un Cercle de bois qui prend le nom de Cercle d'Etambrai, lequel étant bien cloué & calfaté, empêche toute issue à l'eau, en recevant sur sa circonférence la Braie qu'on y cloue. L'Etambrai d'un Cabestan est garni en dedans d'un Cercle de fer plat, & large de trois à quatre pouces, pour empêcher qu'ils ne s'accroissent dans le long usage de la machine, & par la force qu'elle fait en virant souvent sur la même partie de l'Etambrai, qui se trouveroit bientôt usé sous un frottement aussi considérable.

ETAMINE. C'est une espèce d'etoffe de laine, dont on fait les Girouettes, les Pavillons des Nations Etrangeres, & les Pavillons de Signaux; il y a des Etamines de toutes les couleurs.

ETANCES. *Voyez* EPONTILLES.

ETANCHE. On dit qu'un Vaisseau est Etanche, quand il ne prend point d'eau.

ETANCHÉ. Un Vaisseau est étanché, lorsqu'après avoir pris beacoup d'eau, on l'a asséché & remédié à la voie qui lui procuroit cette eau.

ETANCHER *une voie d'eau*. C'est la boucher, & fermer toute issue à l'eau : on entend aussi assécher un endroit plein d'eau dans quelques parties du Vaisseau que ce soit, & empêcher qu'elle n'y revienne.

ETANÇONS. *Voyez* EPONTILLES.

ETANÇONNER. *Voyez* EPONTILLER.

ETARQUE. Un Hunier est étarque, lorsqu'il est hissé tout haut, & que ses Ralingues sont tendues. Ainsi *Etarque* veut dire *haut*, *tout-à-fait hissé. Nos Huniers sont Etarques sur leurs Ris*, c'est-à-dire, qu'ils sont aussi hauts qu'il est possible.

ETARQUÉ. Un Hunier est étarqué, aussi-tôt qu'il est tout-à-fait haut & hissé.

ETARQUURE. Ce terme veut dire *Guindant*, il n'est pas fort usité ; cependant on entend par *Etarquure*, la hauteur du Hunier ou de la Voile dont on parle.

ETAT *d'Armement*. C'est un Ecrit qui porte le détail de tout ce qu'il faut pour la Construction, les Agrès & Apparaux du Vaisseau que l'on veut armer ; on y fait entrer les Munitions de guerre & de bouche, les frais de Carène & de Chargement ; & quand il s'agit du Commerce, on y porte la valeur des effets de la Cargaison ; dans l'une ou l'autre circonstance de guerre ou de marchandise, on compte les avances à l'Equipage, & ce qu'il pourra en coûter d'autres depenses pendant le voyage, & au retour pour solder.

ETAT *d'Armement pour une Escadre de Vaisseaux du Roi*. C'est la Liste du nombre des Vaisseaux qui doivent être armés, des Officiers-Généraux & subalternes qui doivent y être employés, du nombre de Matelots & Soldats qu'on y embarquera.

ETAT *des Vivres*. C'est l'Ecrit qui montre la quantité & la qualité des Vivres embarquées sur l'Escadre, ou qui doivent y être embarquées ; car ces Etats sont toujours dressés avant l'Armement.

ETOILE. On appelle *Etoile*, ces Astres lumineux que nous remarquons sémés sur la Voûte céleste aussi-tôt que le Soleil est couché, & dont la petitesse apparente n'est occasionnée que par le grand éloignement où nous en sommes. Les Etoiles servent à la Navigation par les observations Astronomiques que l'on fait par leur moyen, pour connoître les Latitudes & Longitudes des différents lieux sur la terre ; on les distingue des Planettes, en ce qu'elles sont fixes, & que leur lumiere vient d'elles-mêmes comme celle du Soleil ; au lieu que les Planettes empruntent la leur de cet Astre, dont la lumiere efface celle des autres aussi-tôt qu'il paroît sur l'horizon, ce qui nous empêche de les appercevoir pendant le jour : en outre de ce qu'on a distingué les Etoiles des Planettes, en les distribuant par amas, qu'on nomme *Constellations* ; lorsqu'il ne s'agit pas de connoître telle ou telle Constellation, & qu'on ne veut que distinguer les Planettes des Etoiles, on peut remarquer que ces dernieres sont brillantes & scintillantes, au lieu que les autres ont une lumiere moins vive, plus uniforme & rougeâtre ; les Astronomes ont de plus déterminé quatre grandeurs différentes d'Etoiles, qui sont caracterisées par des signes qu'il est aisé de se rendre familiers, lorsqu'on s'applique à l'Astronomie.

ETOILE *du Nord*. C'est une Etoile brillante qui se trouve comme seule, assez exactement entre la premiere de la queue de la petite Ourse & la Poitrine de Cassiopée, qui est l'Etoile la plus Sud de cette seconde Constellation, qui est remarquable par cinq Etoiles principales.

ETOILÉ. Le Ciel est bien étoilé, lorsque le temps est clair & fin pendant la nuit, qu'il n'y a point de Lune ni de nuage au Ciel.

ETOUPE. C'est en général du Chanvre qui n'est point filé, qui reste en filasse, ou qu'on y met en defaisant du vieux Cordage; ainsi il y a différentes Etoupes, la neuve qui vient des peignures du Chanvre, & que l'on appelle *Etoupe blanche*, parce qu'elle n'est pas goudronnée, la goudronnée qui sort du Cordage goudronné que l'on a defait; & l'Etoupe noire qui est la vieille faite de tout ce qu'il y a de plus mauvais, & qui n'est propre à rien; les deux premieres sont très-bonnes pour calfater les Vaisseaux, & l'on n'en emploie point d'autre à cet usage essentiel; les Calfats la filent sur leurs genoux en espèces de Tourons fort lâches, & gros de trois à quatre pouces, ensuite ils l'emploient au Calfatage.

ETRAQUE. Ce terme est douteux, & je ne l'ai jamais entendu, il veut dire, selon quelques Auteurs, *largeur du Bordage.*

ETRAVE. C'est une pièce ordinairement courbe, placée en Saillie pour tenir la Proue des Vaisseaux: on assemble l'Etrave avec le Brion par une Empature de demi-à-demi la plus longue que l'on peut, & on la finit par une seconde pièce liée à la premiere par une seconde Empature, en la faisant monter jusqu'à la hauteur qu'elle doit avoir, avec une Courbure telle que le Constructeur la juge nécessaire; on pratique ensuite des deux côtés de l'Etrave, un peu plus dehors que dedans, une Rablure pour recevoir les Barbes des Bordages de la Proue, & on met cette Rablure plus en dehors qu'en dedans, pour donner plus de prise au Clouage, & rendre le bois de dessous plus fort; quelques Constructeurs ne laissent d'épaisseur au bois en-dessous de la Rablure que trois à quatre pouces. Lorsque le Vaisseau est fini, on divise l'Etrave comme l'Etambord en pied & demi-pied, pour être toujours à lieu de connoître les différents enfoncements de la Proue, lorsque l'on charge.

ETRE *à une Pompe.* C'est être obligé de se servir continuellement d'une Pompe: si on est forcé de pomper a deux Pompes, on dit qu'on est à deux Pompes, à trois ou à quatre, selon la quantité qu'on est obligé de mettre en jeu.

ETRE *au vent.* C'est être le plus près de la source du vent. *Nous étions au vent des ennemis, & nous conservâmes cet avantage.*

ETRE *sous le vent.* C'est être plus éloigné de la source du vent que les autres. *Nous étions sous le vent des ennemis, & nous les conservâmes jusqu'au premier changement, pour tâcher de les faire s'engager au Combat.*

ETRIER *de Chaines de Haubans.* C'est le Chaînon inférieur des Chaînes des bas-Haubans : il se cheville par en-bas sur les premieres Préceintes, de dehors en dedans sur Viroles, & à Goupilles; il monte de-là à plat jusques sur les secondes Préceintes, & passe ainsi que sa Chaîne de Haubans, sur une seconde Cheville qui le fixe sur le Bord, & se goupille en dedans comme la premiere sur Viroles; ainsi il y a un Etrier à chaque Chaîne de bas-Haubans.

ETRIER *de fer plat.* C'est une pièce courbée ou pliée à angles droits, que les Charpentiers placent souvent pour soutenir & fortifier un morceau de Charpente en le clouant dessus : les Ferrures de Gouvernail, par exemple, en s'étendant horizontalement de droit & de gauche des deux côtés de l'Etambord, sur le Bordage des façons de la Poupe, font comme autant d'Etriers qui lient le contre-Etambord à l'Etambord, & celui-ci avec le Corps du Navire.

ETRIER *de bout de Vergue.* Cet Etrier est fait assez souvent d'un morceau de bois, suspendu horizontalement par ses extrémités sur deux bouts de Cordage de deux pieds de long, qui s'épissent l'un sur l'autre, & que l'on caple aux bouts des Vergues, en dehors de la pointure & du Marche-pied; il sert au Matelot qui prend la Pointure des Ris : la plupart du temps c'est un bout de corde simple, dans lequel on met le pied comme sur le Marche-pied.

ETRIVE. Une corde est en Etrive, lorsqu'elle rencontre quelque chose qui la détourne, & qui la fait appeller obliquement. Une Manœuvre est amarrée en Etrive, lorsqu'elle se croise, & qu'on fait un Amarrage dessus la Croisure, pour ensuite ramener les deux doubles l'un sur l'autre pour faire d'autres Amarrages au-dessus : cette maniere d'amarrer se pratique sur les Haubans, au-dessus du Cap-mouton; & cet Amarrage se nomme toujours *Etrive du Hauban.*

ETUVE *de Corderie.* C'est le lieu où l'on a établi les Fourneaux & Chaudieres dans lesquelles on chauffe le goudron destiné à goudronner les fils de Caret & le Cordage même.

ETUVE *à Bordage.* C'est une espèce de grande Boîte, longue de 50, 60 à 80 pieds, faite en Planches & Montants de bois, portée sur une maçonnerie; cette Boîte est large & haute de cinq ou six pieds, la Charpente en est exactement bien jointe, de sorte que l'air ne peut entrer ni sortir; on pratique un Fourneau à une des extrémités sur lequel on établit une grande Chaudiere, du haut de laquelle part un Conduit qui entre dans la Boîte, pour y porter les vapeurs d'eau que le feu pousse du dedans de la Chaudiere par le Conduit, lesquelles pénétrent le bois qu'on y a mis en l'échauffant, & le rendant plus aisé à se plier dans les façons du Navire, l'appliquant tout chaud sur les Membres & le clouant tout de suite : il faut remarquer qu'on se sert d'eau de mer pour cette opération, parce qu'on prétend que ses parties évaporées sont plus pénétrantes que celles de l'eau douce. Il y a d'autres Etuves faites en Briques que l'on remplit de ſable & de bois par Lits de l'un & de l'autre, enſuite on mouille le tout comme il faut d'eau de mer, & on allume cinq ou ſix petits Fourneaux placés deſſous l'Etuve, dans l'étendue de ſa longueur, de ſorte que le tout s'échauffe en même temps, & conſerve plus long-temps ſa chaleur; il ne faut qu'avoir ſoin d'entretenir l'humidité, & de remplacer le bois par d'autre, à meſure qu'on en ôte de dedans l'Etuve.

EVENT *du Boulet.* C'eſt la différence qu'il y a entre le diametre du Calibre du Canon & celui du Boulet; l'Event du Boulet de 24 eſt ordinairement d'une ligne, parce que l'âme du Canon eſt plus grande en diametre que celui du Boulet de cette quantité. On donne de l'Event aux Pièces de Canon, afin qu'il n'y ait point d'obſtacles à l'entrée & la ſortie du Boulet.

EVENTE. On évente une Voile, en mettant le vent dedans lorſqu'elle eſt coëffée ou en Ralingue; un Vaiſſeau qui eſt en Panne, & qui veut faire ſervir, évente le Hunier qui eſt coëffé. On dit qu'*il évente, il s'en va.*

EVENTÉ. Un Vaiſſeau eſt éventé, lorſqu'il a fait ſervir ſes Voiles en mettant le vent dedans, après avoir été en Panne. *Il eſt éventé, il fait route.*

EVENTÉE. Les Voiles ſont éventées, auſſi-tôt qu'elles ont le vent dedans

EVENTER. C'eſt braſſer pour faire ſervir une Voile qui a le vent deſſus. L'on dit d'un Vaiſſeau qui quitte la Panne pour faire route, qu'*il vient d'éventer.* Ainſi *éventer*, c'eſt l'action de mettre le vent dans les Voiles.

EVITE. On dit qu'un Vaiſſeau évite, lorſqu'étant à l'Ancre il tourne ſur ſon Cable pour prendre une autre poſition; ſoit que le vent change de direction, ou que ce ſoit la marée qui le faſſe tourner. Ainſi un Vaiſſeau *évite* dès l'iſtant qu'il entre en mouvement pour préſenter ſa Proue d'un autre côté, quand il eſt à l'Ancre.

EVITÉ. Un Vaiſſeau eſt évité, lorſqu'il a ſon Cable & ſon Ancre droit devant lui, & qu'il préſente le Bout au vent, qui le fait éviter, ou au cours de la marée; s'il reſte évité de maniere qu'il préſente un côté au vent & l'autre au courant, on dit qu'*il eſt évité entre vent & marée.*

EVITÉE ou *Evitage.* C'eſt l'eſpace que peut remplir un Vaiſſeau en tournant ſur ſes Amarres pour éviter le bout au vent ou à la marée; la diſtance de l'Ancre à la Poupe du Vaiſſeau doit être priſe pour Evitée, lorſqu'il n'y a qu'une Ancre de mouillée, & s'il y en a deux, étant affourché, il n'y a d'Evitée que quelques braſſes de plus que la longueur du Navire, ſi les deux Cables ſont bien oppoſés & roidis; ainſi l'Evitée des différents Vaiſſeaux eſt toujours proportionnelle aux différentes longueurs des Vaiſſeaux que l'on compare, parce que leurs longueurs ſont priſes comme rayons d'un cercle, & l'on y ajoute la longueur du cable que l'on a filé, s'il n'y a qu'une

Ancre de mouillée : lorsqu'il n'y a pas assez d'espace dans un Port ou dans une Rade, pour que les Vaisseaux puissent y éviter librement sans risques, on dit *qu'il n'y a pas assez d'Evitée pour de grands Vaisseaux, mais que les petits en prenant bien leurs précautions pour mouiller & s'y affourcher, y auront toujours assez d'Evitage ou d'Evitée.*

EVITER. C'est changer de position, en tournant par l'impulsion de l'eau ou du vent sur ses Amarres, qui servent alors de point fixe à la Proue ; ainsi c'est le mouvement de Rotation du Vaisseau qui tourne au changement de vent ou de marée, lorsqu'il est sur ses Ancres, pour présenter la Proue aux fluides qui le mettent en mouvement.

EVITER *en Carène.* C'est faire tourner un Vaisseau sur ses Amarres, pour qu'il présente l'autre côté au Ponton, après qu'il a été carèné d'un Bord.

EVITER *au vent.* C'est présenter le bout au vent.

EVITER *à marée.* C'est présenter le bout à la marée.

EVOLUE. Un Vaisseau évolue, lorsqu'il fait un virement de Bord, & qu'il change ses Amures de côté ; car s'il ne les change pas, son mouvement n'est qu'une Arrivée ou une Oloffée d'un certain nombre de dégrés.

EVOLUE. Une Escadre ou Armée évolue, toutes les fois qu'elle change sa position ou son ordre, soit qu'elle vienne au vent, ou arrive d'un certain nombre de dégrés, ou qu'elle change ses Amures de Bord.

EVOLUER. C'est le temps de l'Evolution du mouvement du Vaisseau, de l'Armée ou de l'Escadre. *Nous attaquâmes les ennemis avant qu'ils eussent eu le temps d'évoluer, ce qui ne contribua pas peu à les mettre en déroute ; car si leur Evolution eût été achevée, ils auroient été dans le cas de nous tenir tête, mais cette faute nous donna l'avantage.*

EVOLUTION. C'est le mouvement que fait un Vaisseau dans ses virements de Bord, lorsqu'il change ses Amures. Une Escadre ou une Armée navale fait une Evolution, lorsqu'elle change de route, & que ses Vaisseaux manœuvrent tous ensemble, ou successivement par la contre-marche ; parce qu'alors elle change de position par rapport au vent actuel, ou le vent change par rapport à elle : les Evolutions navales bien entendues sont le rafinement du Manœuvrier instruit, & la partie la plus essentielle du Général & des Officiers qui naviguent en Escadre ; c'est cependant celle que les meilleurs Marins négligent le plus, & qu'ils ignorent presque tous, sans exception d'aucune Nation de l'Europe. Ceux qui ont le mieux entendu cette partie sont MM. RUITER & DUQUESNE.

EXERCICE. C'est en général l'apprentissage de tous les mouvements qui se font sur un Vaisseau, pour la manœuvre & pour le Combat. On exerce les Equipages pour leur faire connoître les manœuvres, & les mettre au fait de leurs usages ; on fait virer de Bord vent Devant & vent Arriere, on hisse &

amene des Huniers, on les cargue, on les borde, on feint des Mouillages, des Appareillages, des Abordages, qu'il faut engager & éviter, &c. On fait manier le Canon par temps, & ensuite vivement; on apprend à jetter adroitement les Grenades, à sauter à l'Abordage d'un Vaisseau ennemi, à soutenir ceux qui sautent les premiers, à bien manier le Fusil & tirer à propos, &c. Enfin les Exercices doivent être fréquents, jusqu'à ce qu'un Equipage soit instruit & accoutumé aux changements qu'on fait naître en ôtant des hommes de tel ou tel endroit, en soustrayant des Voiles comme si elles étoient emportées par le Canon de l'ennemi. En un mot, l'Exercice d'un Equipage est un des principaux devoirs d'un Capitaine qui veut bien faire dans l'occasion; & l'avantage d'un Equipage instruit sur celui qui ne l'est pas, est tel, qu'il ne peut guères être balancé par les événements.

EXERCER. C'est faire l'Exercice.

EXPEDIÉ. Un Vaisseau est expédié, lorsqu'il a tout ce qu'il lui faut pour mettre à la Voile, que ses papiers sont délivrés & signés de tous les Bureaux, qu'il ne lui reste rien à faire à terre.

EXPEDITION. On appelle *Expédition*, une attaque subite & imprevue d'une Escadre chez l'ennemi. *Notre Expédition dans l'Amérique ne fut pas longue, nous eûmes le temps de la terminer avant que le secours put arriver à l'ennemi.*

FABRIQUE.

FABRIQUE. C'est-à-dire, *Goût de Construction particulier aux Nations*; car chaque Peuple a sa maniere de construire & d'accastiller les Vaisseaux, & c'est cette différence qui caractérise la Fabrique qui les fait connoître. *Nous reconnûmes à sa Fabrique que le Vaisseau étoit ami, c'étoit un Suédois.* Les Hollandois, Suédois, Danois, & toutes les Nations du Nord ont un goût pesant dans leurs Œuvres-mortes, & leurs Vaisseaux se connoissent au premier coupd'œil, on les prend assez facilement les uns pour les autres; mais on distingue très-facilement les Vaisseaux Anglois, qui ont plus de goût & de légéreté dans leurs Gréements & leurs Accastillages, qui sont cependant trop gondolés & arrondis par leurs extremités, en suivant une rentrée qui n'a presque pas de revers à l'Avant. Les Vaisseaux François sont aujourd'hui les plus beaux de l'Europe, par rapport à leurs formes, aux goûts de leurs Œuvres-mortes, & à leurs qualités supérieures : il ne s'agit plus que de les gréer plus légérement, & leur donner le dégagement des Anglois à cet égard; je l'ai exécuté sur un Vaisseau qui s'est trouvé en compagnie de douze ou quinze Anglois, & il a paru, aux yeux des connoisseurs, que nous l'emportions de beaucoup sur eux, quoiqu'il y eût encore beaucoup de choses à faire, que l'on ne me laissoit pas la liberté d'exécuter; quoique le Gréement n'eût perdu aucunes parties de sa force, & qu'il en eût été plus simple.

FAÇONS. On appelle *Façons* en Construction, la diminution des Membres, en allant des Maîtresses levées vers les extrémités de la Carène. Cet Evidement provient des Couples de l'Estain & du Coltis; plus ils ont leur Talon placé haut sur l'Etambord & l'Etrave, plus les Façons sont élevées; & plus aussi les Vaisseaux sont fins & taillés, plus ils ont de Façons: cependant les Façons d'un Navire ne sont pas renfermées dans ces seules conditions des Levées des extrémités plus ou moins élevées & plus ou moins renflées; il aut encore avoir égard au plus ou moins d'acculement de la Maîtresse Varangue & à sa longueur, qui contribue aussi à rendre les Vaisseaux plus fins ou plus gros, & qui augmente ou diminue leurs Façons.

FAGOT. On appelle *Fagot* en général, tout ce qui est démonté pour être remonté ensuite, & dont on a toutes les pièces à Bord d'un Vaisseau. Ainsi les Fûtailles, grandes ou petites, dont on a toutes les Douves rassemblées & liées enſemble, pour qu'elles tiennent moins d'eſpace, & que l'on garde pour monter au beſoin, ſont dites en *Fagot*, pièces en *Fagot* : de même une Chaloupe, une Barque, un Canot, qui ayant été monté, a été diviſé en cinq ou ſix morceaux bien conſervés & raſſemblés dans un tas, & numérotés, pour être d'un moindre encombrement, juſqu'à ce qu'on ne ſoit à lieu de s'en ſervir & de le monter, eſt dit en *Fagot* : *Chaloupe en Fagot*, *Barque en Fagot*, *Canot en Fagot*.

FAIRE *Capot*. *Voyez* CAPOT.

FAIRE *Chapelle*. *Voyez* CHAPELLE.

FAIRE *Dégrat*. C'eſt un terme des Pêcheurs de Morue ſéche dans l'Iſle de Terre-Neuve ; lorſqu'ils ne trouvent pas aſſez de poiſſon aux environs de leurs Chaufauds ; ils envoient au loin leurs Bateaux en chercher, & ils appellent cela aller en *Dégrat*, faire *Dégrat*.

FAIRE *du Bois*. *Voyez* BOIS.

FAIRE *de l'eau*. Un Vaiſſeau eſt à faire de l'eau, lorſqu'ayant rélâché quelques parts, il occupe ſon monde à s'approviſionner d'eau douce pour l'uſage ordinaire de la vie. *Nous ne rélâchâmes que pour faire de l'eau.*

FAIRE *une Route*. C'eſt courir & gouverner ſur la Route déſignée ; ainſi ſi l'on gouverne ſur le Nord, cela peut être pris pour ce que veut dire *faire le Nord*. *Nous gouvernions ſur le N. O. & lorſqu'il fallut tenir le vent, nous ne pûmes faire que le Nord.*

FAIRE *vent Arriere*. C'eſt courir vent Arriere de beau temps, parce que c'eſt la Route ; ou de mauvais temps, parce qu'on y eſt forcé par la violence du temps. *Après avoir ſoutenu en Cape plus de ſix heures contre la violence du temps, nous fûmes forcés de faire vent Arriere, & de fuir à la Lame.*

FAIRE *Tête*. Lorſqu'un Vaiſſeau eſt venu au vent pour mouiller, & qu'il dérive après avoir mouillé juſqu'à ce que ſa Biture ſoit filée ; il fait Tête, auſſi-tôt que le Cable ſe roidit ſur l'Ancre qu'on a laiſſé tomber, & dans l'inſtant qu'il commence à éviter, on dit auſſi qu'il commence à *faire tête*, *& qu'il fait tête*, c'eſt-à-dire, que le Cable ſoutient contre l'effort du Vaiſſeau. On fait faire tête au Cable ſur ſa Biture, lorſqu'elle eſt dehors pour faire éviter le Vaiſſeau avant de filer du Cable.

FAIRE *Route*. C'eſt courir ſur la Route qui doit conduire au lieu de la deſtination ; ainſi lorſqu'un Vaiſſeau fait ſervir après avoir été en Panne, on dit qu'*il fait Route*. *Nous ne pûmes faire Route qu'à quatre heures du ſoir. Ce Vaiſſeau va faire Route.*

FAIRE *Voile*. C'eſt faire ſervir. *Nous fîmes Voile le 6 de Mars pour les Indes* ; c'eſt Partir.

FAIRE *de la Voile*. C'eſt en porter raiſonnablement, ni trop ni peu ; c'eſt la meilleure maniere de naviguer pour arriver promptement & ſûrement, en en portant ce qu'il faut avec prudence. *Nous avons fait de la Voile selon le temps pendan toute la Traversée.*

FAIRE *petites Voiles.* C'est aller sous peu de Voilure. *La supériorité de notre marche nous obligea de faire petites Voiles, pour ne pas perdre nos camarades.*

FAIRE *plus de Voile.* C'est augmenter de Voilure.

FAIRE *servir.* C'est mettre le vent dans les Voiles, après les avoir eu coëffées sur les Mâts. *Nous fimes servir aussi-tôt que l'Ancre fut haute, & que le Vaisseau eut abattu.*

FAIRE *moins de Voile.* C'est en diminuer; un Vaisseau est obligé de faire moins de Voile, pour conserver ses Conserves, lorsqu'il marche mieux qu'eux.

FAIRE *force de Voiles.* C'est porter tout ce qu'il est possible de Voilure. *Nous fûmes obligés de faire force de Voiles pour rejoindre l'Escadre avant la nuit.*

FAIRE *un Bord* ou *une Bordée.* C'est courir au plus près du vent du même côté pendant un certain temps. *Nous fûmes obligés de faire un Bord pour nous élever au vent de l'entrée*

FAIRE *eau.* C'est avoir une voie d'eau. *Notre Vaisseau ne commença à faire eau qu'après le Combat.*

FAIRE *des Signaux.* C'est mettre des Pavillons ou des Flammes dans certains endroits pour se faire connoître; & si c'est de nuit, on met des feux, on tire du Canon, &c. *Voyez* SIGNAUX.

FAIRE *honneur.* C'est arriver & passer sous le vent. *Nous fimes honneur au Brisant, & nous en passâmes sous le vent.*

FAIRE *Quarantaine.* C'est passer plusieurs jours à l'Ancre au large d'un Port avant d'y entrer, pour laisser passer le mauvais air, si l'on vient de quelque endroit où il y ait une maladie contagieuse.

FAIRE *le Quart.* C'est veiller pendant un certain nombre d'heures, la nuit & le jour. *Voyez* QUART, *& courir la grande Bordée.*

FAIRE *bon Quart.* C'est veiller avec soin & attention, pour voir tout ce qui se passe autour du Vaisseau. On fait bon Quart à l'approche de terre, & pendant la guerre sur-tout.

FAIRE *gouverner.* C'est veiller au Gouvernail, pour que le Timonnier ne s'écarte pas de la Route, & qu'il ne lance que peu; il faut qu'il y ait toujours quelqu'un d'attentionné pour faire gouverner.

FAIRE *feu des deux Bords.* C'est tirer le Canon & la Mousqueterie, en se battant contre deux ou plusieurs Vaisseaux ennemis, entre lesquels on se trouve.

FAIRE *abattre.* C'est faire obéir le Vaisseau au vent par l'effet de ses Voiles d'Avant, brassées le vent dessus. *Voyez* ABATTRE.

FAIRE *courir.* C'est arriver pour courir plus Largue.

FAIRE *porter*. C'eſt arriver pour que le vent donne plus directement dans les Voiles, & qu'elles portent mieux.

FAIRE *courir ſur la Bitte*. C'eſt donner du mol au Cable, pour diminuer le frottement, & le faire filer avec plus de facilité.

FAIRE *Côte*. C'eſt ſe jetter au Plein de deſſein prémédité, pour s'y ſauver, lorſqu'il n'y a pas d'autres reſſources, ſoit qu'on y ſoit forcé par le mauvais temps ou par l'ennemi.

FAIRE *belle contenance*, ou *bonne contenance*. C'eſt ſe préſenter de bonne grace, & payer d'effronterie, en ſe montrant plus fort qu'on ne l'eſt effectivement, attendant un ennemi ſupérieur. Cette feinte a ſouvent réuſſi.

FAIRE *Penau*. C'eſt larguer la Serre-boſſe d'une Ancre en Mouillage, pour la laiſſer pendre ſur la Boſſe de-bout, au Boſſoir, afin d'être plus paré à mouiller; car alors, il ne s'agit que de larguer la Boſſe de-bout, pour laiſſer tomber l'Ancre. *Fais Penau*. C'eſt le commandement pour faire Penau. *Voyez ce terme.*

FAIRE *raiſonner*. C'eſt faire parler un Vaiſſeau qui approche, ou une Chaloupe de ronde, pour ſçavoir d'où elle vient, où ella va, ce qu'elle fait, pourquoi elle approche le Vaiſſeau, & quel eſt le mot du Guet.

FAIRE *des Ris*. C'eſt prendre des Ris dans les Huniers. *Voyez* PRENDRE DES RIS.

FAIRE *une Deſcente*. C'eſt porter avec des Vaiſſeaux une certaine quantité de Troupes en pays ennemi, & les mettre à terre malgré l'oppoſition de ceux qui y ſont, & qui ſe préſentent pour défendre la Deſcente.

FAIS COURIR *ſur la Bitte*. C'eſt ordonner aux gens qui ſont paſſer le Cable en donnant du mol au Tour de Bitte, de faciliter ſon paſſage pour le faire filer plus vîte.

FAIT *Côte*. Un Vaiſſeau fait Côte, lorſqu'il ſe jette au Plein exprès ou par accident.

FAIT, *temps & vent fait*. C'eſt un vent & un temps qui eſt au beau, qui promet de durer & d'être favorable à la Route. *Le vent eſt fait, c'eſt un temps fait.*

FAIT *Route*. Un Vaiſſeau fait Route, lorſqu'il cingle ſur le Rumb de vent qui le mene à ſa deſtination. Ainſi l'on dit d'un Vaiſſeau qui va au Sud, & que l'on voit dans l'éloignement, qu'*il fait le Sud*; s'il va au N. O. on dit, qu'*il fait le N. O.*

FAIX *de Pont*. Les Faix de Pont ſont toutes les Hiloires entaillées ſur les Baux, & qui ſont partie du bordé du Pont; on appelle auſſi *Faix de Pont*, les Hiloires renverſées qui ſont placées ſous les Baux pour recevoir les Epontilles du milieu, qui ſoutiennent le premier Pont.

FAIX ou *Fez de Voile*. C'eſt la Ralingue du haut de la la Voile, qui ſoutient le Doublage en formant la Têtiere; le

Faix ſupporte la peſanteur de la Voile & l'effort du vent, en faiſant travailler les Rabans de Faix. *Voyez* TETIERE.

FALAISE. On appelle *Falaiſe* des Côtes eſcarpées & élevées en précipices du côté de la mer. *Voyez* COTES ACCORES.

FANAL. C'eſt en général une Lanterne, à qui l'on donne le nom de l'endroit où elle ſert. Le Fanal de Poupe eſt très-grand, & eſt planté ſur un Chandelier de fer, au haut de la Poupe en dehors du Mât de Pavillon; on ſe ſert de groſſe Bougie jaune, lorſqu'on veut allumer ce Fanal, pour le faire voir dans l'obſcurité aux Vaiſſeaux de Conſerve: le Commandant d'une Eſcadre porte trois Fanaux à la Poupe, & un dans la grande Hune: outre ces Fanaux, il y a des Fanaux de Signaux, pour montrer des feux aux autres Vaiſſeaux que l'on veut ſignaler, on les hiſſe à différents endroits pour les faire voir; on a encore des Fanaux de Combat, qui ſont plats d'un côté, afin de pouvoir être attachés le long du Bord, entre les Canons, dans les Batteries qu'ils doivent éclairer; on ſe ſert auſſi de Fanaux ſourds pour porter de la lumiere ſans être vu, & pour la faire voir d'un côté, ſans qu'elle puiſſe être apperçue de l'autre: on embarque de plus des Fanaux clairs ordinaires pour l'uſage du Vaiſſeau, & éclairer les Matelots dans les différents travaux qu'ils font dans les lieux obſcurs du Navire: les Canonniers ont auſſi des Fanaux à quatre faces, garnies en verre clair; pour les Soutes à Poudre, ces Fanaux prennent le nom de Fanaux de Soutes, & ſont fixés dans une eſpèce de Reſervoir au milieu de la Soute.

FANAUX. C'eſt le pluriel de Fanal, ainſi quand on parle de pluſieurs, on dit *Fanaux*. *Le Commandant alluma ſes Fanaux de Poupe, & mit deux feux à la Driſſe de Flamme.*

FANONS. On appelle *Fanons*, les fonds de grande Voile & de la Miſaine, qui ne ſe trouvent pas ſerrés par les Cargues, lorſque ſes Voiles ſont carguées; ainſi c'eſt la partie de la Voile compriſe entre les Cargues-points. *Nous avons fait vent arriere ſous les Fanons de la Miſaine, ne pouvant porter d'autres Voiles.*

FARDAGE. On entend par *Fardage*, tout ce qui eſt embarraſſant & inutile; ainſi lorſqu'on voit un Vaiſſeau dont le Gréement eſt chargé de Fourures, de Garnitures & de Poulies à tort & à travers, par-tout où on peut, & où on doit s'en paſſer, on dit qu'*il y a un Fardage inutile dans ſa Garniture*; & ainſi des autres choſes du Chargement, & de ce qui ſe met dans l'Entrepont ſans aucune néceſſité. Cela fait un Fardage onéreux au Navire, & gênant pour l'Equipage; d'où il ſuit qu'il faut éviter en tout & par-tout ce qui fait Fardage.

FARDE. On dit quelquefois, qu'*une Voile farde bien*, lorſqu'étant orientée, elle ſe trouve bien faite, ſans trop ni trop peu de fond.

FARE. *Voyez* PHARE.

FARGUES. On appelle *Fargues*, des Bordages minces, qui se placent à Coulisses sur le bord des Bateaux que l'on veut rehausser, lorsqu'on les envoie faire quelques expéditions éloignées le long de la Côte. Pour placer les Fargues, on a des Montants postiches qui se montent & démontent des deux côtés du Bateau, Chaloupe ou Canot, entre lesquels on place les Fargues les unes au-dessus des autres; c'est sur les Montants qu'elles sont assujetties & soutenues contre les Lames qui pourroient entrer, si les Fargues n'y étoient pas; on a l'attention de ne pas élever trop haut les Fargues, & de ne les mettre que lorsque le temps est équivoque, & que la mer est clapoteuse. On appelle aussi *Fargues*, deux ou trois Planches qui se mettent à Coulisses dans les Sabords des Batteries basses des Vaisseaux de Guerre, pour empêcher que la mer n'y entre, lorsqu'on les tient ouverts, pour donner de l'air à l'Entrepont.

FASIER. *Voyez* BARBEYER. Les Voiles fasient, lorsque le vent les frappe en Ralingue, ni dessus ni dedans, elles montrent plusieurs fases, elles fasient.

FAUBERT. C'est une espece de grande Houpe de fil de Caret vieux, rassemblé en une poignée longue de trois pieds environ, & emmanchée sur un bout de bois de deux pieds & demi de long à-peu-près; lesquels étant un peu détords, forment une espece d'Etoupe propre à ramasser l'humidité, & sécher les endroits où il y a eu de l'eau: on s'en sert dans tous les Vaisseaux pour nettoyer & sécher les Ponts, après qu'on les a lavés.

FAUBERTER. C'est se servir du Faubert, pour nettoyer quelque part.

FAVORABLE. Le vent est favorable, aussi-tôt qu'il conduit à Route les Voiles pleines. *Nous eûmes le vent favorable pendant les huit premiers jours de la Traversée; le temps fut toujours favorable.*

FAUSSE *Equerre*, *Voyez* EQUERRE FAUSSE. C'est une Equerre pliante; mais l'on dit qu'un bois est assemblé en fausse Equerre, lorsque l'assemblage est coupé obliquement.

FAUSSE *Quille*. C'est le Bordage que l'on met à doubler le dessous de la Quille des Vaisseaux, s'il est de plusieurs pièces, comme cela arrive toujours; on prend le tout pour la Fausse Quille, à qui l'on donne toujours un peu plus d'épaisseur qu'aux autres Doublages de la Carène.

FAUSSE *Ecoute*. C'est le Cordage qui sert dans un coup de vent à fortifier l'Ecoute de la basse Voile que l'on a dehors, ou de toute autre Voile appareillée d'un grand frais. On l'amarre sur le point même de la Voile, en lui faisant faire une demie Clef dessus, ensuite on le roidit autant que l'Ecoute.

FAUSSE *Amure*. C'est un Fouet estropé sur un Piton à Cosse, qui est placé sur la queue du Dogue d'Amure, au-dessous du Pouliot; ce Fouet est fait comme une Bosse à Bouton, qui a une Eguillette; on le tourne sur le point de la basse Voile, lorſqu'elle eſt amurée, & on le fouette deſſus, de maniere que ſi l'Amure caſſe par l'effort du vent, la fauſſe Amure donne le temps d'y rémedier, car elle doit être auſſi forte que l'Amure même.

FAUSSE *Manœuvre.* C'eſt une Evolution du Navire ou d'une Eſcadre, faite à contre-temps & mal-à-propos; parce que l'ennemi peut en profiter, ou qu'elle peut être préjudiciable. *Nous virâmes vent Arriere ſur un récif, au lieu de virer vent Devant, ou de braſſer à culer; cette fauſſe manœuvre penſa nous faire périr, au lieu que l'autre ne nous compromettoit en aucune maniere.*

FAUSSE *Route.* C'eſt changer de Route, pour éviter dans l'obſcurité, ou pendant un Grain l'ennemi qui pourſuit: ainſi *faire fauſſe Route*, c'eſt arriver ou venir au vent d'un certain nombre de dégrés, pendant qu'on n'eſt pas vu de l'ennemi. *Nous ſoutînmes la chaſſe ſur le Largue juſqu'à la nuit que nous fîmes fauſſe Route, en portant de quatre Pointes, tandis que notre camarade prit autant au vent que nous arrivions.*

FAUSSES *Driſſes. Voyez* DRISSES.

FAUSSES *Itaques. Voyez* ITAQUES.

FAUSSES *Balancines.* Ce ſont des Balancines d'un fort Cordage miſes en ſimple & retour en-bas, pour ſuppléer aux Balancines, en cas qu'elles rompent ou qu'elles ſoient coupées dans un Combat; on met toujours une fauſſe Balancine ou faux Martinet ſur la Vergue d'Artimon, en dedans du Martinet, parce qu'il porte un grand poids, par la longueur de la Vergue d'Artimon.

FAUSSES *Cargues.* Ce ſont des Cargues que l'on ajoute aux baſſes Voiles pour en ſerrer le fond, après qu'elles ſont carguées ſur leurs Cargues ordinaires. Les fauſſes Cargues paſſent dans des Poulies ſous la Hune. *Voyez* CARGUES, FAUSSES CARGUES.

FAUX *côté.* C'eſt le côté ſur lequel un Vaiſſeau incline plus facilement. *Voyez* COTÉ.

FAUX *Feux.* Ce ſont des Amorces que l'on brûle pendant la nuit pour faire des Signaux; on les nomme auſſi *fauſſes Amorces.*

FAUX *Baux.* Ce ſont les Baux du faux Pont, qui ſont placés dans les Cales des Vaiſſeaux de guerre, à cinq ou ſix pieds au-deſſus du premier Pont; on les poſe ſur des Taquets placés ſur les Porques, à ſept ou huit pieds de diſtance, & on les courbe quelquefois pour les rendre plus ſolides.

FAUX *Pont.* C'eſt celui qui eſt fait ſur les faux Baux, ſans Hiloires, & ſur lequel on pratique les différentes Souttes qui doivent ſervir à la Maiſtrance, pour ramaſſer & ſerrer leurs uſtenciles: on y fait auſſi la Soutte aux Voiles, & des deux côtés du grand Panneau on établit le poſte du Chirurgien, ſur la partie du faux Pont qui fait le théâtre.

FAUX *Racage.* C'eſt un ſecond Racage plus ſimple que le

premier, qui se met au-dessus, afin que l'un puisse se substituer à l'autre, s'il est coupé d'un coup de Canon, parce que ces faux Racages ne se mettent que lorsqu'on se prépare au Combat.

FAUX *Brion.* C'est une addition de bois que l'on fait entre le Taille-mer & l'Etrave, pour élargir cette partie de la Guibre, afin d'aider le Navire à se ranger au vent, lorsqu'on le connoît pour être lâche, parce qu'il augmente la surface latérale de la Proue.

FAUX *Sabords.* Ce sont des Figures de Sabords sculptées sur le côté du Vaisseau, & peints, pour imiter les vrais Sabords; mais cette tromperie usitée par presque tous les Vaisseaux Marchands, n'en impose qu'aux peureux; elle ne porte jamais d'illusion à ceux qui aiment à voir les choses de près. On appelle aussi *faux Sabords*, des Mantelets de Sabords postiches, faits en bois mince, percés dans le milieu d'un trou rond, garnis d'une manche de toile peinte, assez ouverte pour que le Canon y puisse entrer facilement: ces faux Sabords se mettent sur les Canons des secondes Batteries, & s'amarrent en dedans du Vaisseau, s'ajustant bien exactement dans le Quarré des Sabords, pour empêcher que les coups de mer & la pluie n'entrent par-là sur le Pont; on amarre le bout de la manche sur le Corps du Canon, & tout cela se tire aussi-tôt qu'on fait Branle-bas.

FAUX *Canons.* Ce sont des morceaux de bois tournés comme des Canons, que l'on met dans les Sabords qui ne sont pas garnis de Canons; c'est encore une tromperie abusive, qui n'est jamais d'une grande utilité.

FAUX *Trelingage.* C'est une espèce d'entrelacement de Cordages que l'on fait sur les bas Haubans, pour les roidir à mesure qu'ils mollissent quand ils sont neufs; dans les grands Vaisseaux, on met des Palans, & sur les petits Navires un simple Cordage suffit: ce faux Trelingage va d'un Hauban de Tribord à un de Babord sur lequel on le roidit, & revient de même de l'autre côté; il sert à assurer le Mât dans un coup de vent, quand les Rides ont pris du mol, ou que les Haubans ont allongés.

FAUX *Etais.* Les faux Etais de chaque Mât ne différent des Etais que par la grosseur qui est moindre; du reste, c'est la même longueur & la même façon. *Voyez* ETAIS.

FAUX *Reuns.* Ce sont tous les vuides qui restent dans un Arrimage entre les effets arrimés; on les remplit de petits effets qui ne peuvent courir beaucoup de risque par leur petitesse; quelquefois on fait des Balots & de petites Caisses pour remplir les faux Reuns.

FEUILLURE. C'est l'Encastrement à angle droit, dans lequel entrent les Volets des Fenêtres, & les Battants des Portes, qui sont faites pour fermer justes; c'est un terme de Menuisier; il l'est aussi de Charpentier de Navire, car on dit *Feuillure de Sabord.*

FELOUQUE. Embarquation de la Méditerranée, qui va à la Voile & à la Rame; elle est d'une grande vîtesse, & monte son Gouvernail devant & derriere, comme on le juge à-propos.

FEMELLES. Ce sont toutes les Ferrures du Gouvernail, dans lesquelles entrent les Mandrins ou Gonds de celles qui sont liées au Gouvernail; les Femelles sont clouées sur l'Etambord, les Mâles sur le Gouvernail, & les unes avec les autres, sont ce qu'on appelle un *Gond* ou *Ferrure de Gouvernail.*

FER. C'est un métail connu de tout le monde; on l'emploie beaucoup dans la Construction des Vaisseaux; on en fait des Clous, des Chevilles, des Courbes, des Pitons, des Cercles, Arganeaux, Cosses, Crocs, Goupilles, Viroles, Ferrures, Pentures, Ancres, Grapins, Canons, &c. Et dans toutes ces différentes manieres de l'employer, on préfere toujours le fer liant au fer cassant. Le fer liant des Forges en barres pour l'usage ordinaire, & la forme des barres, donne le nom au fer; ainsi il y a du fer plat, du rond & du fer quarré.

FER, *être sur le fer.* C'est une maniere de dire qu'on est à l'Ancre. *Nous apperçûmes les ennemis, & ils nous attendirent sur le fer jusqu'à ce que nous fûmes à une lieue d'eux.*

FER *à Calfats.* *Voyez* CALFATS.

FER *blanc.* C'est un fer battu en Lames très-minces, étamé à l'eau forte avec de l'Etain; on en fait beaucoup d'usage pour tous les Fanaux, garnitures de Cuisine & de Four.

FER *de Gaffe.* C'est un fer à Douille, qui s'emboîte sur le Manche de la Gaffe; ce fer a une pointe forte & un Croc au-dessous, pour s'accrocher à Bord & tirer les Bateaux, quand on ne leur a pas jetté un Cordage.

FERS *d'Arboutans.* Ce sont des fers à trois pointes sur un Piton à Grille, que l'on monte sur un Arboutant pour pousser les Brûlots au large; ce Piton entre dans le bout de l'Arboutant, qui est cerclé de fer, pour l'empêcher de fendre lorsqu'on travaille, en poussant avec.

FERS *à Prisonniers.* C'est une barre de fer sur laquelle on enfile une douzaine de boucles de fer, dans lesquelles on passe le pied de l'homme que l'on met aux fers; ces boucles sont retenues par une grosse tête de fer, forgée avec la barre sur un des bouts, & à l'autre par un fort Cadenat. Il y a encore d'autres petits fers, appellés *Menotes*, que l'on met aux mains, pour empêcher les prisonniers de se débattre.

FERS *de Girouettes.* Ce sont des gaules de fer, longues de trois ou quatre pieds, avec un Piton à Grille, qui entre dans la tête de chaque Mât de Perroquet; il y a à une certaine hauteur une arrête de fer forgée en rond, sur laquelle repose la Girouette, & au-dessus on y place une pomme de bois peint ou doré, qui se monte à vis sur le bout de la Vergue. *Voyez* VERGUES.

FERLER, ou *serrer les Voiles.* C'est, après qu'elles sont

carguées, plier la Toile ſur la Vergue, en la levant le plus qu'on peut, & paſſant les Rabans de Ferlage de l'Arriere ſur l'Avant, leur faiſant faire le tour de la Vergue & de la Voile bien paquetée; on les ſouque bien fort, & on continue de faire la même opération de main-en-main juſqu'au bout, pour achever de ſerler & ſerrer la Voile, en faiſant ſervir les quatre ou ſix Rabans de Ferlage qui ſont placés pour chaque Voile.

FERLÉ. On dit qu'un Hunier, ou un Perroquet eſt bien ferlé, quand il eſt ſerré de maniere que de l'Arriere on ne puiſſe voir de Toile; c'eſt-à-dire qu'il faut que la Vergue cache toute la Toile.

FERLÉE. Les Voiles ſont ferlées, lorſqu'elles ſont ſerrées & liées avec leurs Rabans ſur la Vergue; elles ſont bien ferlées, lorſqu'on ne voit pas de Toile en deſſous de leurs Vergues.

FERMER *l'entrée ou l'ouvert d'un Port.* C'eſt en marchant mettre les Pointes les unes par les autres, de maniere qu'on les voit ſur la même ligne ſans découvrir l'entrée ou l'ouverture de ce que l'on ferme. *Pour être dans le bon Mouillage de tel endroit, il faut tenir le coin d'une Egliſe fermée par un Moulin à vent que l'on voit ſur une hauteur dans l'éloignement.*

FERMETURE, *Bordage de Fermeture.* On appelle ainſi le Bordage qui clôt le Franc-bord, lorſque le Bordé vient à ſe rencontrer, en bordant la Carène du haut en-bas, & de bas en-haut en même temps; c'eſt-à-dire, lorſqu'on commence à border en montant depuis la Quille, & en deſcendant depuis la premiere Préceinte.

FERREMENTS. Toutes les eſpèces d'outils, de ferrures & de fers, employés dans la Marine pris enſemble, ſont des Ferrements. Ainſi l'on dit: *Tout ce qui eſt des Ferrements du Vaiſſeau ſera payé à 25 livres du cent.*

FERRER. C'eſt garnir de fer quelque choſe: c'eſt dans ce ſens qu'on dit, *ferrer le Gouvernail*, parce qu'on y place ſes Ferrures.

FERRURES *d'un Vaiſſeau.* C'eſt en général tout ce qui concerne le fer employé dans la Conſtruction d'un Vaiſſeau; comme Clous, Chevilles, Pentures, Ferrures de Gouvernail, &c. *Toute la Ferrure de ce Vaiſſeau eſt faite de bon fer, bien travaillé.* Mais lorſqu'on parle des Sabords, on dit, *La Ferrure des Sabords, la Ferrure des Portes & Fenêtres, celle de la Chaloupe & du Canot;* ainſi de toutes les Ferrures que l'on particulariſe en les nommant ſeules, ſans les faire entrer dans la Ferrure générale du Vaiſſeau.

FEU. C'eſt un élement ſubtil qui ſe trouve par-tout, & qui anime tout: il eſt le principal agent de la fermentation; il pénétre tout & diviſe tout; il liquéfie les métaux que l'on expoſe à ſon action, aſſez de temps pour qu'il puiſſe les pénétrer dans toutes leurs parties, qu'il diviſe & rend ſi mobiles, qu'ils coulent comme l'eau. Pour faire uſage du feu, il faut ſçavoir le faire paroître, & ſortir des endroits où il eſt caché, enſuite lui donner un aliment pour l'entretenir & l'animer; on le ſouffle & on le reſſerre pour augmenter ſon action.

FEU. Commandement pour faire tirer le Canon; lorſqu'un Capitaine de Vaiſſeau ſe voit à portée, & dans une poſition favorable pour maltraiter ſon ennemi : il crie, *Feu*, & tous les Canonniers qui ſont prêts, tirent dans l'inſtant; ſi l'on eſt aſſez proche pour faire ſervir la Mouſqueterie, ce commandement la regarde auſſi.

FEU. C'eſt un Fanal ou Lumiere apperçue dans l'obſcurité. *Nous vîmes un Feu devant nous, nous l'approchâmes pour le reconnoître; c'étoit un Vaiſſeau Hollandois qui alloit aux Indes.*

FEU *porté à Poupe.* Lorſque le Commandant d'une Flotte juge néceſſaire de ſe faire voir à ſes Vaiſſeaux, il porte un feu à Poupe, & il n'y a que lui alors qui ait de feu; s'il veut que ſa Flotte mette un feu, il en met trois.

FEU *Saint-Elme.* C'eſt une exhalaiſon qui paroît quelquefois la nuit ſur les Mâts & Vergues des Vaiſſeaux, au commencement ou à la fin d'un coup de vent, & ſouvent dans le plus fort de la Tempête; comme il n'arrive guères de voir ce feu, lorſque l'air eſt tranquille & net de tout nuage, les Marins ne manquent pas de le faire valoir, comme le préſage d'une Tempête prochaine, ou la fin de celle qui ſe fait ſentir; cependant je puis dire que depuis plus de 25 ans que je vais en mer, je n'ai jamais vu le feu Saint-Elme produire aucun effet marqué; quelquefois il a paru au commencement d'un Grain, & n'a fini d'être vu qu'à la fin; d'autres fois on le voyoit pendant le plus fort de la pluie, & il diſparoiſſoit avec elle; & en général, il eſt vrai de dire qu'il ne s'allume que lorſque les parties de l'air ont un grand mouvement, & peut-être aſſez de frottement pour allumer la matiere tranquille qui en eſt le principe; je le croirois volontiers une Aigrette Electrique.

FEUX. C'eſt le pluriel de feu. Ainſi l'on dit, lorſqu'on voit pluſieurs Vaiſſeaux dans la nuit qui ont chacun un feu, qu'*on a eu connoiſſance de Feux. Nous partions ſur le N. O. à petites Voiles, pour ne pas nous écarter de la Croiſiere, lorſqu'à deux heures du matin nous vîmes huit à dix Feux ſous le vent à nous; on porta deſſus, & nous reconnûmes une Eſcadre de Vaiſſeaux de guerre, dont nous nous éloignâmes au plus vîte, & perdîmes leurs Feux de vue avant quatre heures.*

FEUX *d'Artifice.* On ſe ſert ſur mer des Artifices pour embrâſer les Vaiſſeaux; mais les ſeuls permis, & qui ſoient en uſage en France, c'eſt le Brûlot, ou Vaiſſeau artificié; tous les autres, à la gloire de la Nation, ſont abſolument bannis; nous ne nous ſervons des Fuſées que pour Signaux, des Grenades pour combattre de près & à l'Abordage, ce qui nous eſt commun avec les autres Nations. L'on ne voit point chez Nous, comme on l'a vu exécuter par les Anglois, aucuns Valets ſoufflés, aucun Boulet creux, chargé & artificié; j'en ai trouvé deux de cette eſpèce dans le Corps du Vaiſſeau de la Compagnie des Indes, *le Centaure*, après le troiſieme combat qui ſe donna à la Côte Coromandel, ſous les ordres du Comte d'Aché, contre les Amiraux POCOK & STEVAIN. Ce Vaiſſeau avoit reçu le Feu du Cumberland, & de deux autres Vaiſſeaux Anglois; ces Boulets étoient du Calibre de 32, & n'avoient fait aucun effet; l'un étoit caſſé en pluſieurs morceaux, qui étoient reſtés dans les Précentes; l'autre etoit entier & plein de Poudre, il étoit auſſi reſté dans le bois; le tuyau qui devoit mettre le feu à la Charge étoit de cuivre, & s'étoit apparamment éteint en entrant le premier dans le Corps du Vaiſſeau, où il étoit reſté ſans paſſer au-travers du côté. Il y a bien d'autres manieres de ſe ſervir de Feux-d'Artifices, que nous connoiſſons parfaitement, mais dont nous ne faiſons aucun uſage: ſi on veut ſe brûler ſur mer, il eſt inutile d'avoir des Vaiſſeaux de guerre, il ne faut que des Corvettes fines de Voiles, & d'une grande vîteſſe.

FEUILLERET. C'eſt une eſpèce de Rabot, dont les Charpentiers & Menuiſiers ſe ſervent pour faire les Feuillures des Planches qu'ils embouffetent; il y en a de deux eſpèces; le premier ſert à faire joindre les Planches de demi-à-demi l'une ſur l'autre; il a une Feuillure ſur le bas de ſa monture; la ſeconde eſpèce a un fer fendu, il coupe des deux côtés; il ſert à faire la Feuillure qui entre dans la Planche, creuſée de la même largeur, par une autre eſpèce de Rabot.

FIGURE. On appelle *Figure*, la Statue qui ſert d'ornement à la Proue des Vaiſſeaux; les uns ont un homme ou femme pour Figure, d'autres ont des animaux de toutes eſpèces; beaucoup regardent cet ornement comme un poids inutile ſur l'extrémité du Vaiſſeau, & le ſuppriment par œconomie, je crois qu'ils ont raiſon; on peut terminer l'Éperon ſans Figure, avec peu de Sculpture, légere & de goût.

FIL. On appelle *Fil*, toute eſpèce de Lin ou de Chanvre en filaſſe, à qui l'on a donné une premiere torſion au Rouet ou au Fuſeau: le Fil proprement dit, ſert à faire les Toiles, & il y a autant de ſortes de Toiles que d'eſpèces de Fils; on file le Fil pour faire les différentes ſortes de Toiles à Voiles; & le Fil à Voile qui ſert à les coudre & façonner, eſt rond & uni, fait de brin de Chanvre, afin qu'il ait aſſez de force pour réſiſter à l'effort de l'Ouvrier qui coud; il eſt toujours plus fort que le fil emploié dans la Fabrique des Toiles à Voiles.

FIL *blanc.* C'eſt le fil à Voile qui n'eſt pas goudronné.

FIL *goudronné.* C'eſt le Fil à Voile, à qui l'on a donné une teinture de Goudron, à chaud ou à froid.

FIL *de Caret.* C'eſt un Fil de Chanvre, d'une ligne de diamètre, filé au grand Rouet de Corderie; pour compoſer les

Cordages de toutes eſpèces ; moins le Fil de Caret eſt gros, meilleur il eſt, & plus il donne de force au Cordage ; le moins fin s'emploie dans les Cables, le plus fin pour les Manœuvres courantes : on emploie le Fil de Caret goudronné, ou blanc, ſelon l'uſage qu'on veut faire du Cordage.

FIL *du bois.* On entend par *Fil du bois*, la direction des fibres ; de ſorte qu'un bois emploié ſelon ſon Fil, l'eſt de la meilleure maniere poſſible, parce qu'il eſt dans toute ſa force, le Fil n'étant pas coupé ; au lieu que celui dont le Fil eſt coupé par la façon qu'on lui a donné, eſt toujours dans le cas d'éclater.

FILANDRES. Ce ſont des Herbes marines, longues & fines, qui s'attachent & croiſſent ſous les Vaiſſeaux qui ſont long-temps à l'eau ſans être carénés ; elles font plus de progrès à la flottaiſon du Navire que par-tout ailleurs, & elles contribuent beaucoup, en augmentant la ſurface de la Carène, au retardement du ſillage ; il y a une différence conſidérable dans la rapidité de la vîteſſe du même Vaiſſeau, frais caréné, ou ſalli par les Filandres & Coquillages qui s'attachent à ſa ſuperficie ſubmergée. *Voyez* VERD ou VERDURE.

FIL-ARET. On appelle *Fil-Arêt*, l'Arête angulaire d'une pièce de bois travaillée ſelon ſon Fil, qui eſt fort aiguë, & n'eſt pas chanfreinée ; c'eſt auſſi en général une Vive-arête, ſur laquelle on tire un Filet de Moulure.

FILE. Commandement pour faire larguer peu-à-peu une Manœuvre qui travaille. Ainſi l'on dit : *File la grande Ecoute, file les Ecoutes des Huniers, file les Bras, &c. File la Ligne de Sonde juſqu'à deux cent braſſes.*

FILE *en Bande.* C'eſt un commandement pour faire larguer tout d'un coup ce que l'on ordonne de filer. Ainſi l'on dit : *File la grande Ecoute, file en Bande.*

FILE *du Cable.* C'eſt ordonner de laiſſer aller le Cable hors du Vaiſſeau à meſure qu'il travaille, & de le pouſſer même s'il ne travailloit pas aſſez pour faire courir le tour de Bitte ; alors on fait alléger le Cable ſur l'Arriere de la Bitte, & on l'oblige à courir ſur le Montant, en donnant du mol au Tour & au Choc, s'il eſt pris, pour qu'il paſſe avec facilité dans l'Ecubier. *Après avoir mouillé, nous avons filé quatre-vingt braſſes du Cable, & nous avons tenu là.*

FILE *en Garant.* C'eſt ordonner de filer peu-à-peu la Manœuvre déſignée ; c'eſt la filer en garde, de maniere qu'elle ne s'en aille pas tout d'un coup.

FILE *en douceur.* C'eſt filer en Garant.

FILER. C'eſt larguer & abandonner la Manœuvre que l'on file : ainſi *Filer les Ecoutes*, c'eſt les larguer. *Le Grain fut ſi violent, que pour dégager le Vaiſſeau, nous fûmes obligés de filer la grande Ecoute en Bande, & de déborder nos Huniers en tête de bois, en filant tout d'un coup leurs Ecoutes en Bandes.*

FILER *des Nœuds.* C'eſt aller avec une certaine vîteſſe,

mesurée par les Nœuds de la Ligne du Loch. Ainsi l'on dit : *Le Vaisseau file dix Nœuds*, parce que pendant l'expérience du Loch, il y a eu dix Nœuds de filés. *Voyez* Loch.

FILER *le Cable sur le bout ou par le bout.* C'est lever le Tour de Bitte, & filer le Cable tout-à-fait dehors, en larguant le bout, le laissant tomber à la mer. On met ordinairement une Bouée sur le bout du Cable avec un Orin, pour le retrouver si on vient le chercher. *Nous étions à l'Ancre le long de la Côte, & nous profitâmes d'une Saute de vent de terre, pour filer nos Cables sur le Bout & prendre le large au plus vîte, pour éviter de tomber au plein. Les ennemis nous attendirent à l'Ancre jusqu'à portée de Canon, & puis ils mirent tout d'un coup sous Voiles, en filant leurs Cables par le bout.*

FILET. C'est un terme de Charpentier ; ils appellent *Filet*, une espèce de Moulure étroite, tirée sur l'Arête des Baux, au lieu de les abattre en Chanfrein ; c'est une Moulure.

FILEUX, *Taquet Fileux.* C'est un Taquet à deux branches, propres à amarrer les Manœuvres courantes, & sur lequel on tient à retour une Manœuvre que l'on file en douceur, lorsqu'elle travaille beaucoup.

FILIN ou *Filain.* Tout Cordage qui n'est pas Cable ou Grêlin, est Filin ; ainsi les Haubans, Cal-haubans, Ecoutes, Amures, Cargues, Itaques, &c. sont de Filin : on distingue le Filin par le nombre des Tourons ; Filin en trois, & Filin en quatre ; on le distingue aussi par le nombre des fils de Caret ; & on le nomme Filin en dix-huit, en vingt-un, en trente-neuf, & jusqu'en quarante-huit fils.

FIN. Un Vaisseau est fin, lorsqu'il a peu de capacité, qu'il est pincé & taillé à l'Avant & à l'Arriere, que ses façons sont élévées, qu'il a peu de Varangue, & beaucoup d'Acculement ; c'est alors un Vaisseau fin ; cela convient particuliérement aux Frégates & aux Corvetes.

FIN *Voilier.* On dit qu'un Vaisseau est fin Voilier, lorsqu'il marche vîte, & mieux que les autres à Voilures égales. *Il est fin de Voile.*

FICELLE. C'est une petite Ligne blanche qui sert à pêcher le petit Poisson, & que l'on emploie à divers usages, comme à faire des Seûnes, ou autres Filets de Pêche.

FLACHE. On appelle ainsi ce qui paroît rond dans une pièce de bois équarrie, & que l'on ne peut ôter avec la Hache sans perdre considérablement sur le Cubage de la pièce, parce qu'on en diminueroit le volume, pour la réduire à un Equarrissage parfait ; cette partie que l'on appelle Flache, est le dessous de l'écorce, & c'est ordinairement de l'Aubour, qu'il faut cependant ôter en employant le bois.

FLACHEUX. On dit que le bois est flacheux, lorsqu'il n'est pas bien équarri, & qu'il reste de la Flache.

FLAMBEAU *de la mer.* On appelle *Flambeau*, un Routier qui enseigne toutes les Routes que l'on doit faire pour aller le long des Côtes d'un endroit à un autre, le transport des marées, leurs changements de direction dans le flot & le Jusant, qui montre l'aspect des Côtes, vues des terres dans différents points de vue & éloignement; leurs gissements respectifs, les Sondes & les Mouillages, les Plans des Côtes en général & en particulier, les entrées des Ports & Rades en grand, les Routes que l'on doit tenir, avec les différentes marques & Balises, & tous les détails pour entrer & sortir partout.

FLAMME. C'est une Banderole que les Capitaines des Vaisseaux ont droit de porter au haut du grand Mât sans Girouette, pour marque de leur commandement, lorsqu'ils se trouvent commander un ou plusieurs Vaisseaux. L'Ordonnance du Roi imprimée en 1765, détermine la grandeur des Flammes, selon la grandeur des Vaisseaux. La Flamme a une certaine largeur à sa Gaîne, sur sa Vergue ou Bâton, & va diminuant en pointe jusqu'à son extrémité, qui n'a aucune largeur, & depuis sa pointe jusqu'aux deux tiers de sa longueur elle est fendue. Une Flamme fait beaucoup mieux au haut d'un Mât qu'un Pavillon, elle est bien plus légere.

FLAMME *d'Ordre*. C'est une Flamme blanche, que le Commandant d'une Rade hisse à sa Vergue d'Artimon en tirant un coup de Canon, pour faire venir à son Bord un Canot & Officier de chaque Vaisseau de la Rade. Ce signal connu en général dans toute la Marine, se fait toujours lorsqu'il y a quelques ordres à donner, & est adopté, sans que le Commandant de la Rade ait donné de Signaux.

FLANC. Le flanc d'un Vaisseau est la partie comprise entre la Joue & la Hanche.

FLASQUES. Ce sont les deux principales pièces qui composent un Affût de Canon, elles en font les deux côtés, elles sont unies par des Entre-toises, par les Aissieux, & par des Boulons. *Voyez* AFFUT.

FLECHE *de Mât*. C'est la partie des Mâts de Perroquet, qu'on laisse au-dessus du Capelage, jusqu'au fer de Girouette; elle n'a dans la plupart des Vaisseaux que deux, trois ou quatre pieds de long, pour donner un peu de grace à la Mâture: mais ceux qui entendent mieux leurs intérêts, font ces Fleches de douze à vingt pieds, selon la grandeur des Vaisseaux, & placent un Perroquet volant pour les petits temps dans les belles mers, & alors la Fleche n'est plus inutile.

FLECHE *du Mât de Beaupré*. C'est un Arboutant que l'on place en dessus du Beaupré, au ras du Collier d'Etai de Misaine, & qui arboute sur le Gaillard d'Avant contre un fort Taquet, placé entre les Bitons d'Ecoute du petit Hunier, au pied du Mât de Misaine; ainsi la Fleche de Beaupré soulage les Soubarbes, & fortifie son Mât en l'appuyant dans le Tangage contre les efforts des Etais.

FLECHE *de Grue*. *Voyez* ARBRE.

FLECHE *Astronomique.* C'est un ancien instrument qui servoit autrefois à observer la hauteur du Soleil sur l'horison; mais depuis que le Quart de Nonante & l'Octans sont en usage, on ne se sert plus de la Fleche.

FLEUR *d'eau.* C'est la surface de la mer à fleur d'eau. *Nous reçûmes dès la premiere Bordée, six coups de Canon à fleur d'eau ; ce qui nous obligea de serrer le vent, & de nous éloigner un moment.*

FLEURS *du Vaisseau.* On entend par *Fleurs d'un Vaisseau*, la partie de sa Carène comprise de l'Avant à l'Arriere, à deux pieds au-dessus & au-dessous environ des extrémités des Varangues, & sur laquelle le Vaisseau repose, lorsqu'il échoue & qu'il incline sur son Echouage.

FLEUVE. C'est le nom que l'on donne aux plus grandes Rivieres. Le Gange, l'Indus, le Nil, Saint-Laurent, &c. sont des Fleuves.

FLIBOT. C'est une petite Flûte au-dessous de cent Tonneaux, ou de cent Tonneaux au plus.

FLIBUSTER, *faire la Flibuste.* C'est aller en interlope chez les Espagnols de la nouvelle Espagne; il n'y a guères que les Habitans des Isles Françoises de l'Amérique qui font ce Commerce illicite.

FLIBUSTIERS. C'est le nom que l'on donne aux gens qui font la Flibuste; mais il est particuliérement donné aux Corsaires de nos Isles de l'Amérique : nos Flibustiers sont intrépides, & ont fait des actions héroïques, dignes d'admiration pour les siécles à venir ; on peut à cet égard lire leur Histoire, & y ajouter ce qu'ils ont fait dans les guerres de 1744 & 1756, pendant lesquelles ils ont enlevé plusieurs milliers de Vaisseaux aux Anglois.

FLOT. C'est le flux de l'Océan ; c'est aussi la mer montante; le flot commence aussi-tôt que la mer commence à monter. *Nous entrâmes dans le Port avec le flot.*

FLOT, *demi-flot.* C'est la moitié du temps que la mer met à monter, depuis le bas de l'eau jusqu'au plein; il y a flot aussitôt que la mer monte, & l'on dit, *quart de flot, demi flot, trois quarts de flot*, pour exprimer le temps écoulé depuis le montant, & ce qu'il en reste pour que l'eau soit à son plein.

FLOT, *être à flot.* C'est être porté par l'eau, & surnager. *Notre Vaisseau ne pût être à flot avant le demi-flot : nous avions touché sur un Banc de sable de basse-mer, ainsi il ne nous fut pas difficile de remettre à flot à la mer montante.*

FLOTTAISON. On entend par *Flottaison*, la partie du Vaisseau qui est à fleur d'eau, depuis l'endroit où le Clapotage monte, jusqu'à celui où il baisse, ce qui fait une hauteur de six pouces environ de belle mer dans un Port fermé.

FLOTTE. C'est une Assemblée de Vaisseaux de toutes espèces, qui naviguent ou doivent naviguer ensemble. *Nous partî-*

mes

mes une Flotte de 350 Voiles, sous l'Escorte de vingt Vaisseaux de guerre.

FLOTTER. C'est être à flot & surnager. *Nous restâmes six heures échoués, au bout duquel temps nous commençâmes à flotter, & une heure après nous étions tout-à-fait à flot.*

FLOTS, *Vagues ou Lames.* C'est l'élévation de la surface des eaux, occasionée par le souffle des vents; dans les Tempêtes les flots sont élevés, les vagues roulent les unes sur les autres en s'entre-choquant, & les lames brisent avec bruit en écumant; lorsqu'il vente peu, la mer est agitée par de petites ondes qui ne sont jamais fatigantes pour les Vaisseaux.

FLUTE. C'est un Vaisseau de charge, à fond plat, qui doit avoir de grandes capacités, se bien comporter à la mer, & bien marcher. On mâte & grée les Flûtes comme les Vaisseaux ordinaires, à deux ou trois Mâts; elles doivent être de défenses, en portant une Batterie de forts Canons sur leur second Pont, & une Artillerie légere sur les Gaillards; il faut aussi qu'elles soient faciles de Manœuvres.

FLUTE *d'Approvisionnement.* C'est une Flûte chargée de tout ce qui est nécessaire pour entretenir une Escadre ou Armée navale. On met ordinairement plusieurs Flûtes d'approvisionnement à la suite des Armées ou Escadres, qui doivent tenir long-temps la mer.

FLUX. Le flux de la mer est la même chose que le flot; la mer monte & inonde les Plages des Côtes deux fois en vingt-quatre heures, & se retire de même pendant le reflux ou le Jusant: lorsque les eaux sont parvenues à leur plus grande hauteur pendant le flux, à peine restent-elles un demi-quart d'heure dans cet état, que l'on nomme plein de l'eau, pleine mer, & mer étale; ensuite elles se retirent pendant six heures, pour revenir après pendant six autres heures. Les causes du flux & reflux ne sont point exactement connues, & sont bien systématiques: dans les explications qu'on en donne, elles dépendent peut-être beaucoup plus des différentes opinions des hommes, que de leurs lumieres; ainsi nous n'en parlerons pas: nous observerons seulement que les marées suivent à bien peu de chose près les mouvements de la Lune; lorsqu'elle est pleine ou nouvelle, on a grande marée, c'est-à-dire que les flux & reflux sont plus considérables, la mer monte davantage, & baisse plus, que quand elle est dans ses quadratures, entre la nouvelle & la pleine, & celle-ci & la nouvelle; cependant les marées des équinoxes de Mars & Septembre sont les plus grandes de toutes, le flux est plus considérable dans ces temps-là qu'en tout autre de l'année, & le reflux aussi.

FOC ou *Foq.* C'est une Voile Latine à trois pointes, *tiers points*; tous les Vaisseaux ont deux Focs; ceux qui sont en guerre, qui font la Course, & qui multiplient les Voiles tant qu'ils peuvent, souvent aux dépens les unes des autres, ont imaginé un faux Foc, entre le grand & le petit Foc; le premier s'amure sur le bout du Bout-dehors du Beaupré, le second sur l'extrémité du Beaupré même; l'un se hisse sur le petit Mât de Hune, par une Drisse simple ou par une Drisse à Itaque; l'autre est hissé sur la tête du Mât de Misaine, & le faux Foc va comme le grand chercher la tête du petit Mât de Hune. On donne aussi le nom de Foc de derriere à la Voile d'Etai d'Artimon; les Focs en général sont des Voiles d'Etais, parce qu'elles sont dans la direction des Etais des Mâts, & qu'il y en a autant presque que d'Etais; d'ailleurs ce sont d'excellentes Voiles pour le plus près du vent, aussi-tôt qu'elles sont bien exposées, qu'elles ne s'entre-couvrent point, & qu'elles ne nuisent pas aux autres Voiles; considérations auxquelles les Marins & Constructeurs ne font pas assez attention.

FOND *d'une Côte.* C'est la profondeur de l'eau le long & au large de la Côte; il y a des Côtes dont la profondeur s'étend jusqu'à soixante & quatre-vingt lieues au large, d'autres ne portent fond qu'à peu de distance : on mesure le fond avec des Lignes de Sonde marquées par brasses de cinq pieds en cinq pieds, jusqu'à deux cent brasses, au-delà duquel on ne sonde guères pour l'ordinaire; on charge ces Lignes d'un plomb de 60, 80, à 90 livres; il est ordinairement fait en piramide quarrée ou exagone, & on ne le jette qu'après avoir arrêté le Vaisseau: lorsque le plomb touche le fond de la mer, on dit qu'*il y a fond de cent cinquante brasses*, si on a filé cette quantité de Ligne, & lorsque le plomb est retiré, on dit que, *le fond est de sable*, si le suif qu'on a soin de mettre sous le plomb dans un trou fait exprès, apporte du sable attaché à sa surface unie & molle; il est de pré, s'il y a des herbes sans autres choses; il est de roches, s'il n'y a que des cavités au suif, & écorchures au plomb, sans aucune autre espèce de matiere; le fond est de Coquillage, s'il y a des Coquilles au suif; il est de vase, s'il vient de la vase avec le plomb; en un mot le fond est jugé de la qualité des matieres que le plomb & le suif apportent avec eux après avoir sondé, quand ils ont touché le fond.

FOND, *être sur le fond.* C'est être sur un lieu, où l'on peut sonder & trouver le fond avec le plomb. La Côte de Bretagne porte le fond fort au large. *Nous étions sur le fond depuis huit jours avec des vents contraires.*

FOND, *point de fond.* On dit qu'il n'y a point de fond, lorsqu'après avoir sondé, le plomb n'a pas touché le Sol; mais l'on a soin de dire la quantité de brasses que l'on a filé. Ainsi l'on dit : *Il n'y a point de fond à 160 brasses de Ligne*, & 50 *brasses point de fond.*

FOND. Il y a fond aussi-tôt que le plomb touche le Sol; & l'on dit, *fond à quarante brasses*, si on le trouve à cette profondeur.

FOND *de bonne tenue.* Le fond est de bonne tenue, lorsque l'Ancre peut y prendre comme il faut, & qu'elle y tient bien;

un fond mêlé de vase & de sable est ce fond-là : *tel Port ou telle Rade est de bonne tenue, parce que les Ancres y tiennent bien, & que les Vaisseaux n'y chassent pas.*

FOND *de mauvaise tenue, ou mauvais fond.* C'est un fond sur lequel les Ancres n'ont pas de prise, & sur lequel elles chassent facilement.

FOND, *même fond.* Celui qui sonde dit qu'il y a même fond, lorsqu'en sondant il trouve toujours la même quantité de brasses d'eau.

FOND *semblable.* On dit que le fond est semblable, lorsque le plomb apporte toujours les mêmes matieres, en jettant plusieurs fois la Sonde.

FOND *pris. Nous avons pris le fond de la Côte de Bretagne le 20 de Juin*; c'est-à-dire, qu'on a été sur la Sonde ce jour-là. *Nous cherchions à prendre fond depuis plusieurs jours... Nous avions pris fond par 48 dégrés de Latitude.*

FOND *perdu.* On dit que le fond a été perdu, quand en s'en éloignant, on ne le trouve plus avec la Sonde. *Nous n'avons perdu le fond que huit jours après notre départ : en louvoyant nous fûmes jettés au large par les Courants, & nous perdimes le fond, ce qui nous fit dépouiller la Côte jusqu'au dix, que nous ratrapâmes fond.*

FOND *haut, ou haut fond.* C'est un endroit où il y a peu de profondeur : c'est un haut fond.

FOND *bas.* Le fond est bas, lorsque la profondeur est grande.

FOND *de Cours.* C'est un fond de petits graviers nets & lissés par le frottement continuel que le cours de l'eau leur donne, en les portant & rapportant sans cesse d'un côté à l'autre. Ces graviers sont une espèce de petits Galets ronds.

FOND, *grand fond.* Le fond est grand, lorsque la profondeur est considérable ; il y a grand fond le long des Isles.

FOND *dur & fond mou.* Ces deux termes s'entendent sans explication, & l'on s'en sert en mer selon leurs significations ordinaires. Sur le fond dur, la Sonde ne s'enfonce pas ; sur le mou, elle s'enfonce trop, & n'y tient pas ; *ce sont de mauvais fonds pour mouiller, parce que les Ancres n'y tiennent pas ; ils sont de mauvaise tenue.*

FOND *plat.* On dit que le fond est plat, lorsqu'il augmente insensiblement de profondeur, en allant du Rivage au large, en sorte que les Vaisseaux ne peuvent en approcher qu'à une certaine distance. *Cette Côte porte un fond très-plat, & peu avantageux aux Vaisseaux qui y font le Commerce, car il faut toujours mouiller au large à trois ou quatre lieues.*

FOND *de Vaisseau.* C'est la partie du Vaisseau formée par les Varangues ; le fond est plat, si les Varangues sont droites & horizontales de la Quille aux Genoux de fond, qui doivent commencer à rondir, pour monter en s'ouvrant jusqu'au Fort ; le fond est acculé & taillé, si les Varangues sont élevées depuis la Quille jusqu'aux Genoux; & il est rond, si elles font avec les Genoux une portion de cercle.

FOND *de Cale*. C'est la capacité intérieure du Navire, comprise sous le premier Pont jusqu'à la Carlingue : c'est dans la Cale ou fond de Cale qu'on arrime les effets de Chargement, qu'on place les Souttes à poudre & à pain, en arriere, & qu'on fait la Cale à l'eau en avant de tout, laissant le milieu pour les Marchandises ; cette distribution est celle des Vaisseaux de Commerce. On fait un autre arrangement pour la distribution de la Cale des Vaisseaux de guerre ; on construit un faux-Pont à cinq ou six pieds au-dessous du premier, sous lequel on place en arriere les Souttes à poudre ; en avant de ces Souttes, on sépare une petite Cale de quinze à dix-huit pieds de long pour mettre les Boissons & Vivres de l'État-major, sur l'avant de cette Cale jusqu'à l'avant de l'Archipompe est la Cale aux Vivres, sur l'avant de laquelle se trouve la Cale à l'eau jusqu'au ras du Paneau de la Fosse aux Cables, qui termine les compartiments du fond de Cale, qui sont tous séparés par de bonnes Cloisons : sur le faux-Pont, on pratique tout-au-tour du Vaisseau une Galerie de deux pieds & demi à trois pieds de large, pour avoir la facilité de remédier aux coups de Canon sous l'eau ; ensuite on fait les Souttes à pain au-dessus de celles à poudre, & on établit en avant de ces Souttes la Cambuse où se distribuent les Vivres de l'Equipage, elle répond sur la Cale aux Vivres de l'État-major & de l'Equipage sans aller plus loin que l'arriere de l'Archipompe, qui se trouve compris dans le Théâtre au-dessus de la Cale à l'eau; c'est sur ce Theâtre qu'est le poste du Chirurgien-major, & où se pansent les blessés pendant un Combat; autour du Théâtre & de la Platte-forme qui reste pour les malades, on pratique de petites Souttes fermant à clef, pour les différents Maîtres-Ouvriers qui y serrent leurs ustenciles; en avant du Theâtre, au-dessus de la Fosse aux Cables, on pratique d'autres Souttes pour la Maistrance, & une grande Soutte de travers pour les Voiles, & tout ce qui concerne la Voilerie, sur l'avant de laquelle est la Fosse aux Liens au-dessus de l'extrémité de celle aux Cables, dans laquelle on a pratiqué & établi deux Coffres laminés pour y tenir deux mille coups de Canon environ, en Gargousses faites qui se distribuent aux Batteries par le Paneau de la Fosse aux Cables.

FOND *de Voile*. C'est la partie du milieu de la Voile, qui comprend environ les deux tiers de sa longueur par le bas, & sur laquelle sont frappés les Cargues-fonds. On entend aussi par *fond de Voile*, la courbure & concavité qu'il y a, lorsqu'elle est hissée & bordée, ce qui fait une espèce de sac qui nuit toujours à son effet, parce que le vent frappe une Voile courbe moins directement qu'une Voile plane & son impulsion se décompose plus dans la premiere que dans la seconde; ainsi il faut éviter le plus qu'il est possible de donner du fond aux Voiles.

FONTE. C'est une composition de Rosette ou de Cuivre rouge, & d'Etain fin, dont on fait de très-bons Canons, des Rouets de Poulie, des Dés de Rouets de Gaillac, & l'Aissieu de la Roue de Gouvernail; de sorte que la Fonte est d'un grand usage dans la Marine, sur-tout aujourd'hui qu'on en fait des corps de Pompe de quatre pieds de long, pour servir dans le jouement du Piston, les Heuses & Chopines sont faites aussi avec de la Fonte; on en fait aussi les Boîtes des Compas de Route, & de Variation avec leurs Balanciers, & les Lampes d'Habitacle. Pour que la Fonte soit bonne, il faut mettre douze livres d'Etain, sur cent livres de Rosette; celle dont on fait les Cloches, est sans doute différente.

FORAINE. Une Rade est Foraine, l'orsqu'elle est le long d'une Côte sans abri; en pleine Côte. *Voyez* RADE.

FORBAN. C'est un voleur public sur la mer; il attaque, prend quand il peut, & pille toutes les Nations; aussi est-il traité en Justice comme un scélerat & un assassin, parce qu'il ne peut guères prendre sans meurtre, pour peu qu'on se défende: c'est un Vaisseau Pirate.

FORCE *de Voile*. Un Vaisseau force de Voile, lorsqu'il vente bon frais, & qu'il porte autant de Voile qu'il est possible pour marcher avec plus de vîtesse: on ne force de Voile que dans les cas de nécessité absolue, parce qu'en forçant ainsi de Voilure inutilement, & faisant cette Manœuvre souvent, on compromet sa Mâture, le Gréement & les Vergues, qui peuvent se rompre & retarder plus qu'on ne gagne par une vîtesse rapide & momentanée.

FORCES *de Rames*. Une Chaloupe, ou toute autre Embarquation force de Rames, lorsque les Rameurs font leurs efforts pour donner le plus de vîtesse qu'il est possible à leur Bateau. Les Frégates, Corvertes, & quelquefois les Vaisseaux de Ligne, forcent de Râmes.

FORCE, *le vent force*. C'est-à-dire, que lorsqu'il est déja frais, il augmente de vîtesse. *La force du vent se fit sentir par un grain de N. O. ensuite il diminua peu-à-peu.*

FORCÉ, *vent forcé*. Le vent est forcé, lorsqu'il est trop violent, & qu'il oblige de mettre à la Cape.

FORCER. C'est faire tout ce qu'il est possible de faire dans la circonstance dont il est question, & en quelques sortes plus qu'on ne peut: c'est dans ce sens qu'on doit le prendre pour tout ce qui concerne la Marine. *Nous forçâmes les Vaisseaux ennemis à s'échoner & à se brûler; nous fimes forces de Voiles, & nous les obligeâmes à forcer, de maniere que plusieurs dé-mâterent, & nous nous en emparâmes sans résistance.*

FORCES *Navales*. Les Forces navales consistent dans un certain nombre de Matelots faits, & d'Officiers capables de les commander ; il faut auſſi qu'un Etat qui prétend aux Forces navales, ait une quantité ſuffiſante de Vaiſſeaux de Ligne, dont la force ne dépend pas autant du nombre que de leur grandeur particuliere, qui doit toujours les mettre en état de combattre avec avantage ; de ſorte qu'il eſt reconnu en général dans la Marine, que les Vaiſſeaux de ſoixante-quatorze Canons, tels que ceux qui ſont en France, ſont les meilleurs en général pour le combat, & pour réſiſter à la mer : ainſi les *Forces navales* bien entendues entretiendront un certain nombre de Vaiſſeaux de cette eſpèce, cinquante, par exemple, dix de quatre-vingt à cent Canons, pour figurer ſous le commandement des Officiers Généraux, & vingt de ſoixante-quatre Canons, avec trente Frégates de trente-ſix à quarante-ſix Canons, à une Batterie & l'Artillerie des Gaillards, portant toutes du douze & du dix-huit ſur leurs Ponts, un nombre compétant de Corvettes ; & par-deſſus tout, des Officiers de fatigue, ſtudieux, expérimentés & verſés dans l'uſage de la mer, qui préférent leurs devoirs & l'honneur du Pavillon a tout. Avec de pareilles Forces navales, on doit eſpérer de faire tête de tous côtés, ſi la diſcipline eſt exacte, & que le tout ſoit bien entretenu.

FORME ou *Baſſin*. *Voyez* BASSIN.

FORME *de Vaiſſeau*. Un Vaiſſeau eſt de bonne forme, lorſqu'il eſt bien conſtruit, qu'il a une figure propre à ſe bien comporter à la mer, & qu'il a une ſtructure avantageuſe. *Ce Vaiſſeau eſt d'une forme gracieuſe, il plaît à l'œil.*

FORT. Un Vaiſſeau eſt fort du côté, lorſqu'il porte bien la Voile, qu'il incline peu ſous l'effort du vent.

FORT *d'un Vaiſſeau*. Le fort d'un Vaiſſeau eſt la partie la plus renflée de la flottaiſon ; c'eſt celle qui, en ſe plongeant dans dans les inclinaiſons du Navire ſur le côté, augmente la réſiſtance du fluide, & ſoutient le Vaiſſeau contre la puiſſance de ſes Voiles, qui tendent toutes à le faire incliner davantage, quand il eſt au plus près : le Fort bien conduit & bien placé fait que le Métacentre monte toujours de plus-en-plus, & que la ſtabilité acquiert continuellement de nouvelles forces ; ainſi il ne faut pas que le Fort ſoit au-deſſous de la ſurface de flottaiſon, ni trop au-deſſus ; mais il faut que le Vaiſſeau ait toujours du Fort, quelque inclinaiſon qu'il puiſſe avoir ſur le côté.

FORT *Vaiſſeau*. Un fort Vaiſſeau eſt celui qui a une bonne Artillerie, un bon Equipage, & qui d'ailleurs eſt bien propre pour l'attaque & la défenſe : c'eſt un Vaiſſeau de force.

FORTUNE *de mer*. On entend par *fortune de mer*, tous les accidents qui peuvent y arriver en général ; ainſi les Primes d'Aſſurances garantiſſent l'Aſſuré des périls & fortunes de la mer ; ainſi les Prîmes de Groſſes ne ſont payées auſſi haut aux perſonnes qui donnent à la Groſſe avanture, que parce qu'ils riſquent leurs fonds aux fortunes de mer.

FOSSE *aux Cables*. C'eſt la partie de la Cale au-deſſous du faux-Pont, dans les Vaiſſeaux de guerre, en Avant de la Cale à l'eau, où l'on place les Cables & tout le Cordage de rechange, & le tout y est arrangé de maniere qu'il y a toujours quatre Cables de parés au besoin; quand cela n'est pas ainsi, c'est la faute de l'Officier de détail qui n'y a pas donné ses soins, & du Capitaine qui ne s'est pas avisé d'y regarder.

FOSSE *au Lion, ou plutôt Fosse aux Liens.* C'est la partie du faux-Pont la plus en avant, au-dessus des Coffres laminés; le Maître d'Equipage y tient toutes les menues Manœuvres, le Bitord, fil de Caret, Lusin, Merlin, petites Poulies, Suif, Graisse, Chandelle, Bougie, Fanaux, Rouets de Poulies, Cricqs, Pinces & Anspects, &c. En un mot tout ce qui est d'usage journalier dans le Vaisseau, soit en Rade ou en mer; il y a toujours un Gardien ou deux pour la Fosse aux Liens, & une Lampe allumée jour & nuit; c'est aussi l'endroit où on met aux Arrêts les jeunes Officiers qui font des fautes pendant le voyage.

FOSSE *sur le fond.* C'est un endroit où l'on ne trouve pas le fond, & autour duquel on peut sonder facilement; c'est aussi un endroit plus profond que le terrein qui l'environne.

FOUET. On appelle *Fouet*, toute corde d'une, deux ou trois brasses, plus ou moins, qui tient à une autre, pour s'entortiller & se fouetter sur tout ce que l'on veut qui soit tiré ou halé par la manœuvre qui a un Fouet; ainsi il y a des Palans à Fouet, parce qu'ils ont une corde d'une brasse, épissée sur l'Estrope de la Poulie qui a le Garant à main ou le Courant; il y a des Bosses à Fouet, parce qu'on les amarre avec le Fouet sur les Cables ou autres choses, &c. Le Fouet est ordinairement fait en tresse, parce que de cette maniere il saisit mieux la chose sur laquelle on l'applique; quand il est rond, il est sujet à riper.

FOUET *de Mât.* Cette maniere de parler n'est pas fort usitée, & ne signifie guères ce qu'on veut qu'elle dise; car on peut entendre par *Fouet de Mât*, une Mâture menue & foible, tandis qu'en général on veut dire des Mâts fort élevés.

FOUETTENT. Les Voiles fouettent les Mâts, lorsqu'il fait calme, & qu'au mouvement du Vaisseau elles les choquent continuellement: on dit la même chose des manœuvres qui sont lâches, & qui battent contre les Mâts au Roulis & Tangage; elles fouettent les Mâts.

FOUETTER. C'est entortiller le Fouet sur quelques choses que ce soit. Ainsi l'on dit: *Fouette les Bosses sur le Cable, fouette le Palan de Bouline sur la Bouline du grand Hunier; mets un Palan à Fouet sur le Ecoutes, &c.* On fouette un Palan à Fouet sur une manœuvre, en lui faisant faire deux ou trois tours sur cette corde, en-dessous de la partie du fouet la plus proche de la Poulie du Palan; ensuite ramenant la queue du Fouet par-dessus ces tours & sa racine, on l'entortille comme une Anguille sur la même manœuvre qu'il enveloppe de cette maniere, & on fait un petit Amarrage sur le bout du Fouet, afin qu'il soit mieux lié sur la manœuvre qu'il doit forcer, & qu'il ne ripe pas. Pour fouetter les Bosses sur un Cable, on s'y prend d'une autre maniere, car le Fouet d'une Bosse est proprement une Aiguillette, qui en unissant la Bosse au Cable, lui fait prendre faix; aussi met-on toujours plusieurs Bosses en même temps, pour que toutes ensemble, elles puissent être aussi fortes que le Cable sur lequel on les applique; ainsi on commence par fouetter la Bosse elle-même sur le Cable, en lui faisant faire un demi tour, ou tour entier sur le Cable, si elle a assez de longueur; ensuite on prend le Fouet, qui doit être de force proportionnée aux efforts qu'il aura à essuyer, & on lui fait faire trois, quatre, ou cinq ou six tours morts autour du Cable & de la Bosse, tout ensemble, bien souqués de force, un tour après l'autre, & bien serrés les uns à côté des autres, ras de Bouton, sans se chevaucher; ensuite on fait faire deux ou trois tours d'Anguille au reste du Fouet pardessus le tout, & on fait un Amarrage sur le bout avec un Bitord, pour le faire serrer sur le Cable, & l'empêcher de riper, sur-tout si la Bosse doit être long-temps fouettée, car si ce n'est que pour un moment, on le tient à la main.

FOUGUE, *Mât de Perroquet de Fougue, & Perroquet de Fougue.* Le Mât de Perroquet de Fougue est le Mât de Hune d'Artimon, qui se place & guinde sur son bas Mât, de la même maniere que les Mâts de Hune sur les autres Mâts; sa Voile que l'on appelle Perroquet de Fougue, s'envergue comme les Huniers, sur une Vergue qui prend son nom du Mât, & se borde sur une Vergue séche, placée au-dessus de la Vergue d'Artimon, & portée par des Suspentes & des Moustaches qui partent de la Hune d'Artimon: je crois que l'on pourroit tout aussi bien nommer le Mât de Perroquet de Fougue, *Mât de Hune d'Artimon*; car ce terme ne signifie rien par lui-même, & n'abrége rien dans le commandement de la manœuvre, car on aura aussitôt dit, *Hunier d'Artimon*, que *Perroquet de Fougue*, & Fougue n'a aucune propriété ici, puisque dans un Vaisseau bien mâté, il n'augmente ni ne diminue le mouvement giratoire du Vaisseau qu'autant qu'on le dispose pour cela, & qu'on fait concourir en même temps l'effet d'autres Voiles combinées avec le sien, pour faire arriver ou venir au vent.

FOUINE. C'est une espèce de Trident, qui a cependant plus de trois Pointes en général; on lui en donne ordinairement cinq ou sept; cet instrument sert à pêcher le moyen poisson, lorsqu'on le voit le long du bord du Vaisseau à fleur d'eau; les dents de la Fouine sont rangées de front sur la même ligne; d'autres ont deux rangs de pointes paralleles & sur deux rangées qui se croisent par le milieu à angle droit; toutes les pointes ont chacune un ou deux Barbets, de sorte qu'elles sont faites comme le Dard d'une Fleche; elles se réunissent en circulant par le bas, sur un fort Montant forgé avec une Douille dans le milieu; cette Douille a un petit Arganeau dans le côté sur lequel on épisse un menu Cordage, pour rehaler à Bord la

Fouine, lorſqu'on l'a lancée ſur le poiſſon; on donne un manche de ſix à huit pieds de long, bien droit, bien rond & bien uni à l'inſtrument; on plombe ce manche par l'extrémité la plus éloignée du fer, afin que le point d'équilibre ſoit entre les deux bouts à-peu-près à l'endroit où le Pêcheur tient le manche; ce plomb fait enſuite faire la baſcule à la Fouine, & le fer vient le premier en-haut avec le poiſſon : on prend des Dorades, des Bonites & des petits Tons à la Fouine.

FOURCATS. On appelle *Fourcats*, les Varangues des extrémités du Vaiſſeau qui approchent le plus de l'Etrave & de l'Etambord; parce que dans la Conſtruction ordinaire des Vaiſſeaux fins & taillés, ces Varangues ſont ſi peu ouvertes, qu'elles ont l'air de fourche, dont le talon ſeroit le manche. *Voyez* VARANGUE ACCULÉE.

FOURCHE *à mâter*. C'eſt un appareil fait avec deux fortes Bigues, épatées ſur les deux Bords d'un Vaiſſeau, le travers du Mât qu'on veut mâter ou démâter; elles ſe croiſent à la hauteur convenable où elles ſont liées enſemble par une forte Portugaiſe bien faite, ſur laquelle on place les Eſtropes des Poulies de Fran-filin, en les enveloppant d'un Filin, qui faiſant pluſieurs tours par-deſſus les Biques, la Portugaiſe & les Eſtropes enveloppent le tout comme une Valture, que l'on a ſoin de bien brider, afin que rien ne gliſſe, lorſqu'on fera force ſur cet appareil.

FOURCHES *de Carène*. Ce ſont de longues & menues Fourches de fer emmanchées ſur de longues Perches, dont on ſe ſert pour prendre le Chauffage, l'allumer, & porter le feu dans les parties les plus élevées qui ont beſoin d'être brûlées; ainſi les Fourches de Carène ſervent à conduire le feu que l'on donne aux Vaiſſeaux en Carène.

FOURCHES *d'Artimon*. Ce ſont les Cargues les plus de l'Arriere & les plus longues de cette Voile; elles ſont faites en Fourche, l'une à Tribord & l'autre à Babord; de maniere qu'elles ont deux Itaques chacune, qui paſſent dans deux Poulies ſur la Vergue, en faiſant Dormant ſur la Ralingue de chûte de la Voile, & s'uniſſent enſuite au même point par le milieu, en paſſant dans une Poulie ſimple, eſtropée ſur un Cordage qui ſert à appliquer en-bas la force des hommes.

FOURÉ. Un Cable eſt fouré, lorſqu'il eſt garni d'une Fourure, ſoit en Paillets ou en vieux Filin.

FOURÉE. Une manœuvre eſt fourée, lorſqu'elle a une garniture de toile goudronnée, & par-deſſus un Bitord tourné & ſerré avec la Mailloche à fourer.

FOURER. C'eſt en général garnir de toile, Paillets, Cordages, Sangles, Bitords ou Lignes, les manœuvres, Cables, Etais, Haubans, Itaques, Capelage, &c. pour empêcher qu'elles ne ſe mangent en s'uſant au frottement.

FOURER *les Cables*. C'eſt les envelopper de vieille toile dans toute l'Entalingure, pour empêcher qu'ils ne s'uſent & ſe rongent au frottement ſur l'Arganeau de l'Ancre, qui eſt garni d'une Emboudinure : on fait toujours fourer les Cables après qu'on a mouillé & filé à quelques braſſes près, ce qu'on veut en mettre dehors, en les garniſſant de Paillets, ou d'autres choſes ſolides, dans l'étendue de tout ce qui doit être dans l'Ecubier, & ce qui peut en outre frotter ſur la Guibre ou contre la Joue du Vaiſſeau.

FOURNIMENT ou *Cartouchier*. C'eſt le Cartouchier qui contient les Cartouches chargées & armées pour le Combat; chaque homme a un Fourniment de trente Cartouches au-moins, & pour peu que l'action ſoit longue, il faut qu'il y ait trois Cartouchiers pour chaque Fuſilier : on met une Ceinture de cuir avec une boucle, pour que le Fourniment puiſſe être placé autour du Mouſquetaire qui doit s'en ſervir.

FOURURE *de Cable*. On appelle *Fourure*, tout ce qui ſert à garnir les Cables pour les conſerver; mais lorſqu'on ne dit que *Fourure du Cable*, il eſt toujours ſous-entendu qu'on ne ne parle que de celle de l'Ecubier.

FOURURE *de Goutiere*. C'eſt une pièce de Charpente qui regne tout-au-tour du Vaiſſeau à chaque Pont, & qui remplit l'Angle formé par les Baux & les Membres, en repoſant de bout-en-bout ſur les Entremiſes qui vont d'un Bau à l'autre; ainſi cette pièce eſt triangulaire, & ſe trouve entre les Goutieres & les Serres-goutieres de chaque Pont du Vaiſſeau : on cloue les Fourures de Goutiere ſur les Baux, & on les arrête ſur les Membres par des Chevilles qui percent les Bordages, les Membres, la Fourure elle-même & les Goutieres, ſur leſquelles on les rive ſur Viroles : on perce les Dalots dans les Fourures de Goutiere; auſſi ces pièces ſont-elles plutôt des pièces de Garniture que de liaiſon, parce qu'elles ſont coupées de diſtance en diſtance, & que leurs écarts ne font qu'abuter bout-à-bout.

FOURURES. Terme de Charpente, qui ſignifie toujours la pièce de Bois que l'on place quelque part pour remplir un défaut qui ſe trouve ſouvent dans le bois, ou qui ſert à garantir du frottement celle ſur laquelle on l'applique; ainſi l'on a des Fourures de Bittes, Fourures de Jottereaux, &c.

FRAICHE, *la Briſe eſt fraîche*, c'eſt-à-dire, qu'elle eſt paſſablement forte; on peut auſſi entendre qu'*il fait froid*.

FRAICHEUR. C'eſt une petite Briſe qui commence doucement, & qui fait rider la ſurface des eaux lorſqu'elles eſt unie, & glace par le calme, qui ne lui donne aucun mouvement. *Nous étions en calme ſous la terre, & nous en approchions peu-à-peu par le tranſport de la mer, lorſqu'il ſe leva une petite fraîcheur qui nous mit au large; alors elle augmenta, & nous nous éloignâmes tout-à-fait de la Côte.*

FRAICHIR. C'eſt une augmentation dans la force du vent. Ainſi l'on dit : *Nous avions un très-petit vent du Sud, lorſqu'il passa au S.O. & qu'il continua de fraîchir en s'approchant de l'Ouest.*

FRAICHIT. Le vent fraîchit à mesure qu'il souffle avec plus de force. *Il fraîchit du S.O. de plus en plus, & nous serons bientôt forcés de prendre des Ris.*

FRAIS. On exprime les différentes forces du vent, en ajoutant à frais l'épitete qui les différencie : un vent frais, c'est un vent médiocre, qui tient les Voiles tendues, & qui permet de porter tout ce qu'il est possible d'avoir de Voilure ; *bon frais*; c'est le plus avantageux de tous, on ne porte pas de Perroquets volants, ni de Bonnetes de Perroquet d'un bon frais, mais on peut avoir toutes les autres Voiles ; de sorte que c'est d'un bon frais qu'on peut faire le plus de chemin, & courir avec la plus grande vîtesse ; petit *frais*, est le vent qui se trouve placé entre le calme & le vent frais ; & *grand frais*, est un vent qui commence à forcer, qui oblige de serrer les Voiles hautes, qui ne permet que de porter les quatre Voiles majeures, une Voile d'Etai de Hune, le grand Foc bas, & le Perroquet de Fouge ; le *grand frais*, tous les Ris dans les Huniers, est un vent forcé qui fait rester sous les quatre Voiles majeures tous les Ris pris.

FRANC. Le vent est franc, lorsqu'il permet de porter à Route une pointe Largue.

FRANC-FILIN. On nomme *Franc-filin*, tout Filin propre à faire des Appareils de force, comme pour haler des Vaisseaux sur la Cale de Construction, pour carêner, mâter, embarquer des Canons, &c. Ces Franc-filins ont de quatre à cinq six, sept & huit pouces de grosseur, & sont de trois, quatre & cinq Tourons.

FRANC-*Bord*. Le Franc-bord d'un Vaisseau est tout le Bordage qui le couvre pris ensemble depuis la Quille jusqu'à la première Préceinte. *Les vers avoient criblé notre doublage jusqu'au Franc-bord.*

FRANC *Tillac*. C'est un ancien terme que l'on donne au premier Pont du Vaisseau ; & c'est de ce Pont dont on parle dans tous les Connoissements que les Capitaines signent, pour s'obliger de répondre des effets chargés sous le Franc-tillac de leur Vaisseau.

FRANCHE. On dit que la Pompe est franche, lorsqu'il n'y a plus d'eau dans le Puits, & qu'elle ne peut plus en jetter dehors.

FRANCHE *Bouline*. *Voyez* BOULINES FRANCHES.

FRANCHIR *la Pompe*. C'est assécher l'eau qu'il y a dans le Vaisseau en pompant. *Il faut pomper & franchir... Nous pompions à quatre Pompes, & malgré cela il n'étoit pas possible de franchir tant la voie d'eau étoit considérable.*

FRANCHIR *la Lame*. C'est une qualité essentielle aux bons Vaisseaux de franchir la Lame au lieu de passer au-travers, parce qu'ils s'élevent dessus, & qu'ils ne prennent pas d'eau ; ainsi *franchir*, c'est passer par-dessus.

FRANCHI. Un Vaiſſeau eſt franchi de deux, trois ou quatre pieds, lorſqu'étant échoué, il s'en faut cette quantité d'eau qu'il y en ait aſſez pour le mettre à flot. *Nous reſtâmes échoués ſur un Banc de ſable, & le Vaiſſeau franchiſſoit de quatre pieds au bas de l'eau.*

FRANCHIR *un Banc.* C'eſt paſſer par-deſſus, & y toucher en paſſant. *Nous touchâmes ſur un Banc de ſable avec tant de viteſſe que le Vaiſſeau ne s'y arrêta pas, il franchit en donnant deux ou trois coups de Talon qui penſerent nous faire démâter, mais le Vaiſſeau qui nous chaſſoit ne put franchir comme nous, parce qu'il tiroit plus d'eau, il y reſta.*

FRANCHIT. Le vent franchit, lorſqu'étant au plus près il commence à devenir favorable. *Voyez* FRANCHE BOULINE.

FRAPPER *une Manœuvre.* C'eſt attacher le Dormant d'une manœuvre à demeure; le Dormant du grand Bras eſt frappé ſur le bout de la Vergue, lorſque le Bras eſt triple : ainſi *frapper* ſe dit pour les manœuvres qui ſont Dormant, & amarrer pour celles qu'on largue ſouvent.

FRAPPER *une Poulie.* C'eſt attacher une Poulie fixe quelque part, d'où elle ne doit plus ſortir. *Nous frappâmes deux Poulies de Guindereſſes ſur les Paſſes-avant, pour paſſer nos Ecoutes de Miſaine qui gênoient la Batterie.*

FRAPPER *la Gourable.* C'eſt chaſſer les Gournables dans leurs trous, lorſqu'elles y ſont placées, en les frappant à coups de Maillets. On dit auſſi : *frapper les Chevilles*, dans le même ſens.

FRÉGATE. Tout Vaiſſeau de guerre au-deſſous de ſoixante Canons eſt Frégate. Nos Frégates Françoiſes ſont en général à une ſeule Batterie & leurs Gaillards, il y en a très-peu à deux Batteries; & je crois qu'on a pris le bon parti en les ſupprimant, parce qu'il eſt toujours aiſé de donner une grande viteſſe aux Frégates qui ne porteront du Canon que ſur un Pont & ſur leurs Gaillards, & elles ſeront toujours aſſez fortes ſi on leurs donne du Canon de dix-huit ou de douze, avec du ſix ſur les Gaillards, quarante a quante-ſix Canons en tout, & elles pourront tenir tête aux Vaiſſeaux ennemis qui auront cinquante-ſix Canons en deux Batteries & leurs Gaillards, parce qu'elles ſeront plus raſes, qu'elles auront, proportion gardée, plus de monde, & que certainement elles marcheront mieux, & ſeront plus légeres de manœuvres. Une bonne Frégate de guerre doit être bien battante, marcher ſupérieurement, & avoir une grande ſtabilité, ſous une Mâture peu élevée, facile à manœuvrer, prompte dans ſes mouvements de rotation, & gouverner très-bien.

FRÉGATE *de Ronde.* C'eſt celle qui eſt commandée pour tourner pendant la nuit & le jour autour d'une Flotte Marchande, pour viſiter au coup-d'œil les Vaiſſeaux, & reconnoître s'il n'y a pas d'ennemis aux environs, pour en donner avis aux Vaiſſeaux de guerre de convoi.

FRÉGATE *légere.* C'eſt le nom qu'on donne aux Frégates

qui font plus plus grandes que les Corvettes, & qui portent vingt à vingt-six Canons.

FRÉGATÉ. Un Vaisseau est frégaté, lorsqu'au coup-d'œil il a l'air ras & allongé; qu'il est trompeur par son apparence, qui le rend plus petit à la vue qu'il n'est en effet. Un Constructeur qui veut frégater un Vaisseau de Ligne, a l'attention de lui conserver toujours une belle Batterie bien élevée; mais il prend sur les Œuvres-mortes tout ce qu'il est possible, ne leur donnant que ce qu'il faut de hauteur pour le service de l'Artillerie, supprime la Dunette, & baisse le plus qu'il peut les Lisses des Gaillards; de cette maniere, il donnera le coup-d'œil d'une Frégate à un Vaisseau de soixante-quatorze Canons.

FREQUENTER *la Côte*. C'est y aller souvent, on le dit aussi de celui qui range la Côte de près. *Ce Vaisseau fréquente les Brisants de proche, il les range à l'honneur.*

FRET. C'est le loyer du Vaisseau pour aller de tel endroit à tel autre; le Fret se prend pour le tout ou par Tonneaux; il est à 15, 18, 20, 30, 50, 100 livres plus ou moins, selon la distance pour un Tonneau, & se paie aussi-tôt que les effets changés sont livrés.

FRETE. Le Capitaine frete son Vaisseau en le louant; il frete à 45 livres du Tonneau: il y a deux ans que j'ai freté à 50 livres.

FRETÉ. Le Vaisseau est freté, lorsqu'il est loué; il a son Fret.

FRETER. C'est louer un Vaisseau pour le charger & l'envoyer à fret Porter ses Marchandises. *On vient de freter un Vaisseau de six cent Tonneaux pour l'Amérique.*

FRETER *Cap & Queue*. C'est louer le Vaisseau tout entier pour le charger en plein.

FRETEUR. C'est celui à qui appartient le Vaisseau, & qui le donne à fret, & celui qui l'afrete est nommé *Afreteur*.

FRIMAT *de la mer*. C'est cette petite aspersion, que la Lame, en se brisant contre le Vaissean, ou les unes contre les autres, fait quelquefois tomber à Bord comme une petite pluie fine; c'est aussi une espèce de Brume épaisse, qui mouille presqu'autant que de petite pluie.

FRISE. C'est un ornement de Sculpture, qu'on place dans plusieurs endroits de chaque Vaisseau pour, décorer & embellir la Dunette & les Gaillards.

FRISE. C'est une sorte d'etoffe de laine fort épaisse, qui sert à garnir les Sabords, & à remplir le vuide qui pourroit se trouver entre les Mantelets & le quarré de chaque Sabord: on s'en sert aussi pour garnir les Pompes entre les Tubes de cuivre adaptés à ceux de bois.

FRISER *les Sabords*. C'est les garnir de Frise, pour empêcher que l'eau ne pénétre entre les Mantelets qui ne fermeroient pas juste.

FRISÉS. Les Sabords sont frisés, lorsqu'ils sont garnis de Frise suiffée.

FRONTEAU. C'eſt une piece de Sculpture plus ou moins haute, qu'on place à l'Avant de la Dunette, du Gaillard d'Arriere, & ſur l'Arriere de celui d'Avant ; pour terminer ces Etages & les orner ; on met ordinairement au-deſſus des Fronteaux une eſpèce de Baluſtrade, Batayolle ou Rambade à jour, qu'on éleve à hauteur d'appuis, pour ſervir de Garde-foux & clôre les Gaillards.

FROTTEMENT. C'eſt la réſiſtance qu'éprouvent les ſurfaces des Solides en paſſant les unes ſur les autres ; le frottement dans les Machines diminue la puiſſance, ou oblige à plus de force, pour vaincre cette réſiſtance. Le frottement dans les Machines compoſées qui ſont ſemblables, augmente ou diminue à-peu-près en raiſon des Cubes des dimenſions homologues ; de ſorte que plus une Machine eſt grande, plus le frottement de ſes parties l'eſt auſſi, dans le rapport du cube des dimenſions, augmentées aux cubes des mêmes dimenſions de la plus petite ; & ſi l'on examine le frottement des ſurfaces qui gliſſent les unes ſur les autres, on remarquera qu'une ſurface double à peſanteur égale fait augmenter la réſiſtance d'un quart, & qu'une peſanteur double ſur une ſurface égale le fera augmenter de près de moitié ; & c'eſt à quoi il faut faire bien de l'attention dans la compoſition des Machines, & ſur-tout dans la Marine où elles ſont d'un uſage ſi fréquent.

FUIR *à la Lame.* C'eſt faire vent arrriere pour ſe ſouſtraire par la viteſſe du Vaiſſeau à l'impétuoſité de la Lame.

FUIR *vent Arriere.* C'eſt faire vent Arriere avec le plus de Voiles qu'il eſt poſſible d'en porter ; ſous la Miſaine & le grand Hunier, ou avec la ſeule Miſaine, & quelquefois encore moins.

FUNINS. Vieux terme. *Voyez* GÉEMENT ET AGRÈS.

FUSÉE. C'eſt un Artifice volant, dont on ſe ſert dans les Eſcadres pour faire des Signaux ; mais comme il y a ſouvent de ces Fuſées qui manquent en s'élevant peu ou point du tout, & qu'il eſt aiſé de ſe méprendre alors ſur le nombre qu'on doit tirer pour exécuter le Signal qu'on veut faire, & le bien faire connoître ; je crois qu'il eſt très-prudent de ne point faire entrer de pareils feux dans les Signaux de nuit, parce qu'ils les rendent toujours équivoques & douteux ; ce qui eſt ſouvent cauſe des erreurs les plus groſſieres & les plus malheureuſes.

FUSÉE *de Brûlot.* C'eſt la traînée de Poudre, ou l'Artifice qui porte le feu aux Poudres.

FUSÉE *de Bombe. Voyez* TUYAUX A BOMBES.

FUSÉE *d'Aviron.* C'eſt une eſpèce de Pomme que l'on fait avec de l'Etoupe & de la Ligne entrélacée bien ferme & bien dure au ras du Point d'appui de l'Aviron, pour empêcher que l'Erſſieau ne coule le long de la Poignée, lorſqu'on laiſſe aller les Rames le long de la Chaloupe ou Canot, ſans les déborder.

FUSÉE *de Virevau ou de Cabeſtan.* C'eſt la principale piece de la Machine à qui elle ſert de baſe, & ſur laquelle elle eſt fondé ; toutes les autres n'étant que pour la groſſir & la fortifier ; c'eſt le Marbre ou la Meche.

FUSIL. C'eſt une Arme à feu connue de tout le monde, dont on ſe ſert pour combattre & ſe défendre : le Fuſil eſt d'un grand uſage dans les Vaiſſeaux, & eſt ſans contredit la meilleure eſpece d'Arme pour défendre un Abordage quand on y joint la Bayonnette, ou pour attaquer & ſoutenir ceux qui doivent ſauter l'Epée & le Piſtolet à la main. Il faut que les Fuſils ſoient conformes aux Ordonnances, fort de métail, & de calibre, bien maniables, que leurs Batteries ne manquent jamais & ne ratent pas.

FUT *de Girouette*. Le Fût d'une Girouette de Vaiſſeau eſt composé de deux morceaux de bois arrondis, d'un demi-pouce de diamètre environ, l'un eſt long de trois pieds, plus ou moins, l'autre de la moitié de cette longueur ; on les unit enſemble par une petite entre-toiſe de cinq à ſix pouces de hauteur, & d'autant de largeur, que l'on place à la racine des Fûts, en laiſſant déborder les deux bouts également de deux à trois pouces, les laiſſant plus larges que le reſte du bois, ſur leur plat pour y pratiquer un trou dans chaque de près d'un pouce de diamètre exactement au-deſſus l'un de l'autre, dans lequel doit paſſer le fer de Girouette, placé ſur la tête du Mât de Perroquet, autour duquel le Fût doit tourner avec la Girouette, lorſqu'elle eſt couſue ſur ſon Fût.

FUT *de Fuſil*. C'eſt le bois ſur lequel on monte le Canon d'un Fuſil, ſa Platine, & tout ce qui le compoſe.

FUT *de Scie*. C'eſt le bois ſur lequel la feuille de Scie eſt montée & bandée ordinairement avec une corde, & le tout enſemble fait la Scie.

FUTAILLES. C'eſt le nom général de tous les Tonneaux, Pipes, Barriques & Tierçons que l'on embarque ſur les Vaiſſeaux. *Nous avions 400 Fûtailles de toutes eſpèces.*

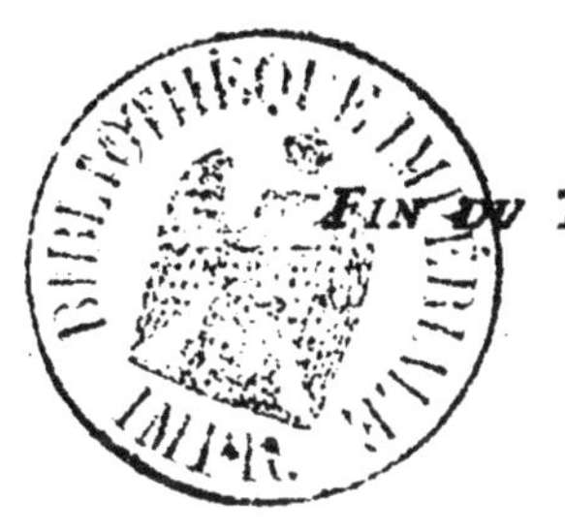

FIN DU TOME PREMIER.

www.ingramcontent.com/pod-product-compliance
Ingram Content Group UK Ltd.
Pitfield, Milton Keynes, MK11 3LW, UK
UKHW021129260726
13994UKWH00001B/62